Der Krieg der Autogiganten

Maryann Keller

Der Krieg der Autogiganten

VW, Toyota, General Motors
Wem gehört das 21. Jahrhundert?

Aus dem Amerikanischen
von Annette Gabriel-Reinecke

Eichborn.

Die Deutsche Bibliothek – CIP-Einheitsaufnahme

Keller, Maryann:
Der Krieg der Autogiganten: VW, Toyota, General Motors:
Wem gehört das 21. Jh.? / Maryann Keller. Aus dem Amerikan.
von Annette Gabriel-Reinicke. – Frankfurt am Main: Eichborn,
1994
ISBN 3-8218-1157-9

Titel der Originalausgabe: COLLISION

Umschlaggestaltung: Rüdiger Morgenweck
Lektorat: Albert Sellner
Satz: Fuldaer Verlagsanstalt GmbH, Fulda
Druck + Bindung: Werner Söderström Oy, Finnland
ISBN 3-8218-1157-9

Danksagungen

Mit den Jahren habe ich die Erfahrung gemacht, daß meine besten Ideen und Einsichten meistens aus der Zusammenarbeit mit anderen Menschen hervorgehen. Das bestätigte sich einmal mehr, als ich an dem vorliegenden Buch über drei der größten Autokonzerne der Welt arbeitete. Als Amerikanerin hätte ich ohne die Hilfe zweier mir sehr nahestehender Menschen niemals so tiefe Einsichten in die japanische und deutsche Geschäftswelt und die Kulturen beider Länder gewinnen können.

Da ist zum einen mein Ehemann Jay Chai, in Korea geboren, amerikanischer Staatsbürger und heute hochdotierter Manager einer großen japanischen Firma. Dank seines fließenden Japanisch und seiner dreißigjährigen Tätigkeit für eine der größten Handelsfirmen Japans besitzt Jay einzigartige Kenntnisse über die japanische Geschäftswelt, was sowohl das Geschäft im Inland als auch die Handelsbeziehungen zu den Ländern des Westens betrifft. Ich habe Jay bei vielen Gelegenheiten nach Japan begleitet, wo es immer wieder etwas Neues zu entdecken gibt.

Mit der zweiten mir nahestehenden Person meine ich die Wirtschaftsjournalistin Christiane Oppermann aus Hamburg. Christiane und ich fanden uns über unser gemeinsames Interesse an der Autoindustrie. Sie hat ein beträchtliches Insider-Wissen über die deutsche Industrie, und ihre Kommentare zeichnen sich durch erfrischenden Humor und einen treffsicheren persönlichen Stil aus. Sie bereicherte dieses Projekt nicht nur mit ihren Kenntnissen über die deutsche Industrie, sondern auch mit ihren Ansichten aus dem Blickwinkel einer Deutschen, die aufmerksam verfolgt, wie ihr Land den neuen Herausforderungen begegnet.

Ich hatte mich schon längere Zeit für die Strategien von General Motors, Toyota und Volkswagen und deren globale Bedeutung interessiert, aber erst meine Agentin Jane Dystel drängte mich dazu, mein Wissen zu Papier zu bringen. Mit Engagement und vielen guten Ratschlägen begleitete sie dieses Buch durch alle Entstehungsphasen und gab mir zusätzliches Vertrauen, denn ihre Urteile treffen stets ins Schwarze.

Ich danke auch Joel E. Fishman, meinem Herausgeber bei Doubleday, der sofort begriff, was ich mit diesem Buch im Sinn hatte, und der das Projekt begeistert förderte. Ebenso danke ich meinem Lektor Bill Thomas, der mir half, meine Vorstellungen weiterzuentwickeln und zu vertiefen.

Meine enge Mitarbeiterin Catherine Whitney unterstützte mich dabei, meine Gedanken klar und angemessen zu formulieren, insbesondere wenn es darum ging, die Geschäftssprache der »Insider« allgemeinverständlich auszudrücken.

Tiefen Dank schulde ich den vielen Menschen aus der Industrie, die mir Zeit opferten und sich für das Buch einsetzten. Insbesondere danke ich Jack Smith, Carl Hahn, Dr. Shoichiro Toyoda, Tatsuro Toyoda, Hiroshi Imai, Inaki Lopez, Lou Hughes, Ira Millstein, Harry Pearce, Bill Hoglund, Jim Womack, David Brown, Yuki Togo, Hiroshi Okuda, Akira Takahashi, Dr. H. Shimohawa, Bob Lutz, Peter Frerk, Bob Eaton, George Eads und Dr. U. Seiffert. Mein besonderer Dank gilt Mary Anne Maskery, der Japan-Korrespondentin von *Automotive News*, und Miyako Yoda von Toyota, der meine endlosen Fragen ertrug und geduldig beantwortete.

Für:
Eleanor und Andrew, Nelson und Jung,
Julius und Engred.

Einführung

Die neuen »Großen Drei der Welt«

Ein sanfter Wind kündigt eine neue Zeit an.
– D.H. Lawrence

Die meisten Menschen erinnern sich gut an ihr erstes Auto; wie es war, zum ersten Mal hinter dem Lenkrad zu sitzen, den Duft des jungfräulichen Leders zu schnuppern und sich mit einem Gefühl innerer Befriedigung und Besitzerstolz dem Nervenkitzel der ersten Fahrt hinzugeben. Dieses Erlebnis kennen die Menschen auf aller Welt, sei es in Chikago, Tokio oder Berlin. Arthur C. Clarke schrieb einst »Technik und Zauberei sind nicht unterscheidbar«, genau dies trifft auf das Auto zu. Seine Erfindung änderte das Leben von Millionen von Menschen, bescherte ihnen den Zauber der Geschwindigkeit, Unabhängigkeit und unerschöpflicher Möglichkeiten. Dazu kam das Geschäft mit dem Auto und die Industrie – um die es in diesem Buch geht –, die den Lauf der Welt verändert hat.

Die Autoschlangen, die unsere Straßen verstopfen, gehören mittlerweile zu den verläßlichsten Ereignissen unseres Lebens. Gerade einmal ein Jahrhundert alt, sind Autos von unseren Straßen nicht mehr wegzudenken, und für die meisten Menschen ist eine Welt ohne sie unvorstellbar. Das Auto gehört einfach zum Leben.

Autos sind jedoch mehr als die Summe ihrer Teile. Sie sind uns so selbstverständlich geworden, daß wir nur selten über sie nachdenken, obwohl sie einen massiven und weitreichenden Einfluß auf unser Leben haben.

Betrachten wir allein das Autobusiness, die Produktion und den Verkauf. Kein anderes Produkt der Welt braucht zu seiner Fertigung so viele verschiedene Materialien, durchläuft so viele Herstellungsprozesse, erfordert so großen technischen Aufwand und so komplexe Systematik zu seiner Produktion ebenso wie bei seinem späteren Einsatz. Kaum ein anderes Produkt hat einen so dramatischen Einfluß auf die Weltwirtschaft, aber auch auf das Leben der meisten Menschen. Das Auto ist für sie – neben dem Eigenheim – die zweitteuerste Anschaffung des Lebens. Die Entscheidung zu seiner Anschaffung wird durch praktische und durch emotionale Gründe bestimmt. Vielen sind wahrscheinlich die Marken ihrer Haushaltsgeräte unbekannt, aber jeder weiß, welches Auto er fährt. Haushaltsgeräte erfüllen oft unbemerkt ihre Aufgabe, bis sie irgendwann kaputtgehen und ersetzt werden müssen. Autos und ihre technischen Neuerungen dagegen faszinieren die Menschen immer wieder. Regelmäßig wird das noch funktionstüchtige alte Auto abgestoßen. Man kauft ein neues, höherwertiges Modell, um damit am technischen Fortschritt teilzuhaben.

Weltwirtschaftlich betrachtet ist die Autoproduktion ein gigantischer Wirtschaftszweig mit einer eigenen Infrastruktur. Die Energieversorgung gehört dazu, wie auch technisches Know-how, Elektronik, Informatik, aber auch Kenntnisse aus anderen Fachwissenschaften. Hinzu kommen viele verschiedene Rohmaterialien (z. B. Kunststoffe, Gummi, Petrochemikalien) sowie eine Vielzahl von Arbeitsabläufen und Herstellungsverfahren (z. B. Metallstanzen, Stahlguß, Lackierverfahren, Fertigungsstraßen). Die Autoproduktion braucht ungeheure Mittel und Fähigkeiten, die den wesentlichen Teil einer nationalen Volkswirtschaft ausmachen. Ohne das Auto könnten viele Industrien nicht überleben. Entwicklungsländer wie China, Mexiko, Indien und Brasilien haben begriffen, daß der erste Schritt zu wirtschaftlicher Selbständigkeit mit dem Aufbau einer eigenen Autoindustrie einhergeht. Sie siedeln z. B. Niederlassungen etablierter Konzerne aus anderen Ländern an, um später den gesamten Herstellungsprozeß selbst zu übernehmen.

Die Autoindustrie allein vermag das wirtschaftliche Schicksal von Nationen zu beeinflussen, ebenso beispiellos ist aber ihre Wirkung auf das Leben der einzelnen Konsumenten. Ihre Macht ist gewaltig. In diesem Buch möchte ich Sie hinter die Kulissen dieser Industrie führen und Ihnen zeigen, welche Dramen sich dort abspielen – Dramen, die wie alles, was wir im Leben erfahren, sehr menschlich sind.

Wenn ich mich als Finanzexpertin der Autoindustrie vorstelle, errege ich fast immer erstauntes Hinsehen: Eine Frau in einer reinen »Männerdomäne«. Die erste Überraschung verliert sich meist schnell und weicht der Gleichgültigkeit. Viele meinen, mein Beruf habe nichts mit den Menschen und ihren Schicksalen zu tun. Ich würde mich auf einem abseits gelegenen, ihnen fremden Spezialgebiet bewegen, das sich hauptsächlich mit dem Studium von Aktienkursen und dem Erstellen von Gewinnstatistiken für Unternehmen befaßt.

Mein Beruf erfordert jedoch mehr als das Studium von Trends, Tendenzen und Zahlen. Ich muß in die Welt dieser Industrie regelrecht eintauchen. Dabei habe ich gelernt, daß ihre Entwicklung von Männern (und gelegentlich auch Frauen) bestimmt wird, die manchmal von den Aufgaben, die sich vor ihnen auftürmen, erdrückt werden, in anderen Situationen dagegen begeistert über sich selbst hinauswachsen. Die Geschichte des Autobusiness spiegelt die Vielfalt der uns vertrauten menschlichen Charaktere wider. Da gibt es den blindergebenen Loyalisten, den engstirnigen Autokraten, aber auch den begeisterten »car guy«, der mit glänzenden Augen von Zwölf-Zylinder-Maschinen, weicher Federung und Antiblockiersystemen redet. Man findet den Typ des politisch engagierten Insiders, des unkonventionellen Outsiders, des stillen Arbeiters, vereinzelt den Träumer sowie viele Menschen, die die Autoindustrie lieben, weil sie eben mit ihr aufgewachsen sind. Ihre Väter und Großväter haben diese Leidenschaft an sie weitergegeben, und seit drei Generationen sind sie mit ein und derselben Fabrikstadt verbunden. Manchmal begegnen uns auch Menschen, die kaum etwas über Autos wissen, nicht einmal erklären können, wie sie funktionieren, aber die die Wünsche anderer Menschen verstehen und dabei helfen, diese Wünsche Realität werden zu lassen.

All diese Akteure und viele andere sitzen in den Etagen der großen Autokonzerne der Welt, und jeder einzelne hinterläßt seine persönliche Spur, manchmal eine schmale, kaum sichtbare, manchmal eine breite, tiefe. Noch vor fünfzig Jahren waren es hauptsächlich Amerikaner, heute kommen sie aus vielen verschiedenen Kulturen. Alle bemühen sich, einander zu verstehen und voneinander zu lernen; denn sie arbeiten gemeinsam auf einer Weltbühne, die weit über die Grenzen ihrer vertrauten Heimat hinausreicht. Sie sind Konkurrenten, aber nicht in dem Sinne, wie wir es verstehen. Der Konkurrenzkampf gleicht heute eher einer langwierigen

Schachpartie als einem Waffengang. Die Entscheidungen der großen Autokonzerne bestimmen über viele Jahre hinweg die Entwicklung ganzer Nationen.

Die neuen »Großen Drei der Welt« – wie ich sie nenne – sind General Motors, Toyota und Volkswagen. Viele Leute zeigten sich erstaunt über meine Auswahl, insbesondere weil ich Ford und Chrysler nicht mitzähle. Schließlich war der Begriff »die Großen Drei« lange Zeit ein Synonym für die drei großen amerikanischen Autohersteller. Gerade Ford galt als ein Zentrum der Kraftfahrzeugindustrie, nachdem Gründervater Henry Ford die Massenproduktion eingeführt hatte. In gewisser Hinsicht hat jeder Autoproduzent dieses Jahrhunderts von Fords Genius profitiert. Er war es, der den sogenannten »living wage« einführte, den über dem Existenzminimum liegenden Lohn, der damals bei etwa fünf Dollar pro Tag lag: Die Arbeiter sollten sich die Autos, die sie bauten, selbst leisten können. Der Fordkonzern gehört zwar immer noch zu den mächtigen Autoproduzenten, hat aber seit den zwanziger Jahren nicht wirklich innovativ gewirkt. Er gilt auf keinem Markt als Nummer eins.

Chrysler schien zuweilen neue Ideen zu entwickeln, besonders in den Boomzeiten unter Lee Iacocca. Mehrmals entging das Unternehmen knapp der Pleite, doch gilt es heute wieder als einer der erfolgreichsten Autokonzerne. Es ist aber auf dem Weltmarkt bei weitem nicht so präsent, daß es sich mit den von mir ausgewählten Konzernen messen kann.

Weder Chrysler noch andere Mitstreiter wie Honda und Nissan haben annähernd die Größe, den Reichtum und den weltweiten Einfluß von General Motors, Toyota und Volkswagen erreicht. Obwohl diese drei Konzerne mit unzähligen Problemen zu kämpfen haben, die regelmäßig in der Presse öffentlich diskutiert werden, bleibt ihr Rang unter den »Großen Drei der Welt« unbestritten. Dafür ist eine Vielzahl von Faktoren verantwortlich.

So besitzt jede dieser Firmen den größten Marktanteil in ihrem Heimatland. Es handelt sich um riesige Unternehmen, deren Einfluß sich über ganze Kontinente erstreckt, um Firmen, die jedes Jahr Milliarden von Dollar ausgeben und verdienen und von denen das Überleben der Zulieferindustrien direkt abhängt.

Außerdem war in schwierigen Zeiten stets einer dieser drei Konzerne die treibende innovative Kraft der Autoindustrie. Gemeinsam haben sie Managementprinzipien festgelegt, Organisationsstrategien und Produkt- und Marketingkonzepte entwickelt und damit für das eigene Unternehmen wie auch für andere Branchen neue Paradigmen geschaffen. Die meiste Zeit unseres Jahrhunderts hindurch galt General Motors als die Verkörperung der Autoindustrie schlechthin. Es war der Genius Alfred Sloan, der in den zwanziger Jahren das Konzept entwickelte, Autos für jede Klasse und alle Zwecke zu bauen. Volkswagen, aus den Schlachtfeldern des Zweiten Weltkriegs wiedererstanden, eroberte als erste ausländische Autofirma einen nennenswerten Anteil am amerikanischen Markt. Außerdem schaffte VW es zuerst, der breiten Bevölkerung ein kleines, preiswertes, aber solides Auto anzubieten. Toyota erfand mit einer Hartnäckigkeit, die unsere westliche Vorstellungskraft übersteigt, ein in seiner Effizienz so einmaliges Produktionssystem, daß alle anderen Hersteller dieses Modell in Teilen kopiert haben.

Die Beiträge der drei Konzerne zur Entwicklung der Autoindustrie waren von so fundamentaler Bedeutung, daß alle anderen erfolgreichen Firmen ihnen für ihre Pioniertaten von Rechts wegen Anerkennung schulden.

Heute zeichnen sich die drei Konzerne nicht nur durch ihre Größe, ihren Reichtum und ihre alten Verdienste aus. Ihnen allen stehen große Herausforderungen bevor: Umwälzungen in ihrer gesamten Unternehmensstruktur sind notwendig. Trotz ihrer Größe und Macht müssen sie sich den unausweichlichen Herausforderungen der neuen Zeit stellen. Krisenzeiten sind in der Autoindustrie nichts Neues, aber nur diese drei Konzerne sind in der Lage, eine führende Rolle bei der Lösung der anstehenden Probleme zu übernehmen. Wegen ihrer herausragenden Stellung und ihres großen Einflusses auf andere Industriezweige werden GM, Toyota und Volkswagen aufmerksam beobachtet, denn jeder der Konzerne könnte für andere Unternehmen eine Vorbildfunktion gewinnen.

Die Unternehmen müssen Antworten auf Fragen finden, die sich noch nie mit solcher Dringlichkeit gestellt haben:

* Wie können die Konzerne ihre festgefahrenen nationalen Positionen hinter sich lassen, um vollständig am globalen ökonomischen Prozeß

teilzuhaben, auch wenn dieser eventuell eine Anpassung bisher bewährter Methoden an die Bedürfnisse anderer Kulturen erzwingt?

* Wie können sich erfolgreiche Kapitalgesellschaften, die schon von Natur aus mit der Zeit übervorsichtig und unbeweglich werden, von altem Ballast befreien, Neues lernen, Experimente wagen und auf die Veränderungen ihrer Umwelt reagieren?
* Wie müssen Kapitalgesellschaften geführt werden, daß nicht nur das Überleben, sondern auch der wirtschaftliche Erfolg aller Investoren (nicht nur der Aktionäre) und deren langfristige Vorhaben gesichert sind?
* Wie schaffen es die Autokonzerne, sich des großen Einflusses, den ihr Produkt auf die Gesellschaft hat, ständig bewußt zu sein? Welche Wagnisse müssen sie eingehen, um die zerstörerische Wirkung des Autos auf Umwelt und Infrastruktur einzuschränken?
* Wie können konventionell geführte Unternehmen unkonventionelle Führungskräfte heranbilden, die zukunftsweisend denken, und die dennoch in der Lage sind, die Unwägbarkeiten der Gegenwart zu bewältigen?

Dies sind, grob umrissen, die zentralen Fragen, denen ich in meinem Buch nachgehen möchte. Ich werde die große Suche beschreiben, auf der sich Toyota und Volkswagen befinden, während sie gleichzeitig um ihr Überleben kämpfen. Natürlich kann man sich fragen, warum in aller Welt gerade GM, Toyota und Volkswagen mit ihren unzähligen Schwierigkeiten die Führung bei der Lösung universeller Probleme übernehmen sollen.

Meine Erfahrung mit diesem und anderen Industriezweigen hat mich gelehrt, daß heftige Einbrüche zuweilen eine läuternde und reinigende Wirkung haben, die zu Veränderungen führt. Gerade Großunternehmen mit eingefahrenen Strategien und Strukturen beginnen erst in schwersten Krisen umzudenken. Bei den neuen Großen Drei lassen sich viele Beispiele anführen für solch eine gesteigerte, an einen Befreiungsschlag gemahnende Dynamik in Krisenzeiten. Alle drei Unternehmen sind momentan in einer kritischen Situation, sie stehen am Scheideweg zwischen Vergangenheit und Zukunft, was sie zu großen Risiken zwingt.

Meine Wahl fiel außerdem gerade auf diese drei Konzerne, weil sich Amerika in einer anderen wirtschaftlichen Lage als vor 25 Jahren befindet. Damals glaubten die amerikanischen Autohersteller noch, Firmen aus Übersee ignorieren zu können. Die neuen Großen Drei repräsentieren das Dreieck der international führenden Wirtschaftsmächte: Amerika, Europa und Japan. Jeder der drei Weltkonzerne ist tief mit seinem nationalen Erbe verwurzelt und daher ein Spiegel der gesellschaftlichen Kultur seines Heimatlandes.

Die Probleme, mit denen diese Konzerne zu kämpfen haben, sind zu allgemeingültig, als daß dieses Buch nur von Autos und Autoproduzenten handeln könnte. Meine Hoffnung geht dahin, daß es auch andere Unternehmen zu Nachdenklichkeit verleitet, insbesondere solche, die sich fett und selbstzufrieden auf den Pfründen ihrer Erfolge ausruhen.

Strenggenommen müssen sich heute sämtliche Industrieunternehmen öffnen, von Vorurteilen befreien, voneinander lernen und die Konkurrenz im Auge behalten, gleichgültig woher sie kommt. Die größte Gefahr droht, wenn das globale Wesen der Wirtschaft nicht erfaßt wird. Auch wenn verstärkt wieder (einschließlich von seiten der Industriebosse und Regierungschefs) lautstark die Rückkehr zu nationalistischen Eigenwegen gefordert wird, bleibt es eine Tatsache, daß die Zeiten endgültig vorbei sind, in denen irgendein Land oder ein Wirtschaftsunternehmen sich abgeschottet von allen anderen behaupten konnte. Das beste Beispiel dafür hat abermals die Autoindustrie geliefert. Seit den siebziger Jahren sehen die Autohersteller in den USA nicht in den amerikanischen, sondern in den japanischen Firmen ihre größten Konkurrenten. Die europäische Autoindustrie sieht sich ähnlichen Herausforderungen gegenüber. Traditionell dem weltweiten Handel weniger zugänglich und durch Protektionismus geschützt, muß sie sich heute schon angesichts des fortschreitenden gemeinsamen Binnenmarktes auf eine stärkere ausländische Konkurrenz einstellen.

Die Welt ist kleiner geworden. Industrieunternehmen, deren Hauptsitze Tausende Kilometer voneinander entfernt liegen, arbeiten in gewisser Hinsicht Tür an Tür. Die Unternehmen können nicht mehr auf ihren Heimvorteil bauen, sich aber auch keinen Leichtsinn bei ihren Ambitionen auf internationalem Terrain erlauben. Überdies beweisen die Erfahrungen der drei großen Konzerne, daß es niemals so etwas wie einen strahlenden Sieger gibt. Jeder von ihnen wurde auf dem Gipfel seines Erfolges fett, reich und selbstzufrieden und damit anfällig.

Der Titel dieses Buches lautet (im amerikanischen Original) »Collision«. Im ersten Moment schließt man daraus, daß die Kollision zwischen den Konzernen selbst stattfindet und es am Ende einen Sieger geben wird. Die Realität ist jedoch sehr viel komplizierter. Ich erwarte nicht eine Kollision zwischen Wettbewerbskonkurrenten, sondern eine Kollision mit der Zukunft. Die Herausforderungen des 21. Jahrhunderts stellen die bewährten Rezepte des 20. Jahrhunderts in Frage. Das nächste Jahrhundert wird das Aussehen der Welt auf eine für uns noch unvorstellbare Weise verändern. Dieses Buch geht der zentralen Frage nach: Werden diese drei Konzerne, die die Kulturen und Wirtschaftssysteme von Amerika, Europa und Japan repräsentieren, die heftigen Stürme überleben, oder werden sie untergehen? Werden die Steuermänner klug und vorausschauend handeln, oder werden sie zu einem verhängnisvoll anachronistischen Kurs zurückkehren?

Diese fundamentalen Fragen gehen jeden einzelnen, jedes Wirtschaftsunternehmen und jede Nation an. Sehen wir nun an, wie die neuen »Großen Drei der Welt« den Herausforderungen begegnen, und lernen wir daraus, wer im nächsten Jahrhundert zu den Gewinnern oder den Verlierern zählt.

– Maryann Keller, März 1993

Hektik in Tokio

> Den anderen zu verstehen ist Klugheit; dich selbst zu erkennen ist tiefe Weisheit. Herr über andere zu sein ist Stärke; Herr über dich selbst zu sein ist wahre Macht.
>
> – *Tao*

Tokio – Oktober 1991

Der herrliche Tag war wie geschaffen für eine Pilgerfahrt. Die Sonne stand hoch und warm am Himmel, und die ersten Herbstwinde hatten den Smog, der normalerweise die Luft über Tokio verfärbt, weggefegt. Tausende von Autos krochen über die *Shuto*-Schnellstraße durch die grauen Industrie- und Gewerbeviertel der Vorstadt in Richtung *Makuhari*. Autoschlangen gehören zum Alltag auf dieser stark befahrenen Straße, aber an normalen Tagen dauert die Fahrt nicht länger als 45 Minuten. Heute waren schon mehr als zwei Stunden vergangen, seitdem die Reisenden die luxuriösen Vorhallen ihrer Hotels in Tokio verlassen hatten.

Die Tokio Motor-Show hatte ihre Pforten für die Presse geöffnet. Die endlosen Besucherströme wurden zu dem neuen Messe- und Ausstellungsgelände von *Makuhari* geleitet, wo sich ein weitläufiger Hotel- und Geschäftskomplex erstreckt, der zwei Jahre zuvor für große Ausstellungen und Industriemessen erbaut wurde. In Sichtweite von *Makuhari* liegt Japans *Disneyland*, und während die Autos und Busse ihrem Ziel entgegenkrochen, erblickten die Pilger vom Highway aus die entfernt liegenden Türme von Schloß *Fantasia*.

Ein Kenner amerikanischer Automobilmessen, z. B. der Messe im *Jacob Javits Center* in New York oder der in Detroits *Cobo Hall*, hätte sich wegen des starken Verkehrs, des Menschengewimmels und der spannungsgeladenen Atmosphäre anläßlich dieses Ereignisses in Tokio erstaunt gezeigt. Es übertraf selbst die klassischen großen Automobilmessen von Genf, Frankfurt und Paris, gemessen am Besucherandrang und am starken

Interesse der Automobilpresse und führender Manager der ganzen Welt. Obwohl Amerika ein Jahrhundert lang als Heimat der Kraftfahrzeugindustrie galt, fielen seine Automobilausstellungen immer eher bescheiden aus. Meistens handelte es sich um lokale Ereignisse, die nicht aufregender waren als eine Nachmittagsveranstaltung in den Ausstellungsräumen eines großen Autohauses. Kürzlich hat Detroit versucht, dies zu ändern, doch es gelang nicht, ein vergleichbares Schauspiel zu inszenieren und jenes Gefühl von gespannter Erwartung und Angst zu erzeugen, das die Besucher aus dem Westen in Tokio befiel.

Tokio war nicht nur vom Stil, sondern vom ganzen Charakter her anders. Die alle zwei Jahre stattfindende Motor-Show gilt als ein wichtiges wirtschaftliches Ereignis. Leitende Manager der ausländischen Kraftfahrzeugindustrie und Autohändler aus aller Welt zählen zu den Besuchern; verrückte japanische Autofans reisen an, um die neuesten Modelle zu bestaunen, gegen die ihr fast neues Auto wie ein Oldie wirkt. Es ging aber nicht nur darum, neue Entwicklungen vorzuführen. Die Industrie versprach sich von dem Ereignis auch eine Umsatzsteigerung im Inlandsabsatz. Am Ende der Woche überstieg die Besucherzahl die Zwei-Millionengrenze. Die meisten Besucher reisten bezeichnenderweise nicht mit dem Auto an, sondern mit dem Zug – vom Zentrum Tokios aus ist das ein schneller Dreißigminutentrip.

Welch hohen Stellenwert die Japaner ihrer Wirtschaft und insbesondere ihrer Autoindustrie beimessen, zeigte sich darin, daß Kronprinz Naruhito persönlich zur Stelle war, um die Ausstellung zu eröffnen, so wie es vor ihm sein Vater Kaiser Akihito jahrelang getan hatte. Zwar hatte seine Anwesenheit rein zeremoniellen Charakter (es ist kaum vorstellbar, daß sich der zukünftige Kaiser jemals selbst hinter das Steuer eines Autos setzt), doch bezeugte sie die enge Beziehung zwischen der japanischen Industrie und der Staatsführung. Die Führungskräfte der japanischen Konzerne reihten sich respektvoll und ergeben auf, eine Welle von Verbeugungen begleitete den Rundgang des Prinzen zu den einzelnen Ausstellungständen. Am Toyotastand bauten sich der ehrwürdige Vorstandsvorsitzende Eiji Toyoda, Dr. Shoichiro Toyoda, sein Neffe und Geschäftsführer, und alle anderen Führungskräfte des Konzerns in einer dem Rang nach geordneten Empfangsreihe auf, um den einunddreißigjährigen Prinzen zu begrüßen. Jeder einzelne von ihnen verbeugte sich steif mit der gebotenen Zurückhaltung, die der Status Naruhitos als Thronfolger des Chrysanthemenreichs verlangt.

Trotz der feierlichen Zeremonie und der ganzen Pracht des Ereignisses wirkte die Fröhlichkeit der Menschen eher aufgesetzt. Die Japaner nahmen ihre Autoshow todernst. Alles wurde mit genauester zeitlicher Präzision inszeniert. Die Sicherheitskontrollen an den Pressetagen waren streng, was in Japan für Veranstaltungen dieser Art typisch ist. Ausweispapiere und Passierscheine wurden von uniformierten Eingangskontrolleuren, die höflich, aber rigoros ihre Pflicht erfüllten, gewissenhaft überprüft.

Diese 29. Motor-Show war die bisher größte. Sie zog Tausende von Besuchern aus dem Ausland, Presse- und Medienvertreter, Insider aus der Industrie und viele Einheimische an. Jedes Fleckchen auf den zehn Quadratmeilen des *Makuhari*-Messegeländes vibrierte von der Energie des Ereignisses. Die Hotels in Tokio und in der direkten Umgebung des Tagungszentrums waren bis zum Bersten gefüllt. Man traf sich bei unzähligen Versammlungen, Pressekonferenzen, Geschäftsessen und Festen, zu denen die weltführenden Autokonzerne geladen hatten.

Das futuristisch anmutende Motto der Show »Die Entdeckung einer neuen Verwandtschaft: Mensch, Auto und Erde sind eins« suggerierte die besänftigende Vorstellung einer Harmonie zwischen eigentlichen aufeinanderprallenden Kräften – es enthielt einen Hauch »grünen« Bewußtseins, lockte mit einer High-Tech-Vision und machte den menschlichen Geist und Verstand zu der treibenden Kraft des Ganzen.

Die Show war darauf angelegt, sowohl zu blenden wie zu informieren, wobei die Betonung eindeutig auf dem Showelement lag. Lautstärke und Farbenpracht betäubten die Sinne. Kostbare Autos kreisten auf Podesten, junge Japanerinnen in hellen Kostümen und kecken Hütchen waren überall präsent – ohne besondere Funktion, aber als festes Inventar der Show. Die Unternehmen wetteiferten darum, das attraktivste oder originellste Auto und die schönsten Mädchen zu präsentieren, um so das Interesse der Fernsehteams, die am Abend die ersten Bilder in japanische Wohnzimmer übertrugen, auf sich zu ziehen. Pressevertreter und geladene Gäste drängten sich um die glitzernden Ausstellungsstücke, die eher in den Weltraum als auf die Erde paßten: Silber, Gold und Stahlblau waren die dominierenden Farben. Auto, Auto über alles! Neue Modelle wurden durch die Show ins Rampenlicht gerückt, auch wenn sie noch in der Entwicklungsphase steckten. Diese *concept cars* erlaubten einen Blick in die Zukunft. Andere waren zu ausgefallen, um jemals serienmäßig in die Produktion zu gehen, zogen aber gerade deshalb die Fotografen an. Es gab Autos mit witzigen Namen wie *Cappuccino*, winzige, leichtgewichtige Flitzer aus Aluminium, Titan und Kunststoffmischungen und Fahrzeuge, die mit alternativen Treibstoffen wie Wasserstoff, Methanol oder Strom fuhren. Vorgestellt wurden auch sogenannte »intelligente Systeme«, die die Nachtsichtigkeit steigern, Autos automatisch durch den Verkehr lenken oder Warnsignale abgeben, wenn der Wagen in Richtung Straßengraben ausschert.

Mazda präsentierte mit dem silberglänzenden, an eine Raumkapsel erinnernden *HR-X*, ein mit Wasserstoff betriebenes, startbereites Fahrzeug. Nissans *Cocoon*, ein Entwurf des firmeneigenen, kalifornischen Designstudios, war ganz auf den *California dreamer* abgestimmt. Zur Ausstattung gehörten ein dick ausgepolsterter, gebärmutterartiger Innenraum, ein spezieller Katzeneinstieg in der Heckklappe und ein Überwachungsmonitor, der bei Schläfrigkeit des Fahrers Alarmsignale ertönen und Weckdüfte ausströmen ließ. Honda stellte den *FS-X* vor, eine vollständig aus Aluminium hergestellte Limousine, und außerdem den *ERX*, einen Zweisitzer, in dem der Beifahrer wie in einem Düsenjäger hinter dem Fahrer sitzt.

Es gab auch sehr ausgefallene Vehikel, die zwar unpraktisch waren, aber das Publikum begeisterten. Der *Nagisa* von Isuzu kam als erstes Amphibienauto ganz groß heraus und konnte zu Wasser als Boot genutzt werden. Suzuki präsentierte die »häßliche Ente«, ein Geländemotorrad mit hellgelben Ballonreifen, Scheinwerfern in Form von Entenaugen. Die vorderen Schutzbleche waren Entenschnäbeln nachempfunden.

Toyota, dessen preiswerte Kompaktautos Amerika während der letzten Jahre im Sturm erobert hatten, nutzte die Ausstellung, um sich weiter auf traditionelles amerikanisches Terrain vorzuwagen. Da gab es beispielsweise den *Fun Runner* vor, einen geräumigen Viersitzer mit Sonnendach und Sonnendeck, den luxuriösen *Aristo*, der in Amerika später als *GS 300* verkauft wurde, und den Avalon, das ausgefallenste *concept car* der Messe. Dieses Cabrio war mit ovalförmigen Flügeln ausgestattet, die sich beim Parken flach über dem Dach schlossen, »designed for *batman* in us«. Im

Gegensatz zum Serienkabriolett bot es keinen wirksamen Schutz vor den Launen des Wetters und war deshalb nur für trockene Tage geeignet. Dennoch lockte das kühne Konzeptauto riesige Menschenmengen zum Toyotastand.

Etwas abseits, in großen Zelten, wurden die Prototypen der Elektroautos vorgestellt. Sie zogen zwar weniger Aufmerksamkeit auf sich als die anderen Ausstellungsmodelle, fanden aber trotzdem als zukunftsweisende Alternative das Interesse vieler Fachbesucher. Das Modell *Rugger* von Daihatsu schaffte 50 km/h, und Nissans *Electric President* kam auf 20 km/h. Diese Autos waren zwar wirtschaftlich noch unrentabel, machten aber deutlich, daß Japan in der Lage wäre, jederzeit Autos mit Elektroantrieb zu liefern, wenn Nachfrage bestände.

Die Stände der deutschen Anbieter lagen verstreut zwischen denen der japanischen Konkurrenten. Die meisten deutschen Modelle waren bereits sechs Wochen zuvor auf der Frankfurter Automobilmesse präsentiert worden. Volkswagen hatte den neuen *Golf* ausgestellt und mit der Ankündigung für Furore gesorgt, daß der Wagen vollständig recycelbar sei und die Firma jedes Auto zur Entsorgung zurücknehme.

Doch VW sorgte auch in Tokio für Aufsehen: Der Audi *Avus Quattro* wurde – kaum feierlich enthüllt – zu einem der größten Messehits. Am Pressetag um 16 Uhr präsentierte VW-Chef Carl Hahn in einer Traube von Journalisten und Fotografen das neue Modell. Dabei assistierte die Schauspielerin Mariel Hemingway, die in ihrem aufreizenden, enganliegenden Kleid ein augenfälliger Kontrast zu den adrett gekleideten japanischen Models war. Zweifellos zog das Starspektakel die Menge an, aber auch das Auto selbst verdiente Aufmerksamkeit. Die schnittige, ganz aus Aluminium bestehende Karosserie und die übergroßen Reifen weckten nostalgische Erinnerungen an den Auto Union Grand Prix und die Rekorde auf Rekorde brechenden Rennwagen der dreißiger Jahre. Die Spitzengeschwindigkeit des Ausstellungsstücks wurde mit 340 km/h angegeben.

Auch bei diesem Flitzer spielte es keine Rolle, daß überall auf der Welt die Schnellstraßen längst mit Autos verstopft sind, daß solche Geschwindigkeiten eher in das Reich der Phantasie als zur Realität gehören. Die Japaner waren in den *Avus* wegen seines High-Tech-Schnickschnacks, seiner windschnittigen Form und des ›Made in Germany‹ regelrecht verliebt. Deutsche Technik steht in Japan in hohen Ehren, und die Liebe zu deutschen Autos hat der Industrie bereits ein Handelsdefizit mit Deutschland beschert. Die Japaner zeigten sich hocherfreut darüber, daß Audi das außergewöhnliche Auto nach *Makuhari* mitgebracht hatte, sie verstanden es als eine besondere Geste.

Es fiel auf, daß Ferdinand Piëch, Vorstandsvorsitzender von Audi, der Volkswagen-Tochtergesellschaft, bei der Präsentation fehlte. Offiziell hieß es, er habe eine Nierenerkrankung, aber Gerüchten zufolge hatte Hahn ihn gebeten, nicht teilzunehmen. Hahn genoß es nun einmal, allein im Rampenlicht zu stehen. Außerdem hatte es ihn vielleicht auch geärgert, daß der große Messehit von VW eine Schöpfung von Audi war.

Piëch machte es wahrscheinlich auch nicht viel aus, zu Hause zu bleiben. Er gilt zwar als brillanter Ingenieur, sein Geschick auf gesellschaftlichem Parkett kann sich jedoch mit Hahns wohlgeplanten öffentlichen Auftritten kaum messen. Ein früherer Besuch Piëchs in Japan war bei den Managern japanischer Autofirmen noch immer Gesprächsthema. Damals hatte er unter anderem das Heiligtum von Yasukuni besichtigt, wo ihm der Shinto Priester eine kostbare Sammlung alter Samuraischwerter zeigte. Piëch nahm das schönste Stück in die Hand, betrachtete es sehr genau, reichte es dem Priester mit einer Verbeugung zurück und sagte mit verkrampftem Lächeln: »Dies ist eine Fälschung.« Einen Moment lang herrschte fassungsloses Schweigen. Der japanische Verhaltenskodex verbietet solch direkte Form von Ehrlichkeit. Piëchs Gastgeber waren geradezu bestürzt über diese Äußerung, auch wenn sie sich im nachhinein als richtig erwies. Der Vorfall sprach Bände über Piëchs Mangel an Fingerspitzengefühl und Einsicht, Höflichkeitskonventionen einzuhalten, die die Wahrheit verschleiern. Im Gegensatz zu ihm war Hahn ein perfekter Schmeichler. Auf der Motor-Show in Tokio stand er strahlend neben Mariel Hemingway, und seinen Gastgebern machte es sichtbar Freude, ihm jede nur denkbare Ehrerbietung zu erweisen. Tatsächlich gibt es in dieser Hinsicht für westliche Industrielle und sonstige Würdenträger keinen Ort auf der Welt, der mit Japan vergleichbar wäre. Nirgendwo sonst wird einem das Gefühl vermittelt, ungeheuer wichtig zu sein. Die Journalisten kleben an den Lippen ihrer Interviewpartner, geradeso als ob ein Gott zu ihnen spräche. Diese übergroße Ehrerbietung ist möglicherweise mehr höfliche Fassade als Wirklichkeit, und sie kann das eigene Ego zur Selbstüberschätzung verleiten.

Hahn zeigte sich bei der Show ganz in seinem Element, obwohl er bei genauem Hinsehen ein wenig müde und von der Zeitverschiebung gestreßt wirkte. Er liebte es, im Mittelpunkt zu stehen. Im Gegensatz zu den Amerikanern, die widerwillig und voller Klagen über die japanische Konkurrenz angereist waren, hatte der VW-Chef immer wieder beteuert, daß Deutschlands Markt offen bleiben müsse. Die deutsche Autoindustrie war ebenso exportabhängig wie die japanische. Der Vorstandsvorsitzende von Europas größtem Auto-Hersteller wollte auch nicht wie ein Heuchler dastehen, er konnte nicht die Japaner attackieren und sich gleichzeitig zu einer weltweiten Expansionsstrategie bekennen, mit der er neue Absatzgebiete, Japan eingeschlossen, für VW zu erobern hoffte.

Die Japaner betrachteten Hahn nicht als Feind, sondern als Freund und behandelten ihn dementsprechend. Die Autos von Volkswagen gehörten zu den am meisten verkauften Importartikeln in Japan. Seit Jahren montierte Nissan hier den Passat für VW. Der Wagen war zwar kein übermäßiger Verkaufserfolg, besaß aber als einziges ausländisches Auto, das auf japanischem Boden gebaut wurde, einen guten Ruf. Enge Beziehungen gab es auch zu Toyota, weil deren Kleintransporter in europäischen VW-Werken zusammengesetzt werden. Gern und voller Stolz zeigte Hahn seinen Gästen im *Rotehof*, dem Gästehaus von VW in Wolfsburg, eine kostbare große Vase, die ihm Dr. Shoichiro Toyoda zum Gedenken an die deutsche Wiedervereinigung geschickt hatte. Hahn begriff das Geschenk als Beweis für sein besonders gutes Verhältnis zu den Japanern.

Der Fantasie waren bei der Motor Show in Tokio keine Grenzen gesetzt – ob es nun die technischen Verheißungen des Raumfahrtzeitalters waren oder die überall anzutreffenden hübschen, jungen Damen, die Autotüren offenhielten, Erfrischungen reichten oder zu lauter Musik auf Podesten um die auf Hochglanz polierten Autos wirbelten.

Viele Darbietungen waren mehrdimensional arrangiert und boten ein verführerisches und überwältigendes Fest für Augen und Sinne. An den Pressetagen flossen Sushi, Bier und sogar Champagner in Strömen. Diese

Bewirtung war etwas wahrhaft Neues bei den Japanern, denn bisher hatten sie ihre Besucher auf dem Trockenen sitzen gelassen, Selbstversorgung war die Devise. An die kulinarischen Extravaganzen der europäischen Autoshows wagte in Tokio niemand zu denken. Doch jetzt zeigte die besondere wie auch die großzügige Gastfreundschaft mehr, daß Japan in den Weltautomarkt hineingewachsen war. Und der neue Status verlangte es, Gäste wie Könige zu behandeln.

Tagesbesucher (aber auch besser unterrichtete Insider) wären niemals darauf gekommen, daß sich hinter dem Glanz ein Gefühl des Unbehagens verbarg, die Ahnung, daß der Traum seinem Ende entgegenging. Die grellen Spotlights von *Makuhari* überstrahlten die tiefsitzenden Ängste der japanischen Automanager. Während sie lächelten, stolz ihre Errungenschaften präsentierten und sich freundlich und ehrerbietig verbeugten, erreichte der japanische Aktienmarkt täglich neue Tiefstände. Der Glanz der Darbietungen bei der Tokio Motor Show hatte mit der Wirklichkeit so viel gemein wie die bunte Perfektion des nahe liegenden *Fantasia*landes.

Dennoch blieben die Ängste gut versteckt. Selbst die erfahrensten Beobachter der Autoindustrie, deren zynischer, messerscharfer Blick den Schwindel hinter den Kulissen meist schnell entdeckt, priesen die Show als eine der bedeutendsten der Automobilgeschichte.

Unter den wenigen, die diese Einschätzung nicht teilten, fanden sich bemerkenswerterweise amerikanische Automanager. Sie waren zwar diesmal stärker als sonst vertreten, ihre Modelle konnten aber kaum mit außergewöhnlichen und interessanten Eigenschaften locken. Das einzige Auto, das japanische Autokäufer neugierig erwartet hatten, der *Saturn* von General Motors, hatte die Reise gar nicht erst angetreten. Während sich die Journalisten an den deutschen Ständen drängelten, herrschte bei den amerikanischen Anbietern ziemliche Leere. Aber selbst wenn sich die Amerikaner mit ihrer Aufmachung mehr Mühe gegeben hätten, ihre Stände wären wahrscheinlich nicht mit mehr Aufmerksamkeit bedacht worden. In Japan standen amerikanische Autos nicht gerade hoch im Kurs. Die Japaner fragten sich: »Wozu soll ich einen Cadillac kaufen, wenn ich für das gleiche Geld auch einen Mercedes oder einen BMW fahren kann?« Außerdem boten die Amerikaner keine Autos mit Rechtslenkung an.

Die häufigen Klagen darüber, daß die Japaner amerikanische Autos mit unfairen Mitteln von ihrem Markt ausschlössen, entsprachen denn auch nicht ganz den Tatsachen. Den Luxusschlitten aus Amerika fehlte einfach das Außergewöhnliche, das besondere Image, das ihren Preis gerechtfertigt hätte.

Lloyd Reuss, der Präsident von General Motors, schlenderte durch die Messehallen. Sein Gesicht blieb bis auf ein smartes Verkäuferlächeln und den zuweilen verdrießlich nach unten gezogenen Mund ziemlich ausdruckslos. Eher flüchtig musterte er die neuen Entwicklungen der Konkurrenz, die sein Unternehmen noch weiter ins Verderben stürzen würden. Dicht auf den Fersen folgten ihm Pressevertreter, die sich eifrig darum bemühten, einen Kommentar vom Präsidenten des weltgrößten, aber leicht angeschlagenen Autokonzerns aufzuschnappen. »Nicht viel Neues!« meinte er achselzuckend und wertete die Show als eine Enttäuschung für die weltweite Autoszene. Offenbar war er trotz schlagender Beweise unfähig oder einfach unwillens, den Erfolg der Japaner anzuerkennen.

Die amerikanischen Produzenten warteten immer noch darauf, daß sich Japans Wirtschaftsstärke in Luft auflösen würde. Ihr gelangweiltes Auftreten in Tokio schien die Haltung auszudrücken: »Wir sehen keine Bedrohung, also existiert sie auch nicht.« Lloyd Reuss und seine Brüder im Geiste hatten sich noch nicht vergegenwärtigt, daß der mehr als zwanzig Jahre währende Erfolg der japanischen Autohersteller kein bloßer Glückstreffer sein konnte.

Tokio – Januar 1992

Eine zweite Pilgerfahrt. Georg Bush, der Präsident der Vereinigten Staaten, stieg von der Gangway der blauweißen Boeing 747 der Air Force hinunter auf den häßlichen und überfüllten Flughafen von Haneda, der am Rand von Tokios Zentrum liegt. Auf dem Flughafen herrscht ständiges Chaos. Die schäbigen Ticket-Schalter und Wartehallen im Innern sind zu jeder Tageszeit von Menschenmassen überfüllt, die die Luft mit Zigarettenqualm schwängern. Das Flughafengelände, das nur über eine einzige Start- und Landebahn verfügt, ist von einem hohen Stacheldrahtzaun eingefaßt. Diese Schutzvorrichtung soll eine kleine Gruppe von Bauern und ihre linksgerichteten Verbündete abschrecken, sich gelegentlich zu versammeln und gegen den weiteren Ausbau des Flughafens zu protestieren.

Bush reiste in der Rolle des »CEO [Chief Executive Officer] von Amerika« nach Japan und hatte vor allem zwei Anliegen auf seiner Tagesordnung. Zum einen wollte er die Japaner drängen, ihren Markt für amerikanische Produkte mehr zu öffnen. Japans Handelsüberschuß hatte gewaltige Ausmaße erreicht, dreiviertel davon machte der Handel mit Autos und Autoteilen aus. 1991 hatten amerikanische Unternehmen nur 32.000 Autos in den Inselstaat exportiert, von denen die meisten zwar auf amerikanischem Boden, aber in japanischen Werken montiert worden sind. Die japanischen Autoproduzenten hatten aber im selben Jahr über 2,5 Millionen Autos in Amerika abgesetzt. Obwohl immer wieder versichert wurde, daß sich das Defizit verkleinern würde, deutete alles darauf hin, daß das Gegenteil der Fall sein würde. Bush hoffte, einem – wie Senator Donald Riegle aus Michigan es formuliert hat – »wirtschaftlichen Pearl Harbour« entgegenwirken zu können.

Zum zweiten wollte der US-Präsident seine Gastgeber zu einem stärkeren Engagement in den USA ermutigen. Dabei stand wieder die Autoindustrie im Mittelpunkt. Jeder japanische Autokonzern, außer Daihatsu, unterhielt mittlerweile Montagewerke in Nordamerika und hatte damit Arbeitsplätze für Amerikaner geschaffen. Die war jedoch nur ein Tropfen auf den heißen Stein. Denn die Montageanlagen waren keineswegs selbständige Produktionsstätten, sondern vom Import der Einzelteile aus Japan abhängig. Die Bedeutung der Zulieferer für das Wohlergehen und die Leistungsfähigkeit der Industrie trat bei den ausländischen Niederlassungen besonders deutlich zutage. Die amerikanischen Zulieferer beklagten sich darüber, daß es ihnen nicht gelänge, die *keirutsu* aufzubrechen. Diese Großfamilien ähnliche Unternehmensgeflechte, die japanische Autoproduzenten mit ihren speziellen Zulieferern bilden, ärgern jedoch nicht nur die US-Firmen, sie sorgen auch in der europäischen Industrie für große Unruhe.

Obendrein erhoffte sich Bush von dem Besuch öffentlichkeitswirksame

Erfolge für das anstehende Wahljahr in Amerika. Die Amerikaner sollten sehen, wie er sich um ihre Arbeitsplätze kümmerte und ihre Interessen in den Mittelpunkt seiner Reisen rund um den Globus stellte. Zu oft war ihm vorgeworfen worden, daß er sich gerade in Zeiten schwerer wirtschaftlicher Krisen zu lange im Ausland aufhalte. Deshalb hatte er auch den bereits für November geplanten Besuch in Japan auf Anfang des nächsten Jahres verschoben, um zu demonstrieren, daß er sich zunächst um die innenpolitischen Probleme kümmere. Als er sich schließlich zur Reise entschloß, sollte auch die Auswahl seiner Begleiter ein Zeichen für seinen Kampf gegen die Arbeitslosigkeit setzen. Amerika steckte noch immer in einer tiefen Rezession, die Kraftfahrzeugindustrie hatte die schlechtesten Umsätze seit der Konjunkturkrise von 1982 zu verzeichnen. Die Arbeitslosenquote lag unerträglich hoch. Bush brauchte einfach Hilfe. Er hoffte mit der Reise zu erreichen, was er zu Hause zu schaffen nicht in der Lage war.

Über zwanzig amerikanische Geschäftsleute begleiteten Bush nach Japan, doch die öffentliche Aufmerksamkeit konzentrierte sich nur auf die mächtigen Chairmen der großen Drei aus Detroit: den erschöpft wirkenden Bob Stempel von General Motors, ein Mann von großer Statur, mit leicht hängenden Schultern und eiserner Miene; auf Lee Iacocca, den energischen, überheblichen Chrysler-Chairman und eingefleischten Japangegner (auf Watergate-Tonbändern hört man ihn verächtlich von den »Japs« sprechen), und schließlich auf Harold (Red) Poling, den ruhigen, rothaarigen Chef von Ford. Über ihre Teilnahme an der Reise war nicht erst in letzter Minute entschieden worden. Auf der Tokio Motor-Show im Oktober hatten Vertreter des US-Wirtschaftsministeriums die Fühler ausgestreckt und versucht, eine Reihe von Treffen zwischen amerikanischen und japanischen Automanagern zu arrangieren. Als Bush den neuen Reisetermin festlegte, machte er die drei Vorsitzenden in seiner Planung zu Hauptakteuren. Ihre Anwesenheit sollte demonstrieren, daß die Amerikaner gegen den »Riesen« gerüstet waren. Statt dessen erweckte der Besuch den beklemmenden Eindruck, daß hier eine geschlagene Nation vor den Siegern kroch. Ein Berichterstatter fühlte sich an das Jahr 1962 erinnert, als der japanische Premier nach Paris reiste, um Charles de Gaulle einen Besuch abzustatten und als »Radioverkäufer« abgewiesen wurde.

Japans Premierminister Kiichi Miyazawa war an einem Treffen mit Bush und seiner Delegation ebenfalls sehr interessiert, obwohl seine Bemerkungen im Vorfeld verrieten, daß er mit dem Status quo keineswegs unzufrieden war. Vielsagend meinte er: »General Motors gehört zu den USA wie die Stars and Stripes. Ich kann mir vorstellen, wie niederschmetternd es sein mag, wenn diese Firma von den Japanern geschlagen wird.«

Atsushi Otomo, Direktor des Verbandes japanischer Autohändler, äußerte sich ähnlich unverblümt und noch etwas pragmatischer: »Wenn amerikanische Autos für japanische Kunden attraktiver wären, könnten wir sie verkaufen. Sie sind aber auf japanische Bedürfnisse nicht zugeschnitten. Amerikanische Autos sind zu groß und haben das Lenkrad auf der linken Seite.« Otomo fragte, warum denn die Europäer so erfolgreich seien, wenn Japan angeblich eine Festung gegen Importe errichtet habe. Allein BMW verkaufte 1991 in Japan mehr Autos als alle Autohersteller aus Detroit zusammen. Schlimmer noch: Die Verkaufszahlen für Autos aus Detroit in Japan waren zurückgegangen, die der Deutschen hatten sich dagegen in den letzten fünfzehn Jahren verfünffacht. Obwohl ihnen dieser Anstieg nur einen Anteil von zwei Prozent am japanischen Markt sicherte, war die Botschaft unmißverständlich: Die Deutschen waren willkommen, weil sie attraktive Autos bauten. Niemand wollte amerikanische Autos mit Linkssteuerung kaufen, die nun auch noch mit Hilfe eines zum Handlungsreisenden abgestiegenen US-Präsidenten unwilligen japanischen Kunden aufgedrängt werden sollten.

Obwohl die Reise über Monate hinweg vorbereitet wurde, war ihre Planung schlampig. Die Japaner wußten eigentlich nur, daß Bush mit seinem Gefolge kam, hatten aber keine Informationen darüber erhalten, was die Delegation zu erreichen hoffte. Angesichts der bevorstehenden Wahlen in den USA wollten sie Bush einen guten Auftritt verschaffen, denn sie setzten auf Kontinuität. Sie hielten seine Politik für berechenbarer als die einer neuen demokratischen Regierung. Auf ihren Wahlkampfreisen hatten die Demokraten immer wieder lautstark strengere Handelsbeschränkungen gefordert. Die Japaner wollten Bush also unterstützen, hatten es aber schwer, weil die Amerikaner im Vorfeld der Reise keine konkreten Ziele artikulierten.

Es war vorgesehen, daß sich die amerikanischen Automanager in einer hastig organisierten Reihe von Treffen mit den Führungskräften der japanischen Industrie an einen Tisch setzen sollten. Die Zusammenkünfte fanden im Hotel Okura gegenüber der amerikanischen Botschaft statt. Manager von Toyota, Nissan, Mazda und Mitsubishi repräsentierten die japanische Autoindustrie. Die Amerikaner wollten den »Poling-Plan« vorlegen, der einen kontrollierten, gelenkten Handel vorsah und aus der Feder des Fordchefs stammte. Poling verdrängte mehr und mehr den streitlustigen Iacocca aus seiner Rolle als prominentester Gegner des Freihandels. Die anderen Manager unterstützten seinen Plan. Aus der Sicht der Amerikaner benahmen sich die japanischen Autoproduzenten nicht gerade wie verantwortungsbewußte Weltbürger. Sie überfluteten den US-Markt mit Autos, schotteten aber ihren eigenen Markt völlig ab. Die Japaner ihrerseits sahen ein, wie wichtig es war, die Feindschaft zwischen beiden Nationen abzubauen und der unausgeglichenen Handelsbilanz entgegenzuwirken. Sie waren jedoch fest davon überzeugt, daß die Misere der amerikanischen Autoindustrie hausgemacht sei und die Schuld nicht bei ihnen liege. Warum, so fragten sie sich, konzentriert sich Amerika nicht auf die Verbesserung seiner Wettbewerbsfähigkeit, anstatt Handelsbarrieren zu fordern?

Die Treffen brachten allesamt wenig, und Iacocca hielt seine Wut nicht hinterm Berg. »Sie behaupten, alle unsere Probleme seien selbstverschuldet. Ebensogut könnten sie unserer Army und Navy die Schuld an Pearl Harbour geben, weil die auf den Angriff nicht vorbereitet waren.«

Bob Stempel nahm besonders Toyota aufs Korn. »Toyota ist ein unerbittlicher Konkurrent. Diese Leute führen Krieg«, sagte er verbittert. »Schluß mit den Wortgefechten, es geht ans Abschlachten und Killen!«

Später klagte Stempel: »Ich wollte eigentlich nicht mitfahren. Ich habe meinen Kollegen prophezeit: ›Mit dieser Reise handeln wir uns eine schlechtere Publicity ein, als wir verkraften können.‹ Ich hatte recht – das ist ein gutes Zeichen, aber eine schlechte Nachricht.«

Hondas Vorstandsvorsitzender Nobuhiko Kawamoto konterte nicht ohne ironischen Unterton: »Die Amerikaner halten ihre Automobile für ebenso konkurrenzfähig wie andere Fabrikate. Diese Botschaft ist aber beim japanischen Kunden irgendwie noch nicht angekommen.«

Was als Plan, »sich die Japaner vorzuknöpfen«, begann, nahm für Bush und seine Reisegefährten aus Detroit ein schlechtes Ende. Sicher, es gab vage Versprechungen, es wurde überall in einem fort gelächelt, und die um Harmonie bemühten Japaner schauten höflich weg, als sich der amerikanische Präsident beim Abschiedsdinner auf den japanischen Premierminister erbrach. Doch die Abgesandten der Vereinigten Staaten kehrten mit fast leeren Händen nach Hause zurück. Sie hatten den japanischen Autokonzernen lediglich das Versprechen abgerungen, in Zukunft mehr in Amerika produzierte Teile zu kaufen und den Import amerikanischer Autos zu unterstützen und zu fördern. Tatsächlich hatte Bush auf seiner Reise einige Wagen verkauft. Im Anschluß an seinen Besuch legten sich einige japanische Manager eiligst einen Cadillac oder Lincoln als Dienstwagen zu: eine öffentlichkeitswirksame, aber unbedeutende kleine Geste gegenüber den Amerikanern.

Bush und seine Begleiter wußten, daß sie keinen Sieg errungen hatten. Kenichi Ohmae, Geschäftsführer der McKinsey Unternehmensberatung in Tokio, sah das genauso. Er gab offen zu, daß die japanischen Konzerne diese Versprechen leicht erfüllen konnten, ohne wirklich amerikanische Produkte zu kaufen.

»Wir werden Reifen kaufen. Bridgestone gehört zu Firestone, Dunlop zu Sumitomo Rubber, und Yokahama Rubber besitzt Mohawk. Herzlichsten Dank.« Ohmaes Bemerkungen führten eine neue, den Amerikanern aber kaum ins Bewußtsein vorgedrungene Tatsache vor Augen: Man konnte Waren von Firmen, die sich in japanischem Besitz befanden, kaufen, und dabei trotzdem dem Slogan »buy American« folgen.

Kaum war eine Woche nach Bushs Rückkehr in die USA vergangen, als über den Pazifik hinweg erstmal heftigste Beleidigungen ausgetauscht wurden. Den Anfang machten die Japaner. Ein Parlamentsmitglied gab unüberlegt zum Besten, daß die amerikanischen Arbeiter faul und unfähig seien. Die Amerikaner reagierten mit einem wahren Ausbruch verletzter Gefühle, der in »buy American«-Kampagnen gipfelte. Nicht zum ersten Mal hatte ein japanischer Abgeordneter öffentlich ins Fettnäpfchen getreten. In regelmäßigen Abständen entschlüpften japanischen Funktionären amerikafeindliche und sogar rassistische Äußerungen. 1987 waren ähnliche Bemerkungen vom stellvertretenden Minister für internationale Angelegenheiten im Ministerium für Handel und Industrie, Makoto Kuroda, angeblich mit für die Entscheidung des US-Kongresses verantwortlich, einen Zoll auf japanische Halbleiterprodukte zu erheben. Ironischerweise hätte der jüngste Zwischenfall die Japaner zu keinem ungünstigeren Zeitpunkt treffen können, denn die Amerikaner ärgerte es zunehmend, wie sich die Japaner amerikanische Nationalheiligtümer, wie den Pebble Beach Golf Course, Columbia Pictures und das Rockefeller Center, unter den Nagel rissen. Die amerikanische Presse machte sich im großen und ganzen über die Reise lustig und kritisierte sie als ein denkbar ungeeignetes Mittel, um den Zugang zum japanischen Markt zu erzwingen. In der von steigenden Arbeitslosenzahlen und der Rezession verängstigten amerikanischen Öffentlichkeit lösten diese Berichte ein Gefühl der Unsicherheit aus. Mit gewohnter Lautstärke griff Lee Iacocca als erster in den Kampf ein. »Ich für meinen Teil habe es satt, von den Japanern zu hören, daß all die Probleme in unserem Land unsere eigenen verdammten Fehler sind«, tobte er. »General Motors, Ford Chrysler und unsere Zulieferer werden nicht von Idioten geführt. Unsere Arbeiter sind nicht faul und dumm.«

Die Schlammschlacht förderte lediglich Vorurteile zutage, die in Amerika langsam gewachsen waren. Eine vom *Pacific Institute* herausgegebene Studie aus dem Jahre 1992 ergab, daß die Amerikaner über die Japaner in den letzten zwanzig Jahren zwar geteilter Meinung waren, insgesamt aber Japans Status als Freund und Alliierter positiv hervorgehoben wurde. Der Bericht vermerkte jedoch auch, daß »die Umfrageergebnisse der letzten zwei Jahre einen, wie es ein Diskussionsteilnehmer feststellte, ›alarmierenden Wandel‹ widerspiegelten. Eine aktuelle Gallup-Umfrage unter Amerikanern ergab, daß die Japaner in den Kategorien ›sehr sympathisch‹ oder ›im großen und ganzen sympathisch‹ 33%-Punkte verloren haben.« Die Studie kam zu dem Schluß, daß nach dem Wegfall der militärischen Bedrohung durch die Sowjetunion nun vor allem die wirtschaftliche Bedrohung durch Japan den Amerikanern Sorgen bereitet.

Die US-Bürger hatten guten Grund, sich über die Überheblichkeit der Japaner zu ärgern, und die Industriechefs hatten noch mehr Grund, sich über den wachsenden Einfluß japanischer Firmen zu sorgen. Die tieferen Ursachen für die Unstimmigkeiten lagen in den frustrierenden Versuchen, eine Kultur und ein Volk zu verstehen, dessen Handeln sich konsequent westlicher Rationalität widersetzte. Für die Amerikaner ist es kaum vorstellbar, daß in Japan 123 Millionen Menschen (ungefähr die Hälfte der Bevölkerung der Vereinigten Staaten) auf einem Gebiet etwa von der Größe des US-Bundesstaates Montana leben. Es ist eine monolithische, homogene Gesellschaft. Eine gemeinsame Religion, die für alle verbindliche Werte und moralisches Verhalten vorgibt, fehlt jedoch. Vielmehr vermischen sich in ihrem Glauben Elemente des Buddhismus, des Konfuzianismus und des Shinto, der »offiziellen« Religion. Hieraus entwickelten sich hochkonformistische, starre Strukturen, in der jeder einen festen Platz einnimmt und die Regeln akzeptiert, die seine Stellung bestimmen. Das Shinto, in dem sich die Verehrung der Ahnen mit der Vergöttlichung des Kaisers verbindet, dient mehr als politische Ideologie und weniger als Instanz, die moralische und ethische Verhaltensnormen festlegt. Nach der Lehre des Shinto stammen die Japaner direkt von der Sonnengöttin ab, die ihnen einen besonderen Platz in der Welt zuwies. Hier liegen die Ursprünge für den Glauben der Japaner an ihre rassische Überlegenheit verborgen. Die Heimat der Sonnengöttin war der Fluß Isuzu (nach ihm ist der Autokonzern Isuzu benannt), aus dem sie alle anderen Götter hervorbrachte.

Die Japaner haben diese Mythen über ihre göttliche Abstammung seit Jahrhunderten gepflegt und überliefert. Bis zum Ende des 19. Jahrhunderts war der Inselstaat ein völlig isolierter Agrarstaat unter der kaiserlichen Herrschaft des Shogun. Der Kontakt zur westlichen Welt war nahezu verboten. Doch selbst nach der Öffnung zum Westen unter der Meiji-Dynastie hielt Japan am seinem kulturellen Chauvinismus und dem Anspruch kultureller Überlegenheit fest.

Die Japaner fühlen sich permanent durch den Westen bedroht, sehen aber über die eigenen Vorurteile und Fehlleistungen hinweg. Ethnozentrische Ideale werden in den Schulen gelehrt und schlagen sich im Kaufverhalten nieder. Ein Beispiel: Die Regierung behauptet, daß sich japanisches Blut so sehr von westlichem unterscheide, daß in Europa und in den USA zugelassene Medikamente für eine Freigabe in Japan weitere fünf Jahre getestet werden müßten. Während die Japaner ihren eigenen Rassismus fast völlig ausblenden, schieben sie dem Westen, insbesondere Amerika, gerne rassistische Motive in die Schuhe. In seinem umstrittenen Buch *The Japan That Can Say No* schreibt Shintaro Ishihara, ein für seine Direktheit bekannter japanischer Parlamentarier, unverblümt: »Im Zweiten Weltkrieg bombardierten die Vereinigten Staaten deutsche Städte und töteten viele Zivilisten, sie setzten aber keine Atombomben gegen die Deutschen ein. US-Bomber warfen sie auf uns ab, weil wir Japaner waren. Jeder Amerikaner, dem ich dies erzähle, bestreitet, daß die Rasse den Ausschlag gab. Es bleibt aber eine unleugbare Tatsache, daß die Atombomben auf Hiroshima und Nagasaki fielen. Wir sollten das niemals vergessen. Derselbe virulente Rassismus liegt den Handelsstreitigkeiten mit den Vereinigten Staaten zugrunde.«

Dem könnten Amerikaner entgegensetzen, daß sie niemals vergessen werden, daß Nippons Kampfflieger Pearl Harbour ohne jede Provokation bombardiert haben. Aber auch dafür halten die Japaner eine Erklärung parat. Der Überfall wird mit der amerikanischen Weigerung gerechtfertigt, ihnen Stahl und Öl zu verkaufen. Was hätten sie denn als Nation anderes tun können, so schwach und rohstoffarm, wie sie waren? Diese Debatte kann endlos fortgesetzt werden, alle Beteiligten bringen mittlerweile höchst ausgeklügelte Argumente hervor, die die tief empfundene Feindschaft zwischen beiden Nationen nur kaschieren.

William Holstein stellt in *The Japanese Power Game* das japanische Streben nach ökonomischer Stärke in den Mittelpunkt seiner Betrachtungen. Er schreibt, »daß in Japans Gesellschaft der Kampf um ökonomische Macht an höchster Stelle steht ... Jede Taktik ist zulässig. Es ist bezeichnend, daß die japanische Kultur kein Äquivalent für die westliche Idee der ›Fairness‹ kennt. Der Umgang miteinander ist vom Konfliktdenken geprägt. Man sagt sich z. B.: ›Wenn du dich meiner Macht beugen mußt, tust du dieses vielleicht nur scheinbar und setzt heimlich alles daran, den Spieß umzudrehen.‹«

Nicht, daß die Amerikaner und Deutschen übermäßig einem Weltbürgertum anhingen. Auch Amerika leidet unter einem Überlegenheitskomplex und nimmt es übel, wenn ihm nicht die Ehrerbietung entgegengebracht wird, die es seiner Meinung nach verdient. Führende Politiker, selbst Mitglieder der Regierung, legen wegen der vermeintlichen Bedrohung durch Japan zuweilen recht häßliche Verhaltensweisen an den Tag. Und die Deutschen haben ohnehin ihre eigenen Probleme mit der Ethnozentrizität. In vieler Hinsicht sind sie den Japaner sehr ähnlich. Sie bestehen stur darauf, daß sich alle ihren Ansichten fügen.

Der Zusammenstoß der ökonomischen Supermächte ist unvermeidbar, weil die Weltwirtschaft ein Stadium der gegenseitigen Abhängigkeit erreicht hat, das noch eine Generation zuvor niemand voraussehen konnte. Aber Feindschaft und Rufe nach protektionistischen Maßnahmen ignorieren die Herausforderungen des Welthandels der neunziger Jahre. In Wirklichkeit ist eine genaue Definition dessen, was ein japanisches, amerikanisches oder deutsches Produkt ausmacht, nicht mehr so einfach zu treffen. Wenn es um Arbeitsplätze geht, darf man nicht vergessen, daß mehr als vierzigtausend Amerikaner in japanischen Autofabriken arbeiten. Jedoch haben wahrscheinlich mehr als zweimal so viele Arbeitnehmer ihren Job durch den Ansturm der Importe und durch die effizienteren Auslandsniederlassungen verloren. Obendrein werden die Fronten durch multinationale Joint Ventures und Firmenbeteiligungen aufgeweicht.

Nun scheint keiner daran interessiert, über Feinheiten zu diskutieren. Auch wird niemand zugeben, daß die Vogel-Strauß-Methode und überholter Protektionismus auch nicht weiterhelfen. Mit dieser Haltung können wir in unserer hochkomplexen, ineinander verflochtenen Welt nicht überleben.

Die Europäische Gemeinschaft hat ihre eigenen Sorgen mit der drohenden »japanischen Invasion«. Obwohl die deutschen Autobauer beim Verkauf ihrer Autos auf dem japanischen Markt erfolgreicher waren als die Amerikaner, und die japanischen Importe auf dem europäischen Markt nur einen Anteil von 11,6 % erreichten (im Gegensatz zu 30 % in Amerika), brach die Protektionismusdebatte in Europa los, als auch Toyota und Honda begannen, Montagewerke in Großbritannien zu errichten. Nissan hatte dort schon eines und bereitete die Errichtung eines zweiten vor. 1992 führten die Europäer ein Quotensystem für japanische Autos ein, das bis 1999 gelten soll. Von dieser Absprache erhoffen sie sich eine Atempause für ihre Autoindustrie, bevor der japanische Ansturm auf Westeuropa und die neuen Märkte im Osten beginnt. Die Europäer sind jedenfalls entschlossen, den Japanern ihren Markt nicht bedingungslos so weit zu öffnen, wie es die Amerikaner getan haben. Den Japanern wurde kein roter Teppich ausgerollt. Nippons Autokonzerne wurden auch schroff abgewiesen, als sie auf den Abschluß von Joint Ventures drängten. Gemeinschaftsunternehmen nach dem in den USA entwickelten Muster sollte es nicht geben. Als der Schwerindustriekonzern Fuji, der Autos der Marke Subaru herstellt, anbot, in Frankreich ein Montagewerk zu errichten, machten ihm Industrie und Regierung unmißverständlich klar: »Verschwindet! Wir wollen euch hier nicht!«

Die Deutschen legen ohnehin ein feuriges Nationalgefühl an den Tag, wenn es um Autos geht. Sie halten ihre eigenen Fahrzeuge für die besten der Welt und verstehen sich als die anspruchsvollsten und kenntnisreichsten Autokäufer überhaupt. Erwirbt jemand ein japanisches oder ein amerikanisches Auto, muß er diesen Kauf vielerorts noch rechtfertigen.

Die Europäer sorgen zwar dafür, daß die Japaner ihren Markt nicht überschwemmen, doch bleibt ihre Situation recht heikel, denn seit dem Fall der Berliner Mauer werden in Europa die Karten neu gemischt. Das anfängliche Hochgefühl ist angesichts der brutalen wirtschaftlichen Realität längst verflogen. Selbst die europäischen Autohersteller können diese neue Lage nicht einschätzen, sie wissen nicht, wie sich das Absatzpotential entwickelt und ob die ehemaligen Ostblockstaaten die in sie gesetzten Hoffnungen erfüllen oder weiter der Armut verfallen.

Wer am Ende des 20. Jahrhunderts Autos bauen will, braucht Stil und Substanz, Design und Technologie. Die hohe Kunst besteht darin, beides geschickt zu kombinieren. Die Tokio Motor Show von 1991 hatte ihre eigene Ironie. Einerseits erschraken die angereisten Industriemanager vor der Vision einer neuen japanischen Offensive, denn die Japaner präsentierten sich als die neuen Champions der Weltautoindustrie, die jeder anderen Nation, insbesondere Amerika, Angst einjagten. Andererseits waren sich die japanischen Autohersteller längst der Schwächen ihres Inlandmarktes bewußt und hofften verzweifelt, mit der Show das Steuer herumzureißen. Infolge der Rezession war die Nachfrage nach Autos in Japan zurückgegangen. In den Boomjahren von 1986 und 1990 schwamm die japanische Kundschaft im Geld und hatte einen schier unstillbaren Hunger nach neuen Autos entwickelt. Nun aber ließ die Nachfrage allmählich nach. Das Geld wurde knapp, die Konsumlust nahm ab, weil die potentiellen Käufer gewahr wurden, wie ihre Aktien von Tag zu Tag weniger Wert waren. Die Bevölkerung wachte nach einer gigantischen Einkaufsorgie in Katerstimmung auf und zeigte angesichts wachsender Schulden wenig

Interesse an den neuesten High-Tech-Modellen der Autoindustrie. Siebzig Prozent der Autokäufer griffen auf Finanzierungsgeschäfte zurück, von denen einige Jahre zuvor noch kaum jemand gehört hatte.

Zu alldem bremste ein neues Gesetz die Autokäufe in den Stadtgebieten. Es verlangte von jedem Autokäufer den Nachweis über einen eigenen, zugelassenen Parkplatz. Insbesondere im Tokioter Straßenverkehr gab es fast kein Durchkommen mehr. Überall standen Autos in Halteverboten, jeder freie Meter, selbst auf Gehwegen und vor Einfahrten, wurde zugeparkt. Zunächst war das neue Parkplatzgesetz geschickt umgangen worden. Autohändler mieteten im allgemeinen einen oder zwei Abstellplätze, die sie den Kunden für einen kurzen Zeitraum zur Verfügung stellten. Schließlich begann jedoch die Polizei das Gesetz mit so viel Nachdruck durchzusetzen, daß die Autohersteller neue Einbußen in ihrem ohnehin angeschlagenen Geschäft fürchten mußten.

Japanische Autos mögen die besten der Welt sein, doch zu ihren Absatzrekorden hatten auch der ehemals stabile Immobilienmarkt, das billige Geld und die sprunghaft ansteigenden Aktienkurse beigetragen. Dieser Auftrieb fehlte nun. Die Ursachen für Japans Krise liegen nicht allein in der Rezession. In den Boomzeiten der achtziger Jahre haben sich viele japanische Unternehmen von ihren ursprünglichen Erfolgsrezepten verabschiedet. Der riesige Aktienmarkt und große Immobilienvermögen ließ sie vergessen, daß ihr Erfolg auf eiserne Sparsamkeit beruhte. Eilig schickten sie neue Autos in den Markt, ohne vorher zu prüfen, ob es überhaupt Käufer für die Novitäten gab. Solch eine Strategie wäre in mageren Jahren undenkbar gewesen. Toyota setzte just gerade zu dem Zeitpunkt auf größere, teurere Wagen, als die Japaner sich mit der bitteren Tatsache arrangieren mußten, daß sie sich keinen Luxus mehr leisten konnten. Doch auch der neue *Corolla* überstieg schon die die Zwei-Millionen-Yen-Preis-Schwelle und schreckte die Käufer, das gleiche galt für den *Aristo*. Toyotas Produktplanung hatte den unaufhaltsamen Konjunkturrückgang einfach übersehen und hielt stur an der Devise fest: noch mehr und noch größere Autos. Tief im Innern war der kollektiv empfindenden japanischen Gesellschaft die Wahrheit jedoch schmerzlich klar geworden: Die fetten Zeiten waren vorbei. Daß die Autohersteller trotzdem hofften, mit der Tokio Motor Show neue Käufer mobilisieren zu können, verleiht der effektvollen Show zumindest im nachhinein neue Konturen und den Akteuren eine fast rührende Naivität.

Die großen Autofirmen mußten angesichts neuer Herausforderungen ihre Weichen umstellen. Jede von ihnen befindet sich im Umbruch, in einem ruhelosen Status quo, der fast das Merkmal der neunziger Jahre zu werden scheint. Der Zusammenbruch alter Machtblöcke und Diktaturen, die Zersplitterung von Völkern und Kulturen und der ständig wachsende Druck wirtschaftlich in Not geratener Nationen erschüttern auch die Führungsetagen von General Motors, Toyota und Volkswagen. Jeder der drei Konzerne stellt ein Weltimperium mit einer finanziellen Potenz dar, die andere Autohersteller in den Schatten stellt. Jeder der drei hat einen außergewöhnlich großen Einfluß auf die Zukunft ganzer Industriezweige. Und in jedem schlummern große, noch weitgehend unentdeckte Schwächen, die im kommenden Jahrzehnt zu einer verheerenden Katastrophe führen können.

Es sind unruhige Zeiten für Industriechefs. In den Führungsetagen der Konzerne sitzen mit Sicherheit viele Männer (all diese Konzerne werden von Männern geleitet), die sich nach den Zeiten zurücksehnen, in denen jede Anstrengung garantiert von Erfolg gekrönt war und sich leicht Siegeslorbeeren aufgrund großer Leistungen und ausgebuffter Strategien einheimsen ließen. Schließlich lassen sich Unternehmen nicht nach der Methode ›try and error‹ zu führenden, mächtigen Industrieimperien ausbauen. Aber die Gewinnstrategien der Vergangenheit – sogar die der jüngsten Vergangenheit – sind in dieser sich dramatisch verändernden Welt überholt. Jetzt muß sich jeder Konzern auf seine Art einer kosmischen Schlacht stellen, einem Kampf zwischen Altbewährtem und Neuem, zwischen Isolation und Weltoffenheit, zwischen Stagnation und Risiko. Und jeder hat mit wirtschaftlichen Kräften zu kämpfen, die außerhalb seiner Einflußsphäre liegen.

Die Chefs der drei großen Konzerne – Robert Stempel in Detroit, Shoichiro Toyoda in Nagoya und Carl Hahn in Wolfsburg – hatten vielleicht mehr gemeinsam, als sie selbst zugeben würden. Alle drei Unternehmen sind im eigenen Land Marktführer, aber in ihrem wirtschaftlichen Wachstum von Entwicklung internationaler Märkte abhängig. Alle drei Konzerne sind mit aufgeblähter Unternehmensorganisation belastet, die sich Veränderungen widersetzt. Und alle drei sehen sich seit dem Umschwung im Jahr 1992 mit einer krassen Machtverschiebung konfrontiert, die in gleichem Maße Durcheinander, Gefahren und neue Möglichkeiten schafft.

Wer in den neunziger Jahren des zwanzigsten Jahrhunderts das Steuerrad eines großen Autokonzerns in den Händen hält, folgt einem unbekannten Highway ins 21. Jahrhundert. Er ist mit der Auslieferung einer Fracht betraut, die für das wirtschaftliche Schicksal ganzer Nationen alles andere als belanglos ist. In den achtziger Jahren hatten die Chefs der Autoindustrie, so visionär und erfolgreich viele von ihnen auch waren, zwei grundsätzliche Vorteile: Zum einen stieg die Nachfrage bei den Käufern stetig an, und zum anderen war die wirtschaftliche Lage relativ stabil. Das Weltgeschehen war vorhersehbarer, das gleiche galt für Entscheidungen in der Autoindustrie. In den neunziger Jahren haben sich die Probleme verkompliziert, Entscheidungen sind schwerer zu fällen und Irrtümer kaum noch zu verkraften. Es gilt, eine überschwere Last auf sich zu nehmen, und dieses um so mehr, als die Autoindustrie schon immer mit einzelnen Männern aufgestiegen oder gefallen ist. Das hat sich bis heute nicht geändert.

2. *General Motors – »General Angst«*

> Gäbe es eine Art Selbsthilfegruppe der Gesellschaft Anonymer Unternehmer, könnte General Motors zu den Gründungsmitgliedern gehören.
>
> – *Newsweek*

Detroit – November 1991

Wenn Lloyd Reuss bei der Tokio Motor-Show von 1991 beunruhigt wirkte und ein wenig grob auftrat, dann gab es dafür vermutlich gute Gründe. Er und Chairman Bob Stempel wußten beide, daß General Motors in diesem Jahr Rekordverluste machte und die starke Konkurrenz den Amerikanern weitere Marktanteile abnehmen würde. Obendrein ärgerten sich beide darüber, daß neuerdings überall Boardmitglieder auftauchten und herumschnüffelten. Während Reuss durch die Ausstellungsgänge von *Makahuri* schlenderte, blieb Stempel in Detroit, um die Krise in den Griff zu bekommen und die zunehmend unzufriedenen Mitglieder des GM-Board zu beruhigen.

Die Mitglieder des Kontrollgremiums hatten schon seit einiger Zeit begonnen, sich auf eigene Faust über den wahren Zustand von General Motors und die verantwortlichen Personen zu informieren. Eine immer stärker werdende Fraktion im Board verlangte Rechenschaft für die sich ständig verschlimmernde Lage des Konzerns und für die Unfähigkeit des Managements, Gewinn-, Cash-Flow- und Marktanteilsvoraussagen einzuhalten. Die plötzliche Neugier und der ungewohnte Eifer des Board brachen radikal mit den Traditionen des Unternehmens. Und niemand fand besonderen Gefallen daran, eine harte Gangart einzuschlagen.

Viele Boardmitglieder mochten Stempel sogar. Seine Amtsführung war für sie schon ein Fortschritt verglichen mit der wilden, destruktiven Herrschaft von Roger Smith in den achtziger Jahren. Stempel brachte im Gegensatz zu seinem Vorgänger ein fundamentales Verständnis für die

Dynamik eines Autounternehmens mit. Von einer Welle der Hoffnung getragen, wurde er zum neuen Chairman gewählt, und seine aufgeschlossene Art erschien zunächst als erfrischender Kontrast zu Smiths eisenhartem Auftreten. Stempel besaß persönliche Wärme, war nachdenklich und suchte statt Vorschriften den Dialog. Er galt als guter Zuhörer und fragte immer nach Vorschlägen, Meinungen und Eindrücken, zu denen er sich bei Sitzungen zahlreiche Notizen machte. Mit seiner imposanten Körpergröße von 1,95 Meter flößte der ehemalige Footballspieler Respekt ein. Dazu kam, daß er das war, was man im Sprachgebrauch Detroits einen »car guy« nennt. Er war ein Techniker und nicht wieder einer der vielen Finanzexperten, die das Unternehmen ins Chaos gestürzt hatten. Die Boardmitglieder wünschten ihm nichts so sehr wie den Erfolg, und doch konnten sie den fortdauernden Niedergang nicht mehr tolerieren. Inzwischen stand ihre eigene Glaubwürdigkeit auf dem Spiel. Sie wollten Stempel auffordern, seinem unklaren Kurs eine Richtung zu geben und die Probleme von GM direkter und aktiver anzupacken.

Stempel gab es zwar nicht zu, aber der Riese hing in den Seilen. Er machte Umstände, die außerhalb seiner Kontrolle lagen, für den Talrutsch verantwortlich und gab sich unerschütterlich zuversichtlich, daß es mit GM aufwärts ginge, wenn sich nur die Wirtschaft wieder erhole. Wenn Stempel vielleicht auch anders auftrat als Roger Smith, so war er im Grunde seines Herzens doch Zoll für Zoll ein loyaler GM-Mann. Er glaubte, daß alle Probleme von vorübergehender Natur seien, alle Verluste mit der Zeit wieder wettgemacht werden könnten (wenn die Rezession überwunden wäre oder die Japaner einen Fehler begingen – er hatte immer eine Entschuldigung *du jour* parat) und daß nichts einen so berühmten, so riesigen und so reichen Konzern wie General Motors zu Fall bringen würde. Selbst die neuerdings zu spürende Unzufriedenheit des Board beunruhigte ihn nicht allzusehr. Geschickt verstand er es, mit seiner nachdenklichen, geduldigen Art, seiner Erfahrung und seinen großen Fachkenntnissen die Ängste seiner Aufseher zu beruhigen.

Aus der vierzehnten Etage des General Motors Gebäudes, wo isoliert und verwöhnt die Manager residierten, wurde Ende 1991 Mut und Stärke befohlen: *Es geht bergauf, wir haben die Dinge in den Griff bekommen, es wird einen sichtbaren Wandel geben, wir haben den richtigen Kurs einge-*

schlagen. Tatsächlich hatte Stempel begonnen, die Unternehmensstruktur und -organisation, die er selbst 1984 mitgeschaffen hatte, teilweise wieder umzubauen. Damals hatte man GM einer gründlichen (und verhängnisvollen) Umstrukturierung unterworfen. Diesmal war Stempel fest entschlossen, behutsam vorzugehen. Nichts konnte seiner Ansicht nach der Konzern weniger brauchen als eine Wiederholung des Chaos, das 1984 nach den rigorosen Veränderungen folgte. Doch eben dieses langsame Tempo ließ Stempels Versprechungen angesichts der wachsenden Probleme des Unternehmens unglaubwürdig erscheinen. Insbesondere im Board zeigten sich ängstliche Direktoren allmählich besorgt über die tiefe Kluft von Fantasie und Wirklichkeit.

Wenn Roger Smith in den achtziger Jahren seine Fehler mit der Behauptung verteidigte, daß seine Entscheidungen und Investitionen langfristig geplant seien und mehr Zeit bräuchten, um sich als richtig zu erweisen, hatten sich die Boardmitglieder meistens gefügt. Es gab nur wenige Ausnahmen, wie John Smale, Chairman und CEO von Procter & Gamble, der den GM-Chef ständig mit der Frage nervte, warum GM denn mehr Kosten produziere als Ford. Smale wußte, daß die Antworten des Finanzstabs die Wahrheit erheblich verklärten, aber er war zu dieser Zeit praktisch der einzige, der die Aussagen des Managements überhaupt hinterfragte. Die Mehrheit der Boardmitglieder zogen Roger Smiths Rechtfertigungen für den Verkaufsrückgang und die abnehmenden Marktanteile niemals in Zweifel. Sie akzeptieren immer wieder seine Behauptung, daß GM mit den neuen Automodellen seinen Marktanteil von 40 % zurückgewinnen werde. Wie häufig darf man eine Wende zum Guten versprechen, bis wirklich die Stunde der Wahrheit schlägt? Es war offensichtlich, daß Ford und Chrysler, die während der achtziger Jahre weniger verschwenderisch mit ihrem Geld umgegangen waren, der Rezession gelassener ins Auge blicken konnten. Wie lange kann ein Unternehmen finanziell den »freien Fall« aushalten, bis es den Notschirm öffnen muß?

Vielleicht hatten die Manager von General Motors zu lange isoliert in ihrem Hochsicherheitsbunker gesessen. Die vierzehnte Etage des GM-Gebäudes war schon immer ein sagenumwobener Ort gewesen. Wenn etwas »aus der 14. Etage kommt«, wußte jeder in Detroit und in der gesamten Autoindustrie sofort, wer dahintersteckte. Es war so, als spräche der Vatikan. Dieser geheimnisvolle Nimbus der 14. Etage spricht Bände über die Ursachen der Krise bei GM. Abseits und geschützt gelegen, hatte die Führungsetage wenig Berührung mit der harten Realität des alltäglichen Business. Mit dieser Unerreichbarkeit spielt auch Michael Moore in seinem Kinohit *Roger and me*, wo der Held vergeblich versucht, mit Hilfe eines Aufzugs an den geweihten Ort zu gelangen. Selbst wenn es ihm oder irgendeinem Normalsterblichen gelungen wäre, den Aufzug nach oben zu bekommen, wäre es praktisch unmöglich gewesen, in den Flur einzudringen. Ein unüberwindbares Sicherheitssystem kapselt die Manager hinter kugelsicherem Glas ab. Das ist an sich nicht besonders spektakulär, denn in diesen unruhigen Zeiten schützen sich viele Industriemanager durch starke Sicherheitsvorkehrungen. Wem es dennoch gelingt, ins Innere vorzudringen, den überfällt die keimfreie bedrückende Stimmung dieser Beletage – beige getünchte Wände, beigefarbene Möbel und fast leere Korridore: schöpferische Atmosphäre herrscht hier jedenfalls nicht.

Ebenso vielsagend waren die vielen Privilegien der Direktoren, die angesichts der schwärenden Finanzkrise des Konzerns fast Perversionen gleichkamen: kostenlose Wagen für die meisten Direktoren, Managerkasinos, verschiedenste Sondervergünstigungen, großzügige Gehälter und Prämien. All diese Insignien der Macht wurden trotz der chaotischen Zustände, die hinter der Fassade herrschten, bewahrt. Das Management war nicht bereit, nach außen hin Opfer zu bringen, um damit ein Zeichen für die Dringlichkeit von Veränderungen zu setzen.

Das GM-Gebäude selbst stammt ebenfalls aus einer anderen, einer glanzvolleren Zeit: Es steht wie ein Denkmal für den einst unglaublichen Reichtum des Konzerns. Seine Architektur spiegelt das designerische und handwerkliche Können der Bauzeit wider, eine Kunstfertigkeit, die den Autoentwürfen der nun dort arbeitenden Männer abhanden gekommen war. Die Dauerhaftigkeit des aus Granit und Marmor gebauten Hauptquartiers hat sich nicht auf die Firma selbst übertragen. Als Unternehmen symbolisierte GM nun eher den bröckelnden Zerfall der Innenstadt Detroits.

Die zahlreichen Privilegien der Manager waren aber nicht nur Zeichen eines überholten Repräsentationstriebs. Das Bild des Managers, der noch aus dem Vollen lebt, während Tausende ihre Arbeit verlieren, hatte eindeutig bittere Gefühle hinterlassen. Das Festhalten an den Privilegien zeugte vielmehr von der offensichtlichen Blindheit der Topmanager – angefangen bei Stempel –, die tatsächlichen Veränderungen wahrzunehmen. GM konnte keine Extravaganzen mehr rechtfertigen, geschweige denn sich leisten, dennoch gab es sie. Ein Besuch auf der 14. Etage kam einem Zeitsprung gleich, der den Besucher in die alten glorreichen Zeiten GMs entführte. So wurde GM das perfekte Beispiel für eine zeitgenössische Unternehmenskrankheit: Einkommen und Privilegien stehen in keinem Verhältnis mehr zur Leistung.

Stempel pflegte sein Image als das des tüchtigen Managers, aber er zeigte auch eine besondere Art von Arroganz. Er konnte nicht begreifen, warum Board und Presse über seinen Fall redeten. Seiner Meinung nach entwickelten sich die Dinge gar nicht so schlecht. Der wirkliche Zustand des Konzerns war ihm so fremd, daß er im Oktober 1990, zwei Monate nachdem er das Amt des Chairman übernommen hatte, den bisher teuersten Tarifvertrag in der Geschichte GMs aushandelte. Dieses Abkommen hätte nur in einer krisensicheren wirtschaftlichen Situation Sinn gemacht, bei erstklassigen Absatzmöglichkeiten und starken Produkten: Als »car guy« hätte Stempel erkennen müssen, daß derartige Bedingungen nicht existierten – am allerwenigsten starke Produkte. Stempel glaubte die Qualitätsprobleme der Autos durch eine große solidarische Arbeitsanstrengung einer Belegschaft, die frei von den Sorgen über die ständigen Fabrikschließungen und Entlassungen war, lösen zu können. Auch wenn es ihm wirklich darum ging, die ängstliche Stimmung unter den Arbeitern abzubauen und für neuen Optimismus zu sorgen, demonstrierte seine Zusage, entlassene GM-Arbeiter mit drei vollen Jahreslöhnen abzufinden, vor allem seine Realitätsferne.

Wie dies passieren konnte, war jedermann ein Rätsel. Stempel kam schließlich nicht aus der Wüste, als er Chairman wurde. Er war vorher bereits zwei Jahre lang Präsident des Konzerns gewesen. Dennoch schien er die Tatsache, daß gerade die jahrelang von ihm geleiteten Geschäftsbereiche große Probleme hatten, nicht zu begreifen. Erst später, als 21.000 entlassene Arbeiter ihre Lohnschecks abholten, sah er sich mit der Absurdität seines Abkommens konfrontiert. Die Geldreserven des Unternehmens, so dringend benötigt für die Entwicklung neuer Produkte, wurden nun verpulvert, um Leute, die zu Hause sitzen mußten, zu entschädigen.

Als Stempel in die negativen Schlagzeilen der Presse geriet und die Enttäuschung des Board zu spüren bekam, zog er sich in die Defensive zurück und vertraute immer mehr darauf, daß die Zeit oder ein ökonomisches Wunder ihm am Ende recht gäben. Ironischerweise waren die Autos von GM auf einer ganz praktischen Ebene auf dem Weg zur Besserung. A.J.D. Powers vergleichende Studie über die Autos von General Motors, Ford und Chrysler ergab, daß die durchschnittliche Zahl der Autoreparaturen in den ersten drei Monaten für GM-Wagen bei 1,5 lag, fast gleichauf mit den Japanern. Allerdings hängt die Wettbewerbsfähigkeit eines Modellsortiments von mehr Faktoren ab als von der Anzahl der Reparaturen pro Fahrzeug. Auch Design und Technik spielen eine entscheidende Rolle, ganz zu schweigen von der Effizienz des gesamten Organisationsapparates. In dieser Hinsicht schien zwar immer die Rede davon, die Arbeit der Designer, Techniker, Arbeiter und Händler so zu koordinieren, daß neue Modelle in kürzerer Zeit für weniger Geld entwickelt und hergestellt werden konnten (so wie die Japaner es machten), aber das Management schaffte es nicht, diese Vorsätze umzusetzen. Die Reorganisation von 1984 hatte GM eine schwerfällige, unbrauchbare Unternehmensstruktur hinterlassen, die zu Ineffizienz führte und immer höhere Kosten verursachte. Der erneut umstrukturierte Konzern leistete sich einige der kostspieligsten Flops überhaupt, so z. B. den Mittelklassewagen *GM10*, ein 7 Milliarden Dollar Reinfall, und den *Caprice* von 1991, ein Auto, das allgemein als schlecht gestylt und häßlich galt und bei den Käufern nur auf Ablehnung stieß.

Offensichtlich war sich niemand darüber im klaren, daß Entscheidungen in Design und Technik die Höhe der Kosten bestimmen und nicht die neuen Roboter eines Montagewerks. Viel zu spät unternahm man 1989 einen ersten Schritt in diese Richtung. Die Initiative »Design für Manufacturing« (DFM) nahm aber wieder nur einen Aspekt des vielschichtigen Problems in Angriff, denn wenn es organisatorisch nicht gelang, die DFM-Ergebnisse durch genau aufeinander abgestimmtes Zusammenspiel aller Arbeitsbereiche zu maximieren, konnte nicht viel dabei herauskommen.

Besonders störend dabei war, daß Stempels öffentliche Erklärungen über den eigentlich guten Zustand des Konzerns Händler und Außenstehende beruhigten und innerhalb des Unternehmens alle Bemühungen um Veränderungen untergruben. Sie vermittelten das Gefühl, die Geschäfte liefen wie immer. Stempel mißachtete kritische Analysen, die Ursachen für Organisations- und Produktprobleme vielleicht hätten aufdecken und zu ihrer Lösung hätten beitragen können. Nicht alle GM-Angestellten teilten seinen Optimismus. Enttäuschte Insider, die sich von Stempels Ära Veränderungen und Wachstum erhofft hatten, sahen schließlich ein, daß er unfähig war, ihre Hoffnungen in die Tat umzusetzen. »Wenn wir diesen Kurs beibehalten, wird der Konzern am Ende untergehen«, sagte ein entmutigter Manager. Ein anderer meinte: »Es scheint fast so, daß Stempel an dem Job, den er die meiste Zeit seiner Berufskarriere angestrebt hat, kein echtes Gefallen findet. Ihm fehlt der Mut zu Konfrontationen, er haßt es, den Dingen ins Gesicht zu sehen und schnell zu handeln. Das ist es aber, was der Job verlangt. Probleme lösen sich nicht von selber, sie gehen auch nicht weg, wenn man sie ignoriert.«

Stempel war vom Typ her eher verschlossen. Er hatte zwar Bewunderer innerhalb des Konzerns, aber, wenn überhaupt, nur wenige echte Freunde. Er war auch kein kraftvoller und mitreißender Anführer des Umschwungs, nicht selten widersetzte er sich sogar wagemutigen Aktionen. Wenn die Dinge schlecht standen, flüchtete er sich in die alte abgenutzte Strategie von Rechtfertigungen und Anschuldigungen, die sich meistens gegen die Medien und gegen die Neinsager in der Banken- und Finanzwelt richteten.

Verschlimmernd wirkte, daß Stempel mit einem hauseigenen, ineffektiven, abgewirtschafteten Managerteam belastet war, zu dem er jedoch loyal stand. Die prominentesten unter ihnen waren Lloyd Reuss und der oberste Finanzchef Robert O'Connell, beide Rivalen Stempels bei der Wahl des neuen Chairman. Aber trotz allem trug Stempel für vieles, was mit GM passiert war, auch persönliche Verantwortung. Bevor er im August 1990 Chairman wurde, hatte er schließlich schon zwei Jahre lang (1988-90) das Präsidentenamt des Konzerns innegehabt. Davor war er Leiter des GM-Geschäftsbereichs BOC (*Buick-Oldsmobile-Cadillac*) und trug außerdem die Verantwortung für die LKW- und Bus-Sparte. Besser als jeder andere, eingeschlossen Roger Smith, hätte er erkennen müssen, wie schwer die GM Probleme waren; denn er kam direkt aus dem Kerngeschäft und kannte die Arbeitsabläufe des Unternehmens aus erster Hand. Er wußte, oder hätte wissen müssen, daß GM seit den frühen achtziger Jahren keine wettbewerbsfähige Kostenstruktur hatte und mittelmäßige Autos produzierte, von denen viele unter seiner Führung in den jeweiligen Autogruppen entwickelt worden waren. Jetzt war GM eines der kostenintensivsten Unternehmen in der Industrie, und die sechs Kraftfahrzeug-Geschäftsbereiche machten sich selbst mit untauglichen Automodellen Konkurrenz.

Bei früheren Anlässen hatte Stempel die Schuld an den Schwierigkeiten des Konzerns zwar der schlechten Qualität der Autos zugeschrieben, aber auch jetzt verstand er es immer noch nicht, die vielfältigen Schwachstellen von breiter Front anzugehen. Das beste, was sich noch über Stempel sagen ließ, war, daß er 1990 bei der Wahl des neuen Chairman das kleinere von zwei Übeln darstellte, denn der zweite Kandidat hieß Reuss. Der Aufstieg von Reuss ins Präsidentenamt zeigte überdies geradezu beispielhaft die starre Thronfolgeregelung im Konzern. In einem Unternehmen dieser Größe und dieses Formats hätte es eigentlich eine Menge leistungsstarker Anwärter geben müssen. Aber wie auch die Wahlen von Staatsoberhäuptern zeigen, landen nicht immer die Besten und Geeignetsten an der Spitze. Die Kandidaturen von Stempel und Reuss waren vielmehr eine Folge der lethargischen Unternehmenskultur. Loyalität und lange Firmenzugehörigkeit waren wichtiger als alle anderen Fähigkeiten.

Reuss, ein cleveres »Leichtgewicht« mit den zähen Überlebensfähigkeiten eines altgedienten Politikers ausgestattet, war nicht einmal innerhalb des Konzerns besonders beliebt. Am Tag seiner Ernennung zum Präsidenten erschallte im Auditorium von CPC (des *Chevrolet-Pontiac-Canada*-Bereiches, den Reuss geschaffen hatte) spöttisches Hohngelächter. Viele sahen ihre schlimmsten Befürchtungen bestätigt. Reuss hatte *Buick* beinahe in den Untergang geführt, als er das Image dieser Modelle vom klassischen Familienwagen zur protzigen Kraftmaschine änderte. Die ineffiziente, aufgeblähte CPC-Gruppe war auch sein Werk. *Buick* City war sein naiver und schließlich vergeblicher Versuch, Toyotas Produktionswunder nachzuahmen. Dennoch wurde er für seine Serie von Mißerfolgen mit dem Amt des Präsidenten von General Motors belohnt. Aber auch in dieser Position wurde ihm nur wenig ehrliche Achtung entgegengebracht. Intern hießen seine Anweisungen ›LSDs‹, diese Abkürzung stand für »Lloyd Says Do It« (Lloyd hat's befohlen). Viele seiner Anordnungen waren schlecht durchdacht. Bis 1991 sank der heimische Marktanteil von GM auf kümmerliche 34 %, und das nordamerikanische Pkw-Geschäft verzeichnete Verluste von 600 Millionen Dollar im Monat. Die Zahlen waren dermaßen schockierend, daß GM-Aktien schwere Kursverluste erlitten. Die Händler verlangten lautstark nach besseren Autos und dachten ernsthaft darüber nach, sich Verkaufslizenzen für andere Automarken zu besorgen. Im November 1991 drohten die Kreditprüfungsagenturen damit, die Kreditwürdigkeit des Konzerns herabzustufen, wenn nicht bald glaubhafte Beweise für eine Kehrtwende vorgelegt werden könnten.

Obwohl Reuss niemals besonderes Talent beim Lösen von Problemen bewiesen hatte, übernahm er immer mehr Verantwortung. Ein Insider bemerkte: »Je schlimmer die Lage wurde, desto mehr zog sich Stempel in sein Büro zurück und überließ Reuss die Führung.« Das half GM nicht weiter, denn Reuss' vornehmliche Leistung bestand darin, allenfalls den Anschein zu erwecken, daß er die Dinge in Ordnung brachte. Wie die anderen Direktoren der 14. Etage weigerte sich Reuss, schlechte Nachrichten auch nur anzuhören, so als ob er die Wahrheit durch Ignorieren aus der Welt schaffen könnte. Seinen Führungsstil beschreibt ein Insider: »Er umgibt sich mit Menschen, die immer und überall vorauseilenden Gehorsam zeigen, die bereits zustimmen, bevor das Thema überhaupt angesprochen wird.«

Stempel übernahm auch den korpulenten, übereifrigen CFO Bob O'Connell in sein Managerteam, der während der achtziger Jahre die loyale rechte Hand von Roger Smith gewesen war. O'Connell hatte sein Möglichstes getan, um mit einer Flut von Manipulationen in der Bilanzbuchhaltung den finanziellen Zustand GMs nach außen hin besser erscheinen zu lassen. Und er hatte diese enge und vertrauensvolle Zusammenarbeit mit Smith dazu genutzt, um seine Machtposition auszubauen. Bevor Smith 1980 Chairman wurde, war es üblich gewesen, die GM-Finanzkraft durch konservative Bilanzierung eher zu verstecken. Danach verfolgte GM bis 1990 eine großzügige Bilanzierungspolitik, die in der Finanzwelt oft zur Zielscheibe des Spotts wurde. Stempel hielt aus Loyalität an O'Connell fest, nicht zuletzt, weil er selbst kaum etwas von Finanzen verstand.

Obwohl einige Mitglieder des Board dem aalglatten CFO nie ganz trauten (O'Connell wurde auch kein Platz im Board angeboten – ein für US-Konzerne und früher bei GM ungewöhnlicher Vorgang). Durch seine jahrelange Mitarbeit schien er aber zum Inventar der Führungsetage zu gehören. O'Connell selbst glaubte sogar, daß ihm seine Arbeitswut und sein Pflichteifer irgendwann das Amt des Chairman einbringen würden. In seinen früheren Jahren, als er noch beim GM-Finanzstab in New York arbeitete, blieb er oft tagelang im Büro, rauchte eine Zigarette nach der anderen, verschlang Unmengen von Pizza und Cola, ohne zwischendurch auch nur einmal seine Kleidung zu wechseln. In Detroit machten sich die Mitarbeiter in den niederen Konzernetagen besonders gern über eine Angewohnheit lustig. Jeden Abend bat er seinen Fahrer darum, ganze Kisten mit Unterlagen und Notizzetteln in sein Haus zu tragen. Allen war klar, daß kein normaler Mensch allabendlich solche Mengen von Papieren durcharbeiten konnte.

Stempel und Reuss hatten sich nie besonders nahegestanden. Mitte der achtziger Jahre wurden sie schließlich als Leiter zweier neu organisierter GM-Geschäftsbereiche zu Konkurrenten um den höchsten Posten des Konzerns. Ihr Managementstil und ihre Unternehmensphilosophie hatten sich immer unterschieden: Stempel setzte mehr auf Teamgeist, Reuss dagegen arbeitete eher autokratisch. Als 1988 Jim McDonald in den Ruhestand ging, gewann Stempel das Rennen um die Präsidentschaft. Damals gab es Gerüchte, daß Reuss GM verlassen und sich nach einem neuen Betätigungsfeld umsehen wollte, doch im Gegenteil: er blieb – ein treuer Diener ganz im Sinne der Firmentradition. Als Stempel im August 1990 zum Chairman berufen wurde, bestand dieser trotz des Murrens einiger Boardmitglieder auf der Ernennung von Reuss zum Präsidenten. Stempel war sicherlich nicht immer mit Reuss einer Meinung gewesen, aber er bewunderte dessen Loyalität und Dienst am Unternehmen. Reuss wurde aber nur zum Präsidenten und nicht gleichzeitig zum Chief Operating Officer ernannt, was Bände darüber sprach, wie der Board seine Fähigkeiten beurteilte.

Andere Bewerber um das Amt des Präsidenten fielen durch. Jack Smith (nicht verwandt mit Roger), kehrte, nachdem er bei GM-Europa gearbeitet hatte, 1988 als Executive Vice President für das internationale Geschäft in die USA zurück. Er gehörte nicht zum engen Kreis der Führungsetage und wurde nur zum Vice-Chairman ernannt, was etwas mehr als ein Trostpreis war. Bill Hoglund war beliebt und galt als talentierter Manager, der dem oberstem Führungsgremium Anfang der achtziger Jahre mit seiner Kampagne »We build excitement, Pontiac.« (Wir bauen Aufregendes. Pontiac.) aufgefallen war. Er war der erste Präsident von GMs hochgelobtem Zukunftsprojekt Saturn und wurde nach Detroit zurückgerufen, um Stempel – nach dessen Ernennung zum GM-Präsidenten – als Leiter von BOC abzulösen. Danach stand er als Executive Vice President dem Autoteilebereich vor. Jetzt galt Hoglund aber als zu offenherzig für den Topposten, obwohl die meisten Insider ihn gefühlsmäßig favorisierten. Ein Außenseiterkandidat war der glatte, silbergraue F. Alan Smith (ebenfalls nicht verwandt mit Roger oder Jack), Executive Vice President of Corporate Services, der später zum Boardmitglied aufrückte. Seine Erfolgsaussichten für das Präsidentenamt schwanden nach einer schmutzigen Scheidungsaffäre, über die in den besseren Kreisen von Detroit ausgiebig getuschelt wurde.

Ende 1991 sah sich Stempel einem verstimmten Board gegenüber, der an der Leistungsfähigkeit von Reuss und anderen Managern offen zweifelte. Doch bislang hatte dieses Gremium nie eine starke und eigenständige Position bezogen. Deshalb konnte Stempel nicht vorhersehen, wie die Board-Mitglieder in diesem Fall ihrer Unzufriedenheit Luft machen würden.

Wie ein verträumter Riese, der sich langsam wachräkelt, wurde sich der Board der brisanten Lage ganz allmählich bewußt. Es hatte lange genug gedauert, bis die Macht der Fakten die Kontrolleure aus ihrem Dornröschen-Schlaf wachgerüttelt hatte. Die Vorstellungen von Board wie Management waren ohnehin seit gut zwanzig Jahren veraltet. In den achtziger Jahren bekamen die Outsider des Board, die insgesamt nicht viel Ahnung von der Autoindustrie hatten, wohl dosierte Informationen von Roger Smith. Es war völlig undenkbar, daß einzelne Boardmitglieder eigene Treffen arrangierten, um die GM-Probleme im kleinen Kreis zu diskutieren, oder mit Managern aus dem Führungsstab, noch dazu mit den dienstältesten und angesehensten Direktoren zu reden. Ross Perot bezeichnete die Mitglieder des GM-Board sogar einmal als »Pet Rocks«, was nichts anderes hieß, als daß er sie für reine Statisten hielt.

Der Informationsfluß zum Board stand also unter völliger Kontrolle von Smith. Er allein legte die Tagesordnung für jede Sitzung fest und vermied es geschickt, präzise Antworten auf die Fragen von Boardmitgliedern zu geben. Wenn z. B. Zweifel an der Qualität der GM-Autos zur Sprache kamen, hatte Smith jede Menge Artikel aus Automagazinen und Ausschnitte aus Zeitungen parat, in denen die einzelnen Wagen bestens beurteilt wurden. Meisterhaft verstand er es, bestimmte Fakten zu lancieren. Je tiefer sich der Konzern in Schwierigkeiten verstrickte, desto weniger detaillierte Informationen erreichten den Board. Als O'Connell den Posten des CFO (Chief Financial Officer) übernahm, änderte er die Datenbasis der bei den Sitzungen vorgelegten Finanzanalysen so ab, daß der Board noch weniger unterrichtet wurde als zuvor. Wenn Boardmitglieder spezielle Probleme ansprachen, nahm sich Roger Smith jeweils den Aufbegehrenden in einem Einzelgespräch zur Brust und legte dann einen allgemeinen Bericht vor dem gesamten Board ab. Auf diese Weise erweckte er stets den Eindruck, daß das jeweilige Boardmitglied mit seinen Kritikpunkten allein dastand. Bei der Wahl des Chairman fürchtete Roger Smith den Widerstand des Aufsichtsrates gegen seinen Kandidaten Stempel so sehr, daß er das Wahlkomitee erst verließ, nachdem Stempels Ernennung durchgebracht war.

Weil Smith und nach ihm Stempel die Informationen kontrollierten, hielt der Board sogar noch bis 1991 die finanzielle Situation des Unternehmens für gut und gesichert. Die Mitglieder überanstrengten sich aber beileibe nicht, um das Gegenteil herauszufinden. Ähnlich wie bei anderen amerikanischen Unternehmen standen sie in einem fast inzestuösen Verhältnis zum Chairman, das durch langjährige Beziehungspflege und großzügige Sondervergünstigungen geprägt ist. Sie erhielten alle drei Monate einen neuen, speziell nach ihren Wünschen ausgestatteten GM-Wagen ihrer Wahl, durften außerdem für Geschäftsreisen firmeneigene Flugzeuge benutzen und kamen darüber hinaus noch zu Ruhm, Ehre und viel Geld. GM taktierte geschickt mit der Behandlung und Versorgung seiner Boardmitglieder. Alle Vorgänge waren ritualisiert, und die Mitglieder segneten gehorsam ab, was ihnen vorgelegt wurde, wie es von ihnen auch erwartet wurde. Die meisten fühlten sich zutiefst geehrt, Mitglieder eines derart erlauchten Kreises zu sein. Außerdem waren sie in der Regel mit ihren eigenen Karrieren und Geschäften genug beschäftigt. Weil viele von ihnen selbst an der Spitze von Firmen standen, schlugen sie sich eher auf die Seite des bedrängten Chairman und hegten Mißtrauen gegenüber Medien und Wall Street.

Die Frage, warum der GM-Board so lange brauchte, um zu handeln, könnte auch im Falle von IBM, Sears, American Express, Westinghouse und vielen anderen großen amerikanischen Unternehmen gestellt werden. Ähnlich wie bei anderen Unternehmen setzte sich der GM-Board aus konservativen, smarten Männern und Frauen zusammen, die sich selber für außerordentlich kompetent hielten. Ohne direkten Zugang zu den kompletten Finanzdaten hatten sie kaum einen Grund, an deren Fähigkeit zu zweifeln – bis die Dinge so schlecht standen, daß sie die Wahrheit nicht mehr ausblenden konnten.

Mehrere externe Boardmitglieder hatten im Laufe des Jahres 1991, als sich die Situation immer mehr zuspitzte, das Vertrauen verloren und forderten Veränderungen. Vier dieser »Aufrührer« – Thomas Wyman, ehemaliger CEO von CBS; Ann McLaughlin, ehemalige Arbeitsministerin; J. Willard Marriott, CEO von der Marriott-Hotel-Kette; und Dennis Weatherstone von J.P. Morgan – waren von Roger Smith selbst ins Board berufen worden. Nach jahrelanger Schönfärberei hatten sie die ewigen Ausreden nun satt. Vielleicht hätten sie weniger Mißtrauen gehegt, wenn es Ford und Chrysler ähnlich schlecht gegangen wäre. Wenn, wie Stempel behauptete, die schwache amerikanische Wirtschaft und die starke japanische Konkurrenz verantwortlich waren, hätten die anderen beiden Autokonzerne ebenso in den Seilen hängen müssen. Aber während General Motors kontinuierlich große Verluste einfuhr, Marktanteile verlor und seine Kreditwürdigkeit bedroht war, ging es Ford vergleichsweise besser. Sogar der Chrysler-Konzern, der sich in schlechter Verfassung befand, hatte ein glaubwürdiges Sanierungskonzept entwickelt und konnte mit neuen eindrucksvollen Automodellen aufwarten. GM setzte nur in Europa die erhofften Rekordmarken.

Bei einem Treffen im Dezember forderte der Board Stempel dazu auf, einen Plan vorzulegen, wie er das Ausbluten des Konzerns stoppen wolle.

Daraufhin folgte, was scherzhaft das ›Neun-Tage-Wunder‹ genannt wurde; denn solange brauchte Stempel, bis er seinen versprochenen »Lösungsvorschlag« vortragen konnte. In dieser Zeit hatten Stempel und seine Ergebenen verzweifelt anhand einer langen, ungeordneten Liste möglicher Maßnahmen einen schwammigen Plan zusammengebastelt. Eine Option – die Kürzung der Managergehälter – wurde direkt verworfen, und was am Ende herauskam, glich eher einem überhastet zusammengestellten chinesischen Menü. Dem Maßnahmenkatalog fehlte jede strategische Ausrichtung.

Am 18. Dezember schließlich verkündete Stempel, daß GM sechs Montagewerke und fünfzehn andere Werke schließen wolle und außerdem seine Belegschaft durch Streichung freigewordener Stellen verkleinern werde. Er umriß seinen Plan nur vage und gab noch nicht bekannt, um welche Fabriken es ging. Er versuchte zu zeigen, wie ernsthaft er um eine Reduzierung der Kosten bemüht war. Dabei fingen die Merkwürdigkeiten schon bei den von ihm genannten Fabriken an. Mindestens ein Werk war bereits stillgelegt worden (die sogenannte ›Factory of the Future‹ [Zukunftsfabrik] in Saginaw). Bei den anderen handelte es sich eigentlich nicht um eigenständige Fabriken, sondern um Zweigwerke, die jetzt mit ihrem Stammbetrieb zusammengelegt werden sollten.

Die Boardmitglieder, mit denen vorher nicht gesprochen worden war, zeigten sich höchst überrascht über die Einzelheiten von Stempels Plan. Offensichtlich glaubte er immer noch, den Board umgehen zu können. An dem Morgen, als Stempel seine Erklärung abgab, sprach ich selbst mit einem der Boardmitglieder. Er wollte wissen, ob ich irgendeine Vorstellung davon hätte, was Stempel verkünden werde. Ich war erstaunt. »Ja, wissen Sie es denn nicht?« fragte ich und erhielt die knappe Antwort: »Ich habe keine Ahnung.«

General Motors bestätigte in einer späteren Pressemitteilung, daß die Entscheidungen in voller Übereinstimmung mit dem Board gefällt worden sei. Doch war es offensichtlich, daß die Mitglieder zwar gemeinsam einen Sanierungsplan gefordert hatten, aber den Einzelheiten des vorgelegten Plans nicht zustimmten. Nun waren sie, gelinde gesagt, verärgert. Sie hielten die Maßnahmen für völlig ungeeignet. Am meisten störte sie deren Willkürlichkeit. Es gab nach wie vor keine umfassende Strategie zur

Kostenreduzierung und zur Sicherung der Marktanteile. Statt Vertrauen auf die baldige Erholung des Unternehmens zu erwecken, wirkten die Einsparungsvorschläge wie Flickwerk, das nur den Untergang verzögerte. Sie unterstrichen einmal mehr Stempels Widerwillen, klare Entscheidungen gegen die gemeinsam mit Roger Smith geschaffene Linie zu treffen.

Die alten GM-Kritiker wetzten ihre Messer. Im Januar hielt David E. Davis jr., Redakteur und Herausgeber der Zeitschrift *Automobile*, vor der *Washington Auto Press Association* eine bissige Rede, in der er das alte und das gegenwärtige Management in Grund und Boden stampfte. »GM ist bis zur Zweitklassigkeit zermanagt, verplant, runtersaniert, fehlanalysiert und von außen falsch beraten worden. Niemand hat sich vorgenommen, GM zu ruinieren, aber bisher haben alle für den Ruin gesorgt.«

Nach dem altbewährten Motto, ›zum Henker mit dem Boten, der schlechte Nachrichten bringt‹, wurde Davis für seine harten Worte bestraft, indem GM für eine Zeit alle Werbeanzeigen in seinem Magazin stornierte – einige behaupteten, auf Veranlassung von Reuss. Diese Taktik hatte GM schon öfter angewendet, unter anderem bei *Fortune* und *Automotive News*, wenn die Berichte kritischer ausfielen als erwartet.

Auf jeden Fall war dies eine hilflose Drohgebärde. Die Zahlen für das Geschäftsjahr 1991 lagen gerade vor, sie waren niederschmetternd. Der Konzern hatte in diesem Jahr sieben Milliarden Dollar Verlust gemacht – ein absoluter Rekord in der Firmengeschichte. Die Marktanteile waren auf 34 % gesunken, den niedrigsten Stand aller Zeiten. Der Niedergang schien unaufhaltsam.

Ende Dezember heuerte der Board John Smale, der kurz zuvor bei Procter & Gamble aus Altersgründen ausgeschieden war, auf Basis von Tagessätzen an, um Gespräche mit GM-Managern zu führen und sie nach den Ursachen der Krise zu befragen. Noch immer verfügte der Board nur über die Informationen, die Stempel ihm präsentierte.

Stempel und seine Mitarbeiter wußten nun um die Unruhe im Board, konnten sich aber nicht vorstellen, welche Konsequenzen Smales' Bemühungen haben würden. Dieser arbeitete betont unaufdringlich (er selbst bezeichnete sich einmal als »langweiligen Burschen«), aber äußerst zielstrebig. Während Stempel und Reuss hektisch versuchten, die Lecks des sinkenden Schiffs abzudichten und den Eindruck der Solidität zu vermitteln, stöberte Smale in den dunklen Ecken des Konzerns herum und erfuhr die bittere Wahrheit.

Bei der Januarsitzung zeigten sich die Boardmitglieder entmutigt und ratlos. Zwar wollten sie Stempel noch einmal die Chance gebe, das Steuer herumzureißen, doch eigentlich trauten sie ihm diese Aufgabe nicht zu, schon gar nicht mit seinem damaligen Mitarbeiterstab. Reuss schien ihnen dabei das größere Hindernis zu sein als Stempel. Als die Board-Mitglieder nach der Sitzung zur North American International Auto Show aufbrachen, baten die GM-Manager um Stillschweigen gegenüber der Presse. Während sie dort mit elektrisch betriebenen Golfwägelchen über das Ausstellungsgelände fuhren, waren sie ständig von Mitarbeitern der GM-Public Relation-Abteilung umgeben, die versuchten, die Presse von ihnen fernzuhalten. Als ein Reporter den Ring durchbrach und Ann McLaughlin um eine Stellungnahme zu den neuerlichen Ereignissen bat, antwortete sie vorsichtig: »Es ist nur ein Gerücht, daß Stempel und Reuss unter Feuer geraten sind.« Es gab immer noch die schwache Hoffnung, daß die beiden das sinkende Schiff retten und wieder auf richtigen Kurs bringen könnten.

Am 24. Februar gab Stempel weitere Details seines ursprünglichen Sanierungsplans bekannt. Unter der Leitung von Lloyd Reuss sollten die Unternehmen in Nordamerika zum zweiten Mal innerhalb von acht Jahren umorganisiert werden. Um die volle Kapazitätsauslastung bis 1995 zu erreichen, war die Schließung von 21 Werken geplant. Diesmal sagte Stempel auch, welche Standorte es treffen würde. Auch Willow Run in Michigan und Tarrytown in New York sollten geschlossen werden. Bis 1995 sollten insgesamt 74.000 Arbeitsplätze abgebaut werden.

Die Stillegung von Willow Run war kein Einzelfall, eher ein typisches Beispiel für Betriebsschließungen im GM-Konzern. Bereits im Dezember hatte Stempel angekündigt, daß er die Produktion von großen Wagen mit Hinterradantrieb wie dem *Chevrolet Caprice* und dem *Buick Roadmaster* von zwei Werken auf eines zusammenlegen wolle, weil sich die Modelle nicht gut verkauften. (Ein Arbeiter von Willow Run sagte gar, es sei ihnen allen klar gewesen, daß es so kommen mußte, als sie den *Caprice* zum ersten Mal zu Gesicht bekommen hatten: »Die Leute schauten sich den Wagen an und sagten, ›Na, wir sind wohl die nächsten. Da gehen unsere Jobs flöten.‹« Zwischen Willow Run und dem GM-Werk in Arlington in

Texas, in dem diese Modelle ebenfalls gebaut wurden, brach daraufhin ein hitziger Wettkampf ums Überleben aus. Es war unmöglich, die Folgen einer Werkschließung für beide Städte abzuschätzen. Der Betrieb in Willow Run beschäftigte 2400 Arbeiter auf Stundenlohnbasis (weitere 1800 waren achtzehn Monate zuvor entlassen worden). Die nur 30 Kilometer vom GM-Hauptquartier in Detroit entfernte Stadt hing wirtschaftlich stark von dem Werk ab. Arlington, das durch große Entlassungswellen in anderen Industriezweigen schon hart getroffen war, sah sich mit dem möglichen Verlust von 3700 Arbeitsplätzen konfrontiert. Den Arbeitern in beiden Betrieben war es zuwider, dem Konkurrenten die Niederlage zu wünschen, doch hatte GM sie in diese Lage hineinmanövriert. Die Gewerkschaften bezeichneten die Schließung von Werken bitter als »Peitschenhiebe« und lehnten sie als hart und herzlos rigoros ab, gerade weil sich die Belegschaft alle erdenkliche Mühe gegeben hatte, kooperativ und in ihren Lohnforderungen bescheiden zu sein.

Willow Run glaubte das Rennen gewinnen zu können. Ein Vorteil gegenüber Arlington war die günstige Lage, pro Auto konnten 325 Dollar Frachtkosten eingespart werden. Außerdem hatte das Werk einen guten Ruf wegen seiner hohen Fertigungsqualität, die allerdings nicht wesentlich besser als die des Arlingtoner Betriebes war. Hinzu kam, daß GM das Werk erst wenige Jahre zuvor für 75 Millionen Dollar modernisiert hatte. Die Manager des Werks gaben sich siegessicher. Am 24. Februar, dem Tag, an dem Stempel seine Entscheidung bekanntgeben wollte, ließen sie eine Party für alle Arbeiter vorbereiten. Fünftausend Hotdogs waren bereits bestellt und eine Bühne für die Siegesfeier errichtet worden. Als schließlich ein GM-Manager auf die Bühne trat und den Sieg von Arlington verkündete, herrschte einen Moment lang ungläubiges Entsetzen. Tosendes Gebrüll erfüllte den Saal, manche schluchzten fassungslos, andere schwiegen in ohnmächtiger Wut, und die ganze Veranstaltung endete in einem allgemeinen Tumult. Niemand verstand, warum Willow Run verloren hatte. Weder Stempel noch sonst irgend jemand war in der Lage, eine klare Antwort zu geben. (Aus den Akten über den Prozeß, den die Stadt Willow Run gegen GM anstrengte, geht hervor, daß die niedrigen Arbeitskosten in Arlington und die Bereitschaft, drei Montageschichten einzuführen, ausschlaggebend waren.)

Stempels Sanierungsplan ging nicht weit genug und kam zu spät. Seine Zusage, den Stellenabbau sozial verträglich zu gestalten, erwies sich als unhaltbares Versprechen. Es lag klar auf der Hand, daß die Arbeiter die Sünden der achtziger Jahre, vor allem die sinnlose Kapitalverschwendung und das Fehlen stimmiger Produktkonzepte, zu büßen hatten. Stempel gab – wie immer – den Japanern, den Medien und sogar dem Golfkrieg die Schuld. Zu dem riesigen Verlust an Marktanteilen erklärte er: »Unser Sanierungsplan sieht vor, daß wir profitabel arbeiten, ganz gleich wie hoch unsere Marktanteile liegen.« Aber General Motors hatte seit 1987 eben wegen fortschreitender Marktanteilsverluste bereits elf Werke geschlossen, doch GMs Position auf dem Inlandmarkt war schlechter denn je. Der Teufelskreis schloß sich: Marktanteile verloren, Kunden abgewandert, Betriebe dichtmachen. Ein Wirtschaftsexperte von General Motors sagte resigniert: »Wir können unsere Betriebe gar nicht so schnell stillegen, wie unsere Marktanteile fallen. Was wir wirklich brauchen, ist eine Stabilisierung des Absatzmarktes, damit wir unsere Produktionskapazität kalkulieren können.« Er hatte recht. Stempels willkürliche Schließung von Betrieben war praktisch sinnlos. Es fehlte eine sorgfältige Strategie, welchen Werken eine Schlüsselrolle bei der Erneuerung des Konzerns zufiel und bei welchen eine Schließung tatsächlich erforderlich war. Und weil anscheinend niemand in der Lage war, die Verkaufszahlen der nächsten drei bis fünf Jahre vorauszusehen, wurden alle Entscheidung ins Blaue hinein gefällt.

Stempels Ankündigung, Werke zu schließen, versetzte das ganze Land in Angst. Nur die Wall Street, die es immer begrüßt, wenn der Gürtel enger geschnallt wird, spendete Beifall. Die Zeitungen brachten die Vorgänge bei GM auf ihren Titelseiten und widmeten den wütenden, verängstigten Arbeitern viele Artikel. Dennoch leugnete Stempel, daß es um die Stimmung in den Betrieben schlecht stehe. »Auch unsere Leute in den Fabriken verstehen, daß wir unsere Produktion steigern, unsere Produktivität erhöhen und unsere Qualität verbessern müssen, wenn wir wieder ins Geschäft kommen wollen.« Dies war ein klassischer Fall von Opferschelte. Die Gewerkschaften empörten sich darüber, daß den Arbeitern der schwarze Peter zugeschoben wurde. Owen Beiber, Präsident der amerikanischen Autogewerkschaft (UAW), gab den Managern die Schuld und kritisierte deren riskante und unfaire Konzernpolitik, insbesondere die rigorose Härte und Willkür. Beiber hatte nicht ganz unrecht. Es sah so aus, als ob die Werke geschlossen würden, in denen die Arbeiter mit dem Management kooperierten. Kooperationsbereitschaft schien also zu nichts zu führen.

Während Stempel und Reuss ihren Plan umsetzten und der Presse überschwengliche Berichte über die neue verbesserte Organisationsstruktur zuspielten, wurden die Board-Mitglieder immer selbstbewußter. Der schärfere Kurs beunruhigte Stempel zwar, aber er ahnte nicht, daß sich der Board auf eine echte Konfrontation vorbereitete. Flickschusterei und Rechtfertigungen hatten schon immer geholfen, und so lästig und aufdringlich der Board auch mittlerweile war, er hatte noch nie seine Macht ausgespielt. Warum sollte es diesmal anders sein? Stempel ignorierte die Forderung nach einer Neuorganisation des Managements und nach personellen Konsequenzen, was die alte Garde betraf. Als der Board auf Reuss' Entlassung drängte, gab sich Stempel gereizt. »Ich stehe zu Lloyd«, erklärte er im Februar vor dem Publikum einer internen Fernsehveranstaltung. Später gab er zu verstehen, daß er im Falle der Entlassung von Reuss zurücktreten werde.

Vice-Chairman Jack Smith, der die Ereignisse genau registrierte, sah, wie sich die Lage zuspitzte. Gegen Ende des Winters dämmerte ihm allmählich, daß er vielleicht bald der nächste sein könnte, der ans Ruder des Konzerns berufen wird. Der untersetzte, jungenhafte, frühere Präsident von GM-Europa war bereits in den achtziger Jahren zum Star aufgestiegen, obwohl er nie zur Führungsclique der 14. Etage gehört hatte. Smith hatte sich durch seine entschiedenen und wirkungsvollen Auftritte in Europa Respekt und Anerkennung auch in Detroit verschafft. Er verkörperte sozusagen das Kontrastprogramm zu seinen planlos wirtschaftenden Kollegen in Amerika. Während General Motors Jahr für Jahr Verluste einfuhr, warfen die Europa-Töchter riesige Profite ab. Als Smith als Vice President für internationale Geschäfte in die Vereinigten Staaten zurückkehrte, wurde die Tochter in der Alten Welt weithin als Paradebeispiel einer gut geführten Firma gerühmt. Bevor GM-Europa zu Beginn der achtziger Jahre ins Leben gerufen wurde, hatte sich auch das Europageschäft des Konzerns auf erschreckende Weise am Wettbewerb vorbei entwickelt. Die Macher in Detroit hielten es für unwichtig, weshalb es an Kapital und solidem Management fehlte. Mitarbeiter, die im Auslandsgeschäft von GM arbeiteten, wurden damals von einem Auslandsposten zum nächsten verschoben, nur selten durften sie zum Stammsitz nach Detroit zurückkehren.

Die Entscheidung, die europäischen Firmen in einer Dachorganisation zusammenzufassen, sollte in den frühen achtziger Jahren die Konkurrenzfähigkeit von General Motors gegenüber Ford steigern, die damals als erfolgreichster Autoproduzent im europäischen Markt gefeiert wurden. Aber erst in der zweiten Hälfte der achtziger Jahre, als Jack Smith die Zügel in die Hand genommen hatte, blühte das Geschäft wirklich auf. Besonders seine Gabe, Mitarbeiter zu führen, und seine Fähigkeit, alte Strukturen aufzubrechen, brachten den Erfolg. Er verringerte den Kapitalaufwand, baute Stammbelegschaften auf, steigerte die Produktion und bekam das chaotische und überteuerte Zulieferernetzwerk, das sich früher wie ein Kartell gegen GM verbündet hatte, in den Griff. Seine größte Leistung aber war es, die richtigen Leute zu finden und deren Zusammenarbeit zu organisieren. Er schaffte es, die ganze Organisation mit nur 200 Mitarbeitern, einschließlich Bürohilfskräften, von den recht schlichten Büros in Zürich aus zu managen. Viele der Erfolgsrezepte von Jack Smith hätte man zu Hause, in Amerika, sehr gut anwenden können, aber Roger Smith veranstaltete in jenen Jahren eine wahre Ausgabenorgie. Er investierte mehr als sechzig Milliarden Dollar in die Automatisierung der Betriebe sowie in den Kauf von Ross Perots Electronic Data Systems (EDS) und die Flugzeugbauer Hughes Aircraft.

Jack Smith, mittlerweile 54 Jahre alt, galt innerhalb der Firma als großer Unbekannter. Einerseits war seine Karriere nach dem in Detroit üblichen Muster verlaufen. Er hat sich bei General Motors wie ein guter Soldat von der Pike auf hochgedient. Begonnen hatte seine Karriere in dem mittlerweile geschlossenen Werk von Framingham in Massachusetts. Den heiligen Hallen von Detroit, im Herzland des Autos, hat er jedoch nur eine Stippvisite abgestattet. Smith hatte sich einige ungewöhnliche Qualitäten bewahrt. Er war gerissen, aber keinesfalls ein Opportunist, gab sich herzlich, aber nicht kumpelhaft. Er hatte einen gesunden Humor, konnte aber auch knallharte Entscheidungen treffen. Und er war mehr als beliebt. Fast jeder kannte eine Geschichte, in der es um seine Umgänglichkeit und seine Wachsamkeit ging. Er ließ seinen Mitarbeitern bei der Bewältigung ihrer Aufgaben viel Freiheit und kontrollierte sie auf respektvolle, unaufdringliche Weise. Inaki Lopez, der Mann, den Smith zum Umbau des Zulieferernetzwerkes von GM-Europa angeworben hatte, bekannte absolut glaubhaft: »Für meinen Vorgesetzten würde ich mir meinen rechten Arm abschlagen lassen.«

Auch als Privatmann unterschied sich Smith deutlich von seinen Managerkollegen in Detroit. Seine beiden Söhne hatte er allein aufgezogen. Seine zweite Frau Lydia, eine selbstbewußte Schweizerin, hatte von Anfang an entschlossen und erfolgreich eine scharfe Trennlinie zwischen privatem und öffentlichem Leben gezogen. Im Job war Smith der erste eines neuen Managertyps. Er hat auch dann ein offenes Ohr für kontroverse Ideen, wenn er ihnen nicht zustimmte. Er ist versessen darauf, zum Kern von Problemen vorzustoßen und sie zu lösen. Smith ist zwar in der Unternehmenskultur von General Motors aufgewachsen, aber er hat sie nie verinnerlicht. Roger Smith mochte ihn zwar, hat ihn aber niemals ganz verstanden. Stempel kannte ihn so gut wie gar nicht, weshalb er auch nicht ernsthaft als Kandidat für das Präsidentenamt während des Machtwechsels 1990 in Betracht gekommen war. Nun, als Vice Chairman, hatte Smith das unbefriedigende Gefühl, von außen dem fürchterlichen Desaster zuschauen zu müssen, ohne Chance, etwas ändern zu können. Smith residierte zwar in der 14. Etage, und jedermann rechnete ihm den finanziellen Erfolg von GM-Europa hoch an (mit diesen Gewinnen konnten Finanzlöcher des Nordamerika-Bereichs gestopft werden), aber er wurde von Stempel nie nach seiner Meinung gefragt oder zu Diskussionen über Firmenprobleme hinzugezogen.

Auch einem anderen Mann, einem alten Kollegen von Jack Smith, war mittlerweile völlig klar, daß bei GM drastische Veränderungen in der Luft lagen. Bob Eaton, ein gescheiter, fähiger Manager, hatte Smith als Präsident von GM-Europa abgelöst. Im März 1992 kursierten Gerüchte, daß Eaton General Motors verlassen und bei Chrysler als Vice Chairman und Nachfolger von Lee Iacocca einsteigen würde. Kurz bevor Eaton seinen Entschluß öffentlich verkünden wollte, erreichte ihn ein dringender Anruf von John Smale. Smale fragte an, ob Eaton bereit wäre, mit seiner endgültigen Entscheidung über seinen Wechsel zu Chrysler noch drei Wochen zu warten. »Es könnte Gründe dafür geben, daß sie doch noch bei uns bleiben wollen!« ließ Smale durchblicken. Eaton verstand die Bedeutung dieser Worte sofort, denn er gehörte zu den Managern, die Smale im Auftrag des Board bei seiner Informationsbeschaffungs-Runde befragt hatte. Er teilte Smale mit, daß er seine Entscheidung überdenken und ihn wieder anrufen werde.

Eaton war sich allerdings im klaren, daß man ihn für einen Top-Job bei GM nicht vorsah – weder als Chairman noch als Präsident. Er und Jack Smith waren fast gleichaltrig. Er konnte sich ausrechnen, daß die nächste, freiwerdende Top-Position an Smith gehen würde. Aber er konnte sich nicht vorstellen, welche Funktion man ihm übertragen wollte und welches Durcheinander ihn erwarten würde, wenn er sich zum Bleiben entschlösse. – Alles in allem war er sich seiner Sache bei Chrysler ziemlich sicher – zumindest solange Iacocca sein Wort hielt und planmäßig in den Ruhestand abtrat. Schließlich rief er Smale an und teilte ihm mit, daß sein Entschluß, zu Chrysler zu wechseln, endgültig sei. Aber Smales Anruf hatte ihn alarmiert. Nun wußte er, daß bei General Motors etwas Großes im Gange war. Stempel wurde in der Tat Mitte März vertraulich mitgeteilt, daß im April ein Führungswechsel bevorstand. Der Board sei es satt, darauf zu warten, daß er diese Entscheidungen selbst fälle.

Es stand eine große Umbildung bevor. Jack Smith sollte zum Präsidenten ernannt werden. Reuss wurde zum Executive Vice President degradiert und mit einem Mischmasch an Aufgaben betraut. So übernahm er z. B. die Leitung von Saturn, die Verantwortung für die Elektrofahrzeug-Gruppe, das Umweltressort und dergleichen mehr. Sein Sturz war demütigend, denn Reuss verlor zusammen mit F. Alan Smith auch noch seinen Sitz im Board. Es hätte ihn allerdings noch schlimmer treffen können. Mehrere Boardmitglieder hatten nachdrücklich seine fristlose Entlassung gefordert. Ein Mitglied meinte: »Ich sehe Lloyd Reuss und denke an die 74.000 Menschen, die ihren Arbeitsplatz verlieren. Warum soll er seinen behalten?« Am Ende gab man jedoch Stempels Bitten nach, der sich dafür eingesetzt hatte, daß Reuss bis zu seiner Pensionierung weiterbeschäftigt würde.

Des weiteren degradierte der Board O'Connell zum Senior Vice President und übertrug ihm die Verantwortung für GMAC und für den Pensionsfond. Finanzchef sollte Bill Hoglund werden. Viele Boardmitglieder waren hochempört über O'Connells Fehlleistungen. Besonders unverschämt fanden sie die Art, wie er ihre Forderung nach präziser Unterrichtung umgangen hatte, wie er es unter Roger Smith gelernt hatte. Bei der Februarsitzung hatte etwa O'Connell dem Board berichtet, daß GM wegen der Investitionen in die Mietwagenfirma National Car Rental einen riesigen Verlust hinnehmen müsse. Die Mitglieder waren überrascht, weil O'Connell sie nicht rechtzeitig vor den weiteren erheblichen Einbußen des Konzerns gewarnt hatte. »Wie viele finanzielle Überraschungen haben Sie noch auf Lager?« fragte der sichtlich verärgerte Bill Marriott. O'Connell wußte keine Antwort. Marriott trug ihm auf, bei der nächsten Sitzung einen Lagebericht und Liste potentieller Gefahren für GMs finanzielle Zukunft vorzulegen. O'Connell zögerte nicht einen Moment. Ohne sich im geringsten darüber bewußt zu sein, daß das Beil des Henkers bereits über ihm schwebte, erwiderte er, daß man solche Gefahren unmöglich voraussagen könne. Marriott tobte. Fassungsloses Erstaunen ließ die Sitzung einen Moment lang stocken, dann sagte Marriott in strengem Ton: »Gut, wenn Sie dazu nicht in der Lage sind, braucht unser Konzern wohl einen neuen Finanzchef.«

Daß O'Connell dennoch überlebte, verdankte er einer Handvoll Freunde unter den Boardmitgliedern, die noch aus Roger Smith's Zeiten loyal zu ihm standen. Einer von ihnen versuchte sogar noch in letzter Minute, O'Connell im Amt des CFO zu halten. Es entbrannte eine äußerst hitzige Diskussion, die Boardmitglied Ann Armstrong schließlich abrupt beendete: »Das ist längst entschieden. Gehen wir zum nächsten Tagungsordnungspunkt über.« O'Connells Degradierung stand somit fest.

Die schlimmste Demütigung für Stempel war, daß seine Machtbefugnis massiv eingeschränkt wurde und er zwar den Titel behielt, aber dem Exekutivausschuß nicht länger vorsitzen durfte. Auch hierüber hatte es hitzige Debatten gegeben. Der Gedanke an seine Ablösung wurde in erster Linie deshalb fallengelassen, weil es keinen geeigneten Nachfolgekandidaten gab.

Der Board teilte Stempel mit, daß die Umbildung bei der Sitzung am 6. April offiziell bekanntgegeben werde.

Einige Tage vor der Versammlung rief Stempel Jack Smith zu sich ins

Büro und erklärte ihm in – so Smith – geheimnisvollen Andeutungen, was bei der Boardsitzung im April zu erwarten war. Auf die gleiche Art informierte Stempel die anderen Mitglieder seines Stabs. Dabei war er, wie es seiner Natur entsprach, immer bemüht, jedem Mitarbeiter der alten Garde den harten Schlag schonend beizubringen. Bei O'Connell halfen keine vagen Andeutungen. Ihm mußte die Wahrheit mehrmals gesagt werden, und er glaubte immer noch nicht daran. Seine Ablehnung saß so tief, daß Stempel gezwungen war, ihm die Nachricht am Tag vor der Sitzung noch einmal schriftlich in sein Hotelzimmer zu übermitteln.

Dallas – April 1992

Als Schauplatz für die Entmachtung wählte man den Hauptsitz von GMs Tochtergesellschaft Electronic Data Systems (EDS) in Dallas – ironischerweise Ross Perots altes Revier. Das moderne Gebäude war Teil eines gefälligen, parkartigen Komplexes. Perot, stets ein strenger Kritiker der Firma, hätte es genossen, dabei Mäuschen zu sein. Aber auch so war seine Gegenwart überall deutlich zu spüren. Die Lobby wurde von einem großen bronzenen Adler beherrscht, der Perots legendäre Heldentaten symbolisierte, von denen Ken Follett in seinem Buch *On Wings of Eagles* berichtet. Perot war sich nicht zu schade, andere, insbesondere die von ihm am meisten verachteten »schlappschwänzigen« Manager, fühlen zu lassen, daß er ein »ganzer Kerl« war.

Es war Sitte, daß sich die Mitglieder des Board am Abend vor einer Sitzung mit den Managern des Unternehmens zum Dinner trafen. Normalerweise ähnelten diese Treffen Kameradschaftsabenden, doch an diesem Abend war es anders. »Dies waren die qualvollsten paar Stunden meines Lebens«, erinnerte sich Jack Smith später. Das, was bevorstand, unterdrückte jeden Small Talk. Verstohlenes Geflüster und panikartige Vermittlungsaktionen (besonders von O'Connells Seite) verdarben allen den Appetit.

Am nächsten Tag kamen die Direktoren zusammen. Die Stimmung war ernst, und es herrschte nervöse Spannung. Niemand wußte, wie er sich verhalten sollte, für Sitzungen dieser Art gab es kein Protokoll. Der bedeutendste Board der amerikanischen Industrie schickte sich an, eine revolutionäre Tat zu begehen – was für ein Augenblick.

Nur ein Mitglied des Board wirkte einsam und deplaziert. Roger Smith, zwei Jahre zuvor noch die Nummer eins in der Autoindustrie, spielte nun keine Rolle mehr. Niemand sprach es offen aus, aber die Entscheidungen des Board kamen einem vernichtenden Urteil über seine Leistungen als Chairman gleich. Smith aber wollte dies nicht zugeben. Später äußerte er gegenüber Reportern und einigen seiner engen Mitarbeiter, daß er die Maßnahmen für unnötig hielte und daß sich General Motors mit der Zeit auch von allein erholt hätte. Als Smith 1990 das Amt des Chairman aus Altersgründen abgab, hatte er noch gesagt: »Ich möchte, daß man in fünf Jahren über mich richtet.« Hatte er wirklich gehofft, daß sich das Schicksal des Konzerns in diesem Zeitraum auf wunderbare Weise wenden würde? Anscheinend glaubte er auch jetzt noch steif und fest daran und hielt die Aktionen des Board für überhastet, weil erst zwei Jahre vergangen waren. Seine Ignoranz, was die Krise des Konzerns und seine eigene Schuld daran betraf, trug fast schon pathologische Züge. Er war wohl der einzige, der die Million Dollar, die er pro Jahr als Ruhestandsgehalt bezog, als Belohnung für seine vortrefflichen Leistungen ansah. Tatsächlich hielten es viele Leute für skandalös, daß der ehemalige Chairman eine so fette Pension einstrich, obwohl er in seiner Amtszeit den Grund für den drohenenden Zusammenbruch gelegt hatte. Smith hatte sogar selbst für seine stattliche Pension gesorgt. Nur vier Monate vor seinem Ausscheiden hatte er eine Änderung bei den Ruhestandsbezügen initiiert. Er behauptete, daß nach einer vom Finanzstab erstellten Studie die Altersversorgung von GM hinter denen der Konkurrenz und dem, was üblicherweise in der Industrie gezahlt würde, zurückgeblieben sei.

Nach der regulären Sitzung bat der Board Jack Smith und alle anderen Anwesenden, ausgenommen Stempel, den Raum zu verlassen und draußen in den Büros zu warten. Dann ging es zur Sache.

Was nun ablief, führte zu mehr als nur zur schlichten Umbesetzung der Rollen. Das Führungsprinzip wurde insgesamt in Frage gestellt. Viele Jahre lang war der Chairman der mächtigste Mann der Firma gewesen, er hatte den Kurs bestimmt und stand im Licht der Öffentlichkeit. Der Präsident wirkte hinter den Kulissen und gehorchte den Vorgaben des Chairman. In den achtziger Jahren unter Chairman Roger Smith blieb Präsident Jim McDonald praktisch unsichtbar. Er war eine Arbeitsbiene, und sein Name tauchte in den Nachrichten kaum auf. Smith war ein weitum bekannter Chairman, dessen Popularität sogar noch stieg, als Michael Moores Filmsatire im ganzen Land zum großen Kinohit wurde. Reuss dagegen trat unter Stempels Chairmanship als Präsident öfter an die Öffentlichkeit. Beide Männer hatten sich gleichzeitig hochgearbeitet, obendrein besaß Reuss eine eigene Hausmacht. Es war jedoch Stempel und nicht Reuss, der von der Presse zur Rechenschaft gezogen wurde.

Der Board schlug nun vor, Jack Smith größere Freiheiten bei der Führung des Unternehmens zu geben. Durch die Entlassung als Chef des Exekutivausschusses wurde Stempel eine mehr zeremonielle Funktion zugewiesen. Seine Aufgabe war es, den Kontakt mit Regierungsstellen, Händlern und anderen Personen außerhalb der Firma zu pflegen. Diese Rolle lag im tatsächlich besser. Er hatte sich im Amt des Chairman eigentlich nie richtig wohl gefühlt. Zumindest ein Manager, der ihm nahe stand, vermutete, daß Stempel insgeheim sogar erleichtert sei, vom heißen Stuhl gefeuert worden zu sein.

Nach der Sitzung beauftragte der Board F. Alan Smith damit, die Presseerklärung zu verfassen, mit der die Welt über die Neuigkeiten informiert werden sollte. Die eher farblose Mitteilung, die nebenbei bemerkt kein Wort über die Entlassung von F. Alan Smith aus dem Board enthielt, stellte die Fakten eindeutig und ohne Dramatik dar.

Seltsamerweise wurde Jack Smith, der in einem Büro des Hauses das Geschehen abwartete, nicht vor den Board gerufen. Es gab weder eine formelle Kommandoübergabe, noch Gratulationen oder eine kurze Ansprache. Statt dessen wurden er, Hoglund, O'Connell und F. Alan Smith in ein Auto verfrachtet und zum Flughafen gebracht, ohne daß man ihnen Details über das Geschehene verriet. Erst als die Firmenmaschine in Richtung Detroit abgehoben hatte, überreichte F. Alan Smith Jack Smith eine Kopie der Presseerklärung, die bereits an die Medien verschickt worden war. Die Presse und die Öffentlichkeit wußten also schon von der Beförderung Smiths, bevor er selbst offiziell die Nachricht erhielt. Seine Frau Lydia erfuhr davon, als sie mit Telefonanrufen von Presseleuten und Familienfreunden überschüttet wurde. Währenddessen war ihr Mann noch auf dem Rückflug von Dallas. Stempel und Reuss, beide wegen der Ereignisse des Tages zutiefst getroffen, kehrten mit einer anderen Maschine nach Detroit zurück.

Nachrichten über den »unblutigen Coup« bei General Motors füllten am darauffolgenden Tag die Titelseiten aller Zeitungen in Amerika. Als sich die Nachricht in der Firma verbreitete, kam so etwas wie eine feierliche Stimmung auf. »So ähnlich muß das Gefühl gewesen sein, als die Berliner Mauer fiel«, schwärmte ein alter Angestellter nicht ohne Schadenfreude.

Am Abend nach dem Coup nahm Reuss, Haltung bewahrend, einen Preis der Engeneering Society entgegen. Und am folgenden Tag saß O'Connell mit auf dem Podium, als die Autorin dieses Buches einen Vortrag vor dem Detroit Economic Club hielt. Man begegnete beiden mit Verlegenheit. Niemand wußte so recht, was er sagen sollte. Es schien einfacher zu sein, so zu tun, als ob nichts vorgefallen wäre.

Jack Smith kehrte ohne eine Vorstellung von den genauen Absichten des Board nach Detroit zurück. Ihn sorgte, daß noch viele Details ungeklärt geblieben waren. Dennoch übernahm er die Führung ohne zu zögern und ging, so wie es sein Stil war, entschlossen und mit Elan an die neuen Aufgaben heran. Seine ersten Entscheidungen hatten vor allem symbolischen Wert, er wollte unüberhörbar den Anbruch einer neuen Ära einläuten. So kündigte er eine Revision der Sondervergünstigungen für Manager an. Dann zog er aus den bunkerartigen Räumlichkeiten der 14. Etage in das GM Technical Center, das etwa 16 Kilometer entfernt in Warren in Michigan lag. Die Zeiten waren vorbei, in denen die geschäftsführenden Manager der Firma weitab von der eigentlichen Produktion arbeiteten. Die 14. Etage hatte ihren Glanz verloren.

Fast unmittelbar nach dem Führungswechsel kündigte GM die Ausschüttung junger Aktien an. Es war die bisher größte öffentliche Aktienemission. Die Firma brauchte dringend Cash, deshalb brach Smith zuallererst zu einer ›Werbereise‹ rund um den Globus auf, um potentielle Investoren von GMs glänzender Zukunft zu überzeugen. Die dabei gewonnenen Erfahrungen öffneten Smith die Augen. Unterwegs mußte er erkennen, wie tief die Skepsis gegenüber GM mittlerweile saß. Bei einem frühmorgendlichen Treffen mit führenden Investmentberatern wurde ihm nicht einmal Kaffee angeboten, während die Manager frühstückten und ihn dabei aggressiv ausfragten. Seine leere Tasse machte ihm schlagartig klar, welch steiniger Weg noch vor GM lag.

Und der Machtwechsel vollzog sich alles andere als glatt. Stempel machte in seiner neugestalteten Funktion keine gute Figur. Obwohl man ihn ausdrücklich darauf hingewiesen hatte, daß Smith die Entscheidungen treffe, erklärte Stempel der Presse gegenüber beharrlich: »Ich trage die Verantwortung.« Smith mußte sich bei öffentlichen Veranstaltungen dem offiziellen Chef unterordnen. Der einzige, der nicht mitbekam, daß er nicht mehr in der Verantwortung stand, war Stempel selbst. Weil er außerdem nicht mehr zum engsten Kreis zählte, stimmten seine öffentlichen Erklärungen nicht immer unbedingt mit der Strategie überein, die das Technical Center herausgab. Obendrein gab es immer noch Reuss. Im Laufe der Zeit schienen die Folgen der Aprilaktion des Board weniger radikal ausgefallen zu sein als angenommen.

In den folgenden Monaten wurde es Jack Smith immer klarer, daß der Board nur halbe Arbeit geleistet hatte. Stempel fügte sich nicht in seine neue Rolle. Weit schlimmer war, daß auf die winzigen Gewinne der ersten Jahreshälfte ein Absturz mit riesigen Verlusten im zweiten Halbjahr folgte. Smith konnte die Bücher nicht nach alter GM-Manier frisieren. Er mußte die Zahlen offen auf den Tisch legen, und sie waren furchterregend. Später beschrieb Bill Hoglund die Situation: »Als ich das Finanzressort übernahm, brachte es mich immer wieder aus der Fassung, daß aber auch alles, was schief ging, direkt in eine Katastrophe mündete. Das System hatte überhaupt keinen Puffer.« Smith und seine hart arbeitende Mannschaft waren angesichts der bitteren Wahrheit alles andere als euphorisch. Denn noch immer kreisten die Pleitegeier.

Die Straßenkämpfer

Wir müssen die eigene Burg mit den eigenen Händen verteidigen.
– *Taizo Ishida*

Bei Reisegeschwindigkeiten von mehr als 100 km/h kann man mit dem *Bullet Train* bequem zwischen Nagoya und Tokio oder Osaka, Japans bedeutendsten urbanen Zentren, hin- und herpendeln. Eine Fahrt dauert nur zwei bzw. eine Stunde. Der glänzende, weiße Zug mit dem blauen Stierauge auf der spitzen Nase der Lokomotive ist das allgemein bevorzugte Verkehrsmittel für Reisen zwischen entfernt liegenden Großstädten. Er fährt so zuverlässig, daß man die Uhr nach ihm stellen kann. Der Hauptbahnhof von Nagoya liegt im Zentrum der Stadt, etwa fünfzehn Minuten vom 1609 erbauten Schloß entfernt. Auf den Bahnsteigen herrscht ein hektisches Treiben und Gedrängel. Im Bahnhof befinden sich unterirdische Einkaufsarkaden, viele Lebensmittelstände und kleine Restaurants – typische Merkmale des japanischen Alltagslebens. Überall sieht man Reisende, die aus kleinen Schalen *bentos* (Reis, eingelegtes Gemüse, Rührei und kleine Scheiben Fisch oder Fleisch) essen oder hübsch verpacktes Obst, Reisplätzchen oder eine Auswahl an Pasten aus roten Bohnen als Geschenke für Geschäftspartner, Kunden, Freunde und Verwandte kaufen. Die Preise dieser Mitbringsel werfen jeden Besucher aus den USA oder Europa um: In Brokatkästchen arrangierte Melonen kosten beispielsweise einhundert Dollar pro Stück.

Zu bestimmten Tageszeiten belagern Scharen uniformierter Schulkinder – Jungen in schwarzen, pseudomilitärischen Jacken, Mädchen in blauen Matrosenkleidern – den Bahnhof, an dem auch verschiedene private Regionalbahnen halten. Vor dem Gebäude stehen in langen Reihen Toyota-Taxis. Der Einfluß von Japans größtem Autokonzern ist allgegenwärtig. Die wenigen Autos, die nicht von Toyota stammen, fallen regelrecht auf.

Heute ist Nagoya eine wichtige Handelsstadt. In der Edozeit war es eine der berühmtesten Schloßanlagen. Noch immer bildet das wiederaufgebaute Schloß von Tokugawa Ieyasu, dem ersten Shogun, mit dem umlaufenden, gemauerten Graben den Mittelpunkt der Stadt. Während des Zweiten Weltkrieges wurden die Innenstadt und der Großteil der Kulturdenkmäler zerstört. Beim Wiederaufbau wurden die Hauptstraßen großzügig verbreitert. An der zentralen Kreuzung von Hotta-dori und Sakuradori sind die Straßen gut 30 Meter breit, um das Überspringen von Flammen bei Hausbränden zu verhindern. Das ist eine Vorsichtsmaßnahme aus früheren Tagen, als ganze Städte abgebrannt waren, weil ein einzelnes der dicht aneinanderliegenden Holzhäuser, meist durch offene Feuerstellen, in Brand geriet und die Flammen sich in Windeseile ausbreiteten. Der zum Tomei Expressway führende Boulevard vermittelt den Eindruck weltläufiger Eleganz, der nicht recht zur erzkonservativen Einstellung der Einwohner zu passen scheint. Die modernen Skulpturen auf den Gehwegen und die blauen und weißen Laternenpfähle aus Keramik in der Form großer Kandelaber, die die Prachtstraßen säumen, wirken in der sonst sehr nüchternen Stadt merkwürdig deplaziert. Die breiten Mittelstreifen zieren üppige Azaleenbeete und großzügige Rasenflächen. Zur Überraschung des Besuchers, der mit Japan eher makellos gepflegte Gärten verbindet, steckt ziemlich viel Abfall und Müll zwischen den Sträuchern und Hecken.

Nagoya ist die regionale und kulturelle Heimat der Toyota Motor Corporation, der eigentliche Firmensitz befindet sich mittlerweile in der 56 Kilometer entfernten Toyota City, die früher Koromo hieß. Wichtige Firmenbesucher werden von blauuniformierten Chauffeuren mit weißen Handschuhen in schwarzen Firmenwagen vom Bahnhof in Nagoya abgeholt. Seine Bedeutung kann der Gast bereits am Typ Autos erkennen.

Nagoya ist zwar von allen größeren Städten Japans aus schnell zu erreichen, wirkt aber bei näherem Hinsehen wie ein anderes Land mit einer fast fremden Kultur. Die amerikanische Vorstellung von der japanischen Wirtschaft als einem einzigen großen Unternehmen – einer Art riesigen »Japan AG«, die wie eine Monster-Spinne auf der Suche nach neuen Opfern um die Welt jagt – kommt ohnehin jedem unsinnig vor, der die tiefe Prägung der Regionen, der Familie und der lokalen Kultur auf das Wesen der einzelnen erlebt hat. Die Japaner führen den Erfolg Toyotas auf dessen Wurzeln in Nagoya zurück. Der große Reichtum des Konzerns wird der traditionellen Genügsamkeit der Gegend zugeschrieben. Mädchen aus Nagoya sind in anderen Landesteilen Japans begehrte Bräute, weil sie im Ruf sparsamer Haushälterinnen stehen. Obwohl Toyota als das Musterbeispiel eines modernen Unternehmens gilt und jahrelang die höchsten Gewinne in Japan einfuhr, blieben die Einwohner Nagoyas stets die bescheidenen Bürger ihrer feudalen Schloßstadt. In vieler Hinsicht verkörpern sie das stereotype Bild vom hart arbeitenden, todernsten Japaner, der nur seine Aufgabe kennt. Nationalgefühl kennen sie kaum, die Hauptstadt Tokio halten sie für einen Hort von Geldverschwendern und disziplinlosen Arbeitern. Nationale Aufgaben wecken bei den Leuten von Nagoya stets Mißtrauen, vor allem wenn sie zu Lasten ihres Geldbeutels gehen. Aus diesem Grund gerät Toyota auch so oft mit dem MITI, dem japanischen Ministerium für Handel und Industrie, aneinander, wobei es fast immer darum geht, ob sich die Nagoyer Autobauer den nationalen Handelszielen und Expansionsplänen unterordnen oder nicht.

Wenn man Toyota und die Region, aus der das Unternehmen stammt, verstehen will, muß man sich vergegenwärtigen, daß Nagoya bis vor dreißig Jahren fast ausschließlich von der Landwirtschaft lebte. Nach dem Zweiten Weltkrieg kämpften dort die Bauern um das reine Überleben. Toyota war die Erfüllung ihrer Träume, was die Zukunft ihrer Kinder anging. Durch gutbezahlte Fabrikarbeit würden sie endlich der Armut des bäuerlichen Lebens entrinnen können. Und die Verwirklichung dieses Traums hat die Arbeiter von Toyota zu so außergewöhnlicher Tatkraft und Hingabe getrieben.

Tatsächlich gibt es zwischen den japanischen Autoherstellern größere kulturelle Unterschiede als zwischen den Großen Drei in Amerika, die alle an einem Ort in Detroit residieren. Die japanischen Unternehmen sind über ganz Honshu, die Hauptinsel Japans, verteilt. Mazda hat seinen Hauptsitz in Hiroshima und trägt den Stempel einer von der Geschichte schwer getroffenen Stadt. Von der Atombombe dem Erdboden gleichgemacht, wurde die Stadt wieder aufgebaut, aber die weiten Straßen und modernen Gebäude täuschen kaum darüber hinweg, daß die so geschäftig wirkende Stadt von dem Gefühl, Opfer zu sein, durchdrungen ist.

Hondas Firmengeschichte begann als Motorradfabrik. Doch der Gründer, ein talentierter Ingenieur, dem seine Unabhängigkeit über alles ging, wollte unbedingt ins Autogeschäft einsteigen. Davon ließ er sich nicht dadurch abbringen, daß ihm, weil er nicht zu den Gründungsmitgliedern der japanischen Autoindustrie zählte, eigentlich der Zutritt zu diesem illustren Kreis verwehrt wurde. Honda hielt stur an seinem Ziel, Autos zu bauen, fest. Bis heute ist die Firma ein Außenseiter in der Branche geblieben, dem man den großen Erfolg, an den damals niemand glauben wollte, mißgönnt. Wegen des späten Einstiegs ins Autogeschäft mußte die Firma schneller auf internationalen Märkten Fuß fassen als die Konkurrenten, die sich zuerst erfolgreich auf dem Inlandmarkt etablieren konnten. Hondas Hauptsitz, ein modernes Gebäude aus Stahl und Glas, liegt in Aoyama, einem der schickesten und reichsten Viertel Tokios, in dem auch eines der vornehmsten Beerdigungsinstitute der Metropole ansässig ist.

Auch Nissan hat seinen Sitz in Tokio. Das Unternehmen gibt sich sehr urban und weltmännisch und vertuscht dadurch seine schwachen Leistungen. Die Manager (meistens Absolventen der renommierten Universität von Tokio), die im imposanten Stammhaus auf der Ginza, der Hauptgeschäftsstraße Tokios, arbeiten, sind elegant gekleidet, sorgfältig frisiert und treten kultivierter auf als viele andere japanische Manager. Die meisten hochrangigen Führungskräfte sprechen Englisch und scheuen sich auch nicht, es zu gebrauchen.

Gemessen an Tokios Standards wirkt Toyota eher provinziell – ein Charakteristikum, das das Unternehmen als Markenzeichen versteht. In Tokio kursieren viele Witze über die »Bauerntölpel« aus Nagoya. Über ihren Mangel an Kultiviertheit, ihren genügsamen Lebensstil und ihre Arbeitswut wird immer wieder gern gelästert.

Die Japaner konstruieren gerne neue Wörter, um spontane Ideen auszudrücken. Häufig benutzen sie dazu Begriffe aus dem Englischen. So prägten sie den ironischen Ausdruck *koromopolitan* – eine Verbindung von Koromo, dem ursprünglichen Namen von Toyota City, und dem englischen »cosmopolitan« –, um sich über die Provinzialität der dort lebenden Menschen lustig zu machen.

Gemessen an westlichen Standards ist Toyotas Stammhaus klein. Die

Bürogebäude sind von sorgfältig gepflegten Azaleen und kunstvoll beschnittenen Kiefern umgeben. Im Inneren gibt es nur wenige Einzelbüros, aber viele offene, mit Schreibtischen und Aktenschränken vollgestopfte ›Arbeitszellen‹. Überall im Gebäude trifft der Besucher auf uniformierte junge Mädchen, meistens College-Absolventinnen, deren Aufgabe es ist, Tee zu kochen, Telefonate entgegenzunehmen und kleinere Büroarbeiten zu erledigen. Die schönsten von ihnen dürfen im Erdgeschoß und auf der Direktionsetage als Empfangsdamen arbeiten. Dort stehen sie dann bereit, um Besucher in die Verhandlungsräume zu geleiten. Diese Aufgabe erfüllen sie mit gesenktem Kopf, scheuem Lächeln und wohl einstudierten Verbeugungen. Diese Rituale von Ehrerbietung und Dienstbeflissenheit erinnern sehr an den Stil vergangener Zeiten.

Auf der Führungsetage ist es üblich, daß sich Chairman und Präsident ein Zimmer teilen, um besser zusammenarbeiten zu können. Der Führungsstil unterscheidet sich stark vom amerikanischen und europäischen, wo man eher den Typus des einsamen Kämpfers findet. Auch sonst gelten in japanischen Unternehmen andere Gesetze. Leitende Angestellte aus dem mittleren Management haben nicht einmal ein eigenes Büro und erst recht keine eigene Sekretärin.

Die Flure und die Eingangshalle schmückt eine ziemlich eklektische Mischung aus Cloisonnévasen, reich verzierten Uhren, Papierbildern, japanischen Kunstwerken und impressionistischen Gemälden aus dem Westen. Auf der zweiten Etage befinden sich besondere Räumlichkeiten, die für Treffen mit wichtigen Gästen reserviert sind. Sitzungen dieser Art finden nur selten in den Büros der Manager statt. Diese Verhandlungsräume sind groß, aber spartanisch in sanften Ocker-, Grau- und Goldtönen eingerichtet. Die niedrigen Stühle sind für großgewachsene Besucher aus dem Westen ungewohnt. Auf den großen, niedrigen Couchtischen stehen winzige, mit Zigaretten gefüllte Automodelle von Toyota, Aschenbecher, Feuerzeuge sowie gut sichtbare Uhren, die den Gast daran erinnern sollen, daß die Zeit für sein Anliegen begrenzt ist. Die Treffen beginnen stets pünktlich auf die Minute und überschreiten niemals die vorgesehene Länge. Wenn ein fremder Besucher nicht bemerkt, daß er seine Zeit überzieht, erscheint eine der Bürodamen und erinnert ihren Chef freundlich an eine dringende Sitzung.

Unter den mächtigen japanischen Unternehmen hat Toyota eine einzigartige Stellung; dank seines Reichtums hat sich der Konzern ein gewisses Maß an Unabhängigkeit gegenüber dem Einfluß von Regierung, Banken und Verbänden verschafft, was für kaum eine andere Firma zutrifft. 1991 hatte Toyota 18 Milliarden Dollar in den Konzernkassen. Toyota hängt auch nicht von einem *zaibatsu* ab, einer mächtigen Gruppe von Banken, Handels- und Versicherungsgesellschaften, die den Handlungsspielraum der meisten japanischen Unternehmen einengt. Im Gegenteil, Toyotas *zaibatsu* ist von Toyota selbst abhängig. Der große Kreis seiner Zulieferer blühte mit Toyota auf, und viele Unternehmen verdanken ihr Wohlergehen dem Konzern.

Toyota hat es heute nicht mehr nötig, außerhalb der eigenen Firma Rat und Unterstützung zu suchen. Dies war nicht immer der Fall. In früherer Zeit war Toyota hoch verschuldet. Damals konnte sich der Konzern nur aus der Umklammerung der Banken lösen, nachdem man den Abbau der Zinsbelastung zu einer Überlebensfrage gemacht hatte.

Kaum jemand wird sich der Vitalität und Geschäftigkeit von Toyota City, der vielleicht größten Firmenstadt der Welt, entziehen können. Sie expandiert immer weiter in die umliegenden Städte und Dörfer, wo sich schon viele Zuliefererbetriebe angesiedelt haben. Im Umkreis des Hauptsitzes, nur wenige Kilometer entfernt, liegen vier Montagewerke und Dutzende von Fabriken, die zu Tochtergesellschaften von Toyota gehören. Tag und Nacht verstopfen Lastwagen der Zuliefererfirmen die Straßen. Ganze Kolonnen von Autotransportern schaffen Neuwagen zur Verladung. Uniformierte Arbeiter eilen zwischen den Fabriken hin und her. Die ganze Gegend wird – bis auf ein paar Reisfelder, Dattelpflaumenbäume und ein paar kleinen Fleckchen Erde, auf denen Zwiebeln und anderes Gemüse angebaut werden – vom Auto beherrscht.

Toyota City, Japan – Januar 1992

Der Präsident von Toyota, Dr. Shoichiro Toyoda, 67jähriger kleiner, untersetzter Mann, zeichnete sich durch Intelligenz und Willenskraft aus.

Seine Managementstil war auffallend formell, sogar für Japaner, die traditionell immer streng auf die festen Regeln der Etikette und Rangordnung achten. Der Sohn des Toyotagründers Kiichiro Toyoda regierte das Unternehmen wie eine Dynastie, intern nannte man ihn den »Kronprinz«. Dennoch betrachtete er sein eigenes Werk mit der üblichen Demut: »Ich bin ein unwürdiger Sohn meines Vaters. Die ehrwürdigen Seelen der Alten umgeben mich ständig, und nur deshalb kann ich meine Aufgabe erfüllen, trotz meiner Mittelmäßigkeit.« Seine Worte erinnern an verbreitete japanische Begrüßungsformeln, die den Wert der eigenen Person immer untertreiben. So begrüßt zum Beispiel ein Japaner seine Gäste zu Hause traditionell mit den Worten: »Willkommen in meinem unwürdigen Haus, setzen Sie sich zu meiner unvollkommenen Frau und meinen dummen Kindern, und essen Sie meine ungenießbaren Speisen.«

Die japanischen Geschäftsmänner sind die umsichtigsten der Welt, und gerade Shoichiro* war ein Meister dieser Kunst. Sein Englisch war zwar nur stockend, aber wie so viele Japaner verstand er weitaus mehr, als er selber zu sprechen vermochte. Meistens erfaßte er auch jene kleinen Nuancen eines Gesprächs, die gewöhnlich sogar Dolmetscher überfordern.

Als Shoichiro 1991 auf der Tokio Motor Show die feierliche Präsentation der neuen Luxuslimousinen von Toyota selbst übernahm, war er sich längst darüber im klaren, welch ernsten Herausforderungen sein Konzern im eigenen Land und im Ausland entgegensah. Toyota hing zwar keineswegs so »in den Seilen« wie General Motors, aber gegen die in allen großen Autokonzernen auftretenden Probleme war auch Toyota nicht immun.

Der Erfolg der vergangenen zwanzig Jahre hatte etwas zu tun mit unternehmerischer Genialität, aber auch mit Fortüne. Jedesmal wenn ein potentielles Unheil drohte, wendeten sich die Umstände am Ende zugunsten Toyotas. Die Japaner nannten dies *kamikaze*, »glücklicher Wind«. Außerdem schienen Toyota einfach keine Fehler zu unterlaufen. Doch wie der Musterschüler, der immer Superzensuren nach Hause bringt, erntete Toyota nicht nur Anerkennung und Lob, sondern auch Mißgunst und Haß. Das Unternehmen hatte erst 1955 mit der Massenproduktion von Autos begonnen und war dann kometengleich an die Spitze der japanischen Wirtschaft aufgestiegen. Es sicherte sich 41 % des Inlandmarktes (ein

Stand, den GM 1980 in Amerika erreichte) und konnte sich auch im Ausland seine starke Position schaffen. Mit Neid blickten Wettbewerber auf das weltweit zu niedrigsten Kosten produzierende Unternehmen, auf den ungeheuren Reichtum des Konzerns und auf Toyotas Fähigkeit (vor 1991), ein erfolgreiches Auto nach dem anderen auf den Markt zu bringen. Shoichiro und sein Mentor und Cousin zweiten Grades Eiji Toyoda, der als Chairman amtierte, hatten das Unternehmen in den zwei Jahrzehnten der großen Leistungen und des Erfolges gemeinsam geführt.

Nun aber waren interne und externe Probleme aufgetaucht, die Toyotas Vision und Strategie ins Wanken brachten. Japans Wirtschaft kämpfte ums Überleben. Doch nicht nur das bereitete Kopfschmerzen. Der Konzern hatte gerade eine wahre Ausgabenorgie hinter sich. Der Bau neuer Fabriken in Tahara, Kyushu, Großbritannien und Kentucky sowie große Investitionen zur Entwicklung neuer Modelle trieben die Fixkosten in gefährliche Höhen.

Die Lage verschärfte sich durch die Aussicht auf Handelsbeschränkungen und Quotenregelungen in Amerika und Europa. MITI drängte Toyota deshalb, seine Expansionspläne fallenzulassen. Shoichiros erklärtes Ziel war immer das sogenannte »Global 10« gewesen, d. h. bis zum Ende des Jahrhunderts sollte sein Konzern 10 % des Weltmarktes beherrschen. Nun zwang man ihn, seinen aggressiv voranpreschenden Kurs abzubremsen, weil es im Ausland eine Welle anti-japanischer Reaktionen gab und weil Toyotas Machtstellung einen ständigen Druck auf die anderen japanischen Autounternehmen ausübte, mit dem Riesen gleichzuziehen, auch wenn ihnen die Mittel dazu fehlten.

Weitere Schwächen traten zutage. Das gefeierte *Toyota Production System* war modernisierungsbedürftig, sinkende Geburtenzahlen und die Abneigung junger Menschen, in Fabriken zu arbeiten, führten zu einem Mangel an Arbeitskräften in Toyota City – einer Stadt, in der fast jeder Einwohner bei Toyota oder einer der Tochtergesellschaften arbeitete. Zunehmend waren Toyota und seine Zulieferer auf ältere Arbeiter und ausländische Arbeitskräfte angewiesen. Wie ernst die Krise war, zeigte sich daran, daß es sogar schon Überlegungen gab, Frauen einzustellen.

Obwohl Toyota eines der erfolgreichsten Unternehmen der Welt war und über Geldreserven in Höhe von achtzehn Milliarden Dollar verfügte, brachten die anstehenden Herausforderungen den Konzern, der unter den Konkurrenten als unbesiegbar galt, kräftig ins Wanken.

Die Situation verkomplizierte sich noch, weil Shoichiro über einen großen Umbau des Managements nachdachte. Nach zehn Jahren als Präsident wurde es für ihn Zeit, auf den Posten des Chairman aufzurücken und einen neuen Präsidenten zu berufen. Eiji, mittlerweile neunundsiebzig, war bereit, sich allmählich aus dem Tagesgeschäft zurückzuziehen. Außerdem hatte Shoichiro begonnen, sich um die nationale Wirtschaftspolitik zu kümmern. Auch wenn er nach wie vor fest in der Tradition Nagoyas verwurzelt war, verbrachte er immer mehr Zeit in Tokio, wo sich Toyota auch einen eleganten Glaspalast errichtet hatte. Shoichiro war bereits stelltvertretender Chairman des Keidanren, des Dachverbandes der japanischen Industrie, und strebte nun das Amt des ersten Vorsitzenden an. Zwar hatte der Keidanren jüngst an Einfluß verloren, er galt aber immer noch als das bedeutendste und mächtigste Repräsentationsorgan der japanischen Wirtschaft. Das Amt des Vorsitzenden genießt hohes Ansehen und bietet die Möglichkeit, eigene Ideen in der Öffentlichkeit zu vertreten. Außerdem strahlt der Glanz des Amtes auch auf die eigene Firma ab. Traditionsgemäß wird der Vorsitzende des Keidanren aus den Reihen der Industriemanager der in Tokio ansässigen Unternehmen, wie z. B. Nippon Steel oder Tokio Electric Power, gewählt.

Shoichiros Hauptkonkurrent um das Amt war Yutaka Kume, der Chairman von Nissan. Shoichiro hielt es für undenkbar, daß Kume, der Toyotas aggressiven Stil immer scharf kritisiert hatte, gewinnen könnte. Abgesehen davon hatte Toyota Nissan im Kampf um Marktanteile vernichtend geschlagen, und Nissan war finanziell fast ausgeblutet. Aber Unternehmen mit Hauptsitz in Tokio gehören automatisch zur herrschenden Elite Japans, auch wenn sie, wie Nissan, nicht zu den größten und reichsten der Branche zählen. Das verschaffte Kume Vorteile und verringerte Shoichiros Chancen. Vorsitzender des Keidanren konnte auch nur werden, wer Chairman des eigenen Unternehmens war. Deshalb hatte Shoichiro allen Grund, einen neuen Präsidenten von Toyota zu ernennen und sich selbst auf die stärker repräsentative Rolle des Chairman zu beschränken.

Die ersten Gerüchte über Shoichiros Entscheidung kamen Anfang 1992 auf, und bald richtete sich die Aufmerksamkeit auf den möglichen Nachfolger. Die Spekulationen verdichteten sich, daß Shoichiro seinen jüngeren Bruder, den 63jährigen Tatsuro, zum Präsidenten ernennen würde.

In den meisten japanischen Unternehmen liegt die eigentliche Macht in den Händen des Präsidenten. Das Amt des Chairman hat mehr zeremonielle Bedeutung. Anders als in amerikanischen Unternehmen setzt sich der Board, das Aufsichtsgremium, komplett aus Firmeninsidern zusammen und ist damit nichts weiter als ein Exekutivkomitee.

Mit Eiji als Chairman waren die Aufgabenbereiche bei Toyota etwas anders verteilt, weil seine Stellung im Konzerns äußerst mächtig war und er sich durch jahrzehntelange Präsenz großes Ansehen erworben hatte. Das war auch der Grund, warum Shoichiro einst mehr als vier Jahre gebraucht hatte, bis er das Steuer endgültig übernehmen konnte. Doch jetzt war er das Firmenoberhaupt und konnte nun allein über seinen Nachfolger bestimmen.

Als es in der Gerüchteküche brodelte und ständig neue Namen von potentiellen Kandidaten für die Nachfolge Shoichiros die Runde machten, gab es auch Spekulationen, daß die Wahl diesmal nicht auf ein Familienmitglied, also auch nicht auf Tatsuro, fallen könnte. Diese Mutmaßungen hatten aber keinen ernsten Hintergrund. Es war kaum zu erwarten, daß Shoichiro einen so kühnen Schritt wagen würde, das Unternehmen in die Hände eines Außenstehenden zu legen, zumal es unter den Vize-Präsidenten des Konzerns keinen überzeugenden Kandidaten im passenden Alter gab. Ein solches Dilemma ist amerikanischen Konzernen gänzlich unbekannt. Es bezeugt aber, wie sehr Toyota in der traditionsgebundenen japanischen Gesellschaft verankert ist. In Japan hat die Beziehung zwischen den Gründerfamilien und ihren Unternehmen fast einen symbiotischen Charakter. Die erstgeborenen Söhne der Firmeninhaber werden von Kindheit an auf ihre zukünftige Rolle als Firmenoberhaupt vorbereitet, müssen aber auch unter Beweis stellen, daß sie dieses Amtes würdig sind. Gibt es keine Söhne, kann der Ehemann der ältesten Tochter das Amt übernehmen, nachdem deren Familie ihn offiziell adoptiert hat. Dies war in Toyotas früher Firmengeschichte einmal der Fall gewesen und passierte vor kurzem Osamo Suzuki, dem dynamischen Chef von Suzuki Motors.

Obwohl Toyota eigentlich eine Publikumsgesellschaft ist, blieb er von seiner Mentalität her jedoch ein Familienbetrieb, der nach wie vor von der Gründerfamilie kontrolliert wird. Selbst den besten und intelligentesten Managern von Toyota war immer bewußt, daß eine unsichtbare Wand sie von der höchsten Macht fernhielt. Blut ist dicker als Wasser, und die direkten Nachfolger von Kiichiro Toyoda, dem Gründer der Firma, haben nun einmal das dickste Blut in den Adern.

Die einzige Ausnahme bildete Eiji Toyoda. Kiichiro und Eiji waren Cousins, standen aber wie Brüder zueinander. In den dreißiger und vierziger Jahren schaffte es Kiichiro nur mit Eijis Hilfe, seine erste Fabrik zu bauen, zum Laufen zu bringen, ein Forschungslabor einzurichten und vor allem die Prototypen zu entwerfen. Eiji unterstützte Kiichiros Traum, als andere Familienmitglieder sich seinem Plan, Automobile zu bauen, entgegenstellten. Eiji war Kiichiros rechte Hand und hatte sich seinen wachsenden Einfluß in der allmählich expandierenden Firma wohlverdient.

Eiji war ein beeindruckender Mann. Klein, untersetzt und von ruppigem Wesen, war er der eigentliche Macher im Konzern; viele der Produkt- und Marketing-Erfolge gehen auf sein Konto. Später stand er der Firma als der weise Senior, der die Gründerzeit noch miterlebt hat, zur Seite. Er war ein begnadeter Ingenieur und hatte präzise Vorstellungen davon, wie etwas ablaufen mußte. Außerdem wußte er den Firmenapparat so anzupacken, daß das Beste herauskam. Als Person trat Eiji ruhig, aristokratisch und bestimmt auf. Hatte er einmal einen Entschluß gefaßt, blieb er dabei. Er verfügte über ein natürliches Talent, Menschen zu führen, delegierte geschickt Verantwortung und baute um sich ein schlagkräftiges Team auf. Seine engsten Mitarbeiter ermutigte er zur Selbständigkeit und gab ihnen das Gefühl, beim erfolgreichen Aufbau der Firma als gleichwertige Partner neben ihm zu stehen. Für ihn lag der Schlüssel zum Erfolg in der Qualität der Produkte.

Viele Jahre hatte Eiji davon geträumt, Amerika zu schlagen und Toyota zur Nummer eins unter den Automobilkonzernen zu machen. Es hatte ihn immer wieder erstaunt, wie kritisch die Amerikaner ihren eigenen Autoproduzenten gegenüberstanden. In Japan war solche Kritik, die von Verbraucherschützern ausging, undenkbar. Daß Leute wie Ralph Nader in den sechziger Jahren Stürme der Entrüstung entfachen konnten, war für Eiji fast eine Offenbarung. Hier lagen seiner Meinung nach die Schwachstellen Amerikas. Alles und jedes wurde vor der Öffentlichkeit ausgebreitet und zerpflückt. Was er sah, überzeugte ihn davon, daß Toyota Nutzen aus der Schwäche amerikanischer Unternehmen ziehen konnte. Zusammen mit seinem Managerteam legte er die Grundlage für jene Strategie, die Toyota schließlich zum erfolgreichsten Autoimporteur in Amerika machen sollte. Mit ihr jagte er den Großen Drei Amerikas im eigenen Land Marktanteile ab; zuerst traf er Ford und Chrysler und schließlich in den achtziger Jahren auch General Motors.

Shoichiro ähnelte Eiji in seinem Auftreten und seinem Temperament, doch hatte er andere Vorstellungen, was die Führung des Unternehmens betraf. Er legte nur geringen Wert auf Teamarbeit und bevorzugte einen mehr autokratischen Managementstil. Nachdem Eiji jedoch das Präsidentenamt an Shoichiro abgegeben hatte, bestimmte er auch als Chairman weiterhin das Tagesgeschäft, was Shoichiro mit stillem Respekt hinnahm. Aber mit den Jahren gingen all die mächtigen Manager, die loyal zu Eiji standen, in den Ruhestand und wurden durch Shoichiros Leute ersetzt. Mit der Neubesetzung änderte sich der Charakter der Firma während einer Zeit, als sie sozusagen in voller Blüte stand. Toyota war längst nicht mehr der kleine, kreative Betrieb, sondern ein großer, unerschütterlicher und stolzer Konzern, der von Männern geführt wurde, die die frühen mageren Jahre nicht miterlebt hatten.

Eiji und Shoichiro waren, was die Firmenpolitik betraf, nicht immer einer Meinung, insbesondere wenn es um die Frage ging, wie weit Toyota mit seinen neuen Modellen in die Luxusklasse vorstoßen sollte. So unterstützte Eiji beispielsweise die Entwicklung eines Luxusklassewagens für den US-Markt, weil er beweisen wollte, daß die Ingenieurskunst Toyotas der von BMW und Mercedes in nichts nachstand. Shoichiro hingegen zweifelte am Erfolg des Projektes und meldete Bedenken an. Auch die amerikanischen Verbraucher, so glaubte er, würden keine japanischen Luxuswagen kaufen. Er wollte weiterhin Wagen für traditionelle Toyotakunden bauen, und nicht für einen kleinen, reichen Kundenstamm. Mit diesem Geschäft hatte Toyota nachweislich seinen Erfolg gehabt. Die Kunden erhielten bei Toyota ein besseres Preis-Leistungs-Verhältnis als bei der Konkurrenz. Aber Eiji hielt an seiner Überzeugung fest, daß die Firma mit ihren neuen Modellen ausgetretene Pfade verlassen müsse, und im Fall der Luxuslimousine behielt er recht. Als der Lexus LS 400 Ende 1991 auf den Markt kam, wurde er sofort zu einem großen Erfolg. Er verkaufte sich dreimal besser als der ebenfalls für die Luxusklasse entworfene Nissan Infiniti Q-45, der nur wenige Monate später eingeführt wurde.

Entscheidend für den unterschiedlichen Führungsstil der beiden Männer war, daß sich jeder von ihnen als Präsident anderen Herausforderungen gegenübersah. Während Eijis Präsidentschaft zwischen 1967 und 1982 standen Produkt, Produktivität und Expansion im Vordergrund. Das ganze Unternehmen arbeitete mit Feuereifer daran, Amerika zu schlagen und Toyota zur Nummer eins in Japan zu machen. Es waren Jahre, in denen Japans Wirtschaft still und unbemerkt aufstieg und weltweit noch nicht als »Bedrohung« empfunden wurde.

Shoichiro hingegen mußte in den achtziger Jahren Antworten auf komplexe politische und ökonomische Fragen finden. Die Begeisterung der frühen Jahre war am Abkühlen, und das Image des Underdogs, der nur kleine, einfache Autos produziert, ließ sich nicht länger aufrechterhalten, weil sich die Firma zum reichen Konzern gemausert hatte. Shoichiro übernahm das Präsidentenamt zu einem Zeitpunkt, als alle Welt von den Geheimnissen des japanischen Managements und dessen Geschäftspraktiken redete, aber auch über die unfairen Einfuhrbestimmungen und andere Importhindernisse klagte. Shoichiro war von Natur aus, aber auch durch den Zwang der Verhältnisse, weltoffener als Eiji. Er hatte begriffen, daß man mit der Nagoya-Mentalität in dieser neuen Ära der nationalen und internationalen Herausforderungen nicht mehr weit kommen würde. Während seiner Präsidentschaft sprach Shoichiro gern davon, daß das Unternehmen aus seiner Provinzialität herausgeführt werden müsse. Damit riß er aber auch an den tiefreichenden regionalen Wurzeln der Toyota-Kultur.

Jetzt stand Shoichiro vor der Entscheidung, ob er die Macht in den Händen der Familie halten oder die Präsidentschaft an einen Außenseiter übergeben sollte. Sein 36jähriger Sohn Akio, Manager in der Verwaltung der Toyota-Corolla-Inlandsdivision, war zu jung und unerfahren für das Amt. Die drei Söhne von Eiji arbeiteten alle bei Firmen, die Toyota nahestanden, galten aber ebenfalls als zu jung und zu unerfahren für die Aufgabe. Der älteste, der fünfzigjährige Kanshiro, war Executive Vice President bei Aishin Seiki, einem der Hauptzulieferer mechanischer Bauteile von Toyota. (Ein fünfzigjähriger Manager würde in einem westlichen Unternehmen kaum als zu jung gelten. Doch Japan denkt anders.) Als einziger in Frage kommender Kandidat aus der Familie also blieb Shoichiros jüngerer Bruder Tatsuro, damals als Executive Vice President verantwortlich für den internationalen Verkauf.

Tatsuro war auf seine eigene Art in den Fesseln der japanischen Kultur gefangen. In den Unternehmen japanischer Familiendynastien übernahm immer der erstgeborene Sohn die Führung. Er wurde sein ganzes Leben lang auf diese Aufgabe vorbereitet – ähnlich einem königlichen Erben. Der Zweitgeborene genoß dagegen keine besondere Ausbildung und Erziehung. In der Familie Toyoda hatte das Schicksal Shoichiro zum Sonnenkind bestimmt. Er war vorgesehen, die Firma des Vaters zu übernehmen. Seine Mutter Hatako, die einer prominenten Familie aus Kyoto entstammte (den Gründern der Takashimaya Warenhauskette) und deshalb eine gute Partie für den Landjungen Kiichiro gewesen war, gab oft gegenüber der Presse zum besten, daß sie von den Fähigkeiten ihres Erstgeborenen überzeugt sei. Er werde einst die gesamte Verfügungsgewalt über die Firma seines Vaters erhalten. Bis zu ihrem Tod im Jahre 1984 herrschte Hatako wie eine mächtige Matriarchin mit eisernem Willen über ihre Familie, ganz wie es den japanischen Großmüttern der Sitte nach zukommt. Sie gelten als die angesehensten Mitglieder einer Familie, weil sie meistens ihre Ehemänner überleben. Als beispielsweise Hatakos Enkelkinder in Tokio zur Schule gingen, lebten sie mehr bei ihr als im Internat, so daß sie über ihre Erziehung und Entwicklung wachen konnte. Sie wußte immer, was im Unternehmen vorging, und sie war Shoichiros größte Förderin. Niemals aber äußerte sich Hatako über die Zukunft ihres zweitgeborenen Sohnes Tatsuro.

Als Tatsuro in die Toyota Motor Sales eintrat, betreute man ihn keineswegs so wie Shoichiro. Während der Thronfolger sorgfältig an seine künftigen Aufgaben herangeführt wurde, mußte Tatsuro den Sprung ins kalte Wasser wagen. Viele Mitarbeiter des Unternehmens hielten Tatsuro vom Temperament her für einen sehr schwachen Kandidaten. Doch weil er niemals praktisch oder psychologisch auf die Führungsaufgabe vorbereitet worden war, konnte man ihm seine unterentwickelten Führungsqualitäten kaum ankreiden, auch wenn er sein ganzes Berufsleben bei Toyota oder dessen Tochterfirmen zugebracht hatte. Aber die Mitarbeiter trauten ihm nicht zu, daß er in wirtschaftlich schwierigen Phasen eine klare Perspektive für die Firma entwickeln und sie mit Entschlußkraft durch rauhere Zeiten leiten könnte. Ihm fehlte sowohl der verbindliche Stil von Eiji als auch die Selbständigkeit und das Durchsetzungsvermögen von Shoichiro. Hinter vorgehaltener Hand machte die Ansicht die Runde, daß Tatsuros Ernennung zu einem Zeitpunkt, an dem eine starke Führung vonnöten war, nur Probleme brächte.

Diese Einschätzung war nicht ganz fair. Shoichiros Status und Geburtsrecht als gesetzmäßiger Erbe hatten den Lebensweg von Tatsuro in fast jeder Hinsicht überschattet. Im Gegensatz zu seinem Bruder waren ihm die Möglichkeiten verwehrt, wichtige Erfahrungen zu sammeln. Shoichiro wurde zunächst von seinem Vater und später, als dieser starb, von Eiji sorgfältig auf sein Amt vorbereitet worden. Der Unterschied zwischen den beiden war überdeutlich. Treffend bemerkte ein Insider: »Bei Toyota verneigt sich jeder, gleichgültig wie hoch sein Rang ist, vor Shoichiro. Bei Toyota Motor Sales aber verneigt sich Tatsuro vor anderen!«

Die Alternative, nämlich die Wahl eines familienfremden Präsidenten, würde auch keinen Präzedenzfall schaffen, denn Toyota hatte schon einmal im Jahre 1950 einen Präsidenten gestellt, der nicht aus der Familie stammte. Die Umstände dieser Wahl waren jedoch höchst ungewöhnlich. Die Geschichte, wie Shoichiros Vater Kiichiro als Präsident abtrat, war ein Drama, wie es sich nur in einer japanischen Firma abspielen konnte. Sie sprach Bände über die einzigartige und zentrale Bedeutung von Ehre und persönlicher Verantwortung in der japanischen Kultur.

Im Jahre 1950 hatte Japan mit einer Depression zu kämpfen, und die Toyota Motor Company, das Unternehmen, das Kiichiro Toyoda zwanzig Jahre lang liebevoll hochgepäppelt hatte, stand am Rande des Zusammenbruchs. Obwohl die Firma den Zweiten Weltkrieg auf wundersame Weise überlebt hatte, war Toyota ein kleines, ums Überleben kämpfendes Unternehmen geblieben. Bis zur erfolgreichen Massenproduktion von Autos war es noch lange hin – im wesentlichen wurden Lastwagen für das Militär montiert. Der finanzielle Ruin drohte, und es gab nur wenig Hoffnung, daß das Unternehmen ohne Zugeständnisse der Gewerkschaften und ohne Hilfe der Banken überleben könnte. Beides quälte Kiichiro. Er hatte seinen Arbeitern stets die Sicherheit ihrer Arbeitsplätze garantiert. Es war offensichtlich, daß die Kontrolle über seine Firma an unpersönliche Banker übergehen würde, die nicht im geringsten den Verlust nachempfinden konnten, den jemand leidet, wenn ihm das Lebenswerk entrissen wird. Die Niederlassung der Bank of Japan in Nagoya erklärte sich bereit, Toyota zu stützen. Aber eine der Forderungen war die Entlassung von 1600 Arbeitern. Allein der Gedanke daran bereitete Kiichiro fast Todesqualen, und er versuchte mit allen Mitteln die Rücknahme dieser Bedingung zu erreichen. Es beschämte ihn zutiefst, daß man ihn dazu zwang, sein den Arbeitern gegebenes Versprechen zu brechen. Schließlich beugte er sich der brutalen Realität: entweder die Entlassung von Arbeitern oder der Bankrott der Firma. Er bat Eiji um Hilfe. Mit ihm wollte er die Gewerkschaft davon überzeugen, daß Entlassungen die einzige Möglichkeit waren zu überleben.

Eiji trat vor eine Versammlung von 2000 wütenden Arbeitern und flehte sie an, auch das letzte Opfer zur Rettung des Unternehmens zu bringen: »Toyota ist wie ein sinkendes Schiff. Wenn nicht einige ins Wasser springen, wird das ganze Schiff sinken.«

Die Arbeiter waren empört. Sie drängten nach vorn und riefen: »Weg mit den Streichungen! Weg mit den Streichungen!«

Die Situation unterschied sich nicht sonderlich von den Krisen, die sich in westlichen Firmen ereignen. Daß Kiichiro aber die volle persönliche Verantwortung für die Krise übernahm, ging weit darüber hinaus, was unter amerikanischen und europäischen Managern üblich ist. Wenn in Japan eine Firma in Schwierigkeiten gerät, wird als erster der Präsident zur Rechenschaft gezogen. Er ist derjenige, der die Verantwortung übernimmt, dem zuerst das Einkommen gekürzt wird und der, falls notwendig, sein Amt niederlegt. Tief im Herzen hielt sich Kiichiro für einen Treuebrüchigen, der seine Arbeiter verraten und das Unternehmen in den Ruin getrieben hatte. Mit Tränen in den Augen sprach er zu den Arbeitern. »So sehr ich auch dagegen bin, wir müssen diese Kürzungen vornehmen, sonst hat unsere Firma keine Chance mehr. Ich übernehme hierfür persönlich die Verantwortung und trete zurück.«

Als Taizo Ishida von Kiichiros Entschluß erfuhr, verließ ihn der Mut.

Einige Wochen vorher hatte ihn Kiichiro aufgesucht und erklärt, daß er ihn im Falle seines Rücktrittes als Nachfolger vorgesehen habe. Ishida erwiderte: »Wenn Du es wünschst, bin ich bereit.« Aber die Aussicht auf das Amt versetzte ihn in Angst, denn Toyota war Kiichiros Firma, sozusagen sein Kind. Ishida, ein bescheidener, aber sehr kompetenter Finanzfachmann, fand, daß ihm diese Position nicht zustand. Als Präsident der Toyoda Automatic Loom Works, der Webstuhlfirma, die Kiichiros Vater Sakichi gegründet hatte, wußte er kaum etwas über die Produktion von Autos. Er akzeptierte schließlich Kiichiros Rücktritt und den eigenen Aufstieg an die Spitze, weil es keinen anderen natürlichen Nachfolger gab. Shoichiro, der erstgeborene Sohn Kiichiros, war erst 25 Jahre alt. Und auch Eiji war mit 36 Jahren zu jung, um das Amt zu übernehmen.

So wurde der Außenseiter Ishida zum Präsidenten von Toyota. Allerdings sah er in seiner neuen Aufgabe niemals mehr als eine vorübergehende Position. »Wenn sich die Lage der Firma stabilisiert hat, wirst du zurückkehren«, sagte er immer wieder zu Kiichiro. Alle waren überzeugt, daß das früher oder später auch der Fall sein würde. Zwei Jahre später, als sich das Unternehmen dank amerikanischer Lastwagenkäufe während des Koreakrieges wieder erholt hatte, drängte Ishida Kiichiro, das Präsidentenamt wieder zu übernehmen. Der Toyotagründer konnte den Tag seiner Rückkehr kaum erwarten, doch wenige Wochen vor seinem geplanten Comeback starb er überraschend. Erst 1967, als Eiji Präsident wurde, ging die Führung des Unternehmens wieder in die Hände der Familie über. Die Firma war unter Ishidas Management zu einem schlagkräftigen Unternehmen herangewachsen. Er war es auch, der das Fundament für die weiteren Erfolge Toyotas legte. Er führte Kostenkontrollen ein und bewies, daß man Gewinne machen kann, ohne auf Wachstum verzichten zu müssen, was keinem anderen japanischen Autohersteller bis dato gelungen war.

Während Eijis Präsidentschaft wurde allgemein angenommen, daß er die Zügel der Firma eines Tages an Shoichiro weiterreichen würde. An ihm äußerte Ishida privat Zweifel. Doch Eiji teilte sie nicht. Er hatte eine enge Beziehung zu dem jungen Mann aufgebaut und war für ihn gleichzeitig Onkel, Pate, Protektor, Lehrer und Vormund. Als Shoichiro das Präsidentenamt übernahm, erbte er ein unglaublich mächtiges Unternehmen, das Eiji geschaffen hatte und das von einem hervorragenden Team geführt wurde. Erst nach Jahren hatte Shoichiro das Gefühl, das Unternehmen wirklich zu leiten, als nämlich die letzten Manager aus Eijis Zeit Mitte der achtziger Jahre in den Ruhestand abgetreten waren.

Am Ende seiner Amtszeit hatte Shoichiro nun die Entscheidung zu treffen, ob das Konzept eines von der Familie geführten Unternehmens noch zeitgemäß war. Toyota war der einzige große Autokonzern der Welt, der noch vom Sohn des Firmengründers oder einem anderen Mitglied der Familie geführt wurde. Shoichiro besaß 20 Millionen Aktien (im Wert von ungefähr 200 Millionen Dollar) des Konzerns, aber nicht dieser Anteil, sondern seine direkte Abstammung vom Gründer der Firma verlieh ihm seine Macht. Tatsuro mochte vielleicht ein schwacher Kandidat sein, aber er war Teil der Familie und deshalb zur Führung legitimiert.

In gewisser Hinsicht ließ sich sogar der Standpunkt vertreten, daß Tatsuro genau der richtige Mann zur richtigen Zeit war. Er hatte eine Ausbildung in den Vereinigten Staaten erhalten und sprach ein fast fließendes Englisch (das er zwar nicht bei offiziellen Anlässen, aber, anders als Shoichiro, bei weniger formellen Ansprachen und Geschäftsgesprächen nutzte). Aufgrund seiner frühen Erfahrungen in Amerika wurde er abermals dorthin geschickt, um den Start von NUMMI, dem erfolgreichen Joint Venture zwischen GM und Toyota, in Kalifornien zu überwachen. NUMMI war allerdings nicht durch Tatsuros Bemühungen zustandegekommen, andere Manager hatten schon vorgearbeitet und die Grundlagen für das Projekt gelegt. Seine Mission war also kein echter Test seiner Fähigkeiten. Andererseits hatte er einen Großteil seiner Karriere im Marketingbereich verbracht und schien daher über viele Erfahrungen zu verfügen, die den typischen Toyota-Managern fehlten, weil sie sich sich nur selten aus der behaglichen Abgeschiedenheit von Nagoya herauswagten. Sein Bekanntheitsgrad in der Geschäftswelt sprach ebenfalls für ihn. Im April war er zum Vice Chairman und Präsidenten von Keizai Doyukai, der japanischen Vereinigung der Spitzenmanager (einem bedeutenden Industrieverband, ähnlich dem Keidanren, aber weniger einflußreich ist), bestimmt worden. Und sogleich wurden Stimmen laut, daß er nun auch zum Präsidenten von Toyota gewählt werden sollte. In diesem Vorschlag schwang einiger Zynismus mit. Der Chairman von Keizai Doyukai war

T. Ishihara, der frühere Präsident von Nissan. Er hatte sich für die Ernennung Tatsuros zum Vice Chairman stark gemacht. Manche meinten, daß dies nicht ohne Hintergedanken geschehen war. Eine japanische Zeitschrift spekulierte gar, Ishihara ginge davon aus, daß Tatsuro nach seiner Ernennung zum Vice Chairman des Verbandes zum Präsidenten von Toyota befördert werden müsse; denn das Verbandsamt durfte nicht an einen Manager von niederem Rang vergeben werden. Mit diesem Schachzug, so die Zeitschrift, habe Ishihara Toyota schwächen und Nissan in eine bessere Position gegenüber dem Konkurrenten manövrieren wollen.

Abgesehen von seiner Leutseligkeit und der Leichtigkeit, mit der sich Tatsuro auf internationalem Parkett bewegte, schätzte man seine sonstigen Fähigkeiten als Manager eher niedrig ein, was vielen Verantwortlichen nach wie vor Sorge bereitete. Die Zeit verlangte klare Entscheidungen und innovatives Denken, und gerade Tatsuro mangelte es an den entsprechenden Eigenschaften. Er war von sehr kleiner Gestalt und wirkte schon fast zierlich. Ihm hing der Ruf nach, sich pingelig mit den kleinsten Details zu befassen, die wirklich wichtigen Punkte aber zu übersehen. (Ein Ereignis dieser Art war zur Firmenanekdote geworden. Bei den Vorbereitungen zu einem Treffen Tatsuros mit einer Gruppe amerikanischer Autohändler hatte er, anstatt sich auf die eigentlichen Gespräche vorzubereiten, einen halben Tag lang die Frage diskutiert, ob es Fisch oder Fleisch zum Mittagessen geben sollte.)

Übel nahmen ihm auch manche, daß er bei der Einführung eines neuen Kleinlastwagens auf dem amerikanischen Markt endlos mit dem Startschuß gewartet hatte. Alle Vorbereitungen waren längst abgeschlossen, aber Tatsuro gab sich unentschieden und zögerlich. Damit löste er auf allen Ebenen große Enttäuschung aus und brachte die Händler nahezu zur Raserei, denn ihnen war bereits die Auslieferung versprochen worden. Doch Tatsuro hatte Gründe für seine Taktik. Er befürchtete, Toyotas Einstieg ins Kleinlastwagengeschäft würde als eine neue Bedrohung der amerikanischen Autohersteller gesehen, die einen Großteil ihrer Gewinne in diesem Geschäft erzielten. Er hoffte darauf, daß ein Aufschwung der US-Wirtschaft Toyotas Start in einem neuen Markt etwas weniger dramatisch und aggressiv erscheinen lassen würde. Doch dieser Vorfall hatte bei den

Managern in Tokio Zweifel an Tatsuros Entschlußkraft hinterlassen. Ein mittlerweile im Ruhestand lebender ehemaliger Manager des Unternehmens, der unter Tatsuro gearbeitet hatte, warf seinem früheren Chef gar Verantwortungsscheu vor. Er erinnerte sich an die frustrierende Zusammenarbeit: »Gerade bei den wichtigsten Fragen konnte er sich nicht zu einem Entschluß durchringen. Es kam einfach keine Antwort von ihm, selbst dann nicht, wenn es mehrere Möglichkeiten gab, von denen eine klar und deutlich die beste war. Trotzdem passierte nichts. Irgendwann entschied ich schließlich die Sache selbst und informierte ihn über ›unseren‹ Entschluß. Ich erklärte ihm alles, er stimmte zu und zog Selbstvertrauen aus der Tatsache, daß ein anderer die Verantwortung übernommen hatte.«

Es war kein Geheimnis, daß Eiji hohe Anforderungen an Tatsuro gestellt hatte, möglicherweise um ihm seinen Mangel an Führungsqualitäten vor Augen zu führen. Bei Zusammenkünften ging Eiji äußerst hart zur Sache, forderte detaillierte Informationen und Erklärungen, die Tatsuro nicht immer parat hatte. Andererseits wäre es unvorstellbar für Eiji gewesen, offen Einspruch gegen Tatsuros Ernennung zu erheben; denn in Japan ist es das ausschließliche Privileg jedes Präsidenten, seinen Nachfolger allein auszuwählen. Damit liegt die Zukunft des Unternehmens in den Händen einer einzelnen Person. Eiji und auch andere waren vielleicht nicht einverstanden mit Tatsuros Ernennung, aber aus Respekt vor Shoichiros Verantwortung unternahmen sie nichts dagegen. Nichtsdestotrotz spürten jene, die den verehrten Chairman gut kannten, sehr deutlich, wie sehr ihn die Aussicht beunruhigte, Tatsuro am Steuer des Unternehmens zu sehen.

Doch im Frühjahr 1992 hatte Shoichiro schließlich seine Entscheidung gefällt: Tatsuro sollte sein Nachfolger im Präsidentenamt werden.

Tokio – Juli 1992

Tatsuros Ernennung zum Präsidenten wurde am 29. Juli bei einer Pressekonferenz im Sitzungssaal des Keidanren offiziell bekanntgegeben. Am

Tisch saßen links Tatsuro, in der Mitte Shoichiro und rechts Masami Iwasaki, der neue Vice Chairman. Eiji war nicht anwesend.

Die meiste Zeit über sprach Shoichiro. Er kleidete die Nachricht von Tatsuros Ernennung in sorgfältig und geschickt formulierte Worte, hinter denen sich viele unausgesprochene Mahnungen verbargen. Die japanische Presse nahm dies als einen Hinweis darauf, daß Tatsuro als Präsident nicht so selbständig wie sein Bruder handeln werde. Das ausgeklügelte Unterstützungs- und Absicherungssystem, in das der neue Präsident eingebunden wurde, verstärkte diese Vermutung noch. Von oben wachten Eiji und Shoichiro als Ehren-Chairman und Chairman über ihn. Von unten war er durch eine beeindruckende Gruppe von Executive Vice Presidents abgesichert, die ihm bei der Entscheidungsfindung helfen sollten. Shoichiro vermied es zwar mit diplomatischem Geschick, Tatsuro die Schau zu stehlen, aber er stellte unmißverständlich klar: »In Zukunft sind die Manager nicht mehr einer einzigen Führungskraft unterstellt. Alle acht (fünf Executive Vice Presidents und drei Führungsmanager, Tatsuro eingeschlossen) werden bei anstehenden Entscheidungen für das Unternehmens befragt werden. Wer dann die letzte Verantwortung trägt, kann somit nicht mehr genau definiert werden.«

Am 28. September gab es im Hotel Okura eine zweite Pressekonferenz, bei der das Management offiziell übergeben wurde. Eiji, Tatsuro, Iwasaki und die Executive Vice Präsidenten waren allesamt anwesend. Diesmal fiel Tatsuro die meiste Redezeit zu. Er schien bemüht, den Schock abzuschwächen, den seine Ernennung verursacht hatte. Fragen nach seinen Plänen beantwortete er nur vage und betonte: »Ich werde mich mit dem neuen Ehren-Chairman und dem neuen Chairman über eine neue Konzernpolitik beraten.« Gleichzeitig erklärte er aber, daß man ihn wegen seiner Erfahrungen und seiner Verdienste ausgewählt habe. »Ich glaube nicht, daß ich Präsident geworden bin, weil ich zur Familie Toyoda gehöre«, sagte er, ohne die Miene zu verziehen. »Ich habe keinen Zweifel daran, daß ich ausgewählt wurde, weil ich die richtigen Erfahrungen für dieses Amt mitbringe. Jeder Verdacht auf Vetternwirtschaft ist einfach lächerlich.« Fast 25 Jahre zuvor hatte Eiji das gleiche behauptet und ebenso Shoichiro im Jahr 1982. Die Position dieser Männer war dermaßen unantastbar, daß niemand Zweifel an der Wahrheit ihrer Worte äußerte. Tatsuros Behauptung, daß seine Ernennung nichts mit Familienbanden zu tun habe, wurde jedoch von der Presse mit leichten Zweifeln aufgenommen; in der Firma selbst kaufte ihm dies ohnehin kaum jemand ab.

Am 29. Oktober lud Toyota zu einem großen Fest zu Ehren Tatsuros in das Hotel Okura ein. Hunderte von Geschäftsleuten erschienen, um dem neuen Präsidenten ihre Ehrerbietung zu bezeugen und ihm zu gratulieren. Es gehört zur Tradition, daß neue Führungskräfte mit einem großen Bankett feierlich in ihr Amt eingeführt werden. Bei Tatsuros Empfang waren jedoch viele Anwesende alles andere als feierlich gestimmt.

Nach der offiziellen Bekanntgabe des Führungswechsels hörten zwar innerhalb des Unternehmens die Reibereien sofort auf, anderes hätte auch nicht dem japanischen Stil entsprochen. Aber auf zahlreichen Sitzungen überlegten die obersten Führungskräfte, wie sie mit Tatsuros Führungsstil umgehen sollten, ohne der traditionellen Unternehmenskultur untreu zu werden, das berichtete zumindest einer der Executives.

Die angesehene japanische Zeitschrift *Sentaku* sah es als erwiesen an, daß Eiji Tatsuros Wahl mißfallen habe, weil er weiterhin regelmäßig an den Sitzungen des Senmukai, den normalen Konferenzen von Toyotas Topmanagement, teilnahm. Als Ehren-Chairman sollte er nicht dabeisein, und deshalb wertete *Sentaku* seine Anwesenheit als ein Mißtrauensvotum gegen Tatsuro. Auf jeden Fall spielte Eiji eine unklare Rolle. Obwohl er schon sehr alt war, steckte er immer noch voller Energie und besaß einen klaren Verstand, aber er gehörte einer anderen Generation an. Die Geschäfte der Firma wurden von Managern geleitet, die dreißig Jahre jünger waren als er und die er nicht kannte. Es waren nicht »seine Leute«, deshalb hatte er keinen Einfluß auf sie. So schien es ihm bestimmt, als eine Art lebendes Denkmal Toyota bei feierlichen Anlässen zu repräsentieren.

Einige Beobachter glaubten nicht an eine lange Herrschaft Tatsuros und vermuteten, daß er innerhalb von vier Jahren in den Ruhestand gehen würde. Das rückte das lange schwelende Problem wieder in aller Bewußtsein, wie Toyota sein Management langfristig umorganisieren sollte.

Die neuen globalen Herausforderungen und Umwälzungen in der Weltwirtschaft bedrängten das Unternehmen wie nie zuvor. Es war die falsche Zeit für Notlösungen. Toyota brauchte, wie seine Konkurrenten, mehr denn je eine starke Führung. Auch wenn Shoichiros Wahl auf Tatsuro gefallen war, gestand er sich doch allmählich ein, daß dem Unternehmen ein großer struktureller Umbau bevorstand; das Ende der alten Familiendynastie nahte. Traurig sagte er: »Schauen Sie sich um, wir sind die letzte Generation.«

Probleme und Herausforderungen gab es gerade für Toyota reichlich. Auf internationaler Ebene hatte das Unternehmen deutliche Schwierigkeiten damit, sich ein ›globales‹ Profil zu geben. Dabei ging es nicht um neue Verkaufsstrategien, sondern um die grundsätzliche Akzeptanz einer neuen Rolle. »Global zu sein heißt, daß die Beschäftigten einer Firma aus vielen Nationen stammen«, warnte ein Kritiker und meinte, daß Toyota wie viele andere japanische Unternehmen »dies einfach nicht kapiere«. Als Beispiel führt er an, daß Amerikaner und Europäer, die in japanischen Firmen arbeiten, immer schnell vor verschlossenen Türen landeten. »In Amerika und Europa haben auch Ausländer Aufstiegsmöglichkeiten«, sagte er bissig, »nicht aber in japanischen Unternehmen.« Überdies ist es offensichtlich, daß Japaner, die in westlichen Ländern leben und arbeiten, meistens von der Kultur ihres Gastlandes isoliert bleiben. Sie leben zurückgezogen in japanischen Ghettos, die es in den besseren Wohngebieten oder Vororten aller größeren Städte auf der Welt gibt.

In einigen von Toyotas Marketingstrategien spiegelt sich sogar ein erschreckendes, fast von Rassismus geprägtes Mißverständnis vom Rest der Welt wider. Ein Beispiel: Vor einigen Jahren richtete Toyota ein Design Center in Tokio ein, um die Beschränktheit Nagoyas zu überwinden und Zugang zu neuen kulturellen Strömungen zu gewinnen. Einer der Chefdesigner der Firma hielt einen Vortrag darüber, wie wichtig es sei, Design Center immer dort einzurichten, wo die jeweiligen Absatzmärkte lägen. Detailliert analysierte er die Beziehung zwischen Farbauswahl und kulturellen Vorlieben – warum einige Farben von den Europäern, andere von den Amerikanern und wieder andere von den Japanern bevorzugt würden. Er schloß seine Ausführungen mit der Bemerkung, daß die Europäer und Amerikaner andere Farbpräferenzen hätten, »weil sie alles mit blauen Augen sehen«.

In der Rückschau fällt auf, daß Toyota immer dann hervorragende Leistungen gebracht hatte, wenn es um Produktion und Produktplanung ging und darum, Autos zu entwerfen, die beim Verbraucher ankamen. Doch die neuen Herausforderungen waren ganz anderer Art. Es waren jetzt neue, bisher unbekannte Aspekte zu berücksichtigen, wie die kulturellen Konflikte mit dem Westen, der Druck, das eigene Wachstum zugunsten der gesamten japanischen Industrie zu bremsen, und die zunehmende Unzufriedenheit einer neuen Arbeitergeneration, die nicht mehr bis an die Grenzen ihrer Leistungsfähigkeit gefordert werden wollte. In den alten Tagen konnte sich die Firma allein darauf konzentrieren, Autos zu bauen und sie auf den Markt zu bringen. Die Botschaft war schlicht, aber so überzeugend, daß sie Arbeiter und Angestellte auf allen Ebenen zu Höchstleistungen motivierte. Nun aber herrschte Ungewißheit über den zukünftigen Weg des Unternehmens.

Die Rezession zu Hause erschütterte die Wirtschaft und machte den ehemals unbesiegbaren Giganten angreifbar. Der Schock über die Weltwirtschaftsflaute, die über Japan, Europa und Nordamerika fast gleichzeitig hereingebrochen war, und die lauter werdenden Zweifel an einigen Grundprinzipien, die zu Toyotas Größe beigetragen hatten, zwangen zu einer Überprüfung der Managementstrategie. Insbesondere ging es darum, ob es weiterhin möglich war, Marktanteilszuwächse über den Gewinn zu stellen. Mit Blick auf die Zukunft faßte ein Toyotamanager in Worte, was viele andere fühlten: »Wir müssen unsere Finanzstruktur ändern. Wir müssen dem Teufelskreis des Wachstums entkommen: daß nämlich wirtschaftliches Wachstum die Produktivität erhöht, dieses zu mehr Investitionen führt, die wiederum die Produktivität steigern usw. Die Qualität muß Vorrang haben vor der Jagd nach ständigem Wachstum und der permanenten Umsatzsteigerung.«

Seine Meinung spiegelte einige der neuen Zwänge und Gebote wider, denen das Unternehmen gegenüberstand. Das Wachstum der Firma war immer Shoichiros Hauptanliegen gewesen. Oft sprach er davon, wie groß doch die Welt sei und wie viel Raum zur Expansion sie noch böte. Nun machten das MITI und die anderen japanischen Autoproduzenten Front gegen ›Global 10‹, seinen stolzen Plan, 10 % des Weltmarktes zu erobern; denn für sie lagen die Ursachen vieler eigener Probleme in der aggressiven Expansion Toyotas. Aber worauf sollte Toyota seinen neuen Schwerpunkt legen, wenn nicht auf Wachstum?

Sowohl die japanische Regierung als auch japanische Geschäftsführer übten Druck aus auf Toyota, den Elan zu bremsen. Im wesentlichen beschuldigten sie den Konzern, auf Kosten der anderen japanischen Autohersteller zu erfolgreich gewesen zu sein. Niemand würde solch einen Vorwurf gegen ein westliches Unternehmen erheben, denn dort arbeitet man nach dem Motto ›der Beste überlebt‹. In Japan dagegen ist das Konzept des *kyosei* – wörtlich übersetzt »symbiotischer Wettbewerb«, die Pflicht, mit dem Konkurrenten zu kooperieren – tief verwurzelt. Viele fortschrittlich denkenden Geschäftsleute meinen allerdings, daß dieses Konzept nur einen Vorwand zur Unterstützung von Versagern liefert und deshalb nicht gerade dem Wohle Japans dient.

Ähnlich einem Starfußballer, der von seiner Mannschaft beschuldigt wird, den anderen die Schau zu stehlen, wurde Toyota als dem größten und reichsten Autokonzern mangelnde Fairneß vorgeworfen. Nissan beschwerte sich über Toyotas Macht, die alle anderen Unternehmen dazu zwänge, der Marschroute des Konzerns zu folgen, was sich die meisten nicht leisten konnten, oder aber unterzugehen. Andere klagten, daß es wegen Toyotas erbarmungsloser Jagd nach Weltmarktanteilen für sie schwerer geworden sei, in den Westen zu exportieren. Ein leitender Angestellter sagte: »Wenn Toyota seine Expansionspolitik nicht ändert, wird Japan selbst sterben.«

Ein Grollen auf den unteren Ebenen sorgte für zusätzliche Spannung. Die langjährige Werksordnung wurde von einer neuen Generation in Frage gestellt, die gegen die Härten der Fabrikarbeit protestierte. Toyota war ausgesprochen hierarchisch strukturiert, sogar bis in die Fabriken hinein. Die jüngere Arbeitergeneration widersetzte sich einem System, das persönliches Fortkommen und eigene Kreativität unterdrückte, absolute Loyalität zur Firma forderte und ein nervtötendes Arbeitstempo verlangte. In einer 1990 aufgestellten Rangliste japanischer Unternehmen kam Toyota nicht gut davon. Bewertungskriterien waren unter anderen: Originalität, visionäres Denken, Flexibilität, Gespür für soziales Verhalten und die Frage, ob Eltern ihren Kindern die Firma als Arbeitgeber empfehlen würden. In dieser letzten Kategorie erreichte Honda Platz eins, Toyota hingegen landete auf Platz 19.

Es wurde sogar wiederholt die These vertreten, daß die Beschäftigten aller japanischen Unternehmen, sowohl Arbeiter wie Angestellte, systematisch um ihren gerechten Anteil an den Gewinnen betrogen würden. Als Akio Morita, der Chairman von Sony, mutig behauptete, daß die Arbeiter in Japan Reichtümer schüfen, aber nicht daran teilhaben dürften, traf dieser Vorwurf die japanische Geschäftswelt tief. Ihr erschien diese Anklage als der Gipfel der Illoyalität, denn die japanischen Unternehmen hatten seit Jahrzehnten versucht, die vor allem im Ausland gern verbreiteten Vorstellung zu entkräften, daß ihr Erfolg auf der Ausbeutung ihrer Arbeitsbienen beruhe. Die Statistik sprach jedoch für Moritas Aussage. Der niedrige Lebensstandard der japanischen Arbeiter stand in krassem Gegensatz zum nominellen Reichtum der Unternehmen, auch wenn dieser Reichtum seit kurzem durch den Wertverlust der Immobilien und Aktien ausgehöhlt wurde. Wie viele andere Firmen stand auch Toyota unter Druck, sozialere Arbeitsbedingungen zu schaffen, insbesondere auch deswegen, weil wegen des großen Mangels an jungen Fabrikarbeitern zwischen den Firmen bald ein gnadenloser Wettbewerb um Arbeitskräfte zu erwarten war. Toyota hatte, ähnlich wie andere Unternehmen, einen Überschuß an Büroangestellten. Die jungen Leute wollten einfach nicht mehr in der Fabrik arbeiten. Japanische Eltern wünschten sich für ihre Söhne eine Stelle als Büroangestellter und für ihre Töchter einen Büroangestellten zum Ehemann.

1992 kündigte die japanische Regierung als neues Ziel *jitan* – die Verkürzung der Arbeitszeit – an und verlangte von allen Unternehmen bis 1996 eine Reduzierung der Arbeitszeit auf 1800 Stunden. Für die Autoindustrie, wo noch durchschnittlich 2200 Stunden gearbeitet wurde, war dies eine harte Forderung. Die angestrebte Arbeitszeitverkürzung brachte diese Branche, die seit jeher, um mit der Nachfrage Schritt halten zu können, auf einen 10-Stunden-Tag und auf Samstagsarbeit angewiesen war, in ärgste Bedrängnis. Der Mangel an Arbeitern und die Forderung nach weniger Arbeitsstunden setzten die Unternehmen unerwarteten Belastungen aus.

Mit all diesen Problemen, die den Konzern durcheinanderwirbelten, sah die Zukunft plötzlich nicht mehr so rosig aus, wie einst in der berauschenden zweiten Hälfte der achtziger Jahre, als Toyota irgendwie nichts falsch machen konnte. Plötzlich gab es Herausforderungen, die den selbstsichersten und genialsten Topmanager entmutigen konnten – erst recht aber einen eher vorsichtigen und zögerlichen Mann wie Tatsuro in große Bedrängnis bringen würden. Die Situation trug mit zu den Spekulationen bei, daß Tatsuro nur kurze Zeit im Amt bleiben und dann vielleicht von einem Outsider abgelöst werde. Als wahrscheinlichster Nachfolgekandidat wurde immer Iwao Isomura, der Executive Vice President der Personalabteilung, genannt. Diese Abteilung genießt in japanischen Unternehmen, anders als in amerikanischen oder deutschen Konzernen, hohes Ansehen. Aber auch Hiroshi Okuda, der Executive Vice President der Finanzabteilung, bekannt für seinen scharfen Verstand und seinen Erfahrungsreichtum, kam in Frage.

Es blieb aber auch immer noch die Möglichkeit, daß ein Toyoda das Steuer in die Hand nehmen würde. Einige ältere Manager bereiteten stillschweigend Shoichiros Sohn Akio auf diese Aufgabe vor. Sie hofften, daß er innerhalb der Firma als neuer Hoffnungsträger aufsteigen und sich vielleicht zum idealen Repräsentanten einer neuen Ära bei Toyota entwickeln würde. Als Absolvent des Babson College hatte er bei einer amerikanischen Maklerfirma gearbeitet, bevor er nach Japan zurückkehrte. Dort wurde er zunächst für drei Jahre ins Motomachi-Werk geschickt, und danach zur Toyota Motors Credit Corporation. Dann erst durfte er seinen jetzigen Posten im Marketingbereich des Unternehmens einnehmen. Jemand, der Akio sehr gut kannte, bemerkte: »Er beherrscht beide Rollen – die des Geschäftsmanns und die des Mitglieds der Gründerfamilie.« Was die zweite Rolle betraf, arbeitete Akio angeblich insgeheim an Veränderungen der Unternehmensstruktur.

Aber das ist noch Zukunftsmusik. Vielleicht ist es Tatsuros Schicksal, gerade in den zwei oder mehr Jahren Präsident zu sein, in denen Toyotas Gewinne schrumpfen – aufgrund widriger Umstände, die völlig außerhalb seiner Kontrolle liegen. Unglücklicherweise wird er aber, so wie es japanischer Tradition entspricht, die persönliche Verantwortung für alle Probleme von Toyota übernehmen müssen, gleichgültig, ob er sie nun verursacht hat oder nicht. Anders als bei General Motors, wo der schwarze Peter offensichtlich meistens am Verantwortlichen vorbeigeschoben wurde, ist es in Japan üblich, den Präsidenten für den Aufstieg und Fall eines Unternehmens zur Rechenschaft zu ziehen.

Während das Unternehmen immer weiter über seinen provinziellen

Hauptsitz hinaus expandierte, häuften sich die Alarmzeichen, daß es vielleicht notwendig sein könnte, wenigstens im Geist zur alten Tradition Nagoyas, der Bescheidenheit, zurückzukehren, und »mit eigenen Händen die Burg zu verteidigen«. Kurzum, es war höchste Zeit für Toyota, die eigenen Angelegenheiten in Ordnung zu bringen.

Fallende Mauern und neue Aussichten

> Wenn Sie aus meinem Büro schauen, haben Sie eine herrliche Aussicht. Sie sehen nicht mehr auf den Eisernen Vorhang. Statt dessen liegt eine wunderbare Landschaft vor Ihnen, die bis nach Moskau hin offen ist.
>
> – *Carl Hahn*

Frankfurt – Oktober 1990

Dr. Carl Horst Hahn machte es sich im Flugzeugsessel des Firmenjets bequem und notierte Stichworte für eine Rede, die er am nächsten Tag halten sollte. Der Flug von Frankfurt nach Prag war ein kurzer Trip, er dauerte nicht einmal eine Stunde. Der Vorstandschef von Volkswagen wirkte angespannter als sonst. Normalerweise hätte er vielleicht mit seinen Begleitern geplaudert, an diesem Tag aber war er in Gedanken versunken, wühlte in Papieren, machte Notizen und hielt hin und wieder inne, um gedankenverloren aus dem Fenster zu blicken.

Der offizielle Anlaß für Hahns Reise in die immer noch elegante, wenn auch ein wenig heruntergekommene tschechische Hauptstadt war eine Rede, die er vor einer internationalen Managerkonferenz halten sollte. Sein eigentliches und viel dringenderes Anliegen war es aber, die tschechischen Politiker davon zu überzeugen, daß Volkswagen und nicht die französische Firma Renault am besten geeignet war, Skoda wieder auf die Beine zu bringen. Der staatliche Autokonzern war seit einiger Zeit zum Opfer einer hitzigen Übernahmeschlacht geworden. Nahezu jeder bedeutende Autoproduzent der Welt, inklusive General Motors, hatte den Kauf von Skoda in Erwägung gezogen. Mittlerweile war die Anzahl der Interessenten auf zwei geschrumpft. Die Ingenieure und Arbeiter von Skoda schienen Volkswagen den Vorzug zu geben, während sich der tschechische Präsident Václav Havel und seine Minister mehr zu dem französischen Unternehmen hingezogen fühlten. Hahns Absicht war es nun, die damals noch tschechoslowakische Regierung dazu zu bringen, ihr Gefühl hintanzustellen und einzusehen, daß sie mit Volkswagen die bessere Wahl treffen.

Hahn, der trotz seiner 64 Jahre viel jünger aussah, eignete sich vortrefflich für die Rolle des internationalen Konzernschmieds. Er war charmant, weltmännisch und sprach mehrere Sprachen, eingeschlossen Tschechisch. Nachdem sich Osteuropa geöffnet hatte, reizten ihn die Möglichkeiten, die die unterentwickelten Märkte dort boten. Nach dem Fall der Berliner Mauer zeigte er oft und gern auf die Landkarte Europas und rühmte die neue geographische Lage des Stammsitzes von Volkswagen: »Wolfsburg lag lange am Rande Deutschlands, jetzt aber sitzen wir im Zentrum Europas. Bis Prag sind es nur 360 Kilometer, bis Warschau 670, bis Barcelona 1300 und bis Brüssel 470.« Mit dem Hinweis, daß VW Osteuropa näher stünde als Westeuropa, buhlte er gezielt um das Wohlwollen der osteuropäischen Länder.

Jenseits des Ozeans, in Amerika, war Hahn aber mindestens genauso zu Hause. Hier hatte er seinen größten persönlichen und beruflichen Erfolg gelandet, als unter seinem Management der VW-Käfer zum populärsten Importartikel der Vereinigten Staaten wurde. Als Hahn 1959 in die USA ging, um den Amerikanern das unmögliche kleine Auto mit der eigenwilligen Käfer-Form zu verkaufen, knüpfte er keine großen Erwartungen an seine neue Aufgabe. Andere Autohersteller hatten bei früheren, aber durchaus vergleichbaren Ausflügen in die Staaten entsetzliche Pleiten erlebt. Der Käfer aber entwickelte sich zu einem regelrechten Kultauto und brachte Hahn Ruhm und Anerkennung. Als er 1964 nach Wolfsburg zurückkehrte, kannte ihn ganz Amerika als Mr. Volkswagen, und die Verkaufszahlen des Käfer hatten 500.000 Stück pro Jahr erreicht.

Während seines Aufenthaltes in Amerika lernte Hahn auch seine Ehefrau Marisa kennen, die Schwester der populären Romanautorin Danielle Steel. Seine Schwägerin schätzt er sehr. Auch wenn er zur eigenen Lektüre anspruchsvollere Literatur bevorzugt, betont er doch immer wieder gerne, wie sehr ihm ihre Romane gefallen. Auch seine vier Kinder wurden in den USA geboren. Nach Deutschland zurückgekehrt, wurde er schnell ins Abseits gedrängt. Mit dem damaligen VW-Chef Rudolf Leiding geriet er so aneinander, daß er schließlich gefeuert wurde. Alfred Herrhausen – zu jener Zeit noch einfaches Mitglied im Vorstand der Deutschen Bank und Aufsichtsratschef bei Continental, holte Hahn als Vorstandsvorsitzenden zur Reifenfirma nach Hannover. Das Unternehmen befand sich in schwerer Schieflage, doch Hahn gelang es, das Steuer herumzureißen. Sein Ruf war wiederhergestellt. Als er 1982 gebeten wurde, als Nachfolger von Toni Schmücker, der sich aus Gesundheitsgründen zurückziehen wollte, den Vorstandsvorsitz bei VW zu übernehmen, kam seine Rückkehr einem persönlichen Triumphzug gleich.

Mit seinen internationalen Erfahrungen und seiner Vorliebe für die Welt außerhalb Wolfsburgs hätte Hahn die Idealbesetzung für einen hohen Diplomaten, einen Staatsmann abgegeben, dem kein Parkett zu glatt, keine Mission zu heikel war. Vom Scheitel bis zur Sohle der polyglotte Konzernherr, verkörperte Hahn das, was man als die guten alten preußischen Tugenden bezeichnet. Er besaß äußerste Disziplin, exzellente Manieren. Er war ein Meister der Rituale – jeder seiner Auftritte war bis ins letzte Detail durchgeplant. Im Gegensatz zu den anderen Managern vor allem im US-Autobusiness, die nicht gerade für ihren modischen Geschmack berühmt sind, verstand sich Hahn stets recht elegant zu kleiden. Unter den Industriemanagern war er eine dominierende Erscheinung. Für Politik und Presse war er ein gesuchter Gesprächspartner, der zu allen möglichen Fragen aus Politik, Gesellschaft und Wirtschaft und sogar zum Umweltschutz eloquent reden konnte. In solchen Diskussionen stützte er seine Ansichten sorgfältig mit Daten, Statistik und Analyseergebnissen. Meisterhaft verstand er es, Kritikern den Wind aus den Segeln zu nehmen, bevor sie noch richtig anfingen. Flott gingen ihm Klassikerzitate oder Philosophensentenzen von den Lippen, was so manchen einschüchterte. Als Oberhaupt von Europas größtem Autokonzern galt er de facto als Sprecher der europäischen Autoindustrie, und diese Rolle genoß er sichtlich.

Seine Ankunft auf dem Prager Flughafen löste hektische Betriebsamkeit aus, wie sie sonst nur Staatsgästen zuteil wird. Doch er nahm die Sonderbehandlung gelassen hin; als er mit seinen Begleitern in der VIP-Lounge auf die Zollabfertigung wartete, kehrte er wie stets den Charmeur heraus. Wie ein heimkehrender Hausherr bestellte er Kaffee – natürlich auf Tschechisch – und bediente sich selbst. Draußen vor dem Terminal standen zwei Audi-Limousinen bereit, in denen Fahrer und Leibwächter aus Präsident Havels Stab warteten. Hans Holzer, Verbindungsmann von VW in Prag, stieg bei Hahn ein. Während der Fahrt berichtete Holzer den jüngsten Regierungsklatsch und die immer häufiger auftretenden Gerüchte über eine bevorstehende Aufspaltung der Nation. Nicht ganz ein Jahr nach der gewaltlosen Revolution vom November 1989 mehrten sich die Anzeichen, daß die Slowaken nach Unabhängigkeit von den Tschechen drängten. Sie fühlten sich in ihrem Land, in dem die Tschechen alle großen Industrieunternehmen kontrollierten und alle wichtigen Regierungsämter besetzten, als Bürger zweiter Klasse. Die Konflikte zwischen den beiden Nationalitäten waren viel älter als das kommunistische Regime. Sie reichten bis in die Zeit der österreichischen Monarchie zurück, in der den Tschechen aufgrund ihrer Zugehörigkeit zum österreichischen Reichsteil mehr Rechte zustanden als den aus Budapest regierten Slowaken. Die Tschechen besaßen die politische Macht und entwickelten eine breite intellektuelle Elite. Die Slowaken waren Bauern und später Fabrikarbeiter, und sie nahmen ihre untergeordnete Position übel.

Hahn hörte Holzers Bericht kommentarlos an. Im tiefsten Innern stand er wohl auf der Seite der Tschechen und war überzeugt, daß den Slowaken ihr Drängen nach Eigenstaatlichkeit noch leid tun würde. Vor allem aber bereitete ihm der mögliche Zusammenbruch der Tschechoslowakei große Sorgen, denn auch darin zeigte sich einmal mehr, wie trügerisch und zerbrechlich der Status quo der ganzen Region war. Dabei ging es Hahn selbstredend nicht um den Zusammenbruch möglicher Mega-Geschäfte zum Wohle des Konzerns, sondern ums Ganze. Der Staatsmann Hahn fürchtete eine Destabilisierung Deutschlands durch die nach Westen strömenden Flüchtlinge. Unabhängig von den drohenden Krisen in der Region, glaubte Hahn fest an den großen, offenen Markt im Osten, nicht zuletzt, weil dort die Autodichte im Vergleich zum Westen lächerlich gering war. Er fühlte sich geradezu persönlich in der Pflicht, seinen Teil sowohl zur Deutschen Einheit wie zum Wiederaufbau Osteuropas beizutragen. Sein Altruismus war Teil seines Heldenkomplexes. Er glaubte, etwas Großes bewirken zu können, und das verschaffte ihm große Befriedigung. Häufig redete er von der Leere, die der Kommunismus hinterlassen habe, und von der durch die neu geöffneten Grenzen drohenden Gefahren. Er fürchtete die Folgen einer ungeheuren Einwanderungswelle für Westeuropa und Deutschland. Viele Menschen in Osteuropa saßen bereits auf gepackten Koffern, jederzeit bereit zum Aufbruch in den Westen, um ein besseres Leben beginnen zu können.

Hahn glaubte zwar, daß die Tschechen aus der Auseinandersetzung als Gewinner hervorgehen würden, aber er setzte nicht alles auf eine Karte. Er bemühte sich um Skoda, gleichzeitig aber auch um die in der Hauptstadt der Slowakei sitzende Bratislava Motor Company. Die Gespräche wurden unter dem Siegel der Verschwiegenheit geführt. Hahn hatte die Slowaken sogar gebeten, bis zum Abschluß seiner Verhandlungen mit Skoda darüber Stillschweigen zu bewahren.

Nach Hahns Überzeugung war es in Europa leichter, ein in der jeweiligen Region ansässiges Unternehmen aufzukaufen und in schwarze Zahlen zu bringen, als mit Neugründungen oder VW-Tochtergesellschaften voranzukommen. Vor Hahn waren alle Expansionen von VW auf die Produktion des Käfers – später des Golf – in Satellitenwerken angelegt. Dagegen setzte Hahn auf die Loyalität der Kunden zu Heimatmarken und verwies dabei stets auf Opel. Die meisten deutschen Käufer sehen darüber hinweg oder wissen nicht einmal, daß die Firma Opel in amerikanischem Besitz ist. Die Verkaufszahlen von Opel gingen auch dann nicht zurück, wenn Nationalgefühle und »deutsche Ware« hoch im Kurs standen.

Auf der Fahrt ins Hotel registrierte Hahn befriedigt das pulsierende Leben in den Straßen, das offenbar seine größten Hoffnungen bestätigte. An diesem kalten Oktoberabend war Prag, die kosmopolitische, nun freie Metropole des Ostens, erfüllt von lautem, geschäftigem Treiben. Auf den Boulevards tummelten sich junge Männer und Frauen in moderner Westkleidung, junge Mädchen mit schrillen Frisuren, die aussahen, als ob sie von den Models des englischen Pop-Kanals MTV abgeguckt waren. Cafés und Restaurants in der Altstadt waren zum Bersten gefüllt mit fröhlichen, trinkenden Menschen. Bier und Wein waren sehr billig, »gutbürgerliches Essen«, solide Hausmannskost, gab es in Hülle und Fülle. Für eine vollständige Mahlzeit inklusive Bier und Kaffee bezahlte man umgerechnet etwa einen Dollar. Selbst am späten Abend erfüllten Jazzklänge die engen Gassen, und es war kaum vorstellbar, daß nicht wenige der Musiker noch einige Jahre zuvor im Gefängnis gesessen hatten. Auf den ersten Blick wirkte Prag wie jede andere Metropole Europas, wenn da nicht die schäbigen, bröckelnden Gebäude (einige waren immer noch von Einschußlöchern aus dem Zweiten Weltkrieg gezeichnet) und die autoleeren Straßen gewesen wären. Die Menschen gingen zu Fuß, fuhren mit dem Fahrrad oder benutzten Straßenbahn und Bus. Benzin war so teuer, daß die meisten Leute zwar genug Geld hatten, um sich ein Auto zu kaufen, es sich aber nicht leisten konnten, den Wagen auch zu benutzen. Eine Tankfüllung kostete durchschnittlich ein Fünftel des durchschnittlichen Monatseinkommens. Daß es in Prag dennoch so dicke Luft gab, daß es auswärtigen Besuchern den Atem verschlug, lag nicht am Verkehr, sondern an den Zigtausenden von Kohleöfen, mit denen die Prager Bevölkerung ihre Wohnungen heizte.

Als die Autos mit Hahn und seinen Begleitern an ihrem Bestimmungsort, dem noblen *Hotel Prag*, ankamen, wurde Hahn gesprächig. Er kokettierte gern vor anderen mit seinem umfassenden Wissen auch über Nebensächlichkeiten. In der Lobby des damaligen Gästehauses der Kommunistischen Regierung machte er seine Begleiter auf die weitläufigen Marmorfußböden und Treppen aufmerksam. Sie seien sozusagen ein typisches Merkmal aller Staats- und Parteipaläste im Ostblock und ein Relikt des Handels zwischen den kommunistischen Bruderstaaten. Der Marmor kam aus Kuba, das dafür mit Energie und Industrietechnik beliefert worden war.

Später am Abend verließ Hahn das Hotel und fuhr zu einer privaten Verabredung in die Stadt. Auf dem Weg machte er an der berühmten Prager Burg, dem Hradschin, dem offiziellen Amtssitz Václav Havels, halt. Als er den Innenhof betrat, hielt er abrupt inne. Etwa fünfzig Soldaten in Nahkampfanzügen exerzierten in der Dämmerung. Es war ein unbehagliches Schauspiel, wie die Soldaten im Gleichklang die Hacken aneinander knallten und die Gewehrkolben auf das Pflaster stießen. Er wandte sich an Holzer: »Was geschieht hier?« Dieser versicherte ihm, es handle sich lediglich um eine Übung der Präsidentengarde. Hahn beruhigte sich ein wenig, konnte aber einen plötzlichen Schauder nicht unterdrücken. Nachdenklich meinte er: »Die sind fast so gut wie die Russen, und die waren doch immer für ihre Qualität in dieser Hinsicht bekannt.«

Am nächsten Tag hielt Hahn im Auditorium der ehemaligen Parteizentrale der Kommunisten vor etwa zweihundert Geschäftsleuten seine Rede.

Er sprach über den notwendigen Prozeß einer ökonomischen Umgestaltung und warnte seine aufmerksamen Zuhörer vor den Fallstricken, die in einer derart dramatischen Umwälzung versteckt liegen. Insbesondere wies er auf die Gefahr übermäßiger Lohnsteigerungen hin und betonte die Dringlichkeit, in moderne Technologien zu investieren. Wie viele Industrieunternehmen der ehemals kommunistischen Länder litten auch die tschechischen Betriebe unter zu viel Personal und veralteter Technik. Wollte die Industrie im Osten den Wettbewerb mit Westeuropa bestehen, bedurfte es eines massiven Technologieschubs und eines Aufbauplans, der auf ein allmähliches, kontinuierliches Wachstum zielte.

Nach dem Mittagessen nahm Hahn an einer Podiumsdiskussion in einem anderen, kleinen, fensterlosen Raum teil. Obwohl nur etwa für dreißig Leute Platz war, drängten sich fast zweihundert hinein. Die Luft war bald drückend heiß und stickig. Die meisten Anwesenden interessierten sich ausschließlich dafür, was der VW-Chef zu sagen hatte. Die anderen Diskussionsteilnehmer – darunter der Wirtschaftsminister der Tschechoslowakei – wurden praktisch ignoriert. Hahn gab sich charmant und überschwenglich. Er nutzte das Forum als Werbeveranstaltung für VW. Stolz rühmte er die Ingenieursleistungen bei VW und die Erfolge auf technischem Gebiet. Immer wieder kam er auf die Wende zu sprechen, die sein Konzern bei SEAT, dem 1986 von VW übernommenen, spanischen Autohersteller, geschafft hatte. Seine Botschaft war unmißverständlich: »Was wir bei SEAT erreicht haben, werden wir auch bei Skoda schaffen.«

Die Geschichte vom Kauf und der Wiederbelebung SEATS war eine von Hahns beliebtesten Erfolgsstories. Zur Zeit der Übernahme durch VW stand der spanische Staatsbetrieb vor der Pleite. Eine verstaubte Crew ausrangierter Militärführer aus dem alten Franco-Regime hatte es so heruntergewirtschaftet, daß niemand mehr an das Überleben der Firma glauben mochte. Andere Unternehmen, eingeschlossen Fiat, das eine Minderheitsbeteiligung an SEAT hielt, weigerten sich mittlerweile, noch mehr Geld in das angeschlagene Unternehmen zu stecken. Hahn dagegen gab die Losung aus: »Packen wir's an!« Innerhalb von zwei Jahren machte SEAT wieder Gewinn – über Nacht hatte sich das Blatt gewendet, was selbst Hahn verblüffte. Der Erfolg beruhte zwar größtenteils auf der plötzlichen, explosionsartig ansteigenden Nachfrage nach Autos in Spanien, aber es war Hahn, der die Lorbeeren erntete.

VW bekam durch dieses Geschäft die günstige Gelegenheit, einen zu niedrigen Kosten produzierenden Standort in Europa aufzubauen. Die spanischen Löhne lagen nur etwa halb so hoch wie die deutschen. SEAT produzierte den kleinen VW-Polo, behielt aber seinen nationalen Charakter bei und führte die eigenen alten Modelle weiter. Volkswagen pflegte seinen spanischen Schützling mit Wohlwollen und Großmut und war willens, alles zu geben, was zu dessen Gedeihen erforderlich war. Jetzt verhieß Hahn den gleichen Erfolg für Skoda und wies dabei besonders auf die Parallelen zwischen dem spanischen und tschechischen Unternehmen hin.

Skoda war der modernste Kraftfahrzeugproduzent im Ostblock, was nicht bedeutete, daß er wirklich als »modern« bezeichnet zu werden verdiente. Die postkommunistischen Nationen hatten zwei Jahrzehnte durchlaufen, in denen in gewisser Weise die Zeit stehengeblieben war. Die Fabrikanlagen stammten aus den sechziger Jahren, und nur eines ihrer Autos, der *Favorit*, war vergleichbar mit den Westautos der siebziger Jahre – ein robustes, aber einfaches Fahrzeug, das es in nur zwei Farben gab. Die Tschechen blickten mit Stolz auf den *Favorit*. Viele Jahre lang war er, wie der Name schon sagte, das beliebteste Auto in den Ostblockländern. Den Markennamen Skoda kannte man auch in Westeuropa, weshalb es Hahn für recht aussichtsreich hielt, dort neue Märkte für Skoda zu erschließen. Gewiß muteten die Produktionsbedingungen des Unternehmens gemessen an modernen Standards archaisch an. Aber Hahn sah hier für VW die Gelegenheit, einen positiven Einfluß auf das wirtschaftliche Schicksal der Tschechoslowakei ausüben zu können. Im Verlauf der Entwicklung, so hoffte er, würden sich auch einige Probleme, mit denen VW zu Hause kämpfte, abschwächen, vor allem die zu hohen Arbeitskosten relativiert werden.

Hahn setzte alles daran, bei Skoda den Franzosen zuvorzukommen. Volkswagen hatte jetzt die Chance, sich ein festes Standbein in Osteuropa zu schaffen, auch wenn es unmöglich war vorauszusagen, wann sich die Investition auszahlen würde. Hahn war davon überzeugt, daß derjenige, der dort als erster anfing, auch am Ende der Sieger sein würde, und er fand den Gedanken unerträglich, daß die Franzosen oder, noch schlimmer,

Amerikaner oder Japaner das Rennen machen könnten. »In den nächsten fünf Jahren, wenn die Japaner in Europa einziehen, sind die europäischen Hersteller meiner Ansicht nach gut beraten, im Wettbewerb mit den Japanern den Schwerpunkt auf Technik und Produktion zu legen«, sagte er. »Außerdem müssen wir uns darüber im klaren sein, daß die Länder in Osteuropa ihre Partner nicht blind auswählen. Sie werden nicht nur die Deutschen, Italiener oder Franzosen in Betracht ziehen. Sie werden nach Amerika blicken und mit Sicherheit auch Japan im Auge haben. Japan hat bereits Gemeinschaftsunternehmen in Ostdeutschland gegründet.«

Nicht alle teilten Hahns Ansicht, daß der erste das beste Geschäft macht. Red Poling, Chairman von Ford, betonte oft, daß die Japaner die erfolgreichsten Autoproduzenten in den Vereinigten Staaten seien, aber dort als letzte Fabriken gebaut hatten.

Skoda war ein Gelegenheitskauf. Hahn wollte es kaufen, weil es zu haben war und er die Chance nicht ungenutzt verstreichen lassen wollte. Außerdem paßte seiner Ansicht nach die tschechische Firma vom Charakter her sehr gut zu Volkswagen. Obwohl es in der Tschechoslowakei immer noch Reste von Deutschenfeindlichkeit gab, die noch auf die Hitlerzeit zurückgingen, ähnelten sich die beiden Länder in vielerlei Hinsicht. Hahn schätzte die gute Ausbildung, den Fleiß und die Gewissenhaftigkeit der Arbeiter. Diese Verbindung von fachlichem Können und Arbeitseifer deutete er als eine Art geistiger Verwandtschaft mit den Deutschen und ließ ihn auf eine gute Partnerschaft hoffen. Hahn erzählte gerne als Beispiel für bereits bestehende Gemeinsamkeiten die Geschichte, daß Skoda eine Achse des Golf kopiert hatte.

Außerdem konnte er Skoda aus den gleichen Gründen wie SEAT in seine Gesamtstrategie einbauen. Solange Deutschlands Wirtschaft weiter florierte, konnte Hahn nicht gegen die Gewerkschaftspolitik im Aufsichtsrat vorgehen, ohne den Arbeitnehmerflügel in diesem Kontrollgremium zu befremden und damit die eigene Machtposition zu schwächen. Dennoch war ihm klar, daß er etwas gegen die teuere Produktion bei VW unternehmen mußte. So versuchte er, dem Dilemma durch Investitionen außerhalb Deutschlands zu entkommen und dadurch die durchschnittlichen Produktionskosten pro Fahrzeug zu senken.

Nach der Rückkehr aus der Tschechoslowakei setzte sich Hahn mit seinen Managern zusammen und entwarf ein Angebot, das für die Tschechen attraktiver war als der Vorschlag von Renault und dessen Partner Volvo. VW legte einen großzügigen und verlockenden Plan vor. Man versprach die Modernisierung der existierenden Fabrikanlagen, den Bau eines neuen Werkes, die Verdoppelung der Kapazität auf 400.000 Autos bis zum Ende des Jahrzehnts, die Entwicklung neuer Modelle und den Aufbau eines eigenen Händlernetzes für Skoda über ganz Europa. Außerdem sollten die 20.000 zur Zeit beschäftigten Arbeitnehmer ihre Arbeitsplätze behalten. Auch wenn es mit Renault nach vierzig Jahren als Katastrophenunternehmen in Staatsbesitz wieder aufwärts ging und sich die französische Regierung großzügig zeigte, machte VW das Rennen, weil Hahn mehr Investitionen und die Erhaltung aller Arbeitsplätze versprach.

Am 9. Dezember nahm die tschechische Regierung das Angebot von Volkswagen offiziell an. Das Abkommen verpflichtete VW zunächst, mit 35 Prozent Kapitalanteil in das Unternehmen einzusteigen. Der Anteil sollte bis 1995 stufenweise auf 70 Prozent erhöht werden.

Hahn triumphierte. Die Öffentlichkeit und auch die Autoindustrie werteten das Geschäft als einen ›großen Coup‹ für das deutsche Unternehmen. Die einzigen Bedenken kamen aus den Bank- und Kreditinstituten, die sich fragten, woher VW das Geld für die großzügigen Versprechen nehmen wollte. VW würde nach ihren Befürchtungen sämtliche Risiken eines Pioniers zu tragen haben, und andere Firmen könnten sich ins gemachte Nest setzen, wenn das politische und wirtschaftliche Klima im Land wieder stabilisiert wäre. Stephen Reitman von UBS Phillips & Drew Securities bemerkte: »Volkswagen wird Milliarden von Dollar ausgeben, um der erste Hersteller am Ort zu sein. Aber wahrscheinlich werden die Konkurrenten einen Großteil der Ernte einfahren, ohne auch nur annähernd so viel Geld investiert zu haben.« Es gab außerdem die Sorge, daß Skoda vor allem gegen SEAT konkurrieren würde und daß sich der Konzern erhebliche Schwierigkeiten aufladen würde, wenn er versuchte, zwei billige Automarken auf dem Markt zu plazieren.

Alles in allem profitierte Hahns Ansehen von dem Mega-Deal, und viele hielten ihn nun für einen Visionär. Unter Hahns geschickter Führung schien VW seine Position als internationaler Konzern auszubauen. Volkswagen war gut auf seine Rolle als einer der großen drei Weltkonzerne vorbereitet. Als größter und aggressivster Autobauer Europas waren die Wolfsburger auf dem Sprung, die eigene Stellung weiter auszubauen, wenn erst alle Verheißungen, die sich um die deutsche Vereinigung und die europäische Union rankten, eingetroffen wären. Ähnlich wie GM und Toyota versuchte VW seine aktuellen Probleme wie Marktsättigung und hohe Arbeitskosten in Westdeutschland mit Expansion ins Ausland zu lösen. Damit drückte sich das Unternehmen wie seine beiden großen Konkurrenten nur vor der dringend erforderlichen Auseinandersetzung mit den extremen Schwierigkeiten im eigenen Land, an denen die ehrgeizigen Ambitionen und Pläne zu ersticken drohten.

Wolfsburg, Deutschland – April 1992

Die Aussicht aus Carl Hahns Büro im 13. Stockwerk des VW-Stammhauses in Wolfsburg war nicht dazu angetan, die Phantasie zu beflügeln. Wenn sich der Vorstandschef für einen Moment zum Nachdenken von seinem Schreibtisch wegdrehte, konnte sich sein Blick nicht im weiten, offenen Himmel oder in der weitläufigen Heidelandschaft, die das Werksgelände umgibt, verlieren. Rundum schaute er auf lange, graue Backsteingebäude mit ihren hohen Schornsteinen – von Adolf Hitler »für die Ewigkeit gebaut« – und auf mit Autos überfüllte Parkflächen. Ein solcher Anblick kann selbst an einem sonnigen Frühlingstag bedrückend wirken. Der im Lauf der Jahrzehnte nachgedunkelte, gigantische Gebäudekomplex schuf eine beklemmende Atmosphäre, und das Stampfen der nicht weit vom Verwaltungshochhaus entfernt arbeitenden Metallpressen erschütterte sogar die Vorstandsbüros. Nichtsdestotrotz fühlte sich Hahn hier wohl. Es war sein Reich. Fremden Gästen und auswärtigen Besuchern verschlug das Werk und seine überall gegenwärtige düstere Geschichte jedoch schnell die Sprache.

Einst hatte Adolf Hitler davon geträumt, Wolfsburg zum strahlenden industriellen Zentrum seines europäischen Reiches aufzubauen. Doch die Nazis hinterließen nur Werksruinen und eine erbärmliche Barackenstadt. Erst in den neunziger Jahren erreichte Wolfsburg ein Niveau, das Hitlers

Vision recht nahe kam. Wolfsburg war eine moderne Industriestadt geworden, deren Existenz von einem einzigen Unternehmen, dem Volkswagenkonzern, abhängt. Das gesamte Leben in der Stadt dreht sich um Volkswagen und riecht nach Langeweile und Reglement – nach großer, grauer Fabrikstadt. Der künstlich um das Werk herum aufgebauten Gemeinde fehlt der malerische Charme des alten Europa. Viele alte europäische Städte besitzen ein charakteristisches Stadtzentrum mit Kirchen und Rathaus, auf das die Straßen wie Arterien zulaufen. In Wolfsburg steht im Zentrum das VW-Werk den Pulsschlag der Stadt bestimmen die Schichtzeiten im Werk. Außerdem war es seit der Teilung Deutschlands nach dem Zweiten Weltkrieg wegen seiner Nähe zur Zonengrenze kaum mehr als eine Durchgangsstation für Reisende. Zudem galt für deutsche Unternehmen das Land Niedersachsen als Zonenrandgebiet und damit trotz großzügiger staatlicher Investitionsförderung als nicht eben attraktiv, was zusätzlich zur Isolation Wolfsburgs beitrug.

Das Leben der 130.000 Bürger der Stadt dreht sich um die Fabrik, die im Zwei-Schicht-Betrieb produziert. Ein Fabrikarbeiter hat in der Regel abwechselnd eine Woche lang Frühschicht von 5.30 Uhr bis 14 Uhr und eine Woche lang Spätschicht von 14 Uhr bis 22.30 Uhr – ein Rhythmus, der das gesellige Miteinander der Menschen nicht gerade fördert. Diejenigen, die frühmorgens um 4.30 Uhr aufstehen, legen sich früh schlafen, und jene, die bis spät in der Nacht arbeiten, sind zufrieden, wenn sie mit einem Bier vor dem Fernseher abschalten können.

Aber selbst eine Änderung des Schichtbetriebs würde kaum etwas zur Belebung des Stadtlebens in Wolfsburg beitragen. Der Soziologe Martin Schwonke, der in einer Studie das soziale Leben der Industriestadt untersuchte, fand heraus, daß nur vier von zehn Bürgern eine positive Meinung über ihre Nachbarn haben. Interviews brachten »unbestimmt kollektive Vorurteile« an den Tag. Charakteristische Äußerungen waren: »Die Einwohner Wolfsburgs sind per se unerträglich, sie sind so arrogant.«; »Jeder möchte sich zur Schau stellen und zeigen, daß er besser als andere ist.«; und »Solidarität ist unbekannt. Die Leute sind zu verschieden und außerdem eingebildet.«

Von Anfang an entwickelte sich die künstlich hochgezogene Stadt zu einem Schmelztiegel für Menschen aus den verschiedensten Ländern und

Regionen, die in den 50er und 60er Jahren von dem Arbeitskräftemangel bei VW angelockt wurden: Flüchtlinge aus Ostpreußen und Schlesien, ganze Arbeiterströme aus dem Rheinland und Gastarbeiter aus Italien, Portugal und der Türkei. Das Durcheinander der kulturellen Eigenheiten, der Sprachen und der unterschiedlichen Ansprüche wirkte allen Bemühungen entgegen, eine einheitliche integrative Gesellschaft zu schaffen. Ähnlich wie die Japaner kämpfen auch die Deutschen immer noch mit den in ihrer Geschichte wurzelnden Rassenvorurteilen, die es Minderheiten schwer macht, vorbehaltlos akzeptiert zu werden. Die verschiedenen Bevölkerungsgruppen bleiben in Wolfsburg meist unter sich.

Besonderes Interesse an einer sozialen Integration gibt es allerdings kaum. Gleichgültig, wo man sich befindet, ob im Krankenhaus, in der Kneipe oder in der Sauna, überall trifft man auf Werksangehörige. Die Hierarchie innerhalb des Unternehmens überträgt sich auf den Freizeitbereich. Ein Arbeiter klagte: »Es ist wirklich so, daß ein Werksleiter auch außerhalb der Fabrik nicht mit einem Arbeiter aus dem Preßwerk spricht, selbst wenn sie sich nicht in Blaumann und Jackett sondern in legerer Freizeitkleidung gegenüberstehen.« Dieses Elitedenken ist ein allgemeines Chrakteristikum der deutschen Gesellschaft. Status spielt eine große Rolle.

Obendrein beeinträchtigen Ressentiments das Verhältnis zwischen den Arbeitern und dem Management, und in der abgeschlossenen Gesellschaft von Wolfsburg kann sich kaum jemand dieser Atmosphäre entziehen. Professor Schwonke schrieb dazu: »Die unterschwellige Feindschaft zwischen den Eltern tragen oft die Kinder mit Gewalt und Streit offen aus. Auf Straßenkämpfe unter den Heranwachsenden reagieren die Eltern wiederum mit strenger Kontrolle des Umgangs ihres Nachwuchses und verbieten ihnen, mit bestimmten Kindern zu spielen.«

In einigen Vierteln der Stadt schotten sich die Leute mit Mauern vor ihren Nachbarn ab. Viele Häuser haben eingemauerte Minigärten oder besitzen kein zur Straße hinausgehendes Fenster, damit ihnen niemand in die gute Stube schauen kann.

Der Glanz der Industriestadt existierte immer mehr in der Phantasie als in der Realität. Selbst die Reinlichkeit der Straßen und das Fehlen dunkler Gassen lassen Wolfsburg kalt und unwirklich erscheinen, das Gegenteil einer geschäftigen, pulsierenden Stadt. Die Sterilität, die Entfernung von den urbanen Zentren Deutschlands, das jahrzehntelange Dasein im Schatten der Zonengrenze mit Todesstreifen, Minengürtel und Wachtürmen, all das erschwerte es Volkswagen, die besten und cleversten Führungskräfte anzulocken. Viele Manager anderer Unternehmen lehnten es schlichtweg ab, Posten in Wolfsburg zu übernehmen, selbst nicht mit der Aussicht auf kräftige Gehaltszulagen. Trotz seiner Ödnis ist Wolfsburg eine relativ reiche Stadt mit dem höchsten Pro-Kopf-Einkommen in Niedersachsen. Es gibt zwanzig Tennisanlagen, siebzig Sporthallen, zahlreiche Schwimmbäder und Sportanlagen, die alle der Öffentlichkeit zugänglich sind.

Vielleicht war Carl Hahns Schwäche für Reisen teilweise darauf zurückzuführen, daß er sich in der Heimatstadt seines Unternehmens, die zweieinhalb Fahrstunden von Berlin, drei Stunden von Hamburg und eine Stunde von Hannover entfernt liegt, langweilte.

Nichtsdestotrotz liebte er seine Arbeit und sonnte sich im Glanz seiner Stellung als Spitzenmanager der europäischen Autoindustrie. Doch an diesem Apriltag sank Hahn im Bürosessel in sich zusammen, starrte aus dem Fenster und fragte sich, ob er nicht besser, wie ursprünglich geplant, vor einem Jahr in den Ruhestand hätte gehen sollen. Dann jedenfalls wäre ihm diese schockierende, unerwartete Demütigung erspart geblieben.

Der Mann, der noch vor wenigen Monaten in der Rolle eines modernen Helden bestätigt und der weithin als visionär denkender Stratege gerühmt worden war und der auf der ganzen Welt geachtet wurde, war gerade von einem seiner eigenen Leute aus dem Sattel geworfen worden. Nun saß er in seinem Büro und studierte noch einmal die Presseerklärung, die er am Nachmittag abgeben sollte. Es war die Bekanntgabe seines Ausscheidens – ein Jahr früher als vereinbart. Und das, obwohl die Zeitschrift *Automotive Industries* ihn soeben wegen seiner mutigen globalen Expansionsstrategie zum Mann des Jahres gewählt hatte. Doch der Konzern war überraschend von den Problemen im eigenen Land eingeholt worden. Sie hatten zu Hahns vorzeitigem Rücktritt geführt. Der 54jährige Ferdinand Piëch, Vorstandsvorsitzender der VW-Tochter und Enkel von Ferdinand Porsche, der den ersten VW-Prototyp entworfen hatte, wollte Hahn ablösen.

Es war ein schwerer Schlag für einen Mann, dessen ganzes Leben von der Autoindustrie bestimmt war, der schon in sie hineingeboren worden war. Sein Vater, Carl Hahn sen., hatte vor dem Zweiten Weltkrieg die

Autofirma Auto-Union Sachsen gegründet und die Stellung im Unternehmen gehalten, bis die Sowjets seine Firma nach dem Zweiten Weltkrieg demontierten. Anschließend hatte er das Unternehmen als Audi NSU in Westdeutschland (in Ingolstadt) wieder aufgebaut, bis es 1965 von Volkswagen übernommen worden war. Es war eine Ironie der Geschichte, daß Hahns Vater und Ferdinand Porsche, der Großvater von Piëch, in der Debatte um Hitlers Plan zur Massenproduktion eines billigen »Volksautos« gegeneinander gekämpft hatten. Am Ende war Porsche der Sieger gewesen – sowohl im Streit als auch in Hitlers Gunst.

Schon in den ersten Monaten des Jahres häuften sich deutliche Anzeichen für Hahns nahendes Ende. Anfang März 1992 trafen sich die Spitzenmanager der internationalen Automobilindustrie auf dem Genfer Auto Salon, um die neuesten Modelle zu begutachten, alte Beziehungen aufzuwärmen und ungezwungen über Geschäft und Leute zu klatschen. In jenem Jahr gab es nur ein Thema, das alle brennend interessierte, die Frage: wer Hahns Nachfolger werden würde. Täglich verdichteten sich die Gerüchte, daß dem VW-Chef der vorzeitige Wechsel in den Ruhestand nahegelegt werden würde. Journalisten und Managerkollegen gingen ihm sichtlich verlegen aus dem Weg – ein Zeichen dafür, wie schnell und gnadenlos Mächtige fallen können. Hahn schien auch nicht mehr er selbst zu sein. Der sonst so selbstbewußte Manager wirkte still und niedergeschlagen, was besonders auffiel, weil man ihn nur wenige Monate zuvor wegen des Erfolges des letzten Golfmodells – es war in Europa zum Auto des Jahres gewählt worden – von allen Seiten gehuldigt hatte. Seiner Verhandlungsführung bei der Übernahme von Skoda war allgemein applaudiert worden. Außerdem wurde er zunehmend als ein ›Staatsmann‹ von Format gerühmt, der die wirtschaftlichen und sozialen Probleme Osteuropas verstehe und sie gekonnt anpacke.

Als Hahn auf der Messe in Genf allein an den Ausstellungsständen der Konkurrenz entlangschlenderte, spürte er bereits, wie Aufmerksamkeit und Achtung schwanden. Es war ein schwerer Schlag für ihn. Erst siebzehn Monate zuvor hatte ihn der Aufsichtsrat von VW mit einer Verlängerung seines Vertrages über die eigentliche Altersgrenze hinaus geehrt. Dies wurde in der deutschen Wirtschaft als außergewöhnliches Ereignis betrachtet und bedeutete große Ehre für ihn. Für manche Beobachter und vielleicht auch in seinem eigenen Selbstverständnis war er damit über die profanen Probleme seines Unternehmens längst hinausgewachsen. Möglicherweise war er so in die eigene Gedankenwelt vertieft, daß er gar nicht bemerkte, wie schnell sich seine Position hinter der Kulisse des Triumphes verschlechterte. Die Krise bei Volkswagen wurde immer drängender, was der Öffentlichkeit verborgen blieb, weil der Verkauf in Deutschland noch boomte, und der Marktanteil stieg in Europa auf immer neue Rekordhöhen. Doch diese Erfolge standen auf einem immer schwächer werdenden Fundament. Die Finanzen des Volkswagen-Konzerns waren ernstlich durch die ineffiziente Organisation und die völlig aus dem Ruder gelaufenen Kosten erschüttert. Obwohl VW von Bestellungen für den Golf geradezu überschwemmt wurde, verhinderten Engpässe bei einigen Teilen die zügige Montage und Auslieferung der Fahrzeuge. Tausende halbfertiger Autos standen auf jedem verfügbaren Platz der berüchtigten Halle 54, VWs Hauptfabrik, auf allen Rasenflächen und dem Freigelände des Komplexes. Die ganze Anlage glich eher einem riesigen Parkplatz als dem Hauptsitz eines Weltkonzerns. Die Senkung der hohen Produktionskosten war die vordringlichste Aufgabe für diesen Konzern wie für die gesamte deutsche Industrie. Denn es war allen Beteiligten längst klar, daß Deutschland die Wiedervereinigung und den daraus resultierenden Sonderboom bald mit einer schweren Rezession bezahlen würde. Der große Überschuß an Arbeitskräften (besonders in der ehemaligen DDR) und der hartnäckige Widerstand gegen Lohnkürzungen, obwohl die deutschen Arbeitnehmer zu den bestbezahlten der Welt gehören, beschleunigten den Abschwung.

Jahrelang hatte die deutsche Autoindustrie davon profitiert, daß sie hohe Produktionskosten dank anspruchsvoller und raffinierter Technik ihrer Fahrzeuge auf den Verbraucher abwälzen konnte. Dies traf insbesondere auf BMW und Mercedes zu. VW hingegen litt zwar in vieler Hinsicht an denselben Problemen wie die ganze deutsche Autoindustrie, doch hatte das Unternehmen auch eine Sonderstellung. Denn zum einen verkaufte es im Vergleich zu Mercedes und BMW relativ preiswerte Autos, und zum anderen war das Bundesland Niedersachsen Miteigentümer des Unternehmens. Niedersachsen wurde seit 1990 von einer Koalition aus Grünen und Sozialdemokraten regiert, weshalb es vielen so gut wie unmöglich schien, den Aufsichtsrat dazu zu bringen, das Problem der Lohnkosten anzupacken.

Obwohl es offen auf der Hand lag, daß das System außer Kontrolle geraten war, schien ein einzelner Konzernchef wie Hahn nur wenig dagegen ausrichten zu können. Es sei denn, er hätte sich mit den Arbeitnehmervertretern, den mächtigen Betriebsräten und der IG-Metall, angelegt, die aber seine stärksten Verbündeten waren. Doch die hohen Arbeitskosten und die Ineffizienz der Produktion saugten die Firma langsam aus. Obwohl VW dank seines Images höhere Preise als die Konkurrenz verlangen konnte, lag der Gewinn nach Steuern mit 2,8 % niedrig, selbst wenn man die Besonderheiten der deutschen Buchführung berücksichtigt, die es den Unternehmen erlaubt, ihre Gewinne zu verstecken.

Hahns Auslandsaktivitäten, generell als gelungene Expansion des VW-Imperiums gepriesen, bescherten dem eher provinziellen Unternehmen vor allem höhere finanzielle Risiken. Niemand konnte voraussagen, was am Ende bei der Neugestaltung Europas herauskam. Investitionen in Länder, in denen politisches Chaos und wirtschaftliche Depression herrschten, waren riskant, was auch VW am eigenen Leibe erfuhr. Die Lieferung von Getrieben aus Jugoslawien brach ab, als das Land in Teilrepubliken zerbrach und Bürgerkriege die gesamten Industriebetriebe zerstörten. Außerdem versagte VW jämmerlich auf dem wichtigsten Markt der Welt, in den Vereinigten Staaten. Nachdem das Unternehmen mit dem Käfer die Kleinwagenklasse etabliert und diese Nische ein Jahrzehnt lang gehalten hatte, gab es all diese Marktanteile an die Japaner ab.

In den achtziger Jahren entwickelten Hahn und sein Team keine klaren Konzepte, wie sie ihre Stellung in den Vereinigten Staaten und in Kanada wieder festigen hätten können. Sie verringerten die Verluste einfach durch die Schließung des einzigen amerikanischen Werkes in Westmoreland in Pennsylvania und bezogen die wenigen Autos, die sie noch verkaufen konnten, aus dem Werk in Mexiko. Das neue, außerhalb von Los Angeles errichtete Designstudio, das neueste Trends einfangen sollte, konnte den Verkauf auch nicht ankurbeln, weil es keine geeigneten Modelle gab und eine schlüssige Marketingstrategie fehlte. Ebensowenig richtete ein pfiffige Werbekampagne aus, die direkt nach George Bushs enttäuschender Japanreise gestartet wurde. In kurzen TV-Werbespots versprach VW allen arbeitslosen Kunden günstige Kredite und die Übernahme von Versicherungskosten. Aber die Amerikaner kauften weder die Botschaft noch die Autos. 1991 wurde VW in den Vereinigten Staaten weniger als 100.000 Autos los, und eine Wende war nicht in Sicht. Mittlerweile erinnerten sich die alternden Manager gern an die glorreichen Tage des Käfers. Es fiel ihnen schwer nachzuvollziehen, daß die junge Generation von Amerikanern das einst so beliebte Auto nicht mehr kannte, es sogar niemals gesehen hatte. Sie hatten jeden Sinn für Realität verloren, und sie konnten nicht begreifen, daß Versagen und eine Serie von Fehlentscheidungen dazu geführt hatte, daß Volkswagen in Amerika völlig bedeutungslos geworden war. Sie wiegten sich immer noch in dem sicheren Gefühl, daß sie ihre alte starke Position in den USA jederzeit mühelos wiedergewinnen könnten. Das war bloßes Wunschdenken. Denn ihre Autos konnten, was Preis und Design betraf, nicht mit den japanischen und selbst nicht mit vielen amerikanischen Modellen konkurrieren.

Noch entscheidender für die Zukunft VWs war das Fehlen einer strategischen Produktplanung, die das Unternehmen aus der totalen Abhängigkeit vom Golf befreien konnte. Bei Volkswagen hatte ein Auto – oder treffender formuliert Hitlers Vision vom Auto – die Firma geschaffen und nicht umgekehrt die Firma das Auto. Niemals mußte VW eine echte Gründerzeit und Wachstumsphase durchlaufen, durch die ein Unternehmen Substanz und Reife gewinnt. Die Entwicklung der breitgefächerten Fähigkeiten, über die ein Autokonzern verfügen muß, wurde dadurch gebremst, daß die Verkaufszahlen eines einzigen Modells hochschnellten. VW beherrschte ausschließlich Technik und Produktion eines Modells, es mangelte aber an jeglicher Raffinesse, Autos zu vermarkten. Heinrich Nordhoff, der erste Generaldirektor von VW nach dem Krieg, hatte das Unternehmen aus den Trümmern von Hitlers verlorenen Träumen wieder aufgebaut. Er wußte zwar, wie man Autos produzierte, ging aber davon aus, daß sie sich von selber verkaufen. Er leugnete jede Notwendigkeit, eine breitere Modellpalette zu entwickeln. Nordhoff war besessen davon, immer mehr Käfer zu bauen, die Mentalität der Käufer interessierte ihn ebenso wenig wie die Weiterentwicklung von fachlicher Kompetenz. Seit den sechziger Jahren versuchte VW es immer wieder vergeblich, den internationalen Erfolg des Käfers mit einem anderen Modell zu wiederholen.

Selbst der Golf, der in Europa das meistverkaufte Auto wurde, konnte an die früheren Erfolge nicht anknüpfen. Was die Zukunft von Volkswagen mehr als alles andere gefährdete, war die Tatsache, daß es immer noch ein ›Ein-Auto-Unternehmen‹ und trotz Hahns internationaler Investitionen ein sehr deutscher Konzern war.

Viel zu lange hatte sich Hahn geweigert, die Probleme zu Hause ernstzunehmen. Die Umwälzungen in Osteuropa boten ihm neue Möglichkeiten, nun mit den zu hohen Kosten fertig zu werden und mehr Autos zu verkaufen. Der Aufsichtsrat folgte Hahns Plan nur zu gern und rühmte sogar sein strategisches Konzept. Als ihm der Aufsichtsrat noch das Angebot machte, seinen Vertrag bis 1993 zu verlängern, fühlte sich Hahn in seiner Arbeit bestätigt. Das beschauliche Leben eines Ruheständlers konnte noch warten: »Wenn man seine Aufgabe von ganzem Herzen liebt, gibt man sie nicht so leicht auf«, sagte er nachdenklich, als er an jenem Abend in Prag, während der Skoda-Verhandlungen, die frohe Kunde der Vertragsverlängerung erhalten hatte. »Es ist doch etwas sehr Schönes, wenn man gebraucht wird.«

Damals konnte er nicht ahnen, daß ausgerechnet Ferdinand Piëch, den er einst wie einen Zögling gefördert hatte, bereits gegen ihn intrigierte.

Anfang 1992 wurden der Presse detaillierte Berichte über die Schwierigkeiten bei Volkswagen zugespielt. Die Gewinne vor Steuern sackten immer weiter ab, von drei Milliarden DM im Jahr 1989 und 2,4 Milliarden im Jahr 1990 auf nur 1,785 Milliarden im Jahr 1991. Die stärksten Verluste fuhren die Marken von VW ein, Audi dagegen erschien sehr viel profitabler. Allerdings verschwieg der Bericht einige wesentliche Tatsachen. Audi hatte die Verluste aus dem Nordamerikageschäft nicht selbst zu tragen, sondern konnte sie Volkswagen aufbürden. Außerdem erwähnte der Bericht nicht, daß Audi 1991 über 200 Millionen DM aus den Reserven flüssig gemacht hatte, um die Gewinnbilanz aufzubessern. Dennoch galt Audi, das unabhängig von seiner Muttergesellschaft operierte, als der finanzielle Star im VW-Imperium, und es war Piëch, der dies durch Kostensenkungen und die Entwicklung attraktiver Autos erreicht hatte.

Gerüchten zufolge lagen die undichten Stellen, durch die die kritischen Zahlen von Volkswagen an die Presse durchgesickert waren, bei Piëch und Audi. Jedenfalls begann nun eine Woge von Kritik über Hahn hereinzubrechen. Der Journalist Günther Ogger schrieb sarkastisch: »Im zehnten Jahr seiner Tätigkeit am Steuer des Volkswagenkonzerns brachte der ehemalige Käferverkäufer das Wunder zustande, im größten Autoboom aller Zeiten 770 Millionen DM Verluste zu machen.«

Die düsteren Berichte schreckten die Aufsichtsratsmitglieder auf. Zum ersten Mal kamen so ernsthafte Sorgen um den finanziellen Zustand des Unternehmens auf, daß sie Hahn aufforderten, vorzeitig abzutreten. In vieler Hinsicht ähnelte das unsanfte Erwachen des VW-Aufsichtsrats dem des GM-Board. Wie die Direktoren von GM hatten auch die VW-Aufseher ihrem Vorstandsvorsitzenden freie Hand gelassen. Die möglichen Folgen seiner Aktivitäten hatten sie ignoriert. Zweifel an seiner Unternehmenspolitik und den von ihm gesetzten Prioritäten gab es auch nicht. Sie waren Hahns Programm gefolgt, solange ihre jeweilige Klientel in den Gewerkschaften wie im Land Niedersachsen zufrieden war. Hahn hatte auch stets für gute Nachrichten gesorgt: hohe Verkaufszahlen, große Marktanteile in Europa, wachsendes Prestige als internationaler Konzern. Die Aufsichtsräte gingen davon aus, daß sich diese Rekorde in riesigen Gewinnen niederschlagen würden – und sie wiegten sich in angenehmen Träumen.

Als sich die Gerüchte um Hahns Ausscheiden verdichteten, setzte unter den führenden Managern ein wildes Rennen um die Nachfolge ein. Es mangelte nicht an Kandidaten. Einer von ihnen war Martin Posth, der das Shanghai-Geschäft von VW aufgebaut und gemanagt hatte und später nach seiner Rückkehr aus China zum Personalchef aufgestiegen war. Er hatte sich dadurch einen gewissen Ruf verschafft, daß er das Kostenproblem unverblümt beim Namen nannte und beharrlich mahnte, Wege zur Produktivitätssteigerung zu suchen, aber gleichzeitig teure Tarifvereinbarungen abgeschlossen hatte.

Andere Kandidaten waren Dieter Ullsperger, Chef der Finanzabteilung, und Eberhard Koerber, der frühere Verkaufschef von BMW. Es wurde sogar kolportiert, daß Lou Hughes, der hochgeachtete Chef von Opel, von Hahn selbst und anderen Mitgliedern des Vorstands ersucht worden sei, den Posten zu übernehmen. Als weiterer ernstzunehmender Bewerber galt der Franzose Daniel Goeudevert.

Goeudevert, früheres Vorstandsmitglied bei Ford-Germany und Chef der Volkswagen Autoabteilung, hatte versucht, sich selbst als idealen Nachfolger Hahns in Szene zu setzen. Er empfahl sich als moderner Konzernchef für die neunziger Jahre und pflegte dieses Image mit zuweilen unkonventionellen Reden, in denen er besonderes Gewicht auf die in Deutschlands Öffentlichkeit mittlerweile stark beachtete Umweltproblematik legte.

Aber an der Spitze der Kandidatenliste stand Ferdinand Piëch, den man allgemein als Drahtzieher hinter den schlechten Gerüchten um Hahn vermutete. Piëchs großes Plus waren seine vorzüglichen Managementleistungen bei Audi. Als er 1988 Audi übernahm, galt das Unternehmen unter den großen Herstellern von Luxusautos als Stiefkind. Nun stritt es in Deutschland mit BMW um die Vormachtstellung in der gehobenen Preisklasse. Außerdem verfügte Piëch über einige sehr einflußreiche Beziehungen. Sein auf 5 Milliarden D-Mark geschätztes Privatvermögen machte ihn in jedem Fall zum reichsten Mann in der Autoindustrie. Auch stand er in engem Kontakt zu Roland Berger, dem Begründer der gleichnamigen Unternehmensberatungsfirma und einem der einflußreichsten Consultants in Deutschland.

Berger setzte sich bei einigen Mitgliedern des Aufsichtsrates für Piëch ein. Er rühmte ihn als nüchternen, finanzpolitisch verantwortungsbewußten Unternehmenschef. Seine Leistungen bei Audi seien Beweis genug dafür, was er für den ganzen Konzern leisten könnte. Berger argumentierte so überzeugend, daß der Aufsichtsrat schließlich der Ernennung von Piëch zustimmte.

Im April legte der Aufsichtsrat Hahn den Rücktritt nahe und ernannte Piëch mit Wirksamkeit vom Januar 1993 zum Vorstandsvorsitzenden. Als Zeichen seiner Bereitschaft, nunmehr hart durchzugreifen, kündigte der Aufsichtsrat an, daß bis 1996 12.500 der 130.000 Mitarbeiter von VW entweder entlassen oder in den vorzeitigen Ruhestand versetzt würden.

Obwohl ihm manche Leute charakterliche Schwächen unterstellten, schien Piëch der richtige Mann für den Posten zu sein. Die Konzernzentrale von VW konnte das ›Mikromanagement‹, das Piëchs Stärke war, zweifellos gut gebrauchen. Außerdem hatte er als einziger der Kandidaten schon außerordentliche Leistungen auf diesem Gebiet vorzuweisen. Bevor Volkswagen seine Hoffnungen auf einen breiten Ausbau seines internationalen Geschäftes setzen konnte, mußte es zunächst die kritischen Produktionsprobleme zu Hause angehen. Es galt als ziemlich sicher, daß Piëch seine Arbeit direkt auf die Zustände in Wolfsburg konzentrieren würde und nicht vor harten Entscheidungen, beispielsweise der Schließung von Werken oder einem schärferen Umgang mit den Zulieferern, zurückschrecken würde. Anders als Hahn, der die viel zu teuren deutschen Zulieferer niemals unter Preisdruck setzte, geschweige denn damit gedroht hatte, zur Konkurrenz zu gehen, verstand es Piëch meisterhaft, ihnen die Daumenschrauben anzulegen. Oft führte er die Verhandlungen selbst. Im Gegensatz zu Hahn forderte Piëch die Teileindustrie wirklich heraus.

Unter den Finanzexperten herrschte Zufriedenheit über die Wahl. Carl Ludvigsen von Ludvigsens Associates in London meinte: »Sie haben genau den Mann in den Posten gewählt, der sich nicht vor den Entscheidungen drücken wird, die VW so dringend braucht.« Stephen Reitman spielte in seinem Kommentar auf Piëchs bekannte Reizbarkeit an: »Es ist nicht die Zeit für Popularitätswettbewerbe. Er wird den Stall ausmisten.«

Piëch ist in fast jeder Hinsicht aus einem anderen Holz geschnitzt als Hahn. Hahn war glatt wie Seide, ein perfekter Charmeur, der es genoß, im Rampenlicht zu stehen. Piëch dagegen, mit seinem lichten Haar, den hängenden Schultern und der hageren Figur, wirkt bei öffentlichen Auftritten immer steif und unsicher. Er redet eher langsam (sein Englisch ist gebrochen) und blickt dabei unbeholfen zu Boden. Man schätzte ihn als einen fähigen Ingenieur, viele fragten sich aber, wie er als leitender Manager bestehen würde.

Die Urteile früherer Kollegen fielen teilweise ziemlich harsch aus. Einer sagte bitter: »Piëch ist ein Meister der Intrigen. Er geht über die Leichen derjenigen, die er auf seinem Weg nach oben niedergemacht hat.« Ein anderer äußerte: »Tugenden wie Fairneß, Menschlichkeit und Toleranz kennt er nicht.«

Insider von Audi erinnerten sich noch daran, wie brutal Piëch Fritz Indra, den Leiter der Motorproduktion, und Jürgen Stockmayr, den Leiter der Entwicklungsabteilung, gefeuert hatte. Stockmayr hatte brillante Arbeit geleistet und in nur zwei Jahren eine neue Sechs-Zylinder-Maschine für den neuen Audi 100 konstruiert. Kurz darauf wurde er jedoch gezwungen, das Unternehmen zu verlassen. Viele glaubten damals, daß Piëch Stockmayr aus Eifersucht gefeuert hatte, weil er es einfach nicht ertragen konnte, wie überschwenglich Stockmayr in den Medien gefeiert wurde.

Am stärksten betroffen von Piëchs Ernennung war sein alter Rivale Goeudevert. Goeudevert galt als ein ungewöhnlicher Automanager, denn er war Literaturwissenschaftler und ehemaliger Lehrer, aber auch ein ausgebuffter Geschäftsmann. In mancher Hinsicht gab er eine bessere Figur ab als Piëch. Blond, gutaussehend, von schlanker Gestalt und selbstsicher, bildete er schon als Typ einen starken Kontrast zu Piëch und dessen holprigem Auftreten in der Öffentlichkeit. Manche Kritiker behaupteten aber auch, Goeudevert besitze mehr Stil als Substanz. Nun sollte er Piëchs Stellvertreter werden, und dies ließ sich gleichermaßen als gute und als schlechte Nachricht auffassen. Gut war, daß Goeudevert das rüde Benehmen Piëchs vielleicht etwas abfedern würde. Schlecht war, daß die beiden Männer noch nie miteinander zurechtgekommen waren.

Goeudevert hatte nie ein Blatt vor den Mund genommen, geschweige denn ein Geheimnis aus seinen Ansichten über Piëch gemacht: Einmal hatte er dessen Einstellung zu Autos öffentlich als »Fossil aus einer vergangenen Ära der Automobilgeschichte« bezeichnet. Bei anderer Gelegenheit kommentierte er Piëchs Führungsstil mit den Worten: »Das Problem ist nicht, ihm etwas zu sagen. Das Problem ist, daß er nicht zuhört.«

Was Piëch betraf, so stellte er seine zukünftige Beziehung zu Goeudevert schnell klar und ließ jedermann wissen, daß er der Chef war. »Ich erwarte von einem Verkäufer nicht so viel Ehrlichkeit wie von einem Ingenieur«, sagte er anmaßend. »Ich mag aber keine Leute, die versuchen, eine Großmutter als junges Mädchen zu verkaufen.«

Nicht nur Goeudevert fragte sich, wie Piëchs Regiment aussehen würde. Kaum stand die Ernennung fest, erschütterten heftige politische Intrigen das Unternehmen, weil viele Manager um Piëchs Gunst buhlten. So mancher von ihnen wußte aber auch, daß seine Tage gezählt waren.

Piëch begann erst einmal damit, seinen persönlichen Stil aufzupolieren. Angeblich besprach er sich häufig hinter verschlossenen Türen mit dem Public Relations Direktor Lutz Schilling, der mit ihm die freie Rede trainierte und versuchte, dem in der Öffentlichkeit steif und unbeholfen wirkenden Manager ein gefälligeres, seiner neuen Position angemesseneres

Auftreten zu vermitteln. Piëch ging auch daran, sein Englisch aufzupolieren und noch andere Sprachen dazuzulernen. Seine Umwandlung vom provinziell wirkenden, sturen Arbeitstier zum einnehmenden Wortführer seines Unternehmens beschäftigte gleich mehrere Mitglieder der Führungsriege. Es ging aber keinesfalls darum, aus Piëch einen zweiten Hahn, einen Star für die Weltbühne, zu machen. Seine Probleme lagen vor der Haustür.

Auch wenn Piëch ein völlig neues Image verpaßt wurde, es änderte nichts an der Krise, die sich über dem Unternehmen zusammenbraute. Wenn Volkswagen da herauskommen wollte, mußte Piëch möglichst schnell einen Weg zur Kostenreduzierung finden und dabei gleichzeitig mit den komplexen, weltumspannenden Geschäften jonglieren, die sein Vorgänger in die Wege geleitet hatte. Fast von Anfang an war für Piëch klar, daß das Topmanagement komplett neu organisiert werden mußte. Gerüchte besagten, er würde das alte Team rigoros zusammenstutzen und einen Kader von Verbündeten aus dem Audi-Stall einschleusen.

Zu jenen, deren Abgang mit Sicherheit bevorstand, gehörte Finanzchef Dieter Ullsperger. Er hätte eigentlich um die schlechte Lage wissen müssen, zeichnete aber nur rosige Bilder (ähnlich wie Bob O'Connell von GM), die sogar die lange leichtgläubigen Aufsichtsratsmitglieder stutzen ließen. Der »Gruppenplan 41«, den er im Herbst 1992 vorlegte, als bereits alle über die Probleme des Konzerns informiert waren, lieferte ein perfektes Beispiel seiner Unfähigkeit.

Dieser »Plan« sollte Hahns Schwanengesang werden, sein letzter Bericht vor dem Aufsichtsrat, bevor er abtrat. Das Papier trug zwar Hahns Unterschrift, doch Ullsperger hatte es entworfen. Er gab einen Überblick über den aktuellen Stand des Unternehmens und einen Ausblick auf die nächsten fünf Jahre. Die Zahlen von 1992 offenbarten die katastrophale Wahrheit über die Verluste bei Volkswagen. Das Unternehmen stand trotz der Tatsache, daß es mehr Autos als je zuvor verkaufte, mit einer Milliarde D-Mark in den roten Zahlen. Was aber die Mitglieder des Aufsichtsrates regelrecht schockierte, waren die in dem Plan unglaublich optimistisch gezeichneten Zukunftsaussichten. Direkt neben den trostlosen Zahlen von 1992 fanden sich Voraussagen für den Zeitraum von 1993 bis 1997, denen zufolge Volkswagen ein phänomenales finanzielles Comeback bevorstünde. Alle bisherigen Verkaufsrekorde sollten gebrochen werden, und man wollte eine Milliarde D-Mark Gewinn erzielen. Nichts in den Ausführungen verriet, wie dies zu erreichen war. Der Plan war nur eine weitere Schönfärberei, die mit der Realität nichts zu tun hatte.

Der Bericht wurde vom Aufsichtsrat scharf kritisiert und raubte Hahn die Chance, erhobenen Hauptes und in Ehren abzutreten. Er war wohl auch verbittert darüber, daß all seine großen Leistungen vergessen waren. Aber mit der in Deutschland aufziehenden Rezession verdüsterte sich die Stimmung immer mehr, und die schwindelerregenden Verluste verlangten nun nach einem knallharten Arbeiter und weniger nach einem weltmännisch auftretenden Manager. Vielleicht sinnierte er darüber nach, ob Piëch wirklich eine glücklichere Hand mit den Problemen des Konzerns haben würde als er selbst.

Zweifellos konnte Piëch mehr Unterstützung für seine Veränderungspläne erwarten. Das Ausmaß der Katastrophe war so groß, daß ihn die Öffentlichkeit mit einer Aufmerksamkeit bedachte, wie sie Hahn niemals zuteil geworden war. Aus der tiefsten Krise heraus lassen sich immer leichter Lösungen für Probleme finden. Piëch sorgte dafür, daß jedermann wußte, welchen Scherbenhaufen er erbte. Er wollte nicht verantwortlich gemacht werden.

Als sich das Jahr 1992 dem Ende zuneigte, saß Hahn noch auf dem Sessel des Vorstandsvorsitzenden und hoffte auf ein Wunder, das seine Reputation retten und ihn rehabilitieren würde. Er war immer Optimist gewesen, aber dieses Mal schien seine Hoffnung vergebens. In weniger als zehn Monaten hatte man ihn vom Helden zum Bösewicht demontiert.

Piëch saß in den Startlöchern und wetzte die Messer. Jenen, die ihn fragten, was nun kommen würde, erwiderte er gern: »Scharfschützen müssen auf dem Schlachtfeld in die vorderste Frontlinie vorrücken.«

Wem gehört das Jahrhundert?

Der Erfolg ist genauso gefährlich wie das Scheitern.
– *Tao*

Das Automobil hat Detroit geschaffen, und das Automobil hat Detroit zerstört.

Einst pulsierte die Stadt von der Lebenskraft der wachsenden Autoindustrie. Ganze Völkerscharen strömten herbei, um in diesem Industriezweig zu arbeiten. Es kamen Weiße und Schwarze, Immigranten und Arbeitsuchende aus den armen Gegenden der Appalachen. Sie alle waren auf der Suche nach einem besseren Leben, und sie verwirklichten ihren Traum.

Rund um die Autofabriken erblühte ein reges Wirtschaftsleben. General Motors ließ 1920 im Herzen der Stadt den Boden aufreißen und errichtete ein riesiges Gebäude – ein Symbol für all das, was die Erfindung des Autos bedeutet. In vielen kommenden Jahrzehnten sollten sich die Verheißungen erfüllen.

Es ist traurige Ironie, daß gerade das Auto, das Detroit zu einer blühenden Metropole machte, am Ende das Mittel zum Entrinnen aus ihr wurde; nämlich für jene, die dem Chaos der Stadt entkommen wollten und in die friedlichen Vororte im Norden mit den hügeligen Wäldern und den ruhigen Wohnvierteln übersiedelten. Geschäfte zogen nach, und Highways wurden gebaut, schließlich Industriegebiete und Bürokomplexe und endlich riesige Einkaufszentren zur Versorgung der rapide sich vergrößernden Bevölkerung in den Vororten. Wer sich ein Auto leisten konnte, nutzte es, um der Stadt zu entfliehen. Wer aber in Detroit blieb, hatte entweder kein Geld für ein Auto oder für den zum Auto passenden Lebensstil.

Im Jahr 1992 gab Chrysler die Verlegung seines Hauptsitzes in das neue Milliarden-Dollar teure Technology Center in Auburn Hills, einem weitab gelegenen Vorort Detroits, bekannt. Die Bürogebäude und technischen Einrichtungen in Highland Park, einer inzwischen schon verfallenen und verlassenen Gegend, wo früher mehrere Elitefirmen zu Hause waren, wurden geräumt.

Fords Montagewerk an der Woodward Avenue ist längst verlassen, weil das Unternehmen alle Betriebe in der Gegend von Dearborn, 16 Kilometer westlich von Detroit, konzentriert hat. Das leere Gebäude ist zwar noch ein weithin sichtbares Wahrzeichen, aus der Nähe betrachtet ist es aber nur eine Ruine. Der Wind fegt durch die zerbrochenen Fensterscheiben, und die Eingänge sind mit Holzbrettern vernagelt, damit sich keine Penner und Obdachlosen einnisten.

Die Hauptverwaltung von General Motors wirkt immer noch wie der Mittelpunkt eines kleinen gepflegten Eilandes. Aber nur zwei bis drei Straßenblöcke weiter beginnt der städtische Verfall – trotz der vielen Bemühungen des Unternehmens, das umliegende Viertel zu neuem Leben zu erwecken. Obwohl das GM-Gebäude lange Zeit die Kraft der Autoindustrie symbolisierte, umstreicht es zunehmend der Hauch von Vergänglichkeit. Jack Smith verlegte den größten Teil der Belegschaft nach Warren, 16 Kilometer nördlich von Detroit, um die Geschäftsverwaltung zu dezentralisieren und auf einzelne Bereiche zu verteilen. Mittlerweile stehen ganze Abteilungen in den riesigen Etagen leer. Der Auszug der Autoindustrie aus ihrem urbanen Zentrum und der von ihr hinterlassene Trümmerhaufen in Detroit verraten viel über Aufstieg und Fall des amerikanischen Jahrhunderts.

Das ganze Jahrhundert hindurch war die Autoproduktion der wichtigste Industriezweig Amerikas. Direkt oder indirekt sicherte diese Industrie den Lebensunterhalt von Millionen von Menschen. Hinter einer Autofirma steckt viel mehr als eine Reihe von Fabriken und ein Geschäftsbüro. Es handelt sich um ein Unternehmensgefüge, in dem Tausende von Teileproduzenten und Zulieferern, Tausende von Händlern und viele andere Industriezweige, von den Spediteuren bis zu den Eisenbahnen, ihren Platz haben.

Amerikas industrielle Stärke wurde für den größten Teil unseres Jahrhunderts nicht in Frage gestellt. Wie aber konnte sie – noch dazu, als sie den Höhepunkt ihrer Macht erreicht hatte – so plötzlich so tief fallen? Unzählige Theorien beschäftigen sich mit der Frage, warum Amerika seinen Wettbewerbsvorsprung verloren hat. Und oft wird dabei die Autoindustrie als repräsentatives Beispiel für die gesamte amerikanische Industrie angeführt.

Der Niedergang kam nicht zufällig. Amerikas Industriemacht stürzte nicht durch ein plötzliches Erdbeben, sondern sie zerfiel in einem langsamen, kontinuierlich fortschreitenden Prozeß. So lehrt die Geschichte nicht ohne Ironie, daß der Mächtigste auch der Verletzlichste ist. »Macht ist gefährlich«, mahnt ein altes Sprichwort.

Die Geschichte der weltweiten Autoindustrie ist auch die Historie vom Aufstieg und Fall einzelner Männer, die in dem festen Glauben, daß im Auto die Kraft steckt, allgemeinen Wohlstand zu schaffen und die Gesellschaft zu verändern, ihr ganzes Vermögen in diesen Traum investierten. Nicht selten mußten diese Männer die bittere Erfahrung machen, daß der Erfolg mehr Gefahren in sich birgt als das Scheitern. Die Geschichte vom Aufstieg General Motors' und von der Herausforderung seiner Macht durch Toyota und Volkswagen ist ein mahnendes Beispiel für alle Unternehmen, die nach Größe streben.

New York City – August 1920

Alfred Sloan war kurz davor zu platzen, denn die Zusammenarbeit mit Billy Durant brachte nichts als Frustration. Er hatte sich in seinem Büro in der New Yorker GM-Zentrale die enthusiastischen Ausführungen seines Bosses anhören müssen, der mit neuesten, verrückten Plänen das Unternehmen retten wollte, und konnte vor Wut kaum mehr an sich halten. Für Durant spielte es anscheinend keine Rolle, daß das Land in einer Rezession steckte, daß Panikstimmung an der Börse herrschte und daß General Motors fast pleite war. Vielmehr gab er sich zuversichtlich, wirkte fast fröhlich. Ihm ging es offenbar dann gut, wenn die Zeichen auf Sturm standen, und dies war im Moment zweifellos der Fall. Er glaubte fest an das Gelingen seines Plans. Es war ganz einfach. Durant wollte den Preis der GM-Aktien dadurch stützen, daß er über seine Margenkonten weitere GM-Aktien von den Leuten kaufte, deren Firmen er durch Swap-Geschäfte erworben hatte.

Sloan konnte nicht fassen, daß sein Chef den Vorschlag ernst meinte. Es klang völlig verrückt. Später erzählte er: »Ich wußte damals sofort, daß er nicht die geringste Erfolgschance hatte. Ebensogut hätte er versuchen können, an den Niagara-Fällen oben das Wasser mit seinem Hut aufzustauen.«

Der Plan paßte zu Billy Durant. Dem Gründer von General Motors bedeuteten Autos herzlich wenig, romantische Gefühle gar haben sie bei ihm nie erweckt, er liebte vielmehr den Nervenkitzel höchst riskanter Spekulationen. Durant hatte GM Anfang des Jahrhunderts gegründet, als technische Wunder und Erfindungen, die die Welt verändern sollten, fast epidemisch auftraten. In dieser beispiellosen Ära ökonomischer Expansion wurden ganz normale Menschen mit Glück und Entschlossenheit zu Industriemagnaten. Das nötige Kapital stand zur Verfügung, und die Arbeitskräfte waren mobil. Der industrielle Aufstieg brachte gigantische Unternehmen hervor, die komplette Industriezweige beherrschten. An der Spitze standen Männer wie Andrew Carnegie, John D. Rockefeller und Pierre du Pont. Durant ließ sich von der Stimmung seiner Zeit mitreißen – von dem Glauben, daß alles möglich sei.

Nichts repräsentierte diese Zeit der großen Umwälzungen besser als das Auto mit seiner Verheißung von Mobilität und Freiheit. Gemeinsam mit solch legendären Gestalten wie Henry Ford und Ransom Olds setzte Billy Durant ein unerschütterliches Vertrauen in die Zukunft des Autos. Hatte es sich erst einmal als zuverlässiges Transportmittel etabliert, würden sie ganz oben auf der Erfolgswelle schwimmen. Es war der Traum eines Spekulanten: Mit der Zeit würde sich jeder Haushalt in Amerika ein eigenes Auto anschaffen. Durant glaubte, damit sein Glück zu machen. Im Gegensatz zu jenen, die tatsächlich Autos erfanden, erfand Durant das Geschäft mit dem Auto. Er erfand das Autobusiness. Seine Philosophie lautete, ›je größer, desto besser‹, doch vor ihm lag ein steiniger Weg.

Unter den Wirtschaftsbossen des frühen 20. Jahrhunderts nahm Billy Durant die Rolle des romantischen Abenteurers ein. Er war brillant, ein Genie vielleicht, allerdings nicht ohne Fehler. Allein mit Entschlußkraft und seiner starken Persönlichkeit schaffte er es, GM in den ersten 12 Jahren über Wasser zu halten. Sein drahtiger, 135 Pfund schwerer Körper war geradezu ein Energiefeld. Er konnte ununterbrochen reden und war ständig auf der Suche nach einem guten Geschäft. Seine Begeisterung für das

Autobusiness war so ansteckend, daß auch eher konservative Tycoons wie Pierre du Pont in Durants Firma investierten.

Leider interessierte sich Durant zu wenig für das alltägliche Management. Naiv glaubte er daran, daß nur genug Geld vorhanden sein müsse, um viele, viele Autos zu bauen. Und dann würden die Leute sie schon kaufen, und schon würde die Firma prosperieren.

Mit 44 Jahren war Alfred Sloan nun Durants Vice President und gewissermaßen sein Gegenpol. Hochgewachsen, immer angespannt und eher melancholisch, wurde er bald innerhalb der Firma zum strengen Statthalter der Verantwortung. Sein breiter Brooklyn-Akzent gab allem, was er sagte, einen ernsten Unterton. Von dem Tag an, als Sloan 1916 in die Firma eintrat, war er überzeugt, daß Durants Kurs in die Irre führte. Später äußerte er dazu: »Meine Meinung über Mr. Durant war gespalten. Ich bewunderte seinen Genialität, seine Vorstellungskraft, seine großzügigen menschlichen Eigenschaften und seine Integrität. Aber meiner Ansicht nach ging er als Chef des Unternehmens zu flüchtig vor, außerdem überforderte er sich selbst. Wichtige Entscheidungen mußten aufgeschoben werden, bis er Zeit hatte, und wurden dann oft impulsiv gefällt.«

Diese letztgenannte Eigenschaft trieb Sloan beinahe zum Abschied. Um 1920 war General Motors keine kleine Klitsche mehr, sondern ein Großunternehmen mit 75 Werken in 45 Städten, die alle unter der persönlichen Aufsicht von Durant standen. Und es kämpfte mit einem riesigen Schuldenberg, der aus Durants zwölfjähriger »Geldorgie« resultierte. Durant hatte die meisten innovativen Autohersteller seiner Zeit aufgekauft, dazu noch viele Teileproduzenten, die er alle unter GMs Dach vereinigte. Doch nun machte ihm die Rezession einen Strich durch die Rechnung: Die Nachfrage nach Neuwagen fiel dramatisch, und die Geldreserven des Unternehmens waren erschöpft. Sloan begriff seinen Boss nicht, der daran glaubte, ein solch riesiges Unternehmen ganz allein überwachen zu können. Ebenso unergründlich fand er Durants Logik, nach der wachsende Verschuldung zu Wohlstand führen sollte. Schon seit langer Zeit hatte er versucht, seinen Chef zu einer Umorganisation des Konzerns zu überreden, um es rationaler, lenkbarer und effizienter zu machen. Aber Durant weigerte sich zuzuhören.

Deshalb packte Sloan, als er die Details von Durants neuestem Plan erfahren hatte, die nackte Verzweiflung. Nur mit Mühe hielt er an sich. Statt auf der Stelle zu kündigen, entschloß er sich zu einem 30tägigen Urlaub, um die Lage noch einmal zu überdenken. Bei seiner Rückkehr fand er das Unternehmen in einem einzigen Aufruhr vor. Der Kurs der GM-Aktien fiel steil ab, und Durants Makler forderten ihn auf, den Einschußzahlungen nachzukommen. Natürlich fehlte ihm das Geld.

Am Ende vereinbarten Pierre du Pont und J. P. Morgan einen gemeinsamen Ballout, einen Freikauf – mit der Bedingung, daß Durant aus dem Unternehmen ausscheide. Ruhig und würdevoll fügte dieser sich in das Unvermeidliche, aber als er am Tag seines Rücktritts nach Hause kam, brach er vor seiner Familie in Tränen aus. Er war mittlerweile 60 Jahre alt und hatte sein letztes Spiel verloren.

Nur um die nervös gewordenen Geldinstitute zu beruhigen, übernahm Pierre du Pont widerstrebend das Amt des Chairman. Du Pont war fünfzig Jahre alt und kannte sich in der Autoindustrie nicht besonders gut aus. Mehr als den Fabriken gehörte seine Leidenschaft seinen Gewächshäusern in Longwood Gardens, seinem Landsitz am Brandywine River. Die Führung übernahm er nur, weil die Bankiers ihn überzeugten, daß er damit das Unternehmen retten könne. Er bat Sloan als geschäftsführender Vice President zu bleiben und leitete die Umorganisation des Unternehmens ein. Als Sloan 1923 Nachfolger du Ponts als Chairman wurde, hatten die Veränderungen bereits Früchte getragen.

Billy Durant erkannte General Motors in den nächsten Jahren kaum wieder. Der neue Schwerpunkt lag auf einer logisch arbeitenden Betriebsorganisation, diszipliniertem Umgang mit den Finanzen und auf koordinierten Produkt- und Marketingstrategien. Durant war verbittert, fühlte sich abgeschoben und mißverstanden. In einem melancholischen Brief an Sloan schrieb er: »Ich wünschte mir, Mr. Sloan, Sie hätten mich schon zu Zeiten gekannt, als wir den Grundstein legten, als wir vor allem auf Schnelligkeit und Tatkraft gesetzt haben.«

Sloan zollte Durant stets stillen Respekt und sorgte dafür, daß er bis ans Lebensende finanziell abgesichert war. Aber die Zeiten hatten sich geändert, und Sloans Aufgabe war anders.

Alfred Sloan, der ruhige, besonnene Mann aus Brooklyn, hatte General Motors zwar nicht gegründet, ist aber in gewisser Hinsicht der Vater des

Unternehmens. Er steckte mit seiner Arbeit zudem den Kurs für alle Großunternehmen Amerikas ab. Sloan erkannte GMs Dilemma: Als großes Unternehmen brauchte GM eine zentrale Leitung, aber diese durfte nicht vom praktischen Know-how der einzelnen Betriebe losgelöst arbeiten. Ebensowenig sollte die Firma den Gesetzen eines einzelnen, seinen Launen und seinem Stil unterworfen werden. Dies war für ein Unternehmen von GMs Größe und Komplexität verhängnisvoll.

Der bekannte Betriebswirtschaftler Peter Drucker hat einmal in einem Buch beschrieben, vor welch mühseliger Aufgabe Sloan stand. Durant hatte die Geschäftsführer der von ihm erworbenen Firmen in ihren Posten gelassen, weshalb GM nie zu einem geschlossenen Unternehmen zusammengewachsen war. Laut Drucker bestand GM, als Sloan es übernahm, aus einem lockeren Bündnis unabhängiger Firmenchefs. Ein paar Jahre zuvor hatte jeder von ihnen noch seine eigene Firma geleitet, doch nun waren sie alle Teil einer Unternehmung, die sich General Motors nannte. Durant hatte sich von der Hoffnung leiten lassen, daß die tatkräftigen Männer ihren Unabhängigkeitswunsch zugunsten des Strebens nach gemeinsamer Gewinnmaximierung mäßigen und damit im höheren Interesse des gesamten Unternehmens handeln würden. *Sloan erkannte jedoch,* daß es nicht zuletzt die Verweigerung dieser Männer zu kooperieren war, die das Unternehmen fast vernichtet hatte. Es handelte sich weder um ein kurz- noch langfristig zu lösendes äußeres Problem, sondern um ein grundsätzliches, das im Wesen eines Großunternehmens liegt. Ein Großunternehmen benötigt, *wie Sloan richtig sah,* eine einheitliche Führung und eine zentrale Kontrolle. Aber in gleichem Maße lebt es von der Energie, dem Enthusiasmus und der Kraft der einzelnen Betriebe. Die Betriebsmanager brauchen genügend Spielraum, um nach eigenen Vorstellungen handeln zu können. Man muß ihnen Verantwortung übertragen, aber ebenso die damit verbundene Autorität. Sie brauchen einen Rahmen, in dem sie ihre Fähigkeiten unter Beweis stellen können, und sie brauchen die Anerkennung für ihre Leistungen.

Sloans Plan sah ein Gleichgewicht zwischen zentraler Kontrolle und betrieblicher Autonomie vor. Er führte eine Art Unternehmensdemokratie ein, mit einer Zentrale, die die einzelnen Bereiche koordinierte. Praktisch waren aber diese verantwortlich für die Entwicklung, Herstellung und Vermarktung der Autos.

Es gab eine Menge Widerstand gegen Sloans Pläne, insbesondere von den Bereichsleitern, die sich gegen jegliche Kontrolle durch eine zentrale Stelle sträubten. Sloan legte einen neuen Maßstab an die Unternehmensführung – die Verantwortlichkeit für das Gesamtwohl des Unternehmens. Er erreichte dies zum Teil mit der Einführung eines Prämiensystems, das den Beschäftigten aller Ebenen ein stolzes Zugehörigkeitsgefühl zur gemeinsamen Firma vermitteln sollte.

Als die neue Organisation Form annahm, richtete Sloan seine Aufmerksamkeit auf die Autos selbst. Was erwarten die Käufer? Wie konnte GM sie als treue Kunden gewinnen? Zu jener Zeit war GMs Modellpalette ein wildes Durcheinander mit so vielen Dopplungen und so willkürlicher Preispolitik, daß die Bereiche eher miteinander als mit anderen Unternehmen, wie Ford, konkurrierten. Sloan nahm sich die Leiter der Bereiche vor und ermahnte sie, daß es keinen Sinn mache, Autos um ihrer selbst willen zu produzieren. Die Automodelle mußten sich voneinander unterscheiden, sie mußten auf die Bedürfnisse bestimmter Käufergruppen zugeschnitten sein. Sein Ziel war es, sowohl den Verkauf auszuweiten als auch markentreue Kunden zu gewinnen. Auch wenn ihr altes Auto noch zuverlässig fuhr, sollten sie dennoch ermuntert werden, sich ein neues Modell zu kaufen. Sloan teilte die Entwicklung der Autoindustrie in drei Phasen: In der ersten Phase, der frühen Ära des Autos bis 1908, gab es den »Luxusmarkt«, denn die neue Erfindung war wegen ihrer hohen Preise nur für wenige Privilegierte erschwinglich. Dann folgte die Phase des »Massenmarktes«, den Ford mit seinen billigen Autos und seinem Konzept des soliden Transportmittels für alle dominierte. Nun hatte sich nach Sloans Ansicht ein Massenmarkt für alle Klassen herausgebildet, mit immer besseren Autos und einer wachsenden Modellvielfalt. Diese Phase sei die Ära von General Motors – getreu dem Motto: »Ein Auto für jeden Zweck und jeden Geldbeutel.«

Jedes Auto von GM bekam einen bestimmten Platz in der Preispyramide und wurde speziellen Käufergruppen innerhalb der Bevölkerung zugeordnet. Ganz oben stand der Cadillac, dicht gefolgt vom Buick. Zu den Autos der mittleren Preisklasse zählten Oldsmobile und Pontiac, während Chevrolet mit seinen billigen Massenmodellen den Fuß der Pyramide bildete. »In jenen Zeiten konnte man alles über die Anwohner eines

Viertels erfahren, wenn man auf die in den Straßen geparkten Autos achtete«, formulierte einmal ein GM-Manager. »Sloan war der erste, der den Automarkt definierte und die Autoproduktion dahin ausrichtete, jede einzelnen Nische zu füllen.«

Aber auch mit Sloans Umstrukturierung und der neuen Modellstrategie wäre der Erfolg für GM ausgeblieben, hätte er es nicht ebensogut verstanden, finanzielle Disziplin zu üben, indem er Richtlinien für Investitionen festlegte. So vermied er übermäßige Ausgaben und behielt die Kosten unter Kontrolle. Donaldson Browne, Sloans »Finanzgenie«, erarbeitete das sogenannte ›Standard Volume Accounting‹-System. Es sah jährliche Kontrollen zur Sicherung der Rentabilität bei 80prozentiger Kapazitätsauslastung vor. Sämtliche Kosten wurden auf Einsparungsmöglichkeiten hin geprüft. Diese disziplinierte Kostenrechnung trug dazu bei, daß General Motors sogar die große Depression ohne vernichtende Verluste überstand.

Anfang der 30er Jahre beherrschten die Amerikaner unangefochten den Automarkt, im eigenen Land ebenso wie im Ausland. GM und Ford hatten bereits enormen Besitz in Übersee erworben. In der ganzen Welt wurden Autos gebaut und ausländische Firmen übernommen. GM kaufte beispielsweise den deutschen Autohersteller Opel. Europäische Konkurrenz gab es kaum. Obwohl Deutschland über eine Autoindustrie verfügte und die Deutschen für ihre ausgezeichnete Technik bekannt waren, hatte es bisher noch kein deutsches Unternehmen geschafft, Autos in großen Serien zu produzieren und dabei Gewinn zu machen. Aber selbst wenn das gelungen wäre, der niedrige Lebensstandard in Deutschland hätte den Autoabsatz stark gebremst. Japan lag noch Jahrzehnte entfernt von der Produktion eines marktfähigen Automobils. Die einzigen Autos auf japanischen Straßen waren Importe von GM oder Ford. Amerikanische Pläne, in Japan Montagewerke zu errichten, wurden durch ein Gesetz, das Ausländern die Autoproduktion fast untersagte, zunichte gemacht.

Die Welt des Autos gehörte Amerika – und der Großvater des Automobils war General Motors.

Berlin – Mai 1933

Ferdinand Porsche, ein junger Ingenieur und Konstrukteur aus Österreich, wartete aufgeregt auf sein Wiedersehen mit Adolf Hitler. Neun Jahre zuvor war Porsche Hitler bei einem Autorennen in einer Rennbox kurz vorgestellt worden. Jetzt glaubte Porsche nicht, daß »der Führer« sich an ihn erinnern würde.

Hitlers Vorliebe für Autorennen war schon Legende. An diesem Tag war Porsche eingeladen worden, um Automanager Klaus von Oertzen und den berühmten Rennfahrer Hans Stuck zu einem geselligen Abend beim Führer zu begleiten. Hitler begrüßte Stuck überschwenglich. Porsche blieb im Hintergrund und wartete darauf, vorgestellt zu werden. Doch plötzlich fiel Hitlers Blick auf den jungen Mann, und er erinnerte sich feixend an die erste Begegnung. »Ah, Herr Porsche«, sagte er, »wir haben uns doch schon einmal gesehen.« Dieser staunte, wie genau Hitler noch jede kleine Einzelheit ihres kurzen Zusammentreffens in der Rennbox vor Augen hatte. Erst recht verwundert war er, als Hitler ihn beiseite zog und um ein privates Gespräch bat.

Die beiden Männer kümmerten sich nicht weiter um die anderen Gäste und redeten lange miteinander. Porsche, der schon seit Jahren an verschiedenen Entwürfen für ein billig zu produzierendes Auto gearbeitet hatte, erklärte Hitler, daß Massenmotorisierung auch in Deutschland machbar sei. Schließlich, so sagte er, sei man in den Vereinigten Staaten schon längst so weit. Dort besaß jeder fünfte ein eigenes Auto, in Deutschland nur jeder fünfzigste.

Als Hitler immer neugieriger wurde, erklärte ihm Porsche sein jüngstes Projekt. Er versicherte Hitler, daß es möglich sei, ein Auto profitabel zu produzieren, das 100 km pro Stunde erreiche, auf 14 Kilometer einen Liter Benzin verbrauche, für vier Personen Platz böte und etwa 1000 Reichsmark kosten würde (umgerechnet etwa 142 Dollar; das billigste amerikanische Auto lag bei rund 425 Dollar). Hitler zeigte sich beeindruckt. Als die beiden Männer auseinandergingen, hoffte Porsche, daß Hitler ihn zur Realisierung seines Projekts auffordern würde. Jeder Deutsche sollte sozusagen ein Recht auf einen solchen Wagen haben.

Doch bald nach dem Treffen richtete sich Hitler in einer öffentlichen

Erklärung an die deutschen Autohersteller: Höchste Priorität sollte der Bau eines billigen »Volksautos« für die breite Bevölkerung genießen.

Die deutschen Autounternehmen reagierten halbherzig. An dem Konzept der Massenproduktion von Autos hatten sich zuvor schon Firmen wie BMW, Adler und Auto-Union versucht, aber sie waren alle zu dem Schluß gekommen, daß es ein unprofitables Geschäft sei. Zu jener Zeit ließ sich die deutsche Autoindustrie nicht gern auf Experimente ein; ihr war das Geld ausgegangen, die große Depression hatte sie knapp überlebt. Vor diesem Hintergrund wirkte Hitlers Vision wie ein reines Luftschloß.

Nur Opel machte eine Ausnahme. Das Unternehmen brachte gerade den P4 auf den Markt, ein kleines, sparsames Auto, das nur 1450 Reichsmark kostete. Opel war jedoch ein spezieller Fall. Seit 1929 eine Tochtergesellschaft von GM, hatte die Firma Zugriff auf alle Mittel der amerikanischen Muttergesellschaft. Sowohl in der Technologie wie in der Produktentwicklung stand Opel ganz vorne. Der P4 konnte mit relativ geringem Kostenaufwand produziert werden, weil er auf bewährtem GM-Know-how aufbaute.

Der Reichsverband der Automobilindustrie (RDA), die Vereinigung der deutschen Autohersteller, prüfte die Lage. Es war nicht zu erwarten, daß es irgendeine deutsche Autofirma mit dem Niedrigpreis des P4 werde aufnehmen können. Selbst wenn die Möglichkeit bestanden hätte, so wäre es angesichts des hohen Benzinpreises und des niedrigen Durchschnittseinkommens der Deutschen einfach lächerlich gewesen, ein Auto für die Massen zu bauen. Wer hätte es sich leisten können, sein Traumauto zu fahren? Stillschweigend ließ der RDA die Idee auf sich beruhen und hoffte, daß der Führer mit der Zeit seine Aufmerksamkeit anderen Dingen zuwenden werde.

Zu den stärksten Gegnern von Hitlers Plan zählten Carl Hahn, der Direktor der Auto-Union, und Heinrich Nordhoff, ein junger Ingenieur und Vertreter des RDA bei Opel. Kühn und unverblümt widersprach Nordhoff Hitler zu einer Zeit, als dies allmählich gefährlich wurde. Er verweigerte die Mitarbeit an Hitlers Programm und erklärte stolz: »In naher Zukunft wird Opel selbst ein Volksauto auf den Markt bringen.« Hahn, der Vater des späteren Vorstandsvorsitzenden von Volkswagen, schlug sich auf Nordhoffs Seite und warnte vor dem törichten Glauben, daß eine Firma mit einem »einzigen Einheitsmodell«, gleichgültig wie sehr es seiner Zeit voraus sei, Erfolg haben und Gewinn machen könnte.

Im Mai 1934, ein ganzes Jahr nach dem letzten Treffen, zitierte Hitler Porsche aus dessen Büro in Stuttgart zu sich, um Pläne für den Bau eines Volksautos zu besprechen. Er war es überdrüssig geworden, auf die Mitarbeit der Industrie zu warten.

Urplötzlich stieg Porsche zu Hitlers liebstem Ratgeber in Sachen Auto auf. Unter all den Neinsagern vertrat er hartnäckig die Auffassung, daß eine Massenmotorisierung möglich sei. Bei der Automobilausstellung 1934 in Berlin war Porsche in aller Mund. Die Manager des RDA standen mißmutig abseits und versuchten, Porsches neuen Einfluß herunterzuspielen.

1936 konnten die ersten Prototypen des Volksautos auf Probefahrten geschickt werden. Jedes der drei unterschiedlichen Modelle mußte unter der Aufsicht des RDA und der Technischen Universitäten von Stuttgart und Berlin fünfzigtausend Kilometer zurücklegen. Nach Abschluß der Testreihe wurde Hitler auf seinem Sommersitz am Obersalzberg eines der Autos vorgeführt. Verzückt begutachtete er das Auto und bedachte die Ingenieure mit überschwenglichem Lob. Der RDA spendete nur widerwillig Beifall: »Die Konstruktion des Autos hat sich als tauglich erwiesen«, hieß es im Bericht. »Insgesamt erfüllten die Autos bei der Testfahrt über 50.000 km ihre Aufgabe. Die Fahrzeuge haben eine bemerkenswerte Leistung gezeigt, eine Weiterentwicklung ist empfehlenswert.«

Porsche machte weiter und testete Variationen des Prototyps, während die anderen deutschen Autofirmen die Entwicklung mit Verdruß verfolgten. Wer hätte auch erfolgreich mit diesem Fahrzeug konkurrieren können, das von der Regierung – und ausgerechnet von dieser Regierung – subventioniert wurde und von ihr in Auftrag gegeben worden war? Unter der Knappheit an Rohstoffen, an Zuliefererteilen und an Arbeitskräften litten die anderen Unternehmen, während Hitler dafür sorgte, daß Porsche alles bekam, was er brauchte. Hitler wollte eine Fabrik auf dem neuesten Stand der Technik, in der die besten Arbeiter und Ingenieure die Autos bauten. Er versprach, alle Anstrengungen mit Reichsmitteln zu unterstützen.

Als Vorbild für das neue Unternehmen sollte Ford dienen. Zwanzig Techniker wurden von Ford abgeworben, um den Fortgang des Vorhabens zu überwachen. Die meisten von ihnen waren Deutsche, die in den Vereinigten Staaten gearbeitet hatten. Bei einigen anderen handelte es sich um amerikanische Bürger deutscher Abstammung, die später – bei Kriegsbeginn im Jahr 1939 – wieder nach Amerika zurückkehrten. Doch fürs erste verfügte Porsche über amerikanisches Know-how, und er konnte beginnen, den gemeinsam mit Hitler geträumten Traum vom größten Autounternehmen der Welt in die Tat umzusetzen.

Niedersachsen – Mai 1938

Porsche und seine Mitarbeiter besichtigten eine Reihe von Standorten für das Super-Werk, in dem das neue Auto gebaut werden sollte. Hitler wünschte den Bau einer Stadt um den Fabrikstandort herum, um die Tausenden von Arbeitern, die für das Projekt benötigt wurden, gleich vor Ort anzusiedeln. Nirgends sonst auf der Welt sollte jemand so viele Autos an einem Ort produzieren. Porsche entschied sich für ein Gebiet in Niedersachsen, das für dieses Projekt ideal zu sein schien. Zehntausend Morgen fruchtbares Ackerland boten genügend Platz für den gigantischen Fabrikkomplex und die Industriestadt. Das Land gehörte Werner von der Schulenberg, dessen Schloß Wolfsburg am Rande des Besitzes lag. Der Graf wurde informiert, daß die Naziregierung sein Land für eigene Zwecke übernehmen werde. Er versuchte dagegen anzugehen, aber zu dieser Zeit war Hitlers Wille bereits Gesetz. So wurde also auf dem Privatbesitz des Grafen eine Stadt gegründet. Am 26. Mai 1938 fand vor 70.000 Menschen eine grandios inszenierte Gründungszeremonie statt. Hitler persönlich legte den Grundstein mit den Worten: »Ich vollziehe die Grundsteinlegung im Namen des deutschen Volkes. Diese Fabrik wird aus der Kraft des ganzen deutschen Volkes erstehen, und sie wird dem Glück des deutschen Volkes dienen.« So wurde der schwülstige Name des neuen Fahrzeugs erfunden: *Der Kraft-durch-Freude-Wagen*. Erklärtes Ziel war eine jährliche Produktion von 1,5 Millionen Autos.

Der *Hannoversche Anzeiger*, eine der wichtigsten Tageszeitungen der Region, beschrieb die Gründungsfeier mit glühenden Worten:

Die Faust des Zyklopen

Eine kleine Welt wird erschaffen. Die friedliche Landschaft in Niedersachsen geriet in die Faust eines Zyklopen. Aber er ist ein moderner Zyklop, der um die Schönheit der Arbeit weiß. Vom Hauptplatz aus, wo die Feier stattfindet, sieht man den Kanal und die sanften Hügel und Wälder. Dies wird die Heimat der modernsten und schönsten Arbeiterstadt des Deutschen Reiches werden. Glückliche Menschen, die hier bald ihre Heimat finden!

Es war ein grandioser Anfang, aber fast im nächsten Augenblick änderte sich alles. Mit der Kriegserklärung wurde die Massenproduktion des Hitlerschen Volksautos abrupt eingestellt. Die Anlagen, die man für den Autobau angeschafft hatte, wurden eingemottet. Der Wechsel von der Autoproduktion zur Herstellung von Kriegsgerät ging blitzschnell vonstatten, was einige Beobachter zu zynischen Spekulationen veranlaßte. Nach ihrer Auffassung hatte Hitler überhaupt keine Autos bauen wollen, sondern das Werk von Anfang an für die militärische Aufrüstung nutzen wollen. Wahrscheinlicher ist, daß Hitler das Auto zwar wirklich haben wollte, aber erst nach dem Krieg, wenn die Nazis ganz Europa beherrschten.

Mit dem Wechsel zur Produktion von Kriegsgütern wurde auch der Plan zur Ausbildung einer Arbeiterelite auf Eis gelegt. Nun galt das Hauptinteresse der Beschaffung von Arbeitermassen, die in den Fabriken Sklavenarbeit leisten mußten. Dazu bediente man sich konsequent und skrupellos der Kriegsgefangenen und Häftlinge der Konzentrationslager. Zu Tausenden wurden sie in die Fabriken verschleppt, wo sie unter den unerträglichsten Bedingungen lebten. Sie wurden gezwungen, unter gnadenlos brutalen Arbeitsbedingungen alles aus sich herauszuholen. Sie arbeiteten in stickig heißen Werken, bis sie buchstäblich tot umfielen und ihre Leichname weggeschleift wurden.

Volkswagen gebührte der zweifelhafte Ruf, eines der ersten Unternehmen im Nazideutschland gewesen zu sein, das Gefangene aus Konzentrationslagern im Werk einsetzte. Porsche, tief getroffen von der Wendung, die seine Vision genommen hatte, nutzte seinen ganzen Einfluß, um den Arbeitern mehr Lebensmittel und eine bessere allgemeine Versorgung zukommen zu lassen. Und er bekam die Häftlinge aus den Lagern, die noch kräftig und gesund waren.

Der Krieg forderte in der hart um ihr Überleben kämpfenden Fabrikstadt seine Opfer. Das Werksgelände, das auf dem offenen Land ein leichtes Ziel bot, wurde von den Bomben der Alliierten verwüstet. Zwei Drittel der Gebäude wurden bei Luftangriffen zerstört, und zahllose Menschen fanden den Tod. Dennoch produzierten die Fabrikbänder ohne Unterbrechung Kriegsgerät für Hitlers Feldzüge.

Im Mai 1945 fanden die Alliierten beim Einmarsch in den Ort alles andere als eine »Stadt der Freude« vor. 17.000 Menschen versuchten unter primitivsten Bedingungen inmitten der Trümmer zu überleben. Die große, glänzende Stadt war niemals Wirklichkeit geworden. Es gab keine gepflasterten Straßen und keine Häuser, sondern nur häßliche, zerfallene Baracken und Tausende halb verhungerter, vom Krieg gebrochene Menschen.

Nagoya, Japan – Mai 1936

Als Kiichiro Toyoda von dem in Deutschland entwickelten, wundersamen Volkswagen erfuhr, erkannte er darin seinen eigenen Traum wieder. Er besaß allerdings kaum detaillierte Kenntnisse über Hitlers Regime und wußte nicht, daß das ›Reichsauto‹ zu dem Zeitpunkt mehr Wunschdenken als Realität war. Er dachte nur daran, daß er, seit er erwachsen war, vom Bau eines Autos für das Volk geträumt hatte.

Japans Industrie steckte, verglichen mit den großen Wirtschaftsnationen des Westens wie Deutschland oder den Vereinigten Staaten, noch in den Kinderschuhen. In den zwanziger Jahren, als die großen drei Autounternehmen Amerikas bereits das Weltgeschäft dominierten, gab es in Japan keine bedeutende Industrie außer der Textilherstellung. Kiichiros Vater Sakichi erfand einen automatischen Webstuhl, der die Textilindustrie in Asien revolutionierte. Sein Unternehmen, die Toyoda Automatic Loom Works, erzielte internationale Erfolge, und Sakichi galt in Nagoya und dessen provinzieller Umgebung als ein Mann, der seiner Zeit voraus war. Er schickte seinen Sohn auf die kaiserliche Universität von Tokio, wo er Maschinenbau studierte. Die ganze Zeit über ging Kiichiro davon aus, daß er eines Tages das Unternehmen von seinem Vater übernehmen und sein Leben mit der Produktion von Textilmaschinen verbringen würde. Aber Sakichi hatte eine Maxime: »Eine Generation – ein Unternehmen!« So sagte er zu seinem Sohn: »Ich habe den Webstuhl gebaut, du mußt etwas anderes bauen.«

Kiichiro entschied sich für das Auto, eine ungewöhnliche Entscheidung angesichts der Tatsache, daß Japan in den zwanziger Jahren noch ein industriell unterentwickeltes Land war. Kraftfahrzeuge fanden nur in geringem Umfang Verwendung, denn es fehlte die Infrastruktur, um selbst einfache Teile für Maschinen, Getriebe und andere Komponenten zu produzieren. Aber Sakichi machte seinem Sohn Mut und schickte ihn in die Vereinigten Staaten, wo er sich Kenntnisse über den Autobau aneignen sollte. Als Kiichiro nach Nagoya zurückgekehrt war und damit begann, seine Pläne in die Tat umzusetzen, mußte er eine lange Phase aus Versuchen, Irrtümern und Frustrationen durchstehen, ehe sich erste Erfolge einstellten. Er begann an einer Versuchsmaschine herumzubasteln, die auf einem Entwurf von Chevrolet basierte, und setzte dabei Arbeiter aus der Webstuhlfabrik als Hilfskräfte ein. Erst später baute er offiziell eine Autosparte auf.

Sakichis sehnlichster Wunsch auf dem Sterbebett war es, daß sein Sohn mit der Produktion von Autos Erfolg haben würde. Doch übertrug er die Verantwortung für seine Firma auf den Schwiegersohn Risaburo (den er adoptiert hatte). Als realistischer Geschäftsmann war er von dem Vorhaben wenig begeistert. Ihm war klar, wie risikoreich das Autoprojekt sein würde, besonders nachdem selbst große *Zaibatsu*-Unternehmen wie Mitsubishi es nicht geschafft hatten, eine lebensfähige Autoindustrie zu entwickeln. Risaburo fühlte sich für Sakichis Besitz verantwortlich und wollte das Familienvermögen nur ungern in ein riskantes Unternehmen stecken. Hätte Sakichi nicht ausdrücklich gewünscht, daß die Pläne seines Sohnes zu unterstützen seien, wäre das Projekt wahrscheinlich mit ihm gestorben. Fast die gesamte Familie und die meisten Führungskräfte der Webstuhlfirma lehnten das Vorhaben ab, nur seinen jungen, cleveren Cousin Eiji konnte Kiichiro zum Mitmachen bewegen. Zusammen arbeiteten sie an der Entstehung eines eigenen Unternehmens, dem sie den Namen Toyota Motor Company gaben.

Es wurde zuweilen darüber gerätselt, warum man die Firma ›Toyota‹

und nicht ›Toyoda‹ nannte. Einer Theorie zufolge sollte damit eine Verwechslung des neuen Unternehmens mit den Webstuhlwerken ausgeschlossen werden. Eine zweite (weniger wahrscheinliche) Theorie geht von einem Schreibfehler bei der Gewerbeanmeldung aus. Überzeugender klingt der Verweis auf den japanischen Aberglauben. Für das Wort *Toyota* benötigt die japanische Schrift zehn Striche, für das Wort *Toyoda* acht. In Japan gilt die Zehn im Vergleich zur Acht als glücksbringend. Tatsächlich werden viele Waren in Fünfergruppen gekauft, und es wird als unheilvoll betrachtet, etwas in Viererpackungen zu verkaufen. Das Wort für die Vier, *shi*, bedeutet auch ›Tod‹. So war Toyota glückverheißender als Toyoda.

Koromo, Japan – November 1938

An einem kühlen Morgen Anfang November stand Kiichiro in Fabrikuniform mit seinem Schwager Risaburo, seinem Cousin Eiji und wenigen anderen zusammen und weihte die kleine Fabrik ein, die er in Koromo, 56 Kilometer entfernt von Nagoya, gebaut hatte. (Der Ort sollte später in Toyota City umbenannt werden.) Mit leiser Stimme sprach er: »Mein Vater wünschte sich auf dem Sterbebett, daß Toyoda Automobile bauen möge. Wir haben diesen Wunsch Wirklichkeit werden lassen. Wir haben uns hier versammelt, um die Geburt einer eigenen japanischen Autoindustrie zu bezeugen.«

Kiichiro wirkte sehr erregt, als er den Traum seines Vaters, der das Unternehmen zu diesen ersten Anfängen geführt hatte, beschwor. Insgeheim aber fühlte er eine gewisse Melancholie, weil er erkannte, daß der Traum vielleicht noch länger ein Traum bleiben würde. Die Kräfte, die Japan in einen Krieg mit den Vereinigten Staaten trieben, schienen unaufhaltsam.

Kiichiro war ein Gegner des Krieges, nicht als Pazifist, sondern als Realist. Offen vertrat er die Ansicht, daß die industrielle Macht Amerikas (die er aus eigener Erfahrung kannte) niemals von einem Land besiegt werden könne, dessen Industrie größtenteils erst auf dem Reißbrett existiere.

Zu dieser Zeit produzierte Japans unterentwickelte Kraftfahrzeugindustrie gerade einmal ein paar tausend Lastwagen, hauptsächlich für den Einsatz im militärischen Bereich. Im Gegensatz dazu stellte Amerika jährlich über 3,5 Millionen Autos her. »Die ganze Wahrheit über unsere Siegeschancen ist, daß wir um den Faktor 1000 zurückliegen.«

Wie Kiichiro es vorhergesagt hatte, bedeutete der Krieg einen schweren Rückschlag für Toyota und die ganze japanische Wirtschaft. Die Rohstoffe waren knapp, die Produktionsleistung schwand dahin, weil alle gesunden und tauglichen Männer einberufen wurden. Sämtliche Pläne für ein Personenauto wurden auf Eis gelegt, während man hastig behelfsmäßige, kaum einsatzbereite Lastwagen für das Militär baute.

Während des Krieges gingen viele japanische Unternehmen pleite. Nur ein glücklicher Zufall sorgte dafür, daß Toyota überlebte und nicht völlig zerstört wurde. Die »Toyota Motor Factory« war zwar auf den Luftkarten der US-Streitkräfte markiert, wurde aber nicht angegriffen, weil sie nicht auf der Liste der bedeutenden Fabriken stand. So war die langsam fortschreitende Entwicklung der Firma, der ewige Frust Kiichiros, am Ende ein Segen.

Niemand fühlte sich jedoch am Ende des Krieges besonders glücklich. Die ganze Nation befand sich in einem chaotischen Zustand, die Niederlage hatte zu einer schweren Depression geführt. Es mangelte an den einfachsten Existenzgrundlagen, an Essen, Trinken und einem Dach über dem Kopf. Die Unternehmen standen auf wackligen Füßen, die Arbeitsplätze waren unsicher. Kiichiro versprach seinen Arbeitern einen sicheren Arbeitsplatz, doch es stand nicht gut um die Autoindustrie. Weder die Regierung noch die Banken sahen ihren Aufbau als vorrangig an. Man zog es vor, in Industriezweige zu investieren, die im Wettbewerb mit dem Westen Vorteile versprachen. Die Autoindustrie, die nicht einmal einen Personenwagen in der Produktion hatte, gehörte sicherlich nicht dazu. Als Kiichiro 1950 beschämt aus dem Unternehmen, das er geschaffen hatte, ausschied, drohten all die harte Arbeit und all die Träume von dem großen Autounternehmen umsonst gewesen zu sein.

Die drei großen Gründer von General Motors, Volkswagen und Toyota – Billy Durant, Ferdinand Porsche und Kiichiro Toyoda – ähnelten sich in vieler Hinsicht. Jeder von ihnen begann mit dem Traum, durch Massenmotorisierung Wohlstand und Nationalstolz schaffen zu können. Keiner von ihnen schaffte es, seinen Traum ganz verwirklicht zu sehen. Durant wurde zum Ausscheiden gezwungen, Porsche nach dem Krieg inhaftiert (sein Gönner Hitler beging Selbstmord), und Kiichiro trat voller Scham über seine gebrochenen Versprechen zurück. Alle diese Männer wurden von Technokraten ersetzt, die in das Auto selbst nicht sonderlich verliebt waren, aber dafür das Geschäft mit dem Auto fest im Griff hatten. Alfred Sloan, Taizo Ishida und Heinrich Nordhoff gelang es, ihre Unternehmen zu voller Blüte zu bringen. Im Prinzip hätten diese Männer am Ruder jedweder Firma stehen können, denn es war nicht die Liebe zum Auto, die sie trieb. Ihre Stärke war die souveräne Beherrschung der wirtschaftlichen Grundprinzipien eines Großunternehmens.

Sloan hatte es heraus, wie man die Arbeiter richtig motivierte. Darauf basierte seine Strategie. Dabei ließ er aber niemals außer acht, daß ein Unternehmen, das im Geschäft bleiben will, genug Geld verdienen muß, um sich selbst zu erhalten. So führte er finanzielle Anreize für die Arbeiter ein und gleichzeitig ein System wirksamer Kostenkontrollen. Außerdem sorgte er dafür, daß sich das Auto vom reinen Transportmittel zum begehrten Luxusgut wandelte, zum Symbol von Status und persönlichem Image.

Ishida schuf die strengen Kostenkontrollen, die zum Fundament von Toyotas Geschäftspolitik wurden. Toyota erstarkte dank Ishidas System. Er hielt die Fixkosten niedrig (in erster Linie dank eines effizienten Produktionssystems, zu dem auch das Just-in-Time-Prinzip der Lieferung gehörte), so daß das Unternehmen ständig hohe Gewinne erwirtschaftete.

Nordhoff war weniger Finanzgenie als ein erfolgreicher Ingenieur. Er hatte keinen übermäßigen Ehrgeiz, Volkswagen an dauerhafte finanzielle Ordnung zu gewöhnen. Kurzfristig aber gelang es ihm, ein vom Krieg zerstörtes Unternehmen wieder zum Laufen zu bringen.

Die Vereinigten Staaten gingen als unangefochtene Sieger aus dem Zweifrontenkrieg gegen Deutschland und Japan hervor. General Motors hatte durch den Krieg nur an Stärke gewonnen, während die Anfänger Volkswagen und Toyota noch um das bloße Überleben kämpften. Es war eine bittere Ironie für den amerikanischen Riesen, daß sich die Situation in den nächsten vierzig Jahren komplett umkehrte.

Der Niedergang von General Motors läßt sich mit dem allmählichen Zerfall einer Ehe vergleichen. Er kommt nicht über Nacht, sondern schreitet langsam, fast unmerklich fort. Aus kleinen Rissen bilden sich Gräben. Kleine Gesten der Aufmerksamkeit werden mehr und mehr vernachlässigt. Niemand hört mehr dem anderen zu, man stumpft ab. Vielleicht lassen sich die Probleme eine Zeitlang oder sogar über Jahre hinweg kaschieren. Man schlägt sich mit aufgesetzter Heiterkeit und oberflächlichen Arrangements durch. Eintönigkeit und Gewohnheit gaukeln eine falsche Sicherheit vor, obwohl jeder weiß, daß starres Festhalten am einmal eingeschlagenen Kurs keine Stabilität garantiert.

Der Selbstbetrug solch blinder Erwartungen ist offenkundig, aber nichtsdestotrotz behielt General Motors seinen Kurs in den Jahrzehnten nach dem Zweiten Weltkrieg unverändert bei. Das Unternehmen sah selbstzufrieden auf seine Geschichte, seine Größe und seine Macht. Das Wort von GM-Präsident Charles Wilson aus dem Jahr 1952 – »Was für unser Land gut ist, ist gut für General Motors, und was für General Motors gut ist, ist gut für unser Land« – wurde als eine unangefochtene Wahrheit hingenommen. GM stellte eine große, unerschütterliche Macht in der Industrie ebenso wie in der Gesellschaft dar. Es war die Nummer eins unter den Autoherstellern und durfte sich einer für andere Unternehmen vorbildlichen Organisation rühmen.

In gewisser Hinsicht hat der Erfolg das Unternehmen verdorben, aber es kamen auch viele andere Faktoren hinzu. Die Gründe für den Niedergang von General Motors sind komplex. Es wäre zu einfach, wenngleich naheliegend, einen oder ein Dutzend gescheiterter Topmanager anzuklagen. Auch wenn die Führungskräfte, die auf Alfred Sloan folgten, tatsächlich scheiterten, liegen die eigentlichen Ursachen eher in der Unternehmenskultur, die diese Männer hervorgebracht hat.

Jedes Unternehmen besitzt eine eigene Kultur, die sich von derjenigen der übrigen Geschäftswelt oder der Gesellschaft unterscheidet. Diese Kultur ist teilweise ein Produkt der Umwelt und wird von Traditionen genährt. Im Selbstverständnis einer Firma spiegelt sich gewöhnlich auch ihre Herkunft wider. Jemand beschrieb einmal General Motors sarkastisch als »Autofirma des Mittleren Westens«, eine Charakterisierung, die übertreibend, aber nicht ohne Hintersinn auf die versteckte Provinzialität des Unternehmens anspielt. Auch wenn GM zweifelsohne ein globaler Konzern ist, werden viele Entscheidungen von weltabgewandter Detroit-Mentalität bestimmt – vom unerschütterlichen Glauben an ein eher unbezwingbares Amerika, das sich selbst zum Maß aller Dinge nimmt und wirklich globales Denken verhindert. Diese Provinzialität wurde Generationen von Menschen des Mittleren Westens in die Wiege gelegt. Sie schlug sich in der Unternehmensethik nieder, die Verantwortlichen richteten den Blick immer eher nach innen auf die eigene Welt als nach außen.

Alfred Sloan galt als Organisationsguru GMs und der amerikanischen Industrie überhaupt. Unter seiner Führung wuchs und gedieh GM in den fünfziger Jahren zu einem riesigen, profitträchtigen Konzern, dessen Erfolg sich Jahr für Jahr dank der großen Inland-Nachfrage erneuerte. Sein Anteil am Binnenmarkt lag konstant im Bereich von 50 %.

Mit der Zeit, besonders nachdem Sloan sich aus dem Alltagsgeschäft zurückgezogen hatte, machte sich jedoch eine neue Mentalität breit. Ein Entwicklungsprozeß innerhalb eines Unternehmens ist an sich nichts Schlechtes, denn Veränderungen gehören zum Wachstum. In den fünfziger Jahren hatten neue sozioökonomische Bedingungen GM die Gelegenheit zu Selbsterneuerung und Umorientierung geboten. Doch anstatt sich auszudehnen und zu wachsen, zog sich das Unternehmen in sich selbst zurück und ruhte sich auf alten Lorbeeren aus. Die in den fünfziger Jahren und später bei General Motors aufgekommene Unternehmenskultur verstand unter Veränderung Nabelschau und nicht Aufbruch. Das Unternehmen wurde zunehmend konservativ und risikofeindlich.

Menschen zeigen im allgemeinen einen Widerwillen gegen Veränderungen – eine Absurdität, wenn man bedenkt, daß die Veränderung seit jeher eines der beständigsten Merkmale des Lebens ist. Auch GM entwickelte ein fein abgestimmtes Abwehrsystem. Obwohl alle Erfahrung dagegen spricht, wurde an der Überzeugung festgehalten, daß die Autos, die das Unternehmen groß gemacht hatten, auch künftig den Erfolg garantieren würden. Seit den fünfziger Jahren weigerte sich GM fast schon pathologisch, die eklatanten Veränderungen im amerikanischen Leben und den Wertewandel zur Kenntnis zu nehmen. Niemand dachte darüber nach, wie sich diese Veränderungen bei den Autokäufern auswirken könnten. Ernsthafte Marktanalysen und langfristige Planungen gab es praktisch nicht, obwohl es nicht an Ausschüssen mangelte. Ein GM-Manager bemerkte einmal bitter dazu: »Die schlimmste Neuigkeit war immer, wenn man eine Sonderkommission mit der Analyse eines Problems betraut hatte. Sonderkommissionen waren GMs schwarze Löcher.«

Obwohl General Motors ein Weltunternehmen war, kam es seiner Führung niemals in den Sinn, daß auch die Konkurrenz aus Europa oder Japan zu gleicher Größe heranwachsen könnte. Es heißt, daß das Auge nicht sehen kann, was der Verstand nicht begreift. In der 14. Etage ihres Bürogebäudes saßen die Manager von GM geschützt vor den Einflüssen der Außenwelt und waren blind gegenüber dem Wandel, der sich in der Gesellschaft draußen vollzog. Was die ausländische Konkurrenz tat, wurde als aufmüpfiges Muskelzucken und nicht als gefährliche Attacke gewertet. In diesem Glauben bestärkte man sich täglich innerhalb des Bunkers und baute weiterhin die großen, benzinsaufenden Chromschlitten.

Niemand hatte es vorausgesehen. Der Käfer von Volkswagen war ein Scherz – eine »persönliche Beleidigung«, wie ein Manager aus Detroit naserümpfend bemerkte. In einem Kommentar über den sonderbaren, buckeligen Wagen, der in Amerika landauf, landab als Neuheit auftauchte, stellte ein Journalist fest: »Während Detroit Kraft, Stil und sanftes, ruhiges Fahrverhalten verkauft, besteht der Käfer darauf, schlicht, laut, eng zu sein und von einem winzigen luft- nicht wassergekühlten Motor betrieben zu werden. Der obendrein an einer Stelle sitzt, wo sich eigentlich der Kofferraum befinden sollte.«

Der phänomenale Erfolg dieses merkwürdigen, kleinen Wagens im Land der Riesen gab den amerikanischen Automanagern Rätsel auf. Verdutzt kratzten sie sich an den Köpfen, als sie die Amerikaner in Scharen herbeiströmen sahen, um das deutsche Auto zu kaufen. Der Käfer hatte sich bei der Nachkriegsgeneration zu einem Statussymbol im umgekehrten Sinne entwickelt. Die Werbung trieb gar den Spaß auf die Spitze. Es war wohl das erste Mal, daß unverhohlene Selbsterniedrigung mit einem derartigen Erfolg zu Werbezwecken eingesetzt wurde. Typische Anzeigen zeigten das Bild eines verloren und irgendwie graumäusig wirkenden Käfer mit einfachen Slogans wie »Wahre Schönheit kommt von innen« oder »Er fährt Sie nicht ins Armenhaus«.

»Jemand hat wirklich einen gestohlen«, staunte es im Werbetext neben dem Bild eines stämmigen VW-Kleinbusses.

Die Werbung vermenschlichte den Käfer, gab ihm Gefühle und eine Persönlichkeit. Auf einer Anzeige sah man einen einsamen Käfer im Dunkel der Nacht in einer Doppelgarage stehen. Die Überschrift dazu: »Er macht all die Arbeit, doch wer fährt am Samstagabend zur Party?«

Wenn man an die Anfänge des Käfers und an Hitlers verwüstete Autofabrik am Ende des Krieges denkt, scheint es wie ein Wunder, daß es überhaupt gebaut wurde, geschweige denn, daß das Auto jemals Amerikas Küsten erreichte. Es wäre wohl auch niemals geschehen, wenn es nicht Heinrich Nordhoff gegeben hätte.

Vor dem Krieg, als Nordhoff für die GM-Tochter Opel arbeitete, galt er als einflußreicher Repräsentant der deutschen Autoindustrie. Während des Krieges wurde Opel von Hitler beschlagnahmt und mußte Lastwagen für die Wehrmacht produzieren. Nordhoff machte seine Sache so gut, daß er von den Nazis ausgezeichnet wurde. Auch wenn er nicht mit ihnen sympathisierte, stellte er doch sein Können in ihre Dienste. Als GM nach dem Krieg Opel zurückerhielt, feuerte man Nordhoff wegen seiner Kollaboration mit Hitlers Regime. Schwer gebeutelt von den Ereignissen und verzweifelt auf der Suche nach einem Job, nahm Nordhoff eher widerstrebend das Angebot der britischen Militärregierung an, das Werk in der Fabrikstadt Volkswagen, die nun in Wolfsburg umbenannt wurde, zu übernehmen.

Nordhoff war von dem, was ihn dort erwartete, schockiert. So erinnerte er sich später: »Ich fand trostlose Ruinen vor, ein Häuflein verzweifelter Menschen und die Überreste einer Stadt, die niemals fertiggebaut worden war, eine amorphe Masse ohne Organisationsprinzip, Struktur oder Programm. Es fehlte jede Möglichkeit, systematisch und rational zu arbeiten. Ich mußte etwas Neues schaffen. Etwas, das es bisher nicht gegeben hatte.« Er riß sich zusammen und versuchte, eine mitreißende Rede vor der kleinen Schar ausgemergelter Arbeiter zu halten.

»Es liegt an uns«, sagte er, »die größte deutsche Automobilfabrik zum einflußreichsten Mitstreiter der deutschen Friedenswirtschaft umzubauen.

Es wird an uns liegen, ob Volkswagens zukünftiger Weg zum Erfolg oder in den Niedergang führt.«

Nordhoffs größte Sorge galt der technischen Leistung bzw. den technischen Mängeln der neuen Autos. Einige Experten, unter ihnen auch Nordhoff selbst, hatten den Käfer schon als veraltet kritisiert, bevor die ersten Prototypen überhaupt getestet worden waren. Nach dem Krieg wuchs die Kritik, und manche Zeitgenossen forderten gar: »Sie müssen das Auto verändern. Es erinnert zu sehr an das Dritte Reich.« Aber es fehlte einfach das Geld, um ein neues Modell zu entwickeln. Durch diesen Mangel an Forschung und Entwicklung gehindert, nahm sich Nordhoff vor, 20.000 Käfer nach den Originalplänen zu bauen. Als dann im Januar 1948 der zwanzigtausendste Wagen vom Band lief, war aus Nordhoff längst ein begeisterter Anhänger des Käfer geworden.

Nordhoff war ein inspirierender und ungeheuer fleißiger Firmenchef. Er widmete dem Erfolg des Unternehmens buchstäblich sein Leben. Regelmäßig sprach er über den Betriebsrundfunk zu seinen Arbeitern, lobte ihre Anstrengungen und forderte sie zu noch größerem Engagement für die Zukunft des Unternehmens auf. Er war überzeugt, daß sich die Anstrengungen lohnen würden. Als im September 1948 der 30.000 Käfer vom Band lief, kündigte er eine 15prozentige Lohnerhöhung an und versprach: »Solange ich das Unternehmen leite, sollen die Arbeiter immer am Profit teilhaben.«

Schrittweise wurde das alte Käfermodell so lange modernisiert, bis schließlich fast alle Teile erneuert waren. Doch der Wagen war längst nicht perfekt, es gingen haufenweise Beschwerden deutscher Kunden ein. Nordhoff ignorierte sie schlicht und einfach, indem er den Problemen mit dem Käfer einen heiteren Dreh gab. Wenn Autofahrer beispielsweise darüber klagten, daß sich der Rückwärtsgang schwer einlegen lasse, antwortete er schlagfertig: »Ein Käfer fährt immer vorwärts.«

Nordhoff war intelligent und gutwillig, aber er hatte die gleiche Schwäche, die auch seine amerikanischen Managerkollegen auszeichnete: Sein Stil war autokratisch und streng, und er begriff die Komplexität des Autogeschäfts nicht. Er war in erster Linie Ingenieur – und zwar ein guter –, aber er hatte nicht das Zeug, einen Weltkonzern aufzubauen. Er duldete keinen Widerspruch, nicht einmal Vorschläge. »Ich lasse mich nicht provozieren«, sagte er oft mit drohendem Unterton. Jene, die eine Erweiterung des Unternehmens vorschlugen und daran dachten, andere Automodelle zu entwickeln, führte er in das Firmenmausoleum, in dem 36 abgelehnte Volkswagen-Testmodelle standen. Dies war für ihn der Beweis: Es gab eben nichts Besseres als den Käfer.

Es fiel schwer, dem Erfolg zu widersprechen. Bis Mitte der 50er Jahre hatte Nordhoff in dem Unternehmen Wunder bewirkt. Die Gewinne lagen hoch, das Werk war vollständig wiederaufgebaut, und es gab ein Netz von Reparaturwerkstätten und Vertragshändlern. Endlich hatten die Deutschen ihren Volkswagen, und das Wirtschaftswunder sorgte dafür, daß viele ihn sich leisten konnten. Nun war es an der Zeit, sich den amerikanischen Markt vorzunehmen.

Als Nordhoffs Team Anfang der 50er Jahre in Amerika eintraf, um dort den Käfer an den Mann zu bringen, wurde es ausgelacht. Die US-Händler zeigten kein Interesse an dem Verkauf eines so häßlichen, leistungsschwachen Autos, weil ihre Kunden nach großen, eleganten und gut ausgestatteten Modellen verlangten. Nordhoff erkannte schließlich, daß man sich Amerika auf anderem Wege nähern mußte. Er veranlaßte den Aufbau einer völlig selbständigen Organisation, der Tochtergesellschaft ›Volkswagen of America‹, die vollständig im Besitz der deutschen Mutterfirma war. VWoA errichtete ein Netz von eintausend Vertragshändlern (mit dem auffallenden blauweißen Lollipop-Zeichen). Entscheidend dabei war vermutlich, daß die Händler den Service sehr ernstnahmen. Für die Eigentümer von Renaults, Fiats oder British Roadsters in Amerika war die schlechte Versorgung mit Ersatzteilen und das lückenhafte Netz von Reparaturwerkstätten ein ständiges Ärgernis. VWoA garantierte hingegen, daß für jedes verkaufte Auto Ersatzteile auf Lager seien. Die Serviceleistungen waren durch das große Händlernetz abgesichert. Zusammen mit der in Amerika aufkommenden Lust auf Gegenkultur ging diese Strategie tatsächlich auf.

1958 wurden in den Vereinigten Staaten über 100.000 Käfer verkauft.

Carl Hahn arbeitete 1959 als aufstrebender, junger Manager in der Exportabteilung in Wolfsburg. Nordhoff engagierte ihn für das Amerikageschäft, denn Hahn besaß Energie, Stil, ein gutes Team und viele gute Ideen. Vor allem anderen jedoch hatte er Glück. Auch wenn VW das beste

Service- und Händlernetz der Welt besaß, war es letztlich doch eher die Kulturrevolution in der amerikanischen Gesellschaft, die vor allem bei jungen Leuten im Land der schnittigen, ausgeklügelten und starken Autos das starke Verlangen nach einem Auto wie dem Käfer weckte. Bis 1962 waren eine Million Käfer in Amerika verkauft, und Hahn erntete einen Großteil der Anerkennung. Aus dem fernen Deutschland meldeten sich jedoch Kritiker zu Wort und brachten ihre Meinung immer offener zum Ausdruck. Einer fragte nicht ohne Sarkasmus: »Was geschieht, wenn die Amerikaner den Käfer nicht mehr lustig finden?«

Eine gute Frage. Unglücklicherweise erweckte der Erfolg des Käfers in Amerika ein trügerisches Vertrauen in ein Unternehmen, dessen Konzept und Modell aus der Vorkriegszeit stammten. Die glorreichen Tage von VWoA brachten der Firma einen Zeitgewinn, aber das war auch alles. Bei all seinen Talenten als Ingenieur begriff Nordhoff jedoch nicht, wie wichtig die Entwicklung neuer Produkte war. Er zog niemals in Betracht, daß der Käfer eines Tages veraltet sein könnte. Er blieb eisern dabei, immer mehr Käfer zu bauen, und verbreitete die Botschaft von den besonderen Qualitäten des Autos wie ein Missionar in der ganzen Welt. So konnten die wenigen und halbherzigen Versuche, neue Modelle zu kreieren, nicht gelingen. Als die Leute in den frühen siebziger Jahren den Käfer nicht mehr haben wollten, führte das beinahe zum Untergang des Unternehmens.

Unter Nordhoff machte Volkswagen so hohe Gewinne, daß niemand im Unternehmen an Kostenkontrollen dachte. Das Geld schien am Ende zu fließen. Solange die Kasse klingelte, gab es nicht einen Versuch, die Kosten zu überwachen. Man setzte schlichtweg voraus, daß mit einer permanent ansteigenden Autoproduktion auch die Produktivität steigen und die Kosten pro Stück fallen würden. Die variablen Arbeits- und Materialkosten wurden jedoch nicht überprüft.

Die Wurzeln der ernsten Probleme, mit denen der Konzern in den folgenden Jahren zu kämpfen hatte, lagen jedoch in dem Versäumnis, die Monokultur eines Ein-Produkt-Unternehmens rechtzeitig zu beenden. Nirgendwo trat dieses Problem so deutlich zutage wie in Amerika. In den siebziger Jahren waren die jungen Amerikaner weniger an Anti-Statussymbolen interessiert als an guten, soliden und erschwinglichen Autos. Volkswagen verlor seine Schlagkraft auf dem amerikanischen Markt just in dem Moment, als die Japaner bereit standen, die Amerikaner mit ihren Autos auf Dauer zu verführen.

Toyota City, Japan – August 1957

Seisi Kato empfand gleichermaßen Ehrfurcht und Demut. »Japanische Personenwagen in die ›Heimat‹ der Personenwagen exportieren, nach Amerika?« fragte er erstaunt. »Ein verrückter Traum scheint sich zu erfüllen.«

Eben darin bestand Katos Aufgabe. Seit dem Zweiten Weltkrieg hatte sich Kiichiros Unternehmen von Nagoya aus langsam, behutsam und still ausgedehnt. Immer wieder schien die Firma kurz vor dem Aus zu stehen: so etwa während der schweren Rezession im Jahre 1950, als Kiichiro gezwungen war, zurückzutreten und Ishida zum Präsidenten zu ernennen. Unter anderem führte diese Krise dazu, daß das Unternehmens in zwei unabhängige Teile aufgeteilt wurde: die Toyota Motor Company, die Autos fertigte, und die Toyota Motor Sales, die sie verkaufte. Mit der Trennung von Produktion und Vertrieb wollte man eine strengere Verkaufsdisziplin im Unternehmen durchsetzen. Sie blieb bis 1982 bestehen.

Mit Eiji an seiner Seite brachte Ishida das Unternehmen wieder in Schwung und steuerte es auf einen stetigen Wachstumskurs, der für Jahrzehnte anhielt. Trotzdem sollte es noch bis 1955 dauern, bis Toyota den ersten Pkw produzierte. Am Neujahrstag wurde der *Crown* vorgestellt. In der Fabrik fand eine Feier statt, und ein strahlender Eiji fuhr im Smoking den ersten Wagen aus der Produktionsstraße heraus.

Das Modell entwickelte sich in Japan sofort zu einem Hit – und zwar zu einem so durchschlagenden, daß Shotaro Kamiya, der Präsident von Toyota Motor Sales, Ishida und Eiji immer mehr drängte, den Wagen testweise auf dem US-Markt einzuführen. Der Erfolg des Käfer hatte Kamiya beeindruckt. »Wir müssen dort einsteigen, jetzt oder nie«, drängelte er.

So stürzte sich das Unternehmen Hals über Kopf in sein erstes Amerikageschäft. Es war kein vielversprechender Anfang. »Die Akzeptanz [des

Crown] war grauenhaft«, sagte Eiji später. »Es begann damit, daß die Leistung der Maschine nicht ausreichte, um den Wagen auf High Ways zu fahren. Rückblickend gesehen hatten wir unseren ersten Versuch tatsächlich schlecht durchdacht, aber mit unserem Timing lagen wir eindeutig richtig. Die bittere Erfahrung hat uns auch geholfen. Danach haben wir um so intensiver an der Entwicklung von Autos für den US-Markt gearbeitet.«

Seiso Kato erinnerte sich noch lebhafter an das Scheitern des Unternehmens. »Als unserer Träume wie ein Schiff mit einem riesigen Leck vor unseren Augen versanken, schrieben wir nach Tokio, daß es ratsam sei, das Handtuch zu werfen. Man wies uns jedoch an, weiterzumachen, selbst wenn dabei nur die amtliche Eintragung unserer Marke in den Vereinigten Staaten herauskommen würde. Uns ging es nur darum, den *Crown* so gut es ging weiter zu verkaufen – selbst wenn es nur 50 oder 100 Stück waren –, um einen Brückenkopf zu errichten.«

Es dauerte weitere sieben Jahre, bis Toyota seinen ersten erfolgreichen Importwagen in Amerika vorstellen konnte. Der *Corona* war mit einem Preis von 1700 Dollar das billigste Automodell auf dem Markt und wurde auf der Stelle ein Erfolg. Sein Nachfolger, der Corolla, wurde sogar noch beliebter. Unbemerkt von den überheblichen Managern, die Amerikas gigantische Autoindustrie für uneinnehmbar hielten, konnten Amerikas Autofahrer die preiswerten, solide gebauten, kleinen Autos schätzen. Die Ölkrise sorgte dafür, daß die Japaner endgültig den Durchbruch schafften.

Viele amerikanische Manager vertraten die Ansicht, daß der Anfangserfolg der Importwagen Toyotas eine direkte Folge des Ölembargos von 1973-74 war, weil damals die Nachfrage nach sparsamen Autos stark anstieg. Das mochte, oberflächlich betrachtet, anfangs sogar teilweise gestimmt haben. Aber diese Manager ignorierten eine tiefere Wahrheit. Sie konnten einfach nicht begreifen, daß die Amerikaner, einmal vor die Wahl gestellt, den kleinen, ausländischen Autos wirklich den Vorzug gaben. Sie hatten es nicht glauben wollen, als Volkswagen sich seine Schneise durch ihren Markt schlug, und nun wollten sie nicht wahrhaben, daß Toyota den Corona einem begeisterten Publikum gewissermaßen auf dem silbernen Tablett servierte. Statt jedoch auf die Wünsche ihrer Kundschaft zu hören, weigerten sie sich, die Realität zur Kenntnis zu nehmen, und suchten nach Entschuldigungen und Ausreden. Und deshalb ist das amerikanische Jahrhundert Mitte der 70er Jahre zu einem Ende gekommen. Detroits glorreiche Tage waren vorbei.

Eine 1980 vom CBS ausgestrahlte Fernsehdokumentation mit dem Titel »The Toyota Invasion« schien sich an dem starken Kontrast von Japans vitaler Kraft zur Stagnation Detroits während der schweren Rezession geradezu zu ergötzen. Der Film stellte den trostlosen, dunklen Hallen der amerikanischen Fabriken eine Art ›Autofantasialand‹ entgegen: die glänzenden Werke von Toyota City, bevölkert mit stolzen, tatkräftigen Arbeitern.

Dokumentationen wie diese und auch andere, etwa von NBC, übertrieben zwar die Unterschiede zwischen den beiden Nationen, die Botschaft aber war deutlich genug: Die Japaner mußten ernstgenommen werden. Als in jenem Sommer 250.000 Arbeitern der amerikanischen Autoindustrie die Entlassung drohte und Detroit weiterhin nur hilflose Versuche, aber keine neuen Modelle produzierte, um gegen die Importschlager anzutreten, schaltete sich die amerikanische Autogewerkschaft UAW mit einer Klage gegen die japanischen Autounternehmen ein. Die UAW warf Japan unfaire Handelspraktiken vor und sah darin die Ursache für Detroits Probleme. Die Internationale Wirtschaftskommission wurde aufgefordert, den japanischen Autounternehmen strenge Restriktionen aufzuerlegen.

Zweifellos entsprach es der Wahrheit, daß sich die Japaner mit ihren Importen große Marktanteile in den USA geradezu einverleibten. Aber über die Gründe für Detroits Niedergang ließ sich streiten. In einer formellen Erklärung an das ITC [International Transport Committee] erklärte MITI, daß »die Importwagen nicht die Schuld an der Flaute der amerikanischen Autoindustrie tragen. Vielmehr haben die amerikanischen Autohersteller zu langsam auf den abrupten Umschwung am amerikanischen Markt, nämlich die plötzliche Vorliebe für Kompaktautos, reagiert«. Dies entsprach den Tatsachen, aber die eigentlichen Ursachen für die Malaise saßen noch tiefer. Warum hatte Amerikas Autoindustrie zu langsam reagiert? Weil die Phantasie und das ganze System versagt hatten. Die Manager der Großen Drei verstanden einfach nicht, daß auch billige Autos profitabel sein konnten. Ebensowenig wurde erkannt, wo und wie die Produktionssysteme verändert werden mußten, um dieses Ziel zu erreichen.

Das ITC gab MITI recht und wies die Klage ab, aber die Diskussion war damit nicht beendet. Obwohl das MITI sogar einer dreijährigen Drosselung der japanischen Exporte in die USA zustimmte, hegten die amerikanischen Autohersteller im Grunde ihres Herzens die Überzeugung, daß Japan an allem schuld sei. General Motors stempelte Nissan zum Sündenbock für eine Vielzahl hausgemachter Probleme ab – wobei die immer schlechtere Qualität der Automodelle an erster Stelle zu nennen war.

In den 60er und 70er Jahren war GMs Dominanz auf dem Markt noch unbestritten, was zu einem falschen Sicherheitsgefühl verleitet hatte. Die GM-Manager hatten zwar versucht, die Entwicklung der Kosten zu kontrollieren, aber es war so viel leichter, Kostensteigerungen auf die Käufer abzuwälzen. Es gab kaum Bemühungen, die Kosten im Unternehmen selbst in den Griff zu bekommen.

GM begriff anscheinend nicht, daß Planung und Produktion koordiniert werden mußten, wenn eine hohe Rentabilität erreicht werden sollte. Die Konzernleitung zwang den Bereichen neue Vorgaben auf, ohne der Frage nachzugehen, wie effizientere Produktionssysteme entwickelt werden konnten. Es gab zwar kostensenkende Maßnahmen, aber sie sparten oft am falschen Ende.

In den Büros von GM hätte man aus der Mahnung eines alten japanischen Sprichworts Lehren ziehen können: »Laß die Arbeit an einem großen Hügel nicht scheitern, weil nur noch ein Korb voll Erde fehlt.« In der Regel wurde mit Pfennigen geknausert, und darüber der größere Zusammenhang übersehen. Produktionsbedingte Fahrzeugdefekte wurden beispielsweise nach dem Motto »Geschäft ist Geschäft« ignoriert. Die Werke mußten eine gewisse Anzahl von Mängeln durchgehen lassen. Ein anderer Fall, der zu Hunderten von Prozessen gegen GM führte, ist der *Chevy Vega.* Das Modell neigte dazu, sich in scharfen Kurven zu überschlagen. Die Ingenieure empfahlen den Chefs auf der 14. Etage den Einbau eines Stabilisators im Heck-Bereich des Autos. Die Erbsenzähler in der Finanzabteilung rechneten jedoch vor, daß der Einbau einer solchen Stange pro Auto fünfzehn Dollar kosten würde. Also wurde nach unten verkündet, die Kosten seien zu hoch. Erst als der Chef von Chevrolet mit Kündigung und Information der Presse drohte, gab die Unternehmensführung nach und stimmte dem Einbau zu.

Es spricht Bände, daß die Führungskräfte des Unternehmens nicht fähig waren, über den eigenen Tellerrand zu schauen. Die gesamte Strategie von GM folgte der Devise: ›Laßt uns an allen Ecken und Kanten sparen und warten, bis die Japaner nach Hause gehen. Nicht wir, die Konkurrenz ist schuld an unserem Mißerfolg. Laßt uns auf eine Wende hoffen.‹ Es war aufschlußreich und irgendwie traurig, daß Bob Stempel noch 1991, als Japan 30 Prozent Anteil am amerikanischen Automarkt hielt, vor der Presse erklärte, General Motors werde zu alter Größe zurückfinden, sobald die japanische Gefahr vorüber sei.

Krieg auf den Vorstandsetagen

Wie ungebrauchtes Eisen rostet und stehendes Wasser fault und in der Kälte gefriert, so wird der menschliche Geist ohne Übung unbeweglich.

– *Leonardo da Vinci*

Warren, Michigan – Oktober 1992

In den ersten sechs Monaten nach seiner Ernennung zum Präsidenten von GM schärfte Jack Smith seinen Mitarbeitern den Ernst und die Dringlichkeit der Lage ein und spornte sie zur Teamarbeit an. Er hatte sich außerhalb von Detroit im Technical Center von GM einquartiert und arbeitete Tag und Nacht an der Lösung von Problemen, die sich über Jahrzehnte hin aufgebaut hatten und nun das Unternehmen zu überwältigen drohten. Es stand schlimmer, als er es sich jemals vorgestellt hatte. Smith erkannte schnell, daß sich GM den Schwierigkeiten unverzüglich stellen mußte. Das Wissen um das Ausmaß der Krise durfte nicht auf die oberen Etagen beschränkt bleiben. Es mußte in jede Ebene der betrieblichen Organisation vordringen.

Warren in Michigan war ein ganz normaler Vorort wie tausend andere in Amerika. In den Seitenstraßen reihten sich bescheidene Ranchhäuser aneinander und zweigeschossige Appartementkomplexe mit Gärten; die Durchfahrtsstraßen waren von Einkaufszentren gesäumt. Alfred Sloan hatte das GM Technical Center in den 50er Jahren als Ingenieur-Zentrum errichten lassen. Als Forschungs- und Entwicklungskomplex konzipiert, bestand es aus langen, modernen Gebäuden, die um einen künstlichen See herum angeordnet waren. In den achtziger Jahren wurde es zum Sitz der BOC- und CPC-Sparten, deren Leiter Bob Stempel und Lloyd Reuss hier ihre Büros hatten. Jack Smith zog in das ehemalige BOC-Gebäude ein, das Reuss in das Hauptquartier der North American Automotive Operations (NAAO) umbenannt hatte.

Mit seinem Umzug traf Smith eine pragmatische Entscheidung, wollte aber auch ein Zeichen setzen. Eines seiner Hauptziele war der Abbau der zentralistischen GM-Bürokratie, die die Unternehmensleitung und die Manager schon seit langer Zeit vom eigentlichen Betrieb in den Bereichen isoliert hatte. Er sah keinen Nutzen in den Massen von Datenzuträgern, die mehr Verwirrung stifteten, als daß sie zur Entwicklung guter Autos beitrugen. Smith wollte näher am eigentlichen Geschehen sitzen.

Er hatte einiges vor sich. Nach einer erfolgreichen Aktienausschüttung im Mai, die über zwei Milliarden Dollar einbrachte, schien das Unternehmen seine Geldknappheit fürs erste überwunden zu haben. Dieser Mangel hatte bereits mehrere Fahrzeugprogramme fast lahmgelegt. Nun wurden auch Neuregelungen bei den Sozialleistungen in die Wege geleitet, denn die steigenden Kosten lasteten schwer auf dem Unternehmen. Angestellte sollten einen größeren Anteil der Kosten ihrer medizinischen Versorgung übernehmen.

Im August und September erlebte GM dann eine Reihe kleinerer Fabrikstreiks, die die Spannung zwischen GM und der UAW auf die Spitze trieben. Auch wenn das Unternehmen in jedem der Fälle Kompromisse mit der UAW erreichte, offenbarten die Streiks dramatisch, daß es dem Management an einem vorausschauenden, klaren Krisenkonzept fehlte. Stempel, den die Streiks offenbar völlig überrascht hatten, schien eher geneigt, den Forderungen der UAW nachzugeben.

In der Zwischenzeit hatte sich der anfängliche Schock über Jack Smiths Berufung gelegt, und tief im Innern des Unternehmens kehrte man zur alten Selbstgefälligkeit zurück. Smith hatte auch keine freie Hand, um seine Vorhaben durchzusetzen. Bei öffentlichen Auftritten mußte er sich Bob Stempel unterordnen. Stempel sprach immer noch von einem langsamen und behutsamen Vorgehen und konterkarierte damit Smiths Versuche, ein Gefühl für die Dringlichkeit der Lage zu schaffen.

Smith arbeitete fieberhaft daran, die sich auftürmenden Probleme in den Griff zu bekommen. Dabei versuchte er – so gut es ging –, Stempel zu ignorieren, der sich weiterhin in der 14. Etage der GM-Zentrale in Detroit verschanzte. Dieser Zustand machte dem Unternehmen jedoch zunehmend zu schaffen. Jetzt rächte es sich, daß das GM-Board nur halbe Arbeit geleistet und Stempel noch immer genug Macht belassen hatte, um

Unruhe zu stiften und für Irritationen zu sorgen – sowohl in praktischer Hinsicht, bei der Durchsetzung von Krisenmaßnahmen, als auch wegen der Botschaft, die der Board dadurch an die GM-Angestellten gesandt hatte. Viele Beschäftigte, die in den vorzeitigen Ruhestand geschickt oder mehr Arztkosten übernehmen sollten, ärgerte es, daß gerade die für ihr Leid und die Misere des Unternehmens verantwortlichen Manager ihre Jobs behielten. Einige Mitarbeiter beschwerten sich insgeheim und forderten mehr als die Degradierung von Stempel, Reuss und anderer – nämlich ihre Entfernung. Daß sie auf der Gehaltsliste blieben, lieferte ein gutes Beispiel für die Doppelmoral, die die amerikanische Wirtschaft zersetzte. Die Lehre schien eindeutig: Wer auf der Karriereleiter des Unternehmens hoch genug steht, behält seinen Job, ungeachtet, welchen Mist er verzapft. Dagegen verloren die Arbeiter, die einfachen Leute, zu Tausenden ihre Arbeitsplätze. Ein gerade entlassener Arbeiter machte seinem Ärger Luft: »Im wirklichen Leben werden die Leute, die eine Firma ruinieren, gefeuert. Wenigstens habe ich das immer geglaubt. Aber vielleicht ist es auch genau anders herum.«

Jedermann fand es peinlich und unangenehm, daß Stempel den Posten des Chairman behielt. Solange er weiterhin Presseerklärungen abgab und die Schuld für die Schwierigkeiten bei GM auf die Rezession schob, konnte Smith nur schwer einschneidende organisatorische Veränderungen vornehmen. Stempel bestärkte einige Leute in der Hoffnung, daß die Probleme einfacher Natur seien und sich mit der Zeit von selber lösen würden. Weil aber Smith schnell erkannte, welches Ausmaß die Liquiditätskrise und der Einbruch am Markt erreicht hatten, wußte er, daß es ohne drastische Maßnahmen keinen Ausweg gab.

Auch für Stempel war die Situation nicht einfach. Es war niemals die Absicht des Board gewesen, sich ihm gegenüber hart und unbarmherzig zu zeigen, doch führte diese Haltung im Endeffekt dazu, daß sie ihn, wie es ein Anhänger Stempels beschrieb, »zwischen zwei Stühlen sitzen ließen«. Ihm war zwar gestattet, den Titel weiterhin zu tragen, doch hatte man ihm einen Großteil seiner Machtbefugnisse entzogen. Einige Mitglieder des Board hatten im April zwar Stempels Entlassung gefordert, die meisten aber wollten behutsamer vorgehen. Zum einen gab es keinen passenden Nachfolger, zum anderen setzten sich Stempels Anhänger dafür ein, ihm die Chance zu geben, noch irgend etwas zur Rettung der Firma auf die Beine zu stellen – wenn auch unklar war, was das sein konnte. Im Grunde forderten sie ihm ein Verhalten ab, das seinem innersten Wesen widersprach.

Stempel konnte man kaum vorwerfen, daß er angesichts der unklaren und widersprüchlichen Signale, die der Board aussendete, verwirrt war. Ein Manager bemerkte: »Es scheint so, als ob der Board einen chirurgischen Eingriff vorgenommen hatte, aber den Patienten nicht wieder zunähte.«

Im Oktober kochte und brodelte es in der Gerüchteküche. Es kursierten Geschichten, daß wegen der trostlos schlechten Finanzlage des Konzerns die Konkursanmeldung in Erwägung gezogen werde. Obwohl kaum jemand diesen Berichten Glauben schenkte, verschlechterten sie das öffentliche Image des Unternehmens und sorgten dafür, daß die Betriebsmoral weiter in den Keller ging.

Wieder einmal war es an der Zeit zu handeln. Eine große Fraktion innerhalb des Board, der sich in seiner aktiven Rolle zusehends wohler fühlte, trug sich immer ernsthafter mit dem Gedanken, Stempel abzulösen. Nur sollte diesmal nicht wieder der nächste Firmeninsider aufrücken, sondern jemand aus dem eigenen Lager. Die Überlegungen sickerten zur Presse durch, und am häufigsten fiel dabei der Name John Smale, im Board einer der aktivsten Befürworter von einschneidenden Maßnahmen und Veränderungen.

Der Streß nahm Stempel allmählich mit. Die Tortur zog sich hin. Während eines Aufenthaltes in Washington D.C. am 13. Oktober erkrankte er plötzlich und wurde umgehend ins Krankenhaus eingeliefert. Die Ärzte stellten fest, daß sein Blutdruck zu hoch und sein Herz angegriffen war. Auf dem Krankenlager dachte Stempel über seine Zukunft nach. Er wußte, daß er noch Anhänger im Board hatte, und glaubte, mit Ausnahme einer Handvoll Lästerzungen auf die Unterstützung des Board zählen zu können. Deshalb rechnete er sich Chancen aus, die Situation zu überstehen. Aber die Schlinge zog sich immer enger zusammen, die Gegner schienen langsam die Oberhand zu bekommen.

Eine Woche später war Stempel wieder auf dem Posten und teilte der Presse mit, daß mit dem Konzern alles in Ordnung sei und die Generalüberholung fortschreite. Er blieb hart und verweigerte den bequemen »Rücktritt aus gesundheitlichen Gründen«. Seinen Optimismus hielt er für völlig gerechtfertigt. Unterdessen kursierten weiterhin Gerüchte, daß Stempel schon mit einem Bein draußen stünde. Der Public Relations Stab von GM drängte Smale und den Board, die Gerüchte mit einem Vertrauensstatement zum Schweigen zu bringen. Statt dessen gab Smale in der Presse bekannt, daß der Board »noch keine Schritte bezüglich irgendwelcher Änderungen im Management von GM unternommen hat«.

Es schmerzte Stempel, die Presseveröffentlichung zu lesen. Smale erklärte zwar nicht, daß Stempel gefeuert sei, aber das Statement wirkte gerade durch das, was nicht gesagt wurde, wie der Nagel zu seinem Sarg. Nun endlich war Stempel klar, daß der Board ihn zum Rücktritt auffordern würde. Einen Moment lang dachte er daran zu kämpfen, aber es war nur ein flüchtiger Gedanke. Es war aus, und er wußte es – auch wenn er sich in seinem Innersten niemals damit abfinden würde.

New York City – November 1992

Zu guter Letzt folgte Coup Teil II. Am 2. November versammelten sich die Mitglieder des GM-Board in den mit Teakholz vertäfelten Büros des New Yorker Hauptsitzes – der in seiner Wortwahl immer plastische Ross Perot hatte ihn einmal in Anlehnung an eine Sentenz Marie-Antoinettes einst als »›Let' em eat cake‹-Etage«* bezeichnet – und brachten die Arbeit, mit der sie sechs Monate zuvor begonnen hatten, endlich zu einem Ende. John Smale wurde Chairman, und Jack Smith übernahm neben dem Präsidentenamt auch den Posten des Chief Executive Officer. In den darauffolgenden Tagen weitete sich das Großreinemachen schließlich auch auf Lloyd Reuss und F. Alan Smith aus. Als sich nach einiger Zeit die Wogen glätteten, waren die meisten Mitarbeiter aus dem alten Team um Roger

* Das der französischen Königin zugeschriebene Zitat »Wenn sie [das Volk] kein Brot haben, sollen sie doch Kuchen essen« wurde zum geflügelten Wort, um ironisch auf soziale Mißstände und die Entfremdung der Herrschenden vom Volk hinzuweisen. [Anm. d. Übers.]

Smith aus der Führungsspitze verdrängt. Man munkelte, Roger Smith selber sollte zum Ausscheiden aus dem Board gezwungen werden. Er reagierte entrüstet, als er davon erfuhr, und wies das Gerücht vehement als Lüge zurück. Doch kaum jemand zweifelte daran, daß man ihn zum Rücktritt aufgefordert hatte. Seine weitere Präsenz erschien wie ein Affront gegen die neue, vom Board eingeschlagene Richtung. Alles, was beschlossen wurde, war im Grunde das Auslöschen seiner Amtszeit. Seine Proteste, daß die neuen Maßnahmen unnötig wären, gerieten mit der Zeit ebenso zu einem Ärgernis wie seine Millionen-Dollar-Pension. Es war nicht gerade leicht, ein Boardmitglied loszuwerden, zumal der Posten durch die Wahlen der Aktionärsversammlung abgesichert war. Smith blieb also und verteidigte sich unentwegt öffentlich vor jedem, der ihm zuhören wollte. Jedermann hätte eigentlich erwartet, daß ihn irgendwann die Scham überkommen würde, aber Roger Smith besaß kein Schamgefühl. Er schien noch immer nicht zu begreifen, was geschehen war. »Er macht keine Anstalten, freiwillig zu gehen, obwohl er von den meisten Versammlungen ausgeschlossen wird und die Maßnahmen des Board eine klare Ablehnung seines früheren Managements darstellen«, ließ sich aus einer dem Board nahestehenden Quelle vernehmen. »Roger Smith besitzt ein unglaublich dickes Fell. Er denkt, wenn er etwas lange genug bestreitet, werden ihm die Leute vielleicht wirklich glauben.«

Der ›Zwei-Phasen-Coup‹ war im Grunde ein schmutziges Geschäft und hinterließ tiefe Narben. In den Tagen nach Stempels Rücktritt gab es viele Leute aus dem Unternehmen und in Detroits Presse, die ihn sofort in Schutz nahmen. Es hieß, er habe unfairerweise als Sündenbock für all die Probleme der Firma herhalten müssen. Der Industrieexperte James Womack, Co-Autor der MIT-Studie *Die zweite Revolution in der Autoindustrie*, faßte die Gefühle vieler in Worte, als er über Stempel sagte: »Er ist ein sympathischer Mann, der die Prügel einsteckt, die eigentlich jemand anders hätte bekommen müssen – Roger Smith.« Andere murrten über die Ernennung von Smale zum Chairman, die in der Firmengeschichte einen Präzedenzfall darstellte. Sie lehnten den 65jährigen, ehemaligen Chairman von Procter & Gamble verärgert als »Zahnpastaverkäufer« ab. Was wußte er schon über Autos? Ihr Mann Stempel war ein echter »car guy« – der erste Ingenieur, der mehrere Jahrzehnte lang als Chairman gearbeitet hatte. Sie sahen nicht ein, warum er mehr Verantwortung für den Mangel an konkurrenzfähigen Autos, für die geringe Produktivität in den Werken und die steil ansteigenden Arbeitskosten – mittlerweile ein Hauptproblem des Konzerns – trug als Roger Smith. Dieser wurde zwar zu Recht als der größte Übeltäter angesehen, aber auch Stempel und Reuss hatten ihren Teil zu dem Desaster beigesteuert.

Smales Aufstieg zum Chairman war keinesfalls als Griff nach der Macht zu verstehen. Eigentlich riß er sich nicht um den Job. Lieber wäre er zum Angeln gefahren, als sich an GMs verkrusteter Unternehmensstruktur blutige Nasen zu holen. Seine Wahl hatte revolutionären Charakter, weil sie eine neue Richtung signalisierte, der andere Unternehmen folgten: die Ernennung eines Outsiders zum Chairman. Dies war ein Bruch mit der fast inzestuösen Beziehung zwischen den leitenden Managern und den Boardmitgliedern eines Unternehmens.. Ein Experte bemerkte treffend: »Der CEO [Chief Executive Officer] wird von nun an weniger einem Kaiser als einem Kongreßabgeordneten gleichen, der versucht, seine Wähler zu vertreten, und dessen Erfolg durch seine Wiederwahl bestätigt wird.«

Stempel konnte in der Folgezeit seines Rücktritts die Verbitterung nicht unterdrücken. »Ich glaube, daß ich in bestimmten Kreisen starken Rückhalt hatte«, sagte er, womit er andeuten wollte, daß sein Rausschmiß das Werk einiger Intriganten aus dem Board war. Auch machte er die der Presse zugespielten Informationen für seine Entlassung verantwortlich, insbesondere die Spekulationen über die anhaltende Verärgerung im Board. Doch spielten ganz andere Gründe eine Rolle. Die Mitglieder des Board bedauerten die Berichte in der Presse. Sie hatten nicht die Absicht, Stempel in Verlegenheit zu bringen, sie wollten einfach handeln. Abgesehen davon war es, wie ein Mitglied später sagte, »nicht gerade ein Geheimnis, daß wir mit Stempel unglücklich waren. Das wußte er. Wir gaben ihm im April eine Chance, aber er ließ sie verstreichen. Einige von uns hofften auf seinen freiwilligen Rücktritt.«

Vielleicht hätte sich GM in den folgenden Jahren auch ohne die drastischen Maßnahmen des Board selbst aus dem Sumpf gezogen. Aber niemand konnte die Wettbewerbsentwicklung sicher voraussagen. Wenn die Konkurrenz weiterhin an Boden gewann, dann half GM nur die äußerste

Beschleunigung der Maßnahmen zur Veränderung, wollte man nicht in den Abgrund, der sich vor Jack Smith und den neuerdings aufgeklärten Board-Mitgliedern aufgetan hatte, stürzen.

Zudem wirkten tief im Inneren des Unternehmens starke destruktive Kräfte. Gegen diese richtete sich das revolutionäre Engagement des Board. Wenn man das Unternehmen weiterhin so wirtschaften ließ wie zuvor, würde es niemals in der Lage sein, mit den Besten der Industrie gleichzuziehen. Aus einer Politik der kleinen Schritte entspringt eben keine Revolution, doch die hatte GM bitter nötig.

Es ist nicht ungewöhnlich, daß ein amerikanischer Board von externen Kräften entscheidend beeinflußt wird, allerdings braucht eine solche Entwicklung immer seine Zeit. Infolge der sozialen Kontroversen in den siebziger Jahren hielten zum erstenmal Frauen und Schwarze Einzug ins Management. Ihre Anwesenheit erschütterte das filzokratische *old-boys network*, das enge Beziehungsgeflecht, das die vornehmlich weißen Führungskräfte schon seit der College- und Universitätszeit miteinander verbindet. Was sich nun im Board von General Motors abspielte, war weit mehr als eine gründliche Überprüfung der finanziellen Situation des Konzerns. Es ging um eine Neudefinition des Managements in Amerika. Mit der Zeit hatte sich in vielen Unternehmen Klüngel und ›Inzucht‹ breitgemacht. Zwischen Insidern und Outsidern gab es keinen erkennbaren Unterschied mehr. Der wichtigste Auftrag des Board, die Vertretung der Aktionäre, ging im Verlauf dieser Entwicklung unter. Die Kontrolle der Exekutivorgane funktionierte nicht mehr. Den Interessen der Aktionäre war gedient, wenn das Unternehmen prosperierte, in seine Zukunft investierte und die Miteigentümer durch wachsende Gewinne belohnen konnte. Wenn aber der Board seiner Verantwortung gegenüber den Aktionären nur lax nachkam, blieben Probleme über Jahre hinweg unbeachtet. Das Management tat, wie ihm beliebte, ohne daß der Board Einwände gehabt hätte. Genau genommen fehlte den Boards ein moralisches Verantwortungsgefühl gegenüber den Aktionären.

Über viele Jahre hinweg hatte der GM-Board die Aktionäre im Stich gelassen. Es sorgte sich nicht gewissenhaft um das ihm anvertraute Kapital. Der Board gestattete es sogar der Unternehmensführung, Dividenden über Kredite zu finanzieren, um die Aktionäre zu beruhigen und sie im

Glauben zu lassen, daß alles gut laufe. Die Boardmitglieder hatten versäumt, das Management für seine Unfähigkeit zur Rechenschaft zu ziehen, attraktive Autos zu produzieren und die Kosten zu kontrollieren. Sie hatten Kompromisse bei der Buchführung akzeptiert, die den finanziellen Verfall verbergen sollten.

In früheren Zeiten war es einfacher gewesen, die Aktionäre zu ignorieren. Sie sahen sich selbst meistens nicht als »Eigentümer« an, weil sie ihre Aktien jederzeit frei verkaufen konnten. Aber durch das verstärkte Auftreten von Großanlegern konzentrierte sich der Aktienbesitz mit der Zeit in wenigen, großen Paketen. Für diese Großaktionäre war ein schneller Ausstieg nicht möglich. Deshalb forderten sie immer häufiger strenge Rechenschaft über die Verwendung ihres Kapitals. Die Direktoren in den Boards saßen zwischen zwei Stühlen: Das Management ernannte sie, doch verantwortlich waren sie den Aktionären gegenüber.

Damit standen auch grundsätzlichere Fragen zur Diskussion: Warum gibt es Unternehmen, aus welchem Grund entstanden sie? Für wen existieren sie, und wem gegenüber sind sie verantwortlich? In diese Art von Fragen vergrub sich Ira Millstein besonders gern. Millstein, ein stiller, brillanter Rechtsanwalt aus New York, kam 1986 mit GM in Kontakt, als der Board Ross Perots Aktienanteile für über 700 Millionen Dollar zurückgekauft hatte. Zu Recht befürchteten die Boardmitglieder, daß einige Aktionäre diesen überteuerten Kauf nur schwer schlucken würden. Millstein wurde von Roger Smiths Anwalt Elmer Johnson angeheuert, um die Mitglieder des Board vor dem zu erwartenden Zorn der wütenden Investoren zu schützen. Weder Smith noch sonst irgend jemand ahnte, daß sich Millstein zu einer einflußreichen Kraft hinter den Kulissen entwickeln und die Mitglieder des Board ermuntern würde, sich aktiver in die Unternehmensführung einzuschalten.

Millsteins Ansichten über den Board und seine Verantwortlichkeit waren nicht gerade ein Geheimnis. In den achtziger Jahren lehrte und schrieb er häufig über dieses Thema. Seine klar und scharf formulierten Gedanken forderten die Boards der amerikanischen Unternehmen zu einer ernsthaften Neubewertung ihrer eigenen Funktion und Aufgabe heraus. In einem bemerkenswerten Aufsatz führte er aus:

Einer relativ kleinen Gruppe von Männern und Frauen hat man große

Verantwortung aufgeladen. Sie sind sich mehr als jemals zuvor der Ernsthaftigkeit ihrer Verpflichtungen bewußt, insbesondere der Risiken, wenn sie nicht sorgfältig arbeiten. Sie widmen der Arbeit viel Zeit. Theoretisch scheinen sie riesige Macht und große Flexibilität zu besitzen. Sie können den Auftrag ihres Unternehmens auf vielerlei Weise mitgestalten. Dabei gibt es nur eine Voraussetzung: Sie müssen plausibel belegen können, daß sie ihrer ersten Verpflichtung den Aktionären gegenüber angemessen nachkommen...

Und dennoch läßt sie nie das Gefühl los, eine nur ausgesprochen begrenzte Rolle spielen zu können. Sie merken, daß ihnen die Zeit fehlt, um die Produkte des Unternehmens genau kennenzulernen, insbesondere um einschätzen zu können, wie konkurrenzfähig sie wirklich sind. Sie haben nicht genug Zeit, einzelne Werke zu besichtigen, mit den Betriebsmanagern zu reden und andere Standpunkte anzuhören. Obwohl sie die CEOs kritisieren dürfen, sie bestrafen und sogar entlassen können, herrscht eine große Abneigung, dies auch zu tun. Denn der CEO ist jemand, den sie selbst gewählt haben, jemand, der weit mehr Informationen zur Hand hat als sie, der sich in der Regel (so erstaunlich dies auch für viele Kritiker klingt) von früh bis spät den Geschäften der Firma widmet und jedes bißchen Unterstützung braucht, die der Board ihm geben kann.

Millstein, ehemaliger Professor in Harvard, arbeitete intensiv daran, die Rolle des Board in den amerikanischen Unternehmen neu zu bestimmen. Er sah den Wandel bei General Motors mit großer Befriedigung. Nach dem Coup im November hatte er persönlich das Gefühl, sich zurückziehen zu können. Seine Arbeit war erledigt. Nun konnten andere – die er zum Teil mit seinem Engagement angesteckt und ermutigt hatte – den Umwandlungsprozeß fortführen. »Der GM-Board hat etwas Außerordentliches zuwege gebracht«, sagte er. »Vormals war es ein Ehrenamt und eine Nebenbeschäftigung, Mitglied im Board zu sein. GMs Beispiel hat dem Mythos, der sich in den Konzernen über die Rolle der Boards gebildet hatte, ein Ende gesetzt. Es hat lange gedauert, aber GM hat damit allen anderen Industrieunternehmen ein außergewöhnliches Beispiel geliefert. Den Boards aller krisengeschüttelten Unternehmen wurde ein Weg gewiesen, wie sie aktiv werden können.« Tatsächlich wurden in den Monaten nach dem Aufstand bei GM auch IBM, Sears, Westinghouse, American Express (hier wurde Chairman James Robinson, ironischerweise ein ehemaliger Direktor von GM, gefeuert) und andere Konzerne von Rebellionen erschüttert.

Millstein stellte einige Betrachtungen an über die Veränderungen bei GM und ihre Folgen für die Beteiligten. Über GMs Boardmitglieder meinte er: »Im Verlauf der Aktion hatten sie alle Angst, aber jetzt sind sie sehr stolz auf ihre Leistung. Sie betrachten sich als Helden. Ihre Tat hat eine Revolution in der Unternehmensführung bewirkt.«

Die Frage, wie Unternehmen geführt werden müssen, gilt in der Industrie als ein Schlüsselproblem, das immer stärkere Beachtung findet. GM, Toyota und VW unterscheiden sich zwar dadurch, wie sie geführt werden, aber alle drei Konzerne brauchen eine klare, in Worten und Taten erkennbare Definition dessen, warum sie existieren und wem gegenüber sie verantwortlich sind. Identität und Verhalten eines Unternehmens sind von einem System der Verantwortlichkeit geprägt, denn Unternehmen sind Produkte finanzieller und sozialer Geflechte. In den Vereinigten Staaten sind Aktiengesellschaften ihren Eigentümern, den Aktionären, zur Rechenschaft verpflichtet. Die Investoren steuern nach Einschätzung ihres Gewinnrisikos das Geld bei, das eine Firma braucht. Das Ziel der Firma ist es, Gewinne zu machen, um so die Investoren zufriedenzustellen. Dies ist kein System, bei dem soziale Belange (wie Vollbeschäftigung) im Vordergrund stehen. Man geht davon aus, daß ein gesundes Unternehmen, das genügend Gewinn erzielt, um wachsen und in der Zukunft gedeihen zu können, automatisch zur Vollbeschäftigung beiträgt und insgesamt seinen Beitrag für die Gesellschaft leistet. In Europa und Japan herrschen andere Systeme.

Das amerikanische System der gegenseitigen Kontrolle hat nach Jahrzehnten der Klüngelei sichtbare Risse bekommen. Das japanische System läßt nur wenig Raum für offene Eingeständnisse, daß überhaupt etwas im argen liegt und angegangen werden muß. Wenn in den als Aktiengesellschaften geführten Unternehmen Japans Köpfe rollen müssen, wird das schmutzige Geschäft im Stillen erledigt. Im Board von Toyota sitzen ausschließlich Firmeninsider. Zu den Aktionären gehören einige Einzelinvestoren, hauptsächlich aber Unternehmen, die geschäftlich mit Toyota verbunden sind. Im Gegenzug besitzt Toyota auch Aktienanteile an diesen Firmen. Weil nur ein kleiner Teil der Aktien öffentlich angeboten wird, ist es unmöglich, Toyota aufzukaufen – das gleiche gilt für jedes andere japanische Unternehmen. Ein Unternehmen, das als Aktionär auftritt, mißt seinen »Ertrag« normalerweise nicht an den Dividenden, sondern an den Geschäftsbeziehungen zwischen beiden Firmen. Tatsächlich gilt es fast als eine Grundvoraussetzung für jedes Geschäft, daß die Beteiligten sich gegenseitig Aktien abkaufen. Der Großteil der Investitionen wird aber nicht in der Hoffnung auf Kapitalgewinne oder Dividenden getätigt. Der Aktienbesitz symbolisiert gute Beziehungen, und der »Gewinn« liegt in der gegenseitigen Verbundenheit und der Zusammenarbeit.

Besonders bei Toyota mangelt es an der nötigen Einbeziehung der Aktionäre, wenn es um die Kontrolle der Verantwortlichen geht. Der Reichtum des Unternehmens ist so riesig, daß es manchmal *Toyota Bank* genannt wird. Die Aktionäre denken nicht im Traum daran, die Firmenpolitik Toyotas in Frage zu stellen, warum sollten sie auch? Selbst die Banken sind in den Bann des mächtigen Konzerns gezogen. Ein Insider beschrieb dies so: »Die Banken verbeugen sich tief und danken Toyota, daß es ihre Darlehen annimmt.« Während die meisten japanischen Firmen langanhaltende Beziehungen zu jeweils einer Bank pflegten, blieb Toyota unabhängig und konnte sich stets die Bank mit dem günstigsten Zinssatz aussuchen. So berichtete ein japanischer Bankier: »Wenn Toyota einen Überschuß an Liquidität hat, ruft der Finanzstab jeden Morgen alle Banken an, um diejenige mit dem höchsten Zinssatz festzustellen.« Aus diesem Grund prägte die japanische Geschäftswelt den Begriff »Toyota-Rate« für den höchsten Zinssatz.

Toyotas inoffizieller *zaibatsu* – die Gruppe der Unternehmen, die zu seiner Geschäftsfamilie gehören – stärkt seine Macht zusätzlich. Nach dem Zweiten Weltkrieg versuchten die Besatzungsmächte, die *zaibatsus* aufzulösen und ihre Führer zu entmachten. So erging es beispielsweise Nissan, das in der Folgezeit schwer darunter litt. Toyota hingegen versuchte, die Auflösung seines *zaibatsus* dadurch zu verhindern, daß es seine Existenz durch Umbenennung der Firmen verschleierte. Aus Toyota Steel Works wurde beispielsweise Aichi Steel Works, aus Toyoda Machine Tools wurde Kariya Machine Tools. Auf diese Weise gelang es dem Konzern, seinen *zaibatsu* nach eigenen Vorstellungen »aufzulösen« – nur dem Namen nach, aber nicht von der Sache her. Nach Shoichiro Toyodas Ansicht bescherte diese Manipulation dem Unternehmen einen deutlichen Vorsprung gegenüber Firmen wie Nissan.

Toyotas Aktionäre bringen dem Management einen enormen Respekt entgegen und sind viel zu ängstlich, um sich zu beschweren. Die monatlichen Versammlungen des Board finden lediglich pro forma statt. Alle Entscheidungen werden vorher gefällt. Dieser Vorgang wird *nemawashi* genannt, ›die Konsensbildung vor den Fakten‹. Weil die Mitglieder des Board wie in allen japanischen Unternehmen Insider sind (meistens von Eiji, Shoichiro und einigen anderen handverlesen), können Entscheidungen immer präzise gelenkt werden. Ein »Coup«, wie ihn der GM-Board landete, könnte hier niemals passieren.

Toyota reagiert vielleicht empfindlicher als andere Unternehmen auf die Gefahr eines möglichen Eingreifens der Aktionäre. Historisch geht diese Haltung noch auf Kiichiros Vater Sakichi zurück, der Outsider grundsätzlich verachtete. Er konzentrierte die Anteile der Firma auf die Angehörigen seines inneren Kreises. Auch nachdem Toyota schließlich doch an die Börse gegangen war, bewahrte Kiichiro dem Unternehmen zunächst eine gewisse Unabhängigkeit. 1950 befand er sich jedoch in der schmerzlichen Lage, von einer Bank abzuhängen, die der Firma aus der Klemme helfen mußte. Ohne die Bank of Japan hätte das Unternehmen Bankrott gemacht. Allerdings verlangte die Bank einen hohen Preis. Sie wollte bei der Unternehmensführung mitreden und stellte harte Bedingungen für ihre Hilfe – Entlassungen von Mitarbeitern eingeschlossen. Diese Bedingungen hatten zu Kiichiros Rücktritt und zur Aufteilung der Firma in zwei einzelne Unternehmen geführt. Diese bittere Erfahrung brannte sich in das Bewußtsein der nachfolgenden Chefs von Toyota ein. Sie schworen, nie wieder in die Abhängigkeit einer Bank zu geraten. Als Ishida Kiichiro ablöste, gelobte er, ein schuldenfreies Unternehmen zu schaffen: »Toyota wird eines Tages sogar überleben können, wenn wir 365 Tage lang picknicken gehen«, anders ausgedrückt, wenn die gesamte Firma ein Jahr Ferien macht. Eiji versprach, daß in absehbarer Zeit kein Outsider mehr im Board von Toyota sitzen würde, was in den siebziger Jahren Wirklichkeit wurde.

Toyotas jährliche Aktionärsversammlungen werden sorgfältig vorbereitet und geprobt, um jeder auch nur geringsten Möglichkeit eines Protests vorzubeugen. Sie finden im September statt, anders als bei fast allen anderen japanischen Unternehmen (Isuzu ausgenommen), die ihre Versammlungen an ein und demselben Tag im Juni abhalten. Durch diese Überschneidung werden Aktionäre, die Papiere von mehr als einem Unternehmen besitzen, von der Wahrnehmung ihrer Interessen auf mehreren Versammlungen abgehalten. Auch auf diese subtile Weise untergraben japanische Unternehmen den Einfluß ihrer Aktionäre.

Am Tag vor dem jährlichen Aktionärstreffen von Toyota nehmen die Mitglieder des Board an der Generalprobe teil. Die Männer stehen still, entsprechend der Rangordnung, in einer Reihe auf der Bühne, vor ihnen in der Mitte der CEO. Im hierarchisch geprägten Japan schreibt das Protokoll vor, daß nur der CEO während der Versammlung spricht.

Junge Manager aus der Abteilung für Öffentlichkeitsarbeit sind angewiesen, bei dieser Veranstaltung bissige Kommentare abzugeben und bohrende Fragen zu stellen, ganz im Stil der Generalprobe für eine amerikanische Präsidentschaftsdebatte. Damit soll der CEO auf jedwede hartnäckige Frage, die von echten Aktionären gestellt werden könnte, vorbereitet werden. Die Übung wirkt schon deshalb so lächerlich, weil es vollkommen unwahrscheinlich ist, daß auch nur ein Aktionär den Mund überhaupt aufmacht. Die Versammlungen folgen einem strengen Protokoll, sind präzise getimed und dauern meistens nicht länger als eine halbe Stunde. Es gilt als echter Triumph, wenn die Sitzungsdauer auf zwanzig Minuten gekürzt werden konnte. Obwohl die Aktionäre vom Gesetz her eindeutig ein Recht auf Fragen haben, wird ihnen das durch die Praxis ebenso eindeutig genommen.

Die Jahresversammlung am 25. September 1992 im Unternehmenssitz in Toyota City war besonders wichtig, weil die Tagesordnung unter anderem die Bekanntgabe von Tatsuros Ernennung und die Berufung neuer Direktoren vorsah. An der Sitzung nahmen 498 Besucher teil. Zwei von ihnen stellten Fragen zum Inlandsmarkt. Das Treffen endete nach 58 Minuten und war damit außergewöhnlich lang, gemessen an normalen Standards.

Im japanischen Leben sind die Konformität und das Aufgehen in der Gemeinschaft so bestimmend, daß die Menschen nicht aus der Reihe tanzen. Die Schande, ausgeschlossen zu sein, ist so groß, daß man dieses nur im Falle einer außerordentlichen Gefahr für die eigene Reputation und Zukunft riskiert. Wenn sich jemand nicht konform verhält, wird er gemieden; ein solches Schicksal erscheint den meisten so entsetzlich, daß sie nicht einmal darüber nachdenken mögen. Deshalb ist jedermann auch nach Kräften bemüht, sich dem »japanischen Lebensstil« anzupassen. Wer auffällt, ist »kein Japaner« mehr. Japans Wirtschaftsleben erinnert an einen Gruppentanz. Wer abweicht, unterbricht den Ablauf des Ganzen. Konformität wird nicht nur in den Unternehmen geschätzt, sie hat auch alle Bereiche des sozialen Verhaltens, selbst die profansten, durchdrungen. Eine in Japan lebende, amerikanische Freundin hat mir erzählt, wie sie von ihren Nachbarn verfolgt und fast geächtet wurde, weil sie ihren Hausmüll am falschen Tag und in der falschen Tonne herausgestellt hatte. Sie hatte einen kolossalen Fauxpas begangen. Die Nachbarn schrieben Beschwerdebriefe an die Behörden und beklagten sich über ihre Nachbarin, die permanent die Regeln mißachtete. Ein brutaleres Beispiel für das, was Abweichlern widerfahren kann, sind die in japanischen Schulen üblichen Schikanen. Die Opfer sind stets jene Schüler, die nicht der Norm entsprechen und etwa zu spät zum Unterricht erscheinen; auch Kinder, die eine Zeitlang im Ausland gelebt haben, geraten schnell in die Rolle ungeliebter Außenseiter.

Die Japaner werden von Geburt an zur Verantwortung gegenüber den Gruppenreglements erzogen. Sie kleiden sich gleich, tragen die gleichen Frisuren und fahren gleichfarbige Autos – bis vor kurzem meistens weiße. In der Schule lernen die Kinder, daß es unhöflich ist, die Hand im Unterricht zu heben, wenn nicht auch andere Schüler dazu bereit sind. Einen Wettstreit darum, wer als erster die richtige Antwort weiß, gibt es nicht.

Der Wunsch, wie die anderen zu sein, treibt zuweilen kuriose Blüten. Vor einigen Jahren kam etwa der »*shochu*-Boom« auf. *Shochu* ist ein starker, wodkaähnlicher Schnaps. Jedermann trank ihn, aber nicht unbedingt deshalb, weil er so gut schmeckte, sondern weil er in Mode war. Der *Shochu*-Boom wurde vom noch heftigeren *Beaujolais nouveau*-Fieber abgelöst. Einige der »Infizierten« eilten gar zu den Hotels in der Nähe des Narita Airports, wenn eine Ladung Wein eintraf. Damit sie zu den ersten gehörten, die den Wein bei Massenweinproben verkosten konnten.

Derartige Verhaltensweisen öffneten die Tür für eine einmalige Art von Wirtschaftskriminalität, bei der die *Sokaiya* kräftig nachhilft. Hinter *Sokaiya* – wörtlich übersetzt »Mittelsmänner allgemeiner Aktionärsversammlungen« – verbergen sich geschäftsmännisch auftretende Erpresser, die es perfekt verstehen, die immense Kluft zwischen Ritual und Wirklichkeit in den japanischen Geschäftspraktiken auszunutzen. Die *Sokaiya* trat erstmals in den sechziger Jahren in Erscheinung. Damals bezahlte eine Aktiengesellschaft Schlägerbanden (*Yakuza*) dafür, eine Gruppe abtrünniger Aktionäre zu verprügeln. Diese Anteilseigner hatten vor, auf der Jahreshauptversammlung des Unternehmens Kritik zu üben und Widerstand zu leisten. Das Räderwerk der *Yakuza* kam in Bewegung: Wenn sich die Firmen dermaßen vor der Meinung ihrer Aktionäre fürchteten, warum sollte man nicht daraus sein Süppchen kochen? Und so entstand die *Sokaiya* – vorgeblich veritable »Geschäftsleute«, die allein zu dem Zweck Scheinfirmen gründeten und professionelle Aktionäre wurden, um Geld von Aktiengesellschaften zu erpressen.

Das Schema ist simpel: Die *Sokaiya* erwirbt einige Aktien eines Unternehmens, um als legitimer Aktionär auftreten zu können. Dann macht sie sich an den CEO oder einige seiner Mitarbeiter heran (in vielen Firmen gibt es sogar eine eigene »Abteilung für *Sokaiya*angelegenheiten«) und fordert Geld mit der Drohung, daß, wenn nicht gezahlt würde, die nächste Aktionärsversammlung gestört und der CEO in Verlegenheit gebracht würde. Die Aussicht darauf, daß sich Leute der *Sokaiya* inmitten einer ordnungsgemäß ablaufenden Aktionärsversammlung erheben, Fragen stellen oder schockierende Enthüllungen über die Person des CEO verbreiten, ist unerträglich. Fast jedes Unternehmen zahlt an die *Sokaiya*, um sicherzugehen, daß die Hauptversammlungen geordnet ablaufen. Dies ist illegal, aber es gibt anscheinend keine andere Wahl.

Ein westlicher Zuschauer mag sich fragen, warum die Japaner die *Sokaiya* nicht einfach als Bluff verstehen, wenn doch jedermann weiß, daß Störungen auf Aktionärsversammlungen von ihr angestiftet sind und keinen realen Hintergrund haben. Aber es handelt sich eben um Japan, wo Schein und Wirklichkeit oft zusammenfallen.

In zumindest einem Fall jedoch nutzte eine Tochtergesellschaft von Toyota Störaktionen der *Sokaiya* zu ihrem Vorteil. Im Jahre 1986 erwarb

T. Boone Pickens, der schillernde Ölunternehmer aus Texas, 26 % der Koito Manufacturing Company, die zu Toyotas Großfamilie der Teilezulieferer gehörte. Toyota besaß 19 % von Koito, drei Sitze im Board und ein Mitspracherecht bei der Ernennung von Managern für die Schlüsselpositionen.

Pickens war der festen Meinung, daß ihm wegen seines erheblichen Anteils an Koito, der den Anteil Toyotas sogar übertraf, zumindest ein Sitz im Board zustünde. Er beklagte sich darüber, daß die von Koito an die Anleger abgeführten Gewinnerträge nicht angemessen wären, weil Toyota einen zu starken Einfluß auf die Preise ausüben würde. Der großspurig auftretende Texaner ahnte nicht im geringsten, wogegen er sich auflehnte.

Gleichgültig wie er es versuchte, Pickens gelang es nicht einmal in Ansätzen, seine Rechte – oder was er für seine Rechte hielt – durchzusetzen. Schließlich entschied er sich, seine Forderung nach einem Sitz im Board auf der Aktionärsversammlung vorzubringen.

Die *Sokaiya* war an jenem Tag, als der Board von Koito zusammentraf, in voller Stärke präsent. Immer wenn Pickens zu sprechen versuchte, wurde er von einem Chor lauter Stimmen niedergeschrien, während die Boardmitglieder mit steinernen Mienen ruhig auf der Bühne saßen. Die Szene war derart chaotisch, daß Pickens überhaupt nicht zu Wort kam – was auch genauso sein sollte. In ihren Schimpftiraden gab die *Sokaiya* jeden bekannten Kraftausdruck zum besten, was in der folgenden Woche in der japanischen Wirtschaftspresse interessanten Lesestoff bot. Am Ende der Versammlung dämmerte es dem Texaner schließlich, daß Koito und indirekt Toyota alles Erdenkliche daran setzen würden, einen Amerikaner – oder jeden anderen *Outsider* – aus ihren Boards herauszuhalten.

Die Beziehungen der *Sokaiya* zu den Firmen, die sie erpreßte, hatten langsam prekäre Dimensionen erreicht, als im Jahre 1992 die Justiz eingriff. Ein großer Skandal erschütterte Japans Wirtschaft. 22 Unternehmen wurden beschuldigt, illegale Zahlungen an die *Sokaiya* geleistet zu haben. Die CEOs dieser Firmen wurden angeklagt und zu einem Rücktritt in Schmach und Schande gezwungen. Der Skandal bedeutete aber noch lange nicht das Ende der *Sokaiya* – ihre Methoden, legal erscheinende Geschäfte aufzubauen, wurden nur cleverer. Die Rituale im japanischen Geschäftsleben änderten sich nicht. Im Laufe des Skandals wurde das eigentliche Problem auf eine Reihe illegaler Einzelverstöße reduziert, das System an sich, das dieses Verhalten ermöglicht hatte, wurde jedoch nicht in Frage gestellt. »Die Unternehmen weigern sich, der japanischen Öffentlichkeit Informationen zugänglich zu machen. Sie versuchen lieber, sie geheimzuhalten«, kommentierte Takayuki Suzuki, ein Unternehmensanalyst von Merrill Lynch in Japan. »Der *Sokaiya* kommt das sehr gelegen. Der springende Punkt dabei ist, daß es in Japan keine Aktionärsdemokratie gibt. Die jährliche Hauptversammlung ist nur eine leere Zeremonie.«

Das könnte sich vielleicht ändern. Pickens Wut und zusätzlicher Druck von Seiten der US-Regierung bringen die langsam mahlenden Mühlen der Veränderung und Umgestaltung in Japan allmählich in Gang. Anfang 1993 kündigte das Justizministerium eine Neufassung des japanischen Handelsgesetzbuches an und forderte das Parlament auf, die Einflußmöglichkeiten der Aktionäre auf japanische Unternehmen gesetzlich neu zu bestimmen. Die neuen Gesetze würden für die Aktionäre bessere Möglichkeiten schaffen, ihre Interessen zu schützen. Sie können die Unternehmen zwingen, fremde Wirtschaftsprüfer zu bestellen und alle Fakten offenzulegen. Außerdem erhalten die Aktionäre ein stärkeres Mitspracherecht, was die Chance für ausländische Aktionäre, Mitglied im Board zu werden, im Prinzip erhöhen würde. Langfristig könnten die neuen Gesetze die Wirtschaft Japans umgestalten, weil sie den Aktionären mehr Handlungsraum bieten.

Natürlich läßt sich reale Macht nicht immer so leicht in Gesetze einbinden, insbesondere nicht in einem Land wie Japan, wo so vieles von der ›Nuancierung‹ bestimmt wird und wo Aktionäre daran gewöhnt sind, »stille Investoren« zu sein.

Was verbirgt sich hinter den Äußerlichkeiten und den Konventionen der japanischen Unternehmensführung? Die japanischen Unternehmen sind, was Verantwortlichkeiten und Verpflichtungen betrifft, völlig anders strukturiert als die amerikanischen. Der grundsätzliche Unterschied besteht darin, daß die japanischen Unternehmen mit »Kapital aus Schulden« arbeiten, die amerikanischen dagegen mit »Kapital aus Aktien«.

Seit den ersten Tagen der Industrialisierung Japans kam das Geld, das die Unternehmen zu ihrem Aufbau benötigten, von den Banken. Der Fall Toyota ist typisch für das Schicksal der Unternehmen, die in den fünfziger

Jahren gezwungen waren, sich von den Kreditinstituten aus der Klemme helfen zu lassen. Die Banken verlangten dafür einen hohen Preis in Form von Einflußnahme. Der Kapitalmarkt der Vereinigten Staaten gründete sich die meiste Zeit unseres Jahrhunderts hindurch auf Aktiengeschäfte, woraus sich das Konzept entwickelte, Aktionäre als Miteigentümer einer Firma zu verstehen. Die Aktionäre eines japanischen Unternehmens wie Toyota setzen sich größtenteils aus anderen Firmen zusammen, die zu Toyotas ›Clique‹ gehören. Man legt keinen Wert auf den eigenen Profit, sondern allein darauf, die Stärke des gesamten Systems zu maximieren. In Japan sagt man: »Als Zulieferer von Toyota wirst du niemals reich, aber du wirst auch niemals pleite gehen.«

Wem also ist Toyota verantwortlich, wenn nicht seinen Aktionären? Wiederum ist das System nicht so eindeutig und durchschaubar wie in Amerika, es kann aber genauso brutal sein, wenn nicht sogar noch brutaler. Gerät ein großes Unternehmen wie Toyota in Schwierigkeiten, wird der Druck auf die Manager ungeheuer groß. Sie werden öffentlich geächtet, erniedrigt und müssen (was es in amerikanischen Unternehmen nicht gibt) persönlich finanzielle Opfer bringen. Wenn ein Japaner zum Rücktritt gezwungen wird, weil er die Erwartungen des Unternehmens nicht erfüllt hat, ist das ein Schicksal, das schlimmer als der Tod wiegt. Ein Mann in der Position von Bob Stempel oder Carl Hahn wäre in Japan viel früher zurückgetreten. Es ist die unerbittliche Strenge des Verhaltenscodexes und nicht ein präzise umrissenes Kontrollsystem, das die Manager in Schach hält.

Toyota ist ein unabhängiges Unternehmen, doch gibt es praktisch drei Formen der externen Kontrolle: die Presse, die Händler und die Regierung sowie soziale Organisationen, die die Handlungsfreiheit Toyotas durch öffentlichen Druck einschränken.

Für japanische Verhältnisse sind Nissan und Honda schon immer viel mutiger gewesen, wenn es darum ging, geschäftliche Risiken einzugehen. Als eher konservatives Unternehmen reagiert Toyota sehr empfindlich auf die Presse. Gewaltige Energien fließen in die Public Relations. Unzählige Dokumente, Broschüren und sogar Bücher werden veröffentlicht, die die Geschichte des Unternehmens und seiner starken Führer schildern.

Toyotas Händler gewannen in den fünfziger Jahren besonderen Einfluß, als im Unternehmen die Produktion und der Verkauf voneinander getrennt wurden. Toyota Motor Sales arbeitete als eigenständige Firma, deren Machtbasis die Händler bildeten. Der erste Präsident von TMS, Shotaro Kamiya, ein gewiefter Manager, der zuvor für GM-Japan gearbeitet hatte, begriff, daß bei den Händlern wertvolle Informationen über Kunden, Produkte und Konkurrenzunternehmen zusammenkamen. Er setzte diese Informationen wirkungsvoll um und half Toyota, in der ersten Zeit voranzukommen. Toyota gewann Marktvorteile, weil es auf seine Händler hörte und sich sehr für deren Erfahrungen und Anregungen interessierte. Als die Toyota Motor Company und Toyota Motor Sales in den 80er Jahren wieder zusammengelegt wurden, bewahrten sich die Händler einen Großteil ihres Einflusses. Heute aber ist Toyota ein Riesenunternehmen, und das Verfahren, mit dem die Informationen von den Händlern eingeholt werden, wurde stark formalisiert. Die Händler versuchen zwar weiterhin, Unternehmensentscheidungen zu beeinflussen, haben damit aber nicht immer Erfolg. So wiesen sie Toyota darauf hin, daß sich der teure *Corolla* in Japan nicht verkaufen würde, doch das Unternehmen hielt an dem Wagen fest.

MITI, das japanische Ministerium für Handel und Industrie, hatte eine fundamentale Bedeutung für die nach dem Krieg einsetzende Expansion der japanischen Wirtschaft. Es vertrat eine nationale Gesamtkonzeption und schaffte die Gratwanderung, einerseits der Regierung bei der Gestaltung einer umfassenden Wirtschaftspolitik zu helfen und andererseits den Wettbewerb zu fördern. Viele Jahre lang hieß das Ziel Expansion, auch wenn dies nicht zu Profiten führte. Heute versucht MITI, die Expansion zu bremsen, und hat dabei besonders Toyota im Visier.

MITI allein ist freilich nicht stark genug, um Toyota eine Unternehmenspolitik aufzuzwingen, die der Konzern ablehnt. Doch liegen MITIs Vorschläge oft auf einer Linie mit der öffentlichen Meinung, weshalb Toyota, auch wenn es Einmischungen der staatlichen Bürokratie übelnimmt, häufig nachgibt. Alles ähnelt einem Falschspiel. Rein formal wird zugestimmt, in der Realität, bei der Umsetzung, wird Widerstand geleistet. Bis zuletzt hatte dies aber auch kaum Folgen. Schließlich ist Toyota das erfolgreichste Industrieunternehmen in Japan.

Was neben all diesen Pseudo-Kontrollmechanismen die Verantwortlichkeit in japanischen Unternehmen – und da macht Toyota keine Ausnahme – wirklich bestimmt, ist die Angst vor *mura hachibu*, wörtlich übersetzt »Ächtung durch das Dorf«. Mit dem in der japanischen Geschäftswelt weitverbreiteten Ausdruck wird jemand bezeichnet, der die etablierten Verhaltensregeln nicht eingehalten hat. »Zur Zielscheibe von *mura hachibu* zu werden, ist schlimmer als zu sterben«, bemerkte ein japanischer Geschäftsmann.

Diese Regeln sind keine ethischen Normen im Sinne westlicher Moral. So kamen in Japan regelmäßig Börsenskandale und dubiose Geschäfte ans Licht, ohne daß die Beteiligten geächtet, geschweige denn eingesperrt wurden. Der Verhaltenscodex ist sozialer, nicht moralischer Natur. Vor kurzem kündigte beispielsweise ein Unternehmer die Entlassung von 5000 Arbeitnehmern an. Als sich herausstellte, daß er nicht zuerst sein eigenes Gehalt gekürzt hatte, mußte er sein Vorhaben zurücknehmen. In Japan kann man einen Börsenskandal überleben, wenn man aber gegen die sozialen Sitten verstößt, gibt es kaum mehr eine Chance zur Rehabilitierung. *Mura hachibu* stellt die höchste Instanz der Verantwortlichkeit in einem Unternehmen dar.

Von den drei Weltunternehmen besitzt Volkswagen die komplexeste Führungsstruktur, weshalb der Konzern gegenüber Veränderungen die geringste Flexibilität zeigt. Weil das Unternehmen zum Teil dem Land Niedersachsen gehört, ist die Frage nach den Verantwortlichkeiten sehr kompliziert. Hinzu kommen noch Arbeitsplatz- und Kompensationsgarantien des Unternehmens, die das Ganze noch schwieriger machen. Man stelle sich zum Vergleich vor, daß der Staat Michigan größere Anteile an General Motors besäße.

Der Aufsichtsrat von Volkswagen (das Pendant zum amerikanischen Board) besteht aus zwanzig Mitgliedern: zehn Repräsentanten der Kapitaleigner – darunter zwei Vertreter des Bundeslandes Niedersachsen – und zehn Arbeitnehmervertretern. Sieben der Arbeitnehmersitze werden über Wahlen der Gesamtbelegschaft vergeben, die restlichen drei besetzen Vertreter der Gewerkschaft. Wegen dieser Sitzverteilung ähnelt das Gremium einem Wespennest, denn jeder trachtet danach, sein Anliegen in den Mittelpunkt der Tagesordnung zu bringen.

Der Aufsichtsrat ernennt die Mitglieder des Vorstandes, der dem Executive Committee entspricht. Vorstandsmitglieder müssen bei größeren Entscheidungen die Einwilligung des Aufsichtsrats einholen, in der Vergangenheit aber konnte der Vorstand den Aufsichtsrat leicht manipulieren. Man erinnere sich nur, wie leicht Carl Hahn die Zustimmung für seine Projekte gewann, indem er rosige Bilder vom großen Ruhm zeichnete und warmen Geldregen verhieß, der gleich hinter der nächsten Ecke auf das Unternehmen herabströmen werde. Wie bei GM-Board fehlten den Aufsichtsratsmitgliedern die Informationen, um das, was Hahn und sein Finanzchef Dieter Ullsperger ihnen erzählten, zu hinterfragen. Solange das Unternehmen Erfolg zu haben schien, hatten sie wenig Interesse daran, tiefer zu bohren.

Was die Führung des Volkswagenkonzerns wirklich von den beiden anderen Weltunternehmen unterscheidet, ist das Konzept der Mitbestimmung. Es fordert, daß die Arbeiter- und Kapitalseite im obersten Kontrollorgan, dem Aufsichtsrat, über die gleiche Zahl an Vertretern verfügen. Der Vorsitzende, den dieses Gremium selbst wählt, besitzt eine doppelte Stimme, um ein Patt bei der Entscheidungsfindung zu vermeiden.

Eine Aufsichtsratssitzung bei Volkswagen hat einen entschieden anderen Charakter als die elitären Versammlungen bei GM oder die Insidertreffen bei Toyota. Der Aufsichtsrat setzt sich aus einer bunten Mischung von Fabrikarbeitern, Büroangestellten, professionellen Managern und außenstehenden Politikern sowie Gewerkschaftern zusammen. Franz Steinkühler, der einst mächtige Mann an der Spitze der IG Metall, der Metallarbeitergewerkschaft, saß sowohl bei Volkswagen als auch bei Daimler Benz im Aufsichtsrat und bekleidete bei VW in diesem Gremium noch das Amt des stellvertretenden Vorsitzenden. Kein anderes System gesteht der Arbeiterseite formal so viel Kontrolle über Unternehmensentscheidungen zu. Ein Beispiel hierfür ist das vor einiger Zeit abgegebene Versprechen, daß kein für VW arbeitender Deutscher seinen Arbeitsplatz an einen Spanier oder Tschechen verlieren würde. Als das Unternehmen in eine ostdeutsche Firma investierte, sicherte man den westdeutschen Arbeitern zu, daß sie ihren Arbeitsplatz auch nicht an ostdeutsche Arbeiter verlieren würden.

Die Unabhängigkeit des Vorstands gegenüber dem Aufsichtsrat hat wegen der Führungsstruktur des Konzerns formal zwar enge Grenzen, doch zog es der Aufsichtsrat traditionell vor, die Entscheidungen des Vorstandsvorsitzenden still mitzutragen. Carl Hahn hatte während seiner Dienstzeit fast freie Hand bei der Umsetzung seiner Geschäftspolitik. Der Aufsichtsrat stellte sich ihm nicht ein einziges Mal in den Weg; erst als die Probleme des Unternehmens einen kritischen Punkt erreichten, schritt er ein.

Dem Industrieexperten Jim Womack zufolge ist das »deutsche Management sklerotisch – das schlechteste in Europa. Die Manager denken nicht realistisch. Die Vetternwirtschaft ist fest etabliert. Unternehmen wie Volkswagen sind personalpolitisch streng nach fachlichen Gesichtspunkten organisiert. Die Manager steigen bis an die Spitze ihrer Fachabteilungen auf und sind dann nicht mehr willens, sich von der Stelle zu rühren. Eines der Probleme, das sich dem Vorstandsvorsitzenden stellt, ist, daß ihn sowohl Gewerkschaften wie Angestelltenverbände daran hindern, Personal einfach zu feuern.«

Wolfsburg, Deutschland – Januar 1993

Die Abschiedsparty für Carl Hahn fand im achtzig Kilometer südöstlich von Wolfsburg gelegenen Goslar statt, einer bezaubernden, mittelalterlichen Stadt mit gewundenen Gäßchen und alten Steinhäusern. Goslar war einst eine blühende Stadt, die ihren Reichtum lange Zeit den Silberbergwerken der Umgebung verdankte. Hahns Feier wurde in der geschichtsträchtigen Kaiserpfalz von Goslar ausgerichtet, einem imposanten Bauwerk, das Kaiser Heinrich II. in den Jahren 1005 bis 1015 erbauen ließ. Viele Generationen lang war die Kaiserpfalz der Mittelpunkt des Heiligen Römischen Reiches. Die Zusammenkunft zu Ehren Carl Hahns fand im Reichs- und Kaisersaal statt – ein majestätischer Ort für seine Verabschiedung.

Unter den Gästen befanden sich die alten Weggefährten Hahns, die zur Creme de la Creme der deutschen Geschäfts- und Wirtschaftswelt zählten. Hahn hatte seine Ehefrau Marisa und Ferdinand Piëch seine Mutter mitgebracht. Frau Piëch, die Schwester von Ferdinand (Ferry) Porsche, besaß als Großaktionärin von Porsche großen Einfluß und Macht.

Nur wenige Tage zuvor hatte Ferdinand Piëch dem Aufsichtsrat seine Vorschläge zu strukturellen Veränderungen bei Volkswagen und zum zukünftigen Management unterbreitet. Er war zuversichtlich, als er die Liste mit seinen Empfehlungen für ein Großreinemachen abfaßte. Unter anderem ersuchte er formell um die Erlaubnis, die Mitarbeiter aus Hahns Führungsstab feuern zu dürfen, und stellte den Plan eines separaten Verkaufs- und Händlernetzes für Audi vor. Für Piëch war die Ablösung von Hahns Gefährten wichtig, damit sie nicht ihren Einfluß im Unternehmen einsetzen konnten, um seine Pläne zu durchkreuzen.

Bei seiner Ernennung zum Vorstandsvorsitzenden war er als ein Mann gepriesen worden, der hart genug sei, Volkswagen zu retten. Seine »Flitterwochen« endeten aber schon, bevor sie eigentlich begonnen hatten.

Piëch war entsetzt, als der Aufsichtsrat personelle Veränderungen im Vorstand ablehnte. Er war davon ausgegangen, seine Arbeit mit einem frischen Mitarbeiterstab beginnen zu können; auch die meisten Beobachter des Unternehmens hatten große, personelle Veränderungen erwartet. Das Management aber saß fest im Sattel; selbst Dieter Ullsperger, der die Verantwortung für so viele fehlerhafte Finanzberichte trug, mußte nicht sofort seinen Hut nehmen. Erst auf der Sitzung im März konnte Piëch größere Erfolge verbuchen, allerdings hatte ihm der Aufsichtsrat von Anfang an klar gemacht, daß er um jedes Zugeständnis würde kämpfen müssen.

Darüber hinaus wurde Piëchs Vorhaben, ein separates Verkaufs- und Händlernetzwerk für Audi einzurichten, mit der Begründung abgeschmettert, dies sei zu teuer. Mit diesem Argument wurde auch sein Vorschlag, den Unternehmenssitz aus Wolfsburg zu verlegen, abgewiesen.

Piëch hatte volle Unterstützung erwartet. Der Aufsichtsrat schreckte aber vor schnellen Maßnahmen zurück, insbesondere was den Umbau des Managementteams betraf. Die Mitglieder verlangten mehr Details zu den Personalveränderungen, die Piëch aber nicht zu geben vermochte.

Jim Womack zeigte sich über Piëchs Scheitern, einen sofortigen Umbau des Managements vorzunehmen, nicht überrascht. »Es ist einfach unmöglich, einen dieser Burschen zu feuern. Die Aussicht, daß Piëch es schaffen würde, einige von ihnen loszuwerden, war verlockend, doch hat die Vetternwirtschaft im Aufsichtsrat alles erstickt. Dort ist jeder von jedem in irgendeiner Weise abhängig. Verglichen mit diesen Leuten wirkt der GM-Board wie eine Kommandotruppe!«

Detroit – Januar 1993

Lloyd Reuss arbeitete nicht mehr für General Motors, doch fiel es ihm schwer, nichts mehr zu tun. Egal, wie man seine Fähigkeiten beurteilt, die Firma war sein Leben gewesen. Vom Board in den Ruhestand gezwungen, wußte er nun nichts mit sich anzufangen. Obwohl er schon einige Wochen lang nicht mehr auf der Lohnliste stand, erschien er Tag für Tag in seinem Büro. Es gab keine Geschäfte, um die er sich kümmern konnte, keine Entscheidungen, die er zu fällen hatte. Er wollte einfach nur da sein.

Als im Januar in der Cobo Hall die Detroit Auto Show stattfand, waren die Besucher erstaunt, am Stand von GM auch Bob Stempel und Lloyd Reuss anzutreffen, so als ob sie zum offiziellen Messeteam gehörten. Reuss sprach frei heraus mit Reportern über GMs neues Autoprogramm. »Es war bizarr«, sagte einer von ihnen. »Er klang, als ob er noch für die Firma arbeiten würde.«

m Stempel sah grau und kränklich aus. Er hatte nach seiner Herz-Operation stark abgenommen. Jedem, der danach fragte, erzählte er, daß der Machtwechsel nicht durch ein Scheitern seines Managements ausgelöst worden war. Er wirkte müde, aber aufgebracht, wenn er von der Outsidergruppe sprach, die den Board zu diesen Maßnahmen gezwungen hatte.

Jack Smith war im Technical Center beschäftigt und besuchte die Show nur kurz. Viele Leute mieden den Stand von GM. Irritiert von der Anwesenheit Stempels und Reuss', wußten sie nicht, was sie sagen sollten. Die einst mächtigsten Männer der Autoindustrie waren arbeitslos geworden, und es schien, daß sie diese Tatsache nicht akzeptieren konnten. Der Verlust der Macht ähnelt dem Drogenentzug. Er ist ein langwieriger, schleppender und sehr verletzender Prozeß.

Nur drei Monate später sollte ihnen Roger Smith folgen.

Am 26. Januar erschien in der *Washington Post* ein Artikel, der nichtgenannte Quellen zitierte, nach denen Smith sich bereiterklärt hatte, den Board zu verlassen. Smith ging hoch wie eine Rakete. Nichts daran sei wahr, tobte er. Außerdem gab er vor zu wissen, welches Boardmitglied diese Indiskretion lanciert habe. Er bezichtigte Ann McLaughlin, die Quelle zu sein, vielleicht, weil sie in Washington lebte und er davon ausging, daß sie in engem Kontakt zu den Reportern der *Post* stünde. McLaughlin, die in den letzten Jahren der Regierung Reagan Arbeitsministerin gewesen war, galt in der Tat als ein Boardmitglied, das kein Blatt vor den Mund nahm. Doch in diesem Fall bestand sie darauf, daß die Anschuldigung ungerechtfertigt sei. Sie war wütend, daß Smith gerade sie herausgepickt hatte, und hielt ihn für äußerst unverantwortlich, weil er dafür kein Beweis erbracht hatte. »Ich möchte mich vehement dagegen verwehren, daß ich die Quelle für irgendwelche Informationen bin«, sagte sie wütend. »Es ist absolut gelogen. Ich finde es bedauerlich, weil wir uns sehr stark darum bemühen, Vertraulichkeit zu wahren.« Die *Post* machte keine näheren Angaben zu ihren Quellen, sondern gab nur bekannt, daß sie über drei verfüge, die alle glaubwürdig seien.

Dann aber geschah etwas Merkwürdiges. Einen Tag nach dem Erscheinen der Story in der *Post* gab Smith bekannt, daß er den Board mit Wirkung vom 6. April verlassen werde. Diese Entscheidung habe er bereits insgeheim einen Monat zuvor getroffen. Er bestritt, von irgend jemandem zu diesem Schritt gezwungen worden zu sein. Der Grund für seinen Rücktritt liege in der Tatsache, daß er »zu viele Nächte in Hotels und nicht genügend Nächte zu Hause« verbracht habe. Er sei 67 Jahre alt und wolle »einen Gang zurückschalten«.

Dem *Wall Street Journal* zufolge hatten Smale und seine Leute Smith ersucht, zusammen mit Stempel am 2. November zurückzutreten. Smith aber erwiderte, daß er nur gehen werde, wenn der Board die Entscheidung zurücknähme, seine 1,2 Millionen Dollar Jahrespension um 15 % zu kürzen. Dies wurde abgelehnt, und er klammerte sich an seinen Sessel. Von da an wurde er geächtet und geschnitten. Die übrigen Boardmitglieder brachten deutlich zum Ausdruck, daß sie mit ihm nichts zu tun haben wollten. Als sich die Maiwahlen näherten, erkannte Smith vielleicht in einem wachen Moment, daß seine Wiederwahl in den Board unsicher war, und zog es vor zurückzutreten. Doch verstanden hatte er das alles nicht. Er war doch ein so guter Chairman gewesen und hatte das Unternehmen 1990 in einem sehr soliden Zustand hinterlassen. Was war nur geschehen?

Noch im Februar erschien Stempel, der bleicher und abgehärmter als je zuvor aussah, regelmäßig in seinem Büro auf der 14. Etage. Während dieser Zeit schrieb er an einem überlangen Memorandum für den Board, in dem er seine Leistungen verteidigte. Stempel lehnte das Angebot Smiths ab, anläßlich seiner Pensionierung eine Party zu geben, andere nahmen das Angebot dagegen an. Am 17. Februar nahm General Motors mit einer großen Fete offiziell Abschied von Lloyd Reuss, F. Alan Smith und Bob Schultz. Stempel konnte sich nicht zu einer Teilnahme durchringen.

Nur ein Auto

Wenn Sie in einem englischen Wörterbuch das Stichwort »Ingenieur« nachschlagen, finden Sie wahrscheinlich die Erklärung »Techniker«. Die japanische Sprache verwendet das Schriftzeichen »Kunst«.

– *Taiishi Ohno*

Warren, Michigan – Januar 1993

Jeden Morgen stand J. Ignacio (Inaki) Lopez de Arriortua, 52 Jahre alt, in aller Frühe auf, lief ein paar schnelle Runden und nahm ein spartanisches Frühstück aus frischem Obst zu sich. Danach fuhr er zu seinem Büro im Technical Center von GM, und einer seiner typischen Fünfzehn-Stunden-Tage als Chef des weltweiten GM-Einkaufsgeschäftes konnte meistens um fünf oder sechs Uhr beginnen. Der große, hagere Lopez bevorzugte frühe Mitarbeitersitzungen, bei denen er nicht zuließ, daß irgendein »giftiges« Nahrungsmittel wie Kaffee oder Zucker serviert wurde.

Nichts an Lopez paßte zum alten GM-Stil, eigentlich auch nicht zu überhaupt einem in Amerikas Wirtschaft üblichen Stil. Seit Jack Smith das baskische Einkaufsgenie im Mai 1992 von seinem früheren Arbeitsplatz in Deutschland, dem GM-Hauptsitz in Rüsselsheim, nach Detroit geholt hatte, gab es keinen Manager in der amerikanischen Autoindustrie, über den mehr geredet wurde, als Lopez. Innerhalb von sechs Monaten wurde er zur bekanntesten und umstrittensten Symbolfigur für Jack Smiths neue Herrschaft. Einige alter GMler nannten ihn »den Außerirdischen«, eine Bezeichnung, die in vieler Hinsicht zutraf. Lopez war ein Exzentriker, für sein Team eine messianische Gestalt, für seine Kritiker ein verrückter Spanier. Aber selbst jene, die seinem Stil und seinen Methoden stärkstes Mißtrauen entgegenbrachten, mußten zugeben, daß der Mann effektiv arbeitete. Er schien fähig zu sein, langfristige Ziele fast über Nacht zu erreichen (und andere zu gleicher Leistung zu motivieren).

Es war Jack Smiths erste Aktion als Präsident, Inaki Lopez, den alten Verbündeten von GM-Europa, in die Vereinigten Staaten zu holen. Er mochte es, wie Lopez die Dinge anpackte, und schrieb dem zähen Einkaufsguru 40 % des 1,5 Milliarden Gewinns von GM-Europa zu. Die Gewinne aus dem Europageschäft stellten in den mageren Jahren 1991 und 1992 die wichtigste Einnahmequelle des Konzerns dar. Außerdem schätzte Smith Lopez auch persönlich sehr, er sah in ihm ebenso den Freund wie den Kollegen. Wenn es in der Welt der Industrie so etwas wie eine Blutsbrüderschaft gab, so traf dies am ehesten auf Smith und Lopez zu.

Jack Smith wurde zum erstenmal auf Lopez aufmerksam, als der Spanier im spanischen GM-Werk von Saragossa als Produktionsmanager arbeitete. Hans Huskes, Chef von GM-Spanien, rief Smith in dessen Züricher Büro an und erzählte von dem kreativen Ingenieur, der voller erstaunlicher Ideen stecke, von denen aber niemand etwas wissen wolle. Smiths Neugier war geweckt. Er und Fritz Lohr, Chefingenieur von Opel, arrangierten einen Besuch im Werk Saragossa. Bei ihrer Ankunft fanden sie Lopez inmitten der Teile eines auseinandergenommenen Corsa (Opels in Spanien gebautes Kleinwagenmodell) stehend vor. Begeistert begrüßte Lopez die beiden Männer, führte sie durch die Teilesammlung und zeigte ihnen, wo überall noch Geld durch Veränderungen am Design, den Teilen oder den Materialien eingespart werden konnte. Lopez' Vorschläge waren so gut, daß Lohr zu den meisten von ihnen auf der Stelle »ja« sagte. Innerhalb weniger Stunden sanken die Herstellungskosten des Corsa um Hunderte von Dollar, ohne daß Zugeständnisse an das äußere Erscheinungsbild, die charakteristischen Merkmale oder die Qualität gemacht wurden. Jack Smith war von Inaki Lopez begeistert.

Doch Lopez predigte mehr als reine Kosteneffektivität. Er trat auf, als ob er sich auf einem religiösen Kreuzzug befände. Nach seiner Ankunft in Amerika verteilte er als erstes Kopien seiner »Kampfdiät« und drängte seine Mitarbeiter und andere dazu, die Diät zu befolgen, um ihre Energie zu maximieren. Als die Leute die Kopien mit dem spärlichen, fettarmen, fast klösterlichen Ernährungsprogramm in den Händen hielten, glaubten sie, Lopez mache Spaß. Die Vorstellung, daß ein Unternehmensmanager im Land des Rindfleisches und der Milchprodukte seine Mitarbeiter dazu ermunterte, solch eine Kost zu sich zu nehmen, löste anfangs größte Heiterkeit aus. Die Kopiermaschinen und Faxgeräte standen nicht still. Man verbreitete die Diätfibel im ganzen Land, damit Freunde und Kollegen mitlachen konnten. Aber Lopez meinte es absolut ernst. Geduldig erläuterte er den Zweiflern seine Philosophie: Übergewichtige, schwerfällige Körper machen den Geist träge. Er erinnerte an die Japaner, deren Kost die magerste der ganzen Welt sei – 2850 Kalorien pro Tag, im Gegensatz zu 3670 schweinischen Kalorien in Amerika. Lopez war fest davon überzeugt, daß es »eine direkte Korrelation zwischen der Ernährung und der Arbeitseffektivität, zwischen Gesundheit und Kampfgeist« gebe.

Lopez nannte seine Mitarbeiter im Einkaufsstab »Kämpfer«. Er und sie kämpften gemeinsam in einem Kreuzzug um die Zukunft GMs – ein Kreuzzug, der es sich auf die Fahnen geschrieben hatte, die Japaner zu schlagen, indem man ihre »lean production« [schlanke Produktion] überbot. Als Chef des weltweiten Einkaufsgeschäftes nahm Lopez sich in den Vereinigten Staaten das vor, was er bereits in Deutschland geschafft hatte. Er wollte die durch die Zulieferer entstehenden Kosten reduzieren, ihnen aber auch dabei helfen, ihre Herstellungsverfahren zu verbessern, damit sie trotzdem noch viel Geld verdienen konnten. Er wußte, daß es für GM ohne eine Reduzierung der Gesamtkosten keine Hoffnung gab, das Steuer herumzureißen und auf gleichem Niveau mit den Japanern zu konkurrieren. Zur ständigen Erinnerung an dieses Ziel stellte Lopez eine japanische Puppe in seinem Büro auf, die er seinen Besuchern gern zeigte. »Nur so etwas«, so sagte er lächelnd, »sollen die Japaner unseren Plänen nach einmal produzieren können.«

Aber anfangs waren es nicht unbedingt die Japaner, die sich vor Lopez und seinen Kämpfern am stärksten fürchteten, sondern GMs eigene Zulieferer. Sie sahen Lopez' Einstieg als die nächste der sieben Plagen an, die ihnen ihr wichtigster und schwierigster Kunde bescherte. Zu den Zulieferern von GM zu gehören bedeutete endlose Kopfschmerzen. Ständig verlangte das Unternehmen Preisnachlässe und unbezahlte Hilfe im Ingenieurs- und Forschungsbereich. Außerdem war es bei GM schon chronisch, daß man mehr versprach, als man einzuhalten vermochte, denn es war offensichtlich für das Unternehmen zu schwierig, die Zahl der Autoverkäufe ungefähr vorauszuschätzen. Nur selten brachte ein Vertrag mit GM die Einkünfte oder Gewinne, die man sich zum Zeitpunkt der Verhandlungen versprochen hatte. Ohnehin entmutigte Zulieferer sahen sich nun einem Kontrahenten gegenüber, der Milliardensummen bei ihnen einsparen wollte, um das Überleben GMs zu sichern.

Lopez hatte einiges vorzuweisen, das seinen Versprechungen Glaubwürdigkeit verlieh. In Europa, insbesondere in Deutschland, wo GM die meisten Betriebe unterhielt, hatten sich die Teilelieferer zu Kartellen zusammengeschlossen. Die Hersteller waren einer solchen Angebotspraxis hilflos ausgeliefert. Doch Lopez spielte einfach nicht mit. Er vergab neue Verträge nach Spanien, Italien oder überall dorthin, wo er bessere Preise bekam. Seine Taktik funktionierte. Bald darauf paßten sich die deutschen Zulieferer dem Wettbewerb an, um überhaupt im Geschäft zu bleiben. Weil die Preise zuvor so hoch waren, konnte Lopez seine Teile leicht 30 % billiger kaufen.

Jack Smith hatte sich schon früher dafür eingesetzt, Lopez für zwei Jahre nach Amerika zu holen, aber Stempel und Reuss hatten kein Interesse gezeigt. Lopez' Einsatz hätte sich vielleicht gelohnt, aber ihnen gefiel die Vorstellung nicht, einen so umstrittenen Ausländer in der Zentrale einzusetzen – auch wenn er als brillant galt. Sie wollten schon gar nicht in die Lage kommen, ihn womöglich noch vorbehaltlos unterstützen zu müssen, wenn er GMs Zulieferersystem auf den Kopf stellte. Eine Woche vor dem ersten Coup des GM-Boards am 6. April läutete bei Lopez dann das Telefon. Es war Smith. »Was würden Sie machen, wenn man Sie aufforderte, in die Vereinigten Staaten zu kommen und hier zu wiederholen, was Sie in Europa geschafft haben?« fragte Smith fast schüchtern. Lopez starrte auf den Baum vor seinem Bürofenster und fragte sich, was der Anruf bedeutete und wie er antworten sollte. War es soweit, daß Jack Smith die Führung von GM übernahm?

Noch während er Smith anhörte, fiel ihm eine andere Szene ein: Nur drei Wochen zuvor hatte Lopez mit seinem Freund Pater Coyle telefoniert, einem katholischen Priester aus Three Rivers in Michigan, der sich um seine beiden Töchter kümmerte. Sie studierten am General Motors Institute (einer Ingenieursschule, die schon länger nicht mehr vom Konzern geleitet wird). Während des Gesprächs stellte Pater Coyle Lopez die Frage, was nötig sei, um bei GM eine Wende einzuleiten. Lopez hatte keinen Augenblick gezögert: »Jack Smith muß her.«

»Wenn du meinst«, antwortete Father Coyle, »dann werde ich am nächsten Sonntag, das ist ja der Tag des heiligen Joseph, für seine Ernennung beten.«

Nun dachte Lopez über die Macht von Gebeten nach und fragte sich, ob der Priester tatsächlich himmlische Kräfte mobilisiert hatte.

»Ich weiß, es ist schwierig zu wechseln«, fuhr Smith am anderen Ende der Leitung fort, »und ich habe Verständnis, wenn Sie nein sagen.« Doch Lopez erwiderte ohne jedes Zögern: »Jack, für Sie habe ich nur zwei Antworten parat: ›yes‹ oder ›yes, sir‹.«

Einen Monat später traf er in Detroit ein, das zu seinem Zuhause werden sollte, obwohl er auch die Verantwortung für GM-Europa behielt.

Lopez ging bei der neuen Aufgabe nach der »Kahlschlagmethode« vor. Er holte Angebote von vielen Zulieferern ein und wählte dann aufgrund von Preis, Qualität und Service mehrere Finalisten aus. Denen schlug er einen neuen Preis vor, der niedriger war als sämtliche Angebote, und forderte sie auf nachzuziehen. Der vermeintliche Sieger endete bei einem Preis, der weit unter dem lag, was irgend jemand ursprünglich für möglich gehalten hatte.

Sämtliche Verträge, ob große oder kleine, wurden einer strengen Prüfung unterzogen. Schon nach Wochen galt Lopez als der gefürchtetste Mann in der Industrie. »PICOS« hieß das neue Fluchwort. Es stand für ›Purchased Input Concept Optimization of Systems‹, war das Kürzel von Lopez' Konzept, das auf die umfassende Verbesserung von Qualität, Service und Kalkulation in allen Bereichen der Produktion zielte. Sein zweihundert Mann starkes PICOS-Team zog wie ein Schwarm Wanderheuschrecken durch das Land, ließ sich bei den Werken der Zulieferer für jeweils fünf Tage nieder, um deren Produktionsabläufe umzukrempeln. Lopez zufolge erreichten die Unternehmen, die durch die PICOS-Schule gegangen waren, auf allen Ebenen spürbare Ergebnisse, beim Einsatz von Arbeitskräften, bei Produktivitätssteigerungen sowie der Raumnutzung und den Neuinvestitionen – nach diesem Schnellkurs konnten viele Unternehmen auch trotz deutlich niedrigerer Preisangebote noch Gewinne machen.

Eine Reihe von Teilelieferanten wurden sogar zu überzeugten Anhängern der neuen Linie. Es waren all diejenigen, denen PICOS nach eigenen Worten völlig neue, unbekannte oder niemals in Betracht gezogene Methoden beigebracht hatte. Insgesamt aber war die Reaktion auf Lopez allerdings eher negativ. Als sich die Autozulieferer im August im Ferienort Traverse City am Ufer des Lake Michigan zum jährlichen Autoseminar der University of Michigan trafen, war die Stimmung nach »hundert Tagen des Terrors« gereizt und wutgeladen. Ein Teilnehmer, der so ein Treffen mit Lopez noch vor sich hatte, bemerkte finster: »Ich war bisher noch nicht beim Zahnarzt, aber ich muß wohl mit vier Wurzelbehandlungen rechnen.«

Man kritisierte an Lopez, daß er versuche, langfristige Beziehungen zu zerstören, die seinerzeit wegen des traditionellen Mißtrauens zwischen GM und seinen Zulieferern erst mühsam hatten aufgebaut werden müssen. Nun waren die Teilelieferanten sauer. Aus ihrer Sicht waren Lopez Methoden bei den Preisverhandlungen absolut unfair. Sie mögen in Europa funktioniert haben, klagten sie, aber Amerikaner machten auf diese Art keine Geschäfte. Auch die UAW war nicht gerade verliebt in Lopez. Die Gewerkschafter fürchteten, daß GM diese Methoden auch intern anwenden würde. Und das würde wegen der Effektivitätssteigerung massive Entlassungen bedeuten. Viele GM-Werke waren bekanntlich stark überbesetzt und unproduktiv. Lopez versuchte, die Befürchtungen zu zerstreuen. Er kündigte an, daß er die Zulieferer dazu ermuntern wolle, auf dem GM-Firmengelände Zweigwerke zu eröffnen, in denen sie überzählige GM-Arbeitskräfte in ihrer Produktion beschäftigen sollten.

Auf der Konferenz im August wurde auch über mögliche Klagen wegen Vertragsbruchs gesprochen. Resigniert seufzend bemerkte ein Lieferant: »General Motors verklagen? Das ist wie der Versuch, einen Elefanten zu lieben. Dabei wird man leicht zerquetscht.« Lopez' »Terrorherrschaft« schien kein Ende zu nehmen.

Der Mann, der *Hurrikan Lopez*, *Vlad der Pfähler* (= *Dracula*) und *Inaki der Schreckliche* genannt wurde, war persönlich, zur Überraschung vieler, charmant und umgänglich und hatte nichts von dem ihm nachgesagten kriegerischen Benehmen. In der Öffentlichkeit zeigte er sich über den ganzen Wirbel erstaunt. Mit Nachdruck erklärte er immer wieder, daß er nicht versuche, auf die Lieferanten einzuprügeln, sondern ihnen zu helfen. Für ihn war alles ganz einfach: Kostensparende Produktion und sorgfältigere Qualitätsprüfungen würden allen nützen – GM, den Lieferanten selbst und den Kunden. War das nicht im Sinne aller Beteiligten?

Es war eine schwierigen Anfangsphase, und Lopez holte dieselben Spanier die in Europa zu seinem Kernteam gehört hatten, in seinen Einkaufsstab. Seine Leute waren geradezu leidenschaftlich von ihm angetan, sie trieben einen regelrechten Persönlichkeitskult um ihn. Als sich die ersten positiven Ergebnisse abzeichneten, steigerten sie ihre Tatkraft noch um ein Vierfaches. Sie hatten das Gefühl, an etwas Bedeutendem beteiligt zu sein, direkt am Steuerrad der Wende bei GM zu sitzen.

Als Symbol seines ehrgeizigen Plans trug Lopez seine Uhr nicht mehr am linken, sondern am rechten Arm. Er erklärte, er werde die Uhr erst wieder links tragen, wenn seine Aufgabe erfüllt sei und er auf seinen Bauernhof in Bilbao zurückkehren könne. Alle GM-Manager und der gesamte Stab um Lopez übernahmen dieses Zeichen der Wende. Selbst Jack Smiths Ehefrau Lydia bekundete damit ihre Loyalität zur neuen Bewegung.

Während seiner kurzen Amtszeit im Board von GM hatte Ross Perot immer wieder gern angemerkt: »Es geht nicht um einen Flug zum Mond, es geht doch nur um ein Auto.« In diesem »doch nur« steckt allerdings ziemlich viel. Ein Auto zu bauen und dabei auch Geld zu verdienen ist alles andere als eine eindimensionale Aufgabe. Dazu gehört die rationelle, kosteneffektive Synchronisierung von Arbeitskräften, Maschinen, Teilen und Zubehör, die alle in einem System miteinander so verzahnt sind, daß ein hochwertiges Auto zu geringst möglichen Kosten produziert werden kann. Und im Gegensatz zu einem Mondflug muß dieses System zigtausendmal am Tag, und das Jahr für Jahr funktionieren.

Die Unfähigkeit, Design, Maschinenbau, Entwicklung und Herstellung genau aufeinander abzustimmen, war das größte Problem bei GM. Ob es nun gefiel oder nicht, Jack Smith hatte Lopez als Engel der Hoffnung zur Rettung eines Unternehmens auserkoren, das viel zu lange von einer fetten Kost aus Steak und Kartoffeln gelebt hatte. Lopez beteuerte oft und gern, daß er mit dem Produktionssystem von GM nichts zu tun habe. Sein Job sei es, mit den außenstehenden Teilelieferanten zu verhandeln. Aber der Zusammenhang zwischen Kosten und Qualität der Teile und den Endkosten und der Qualität der bei GM hergestellten Produkte lag klar auf der Hand. Nach den von ihm erreichten gewaltigen Einsparungen im externen Bereich war es nur eine Frage der Zeit, wann seine Konzepte auch in den Betrieben Einzug halten würden. Außerdem begann er allmählich auch andere Geschäftsbereich GMs über den Einsatz von ›Kreativteams‹ aufzumischen; diese multifunktionalen Arbeitsgruppen standen über der unternehmensinternen Hierarchie und sollten Lösungen für unterschiedlichste Probleme finden. In ihnen kamen Mitarbeiter aus allen Abteilungen, die irgend etwas mit Design, Produktion und Verkauf der Autos zu tun hatten, zusammen. Anfang 1993 hatte Lopez es fast geschafft, die inneren Schranken zu durchbrechen, die lange grundlegende Kooperation in den Bereichen Design und Produktion verhindert hatten.

Lopez gab es zwar nur ungern zu, aber viele Punkte seines Programms waren westliche Kopien des *Toyota Production Systems*. Worin lag die Besonderheit in Toyotas Autoproduktion? Wer in den siebziger Jahren Toyotas Werk in Motomachi besuchte, brach nicht gerade in Begeisterung aus. Die Montage war kaum automatisiert und das Werk bei weitem nicht so beeindruckend wie die riesigen Fabriken in Europa oder den Vereinigten Staaten. Statt dessen sah man hart arbeitende, uniformierte Männer, die ihre Aufgaben ohne jede überflüssige Bewegung oder Verzögerung wie in einem perfekt choreographierten Produktionsballett ausführten. Die Fabriken waren sauber, aber ziemlich häßlich, ordentlich und klein. In kleinen grauen Zellen, in denen am Ende jeder Schicht Teambesprechungen stattfanden, stand hier und da ein Bonsaibäumchen. Den Amerikanern, die japanische Werke besuchten, kamen die Arbeiter wie menschliche Roboter vor. Sie konnten sich nicht vorstellen, daß amerikanische Arbeitnehmer je so hart und emsig schuften würden. Den Besuchern von General Motors und anderen amerikanischen Unternehmen fiel auf, wie gering die Fehlzeiten der Japaner, wie lang die Arbeitstage und wie groß die Disziplin war. Es gab keine Materialverschwendung und keine Streiks. Aber nach Hause fuhren sie mit der Überzeugung, daß all diese Disziplin nicht auf ihre Belegschaft übertragen werden konnte.

Weil Toyota die Besucher aus dem Ausland jedesmal durch das alte Werk in Motomachi führte, kam der Verdacht auf, daß die neueren Fabriken Geheimnisse bargen, die die cleveren Gastgeber nicht preisgeben wollten. Doch trotz seiner Jahre war das alte Motomachi-Werk sehr typisch für Toyotas Fabriken zu dieser Zeit. Das Fließband lief ungewöhnlich langsam. Pro Stunde rollten 52 Autos vom Band, bei GM waren es dagegen 60 bis 70. Das langsame Tempo täuschte jedoch. Toyota konnte die Autos mit geringerem Kostenaufwand produzieren als GMs schneller arbeitende Werke, denn die Produktionsqualität der Autos war sehr hoch, und die Arbeitsstunden pro Auto lagen um mehr als die Hälfte niedriger als bei GM. Die Besucher aber verstanden nicht, was sie sahen. Sie glaubten, daß in den übrigen Fabriken irgend etwas vor sich ging, was man vor ihnen verbarg, und daß die Produktion dort höher automatisiert und schneller war.

Die Unternehmen im Westen, besonders jene, die wie GM und Volkswagen über finanzielle Ressourcen verfügten, waren in die Idee der Automatisierung regelrecht verliebt. Man glaubte, daß mit Fabrikrobotern die Bänder schneller laufen könnten, sich die Qualität erhöhen und, was am wichtigsten war, die Zahl der teuren, menschlichen Arbeitskräfte reduziert werden könnte. Es herrschte ein naiver Glaube an die Fähigkeit der Maschinen: Mit der richtigen Technologie an der richtigen Stelle würde sich alles wie durch ein Wunder verwandeln.

Toyota besaß in den 50er und 60er Jahren, als die westlichen Firmen mehr und mehr automatisierten, kaum Geld für Maschinen, aber eine Menge Arbeitskräfte, die bereit waren, für einen niedrigen Lohn viele Stunden zu arbeiten. Die Fabrikarbeiter wurden darauf gedrillt, ihre Zukunft, ihre Ziele und Werte als untrennbar mit denen des Managements verbunden anzusehen. Für diese Loyalität versprach das Unternehmen den Vollzeitarbeitern lebenslange Beschäftigung.

Toyota konnte sich den hohen Kapitalaufwand für eine Automatisierung nicht leisten und brauchte sie im Grunde genommen auch nicht. Das Unternehmen schlug einen anderen Weg ein und stellte dadurch letztlich all die hochentwickelten technischen Anlagen in den Schatten, die der Westen für viel Geld angeschafft hatte.

Taiishi Ohno, ein begeisterter und talentierter Techniker ohne Hochschulausbildung, stieg in den frühen fünfziger Jahren zum Generalmanager der Produktionsabteilung von Toyota auf. Seine Hauptaufgabe war es, nach Wegen zur Verbesserung der Fließbandarbeit zu suchen. Ironischerweise inspirierte ihn dabei nicht die Technik oder das, was er vom Wettbewerb mit dem Westen gelernt hatte, sondern eine Beobachtung in einem amerikanischen Supermarkt. Sein Grundgedanke war folgender: In einem

Supermarkt werden die Regale neu aufgefüllt, wenn es nötig ist, d. h. wenn die Ware an Kunden verkauft ist. Der Vorrat an Waren wird nicht von dem Produzenten, sondern von Händler und Endverbraucher bestimmt. Es gibt keinen Supermarkt, in dem Waren auf dem Boden gestapelt liegen, weil Regale und Lager voll sind. Das Bestellverfahren ist von der Nachfrage im jeweiligen Laden und nicht davon, was der Lieferant loswerden will, abhängig. Ein Supermarkt, der mehr Waren bestellt, als er in einer Woche verkaufen kann, steht nicht nur vor einem Lager- und Organisationsproblem, sondern riskiert auch, Warenbestände anzuhäufen, die er nie wieder los wird. Es ist also die Nachfrage des Endverbrauchers, die über die Versorgung des Systems entscheidet, und nicht der Hersteller, der sie hineindrückt.

In Ohnos Ansatz spielte auch der derzeitige Zustand der japanischen Autoindustrie eine wichtige Rolle. Im Jahr 1950 lag die Gesamtproduktion in Japan bei nur etwa 30.000 Fahrzeugen. Dementsprechend konnte sich die Produktionszahl eines einzigen Modells nicht an der amerikanischen Definition von »Masse« messen. Ohno mußte deshalb ein System zur effizienten Produktion vieler verschiedener Modelle in kleinen Stückzahlen entwerfen. Außerdem mußte er berücksichtigen, daß die Fabriken klein waren, es an Kapital mangelte, eine Menge billiger Arbeitskräfte zur Verfügung stand und es notwendig war, Investitionen für Anlagen und Materialien gering zu halten.

Diese Überlegungen bildeten die Grundlage für Ohnos Erfindung der Just-in-Time (JIT)-Produktion, einem Verfahren, das Kosten reduziert, indem jegliche Möglichkeit der Verschwendung ausgemerzt wird. Verschwendung wurde definiert als Überschuß von Arbeitskraft, Zeit, Raum und Geld – von jeder Ressource, die im Endprodukt Auto steckt. Diese Idee bildete auch die Grundlage der Qualitätsphilosophie. Das System enthielt keine Pufferzonen für Störfälle, deshalb mußten Qualitätsprobleme notwendigerweise schnell angegangen werden, damit die Produktion nicht zum Erliegen kam. Die Bandarbeiter trugen dabei für einen Großteil des Ablaufes mehr Verantwortung als ihre Vorgesetzten.

Bald zeigte sich, daß dieses Systems auch funktionierte, als Toyotas Produktionsvolumen und die Komplexität der Herstellungsverfahren zunahmen. Mit der Zeit stiegen alle japanischen Hersteller auf JIT-Produktion um, selten jedoch mit der Präzision und Perfektion von Toyota. So einfach die Beschreibung des JIT-Produktionssystems auch klingt, der Westen benötigte mehr als zwanzig Jahre, um es zu verstehen, und kein Unternehmen hat es bisher geschafft, dieses scheinbar »simple« System völlig zu beherrschen. Westliche Unternehmen wie General Motors begriffen nicht, daß Dutzende von Aufgaben und Arbeitsprozessen in den Fabriken, bei den Zulieferern und bei der Gesamtproduktionsplanung koordiniert werden mußten, damit JIT funktionieren konnte. Es reicht nicht, den Lieferplan zu ändern und davon Wunder zu erwarten. Alle waren beteiligt an der Erhaltung eines stets gefährdeten Gleichgewichts. Das System hatte eine Seele und brauchte eine eigene Choreographie.

Amerikanische und deutsche Unternehmen versuchten in ihren Montagewerken, Elemente des *Toyota Production System* aufzunehmen. Sie scheiterten damit, weil die zugrundeliegende Idee ihrer Betriebsorganisation völlig widersprach. Als Henry Ford das Fließband erfand, revolutionierte es die Industrie und senkte die Produktionskosten so kräftig, daß die hergestellten Wagen für die breite Masse erschwinglich wurden. Vor Henry Ford benötigte man zum Autobau zahlreiche qualifizierte Handwerker. Ford aber griff auf ungelernte Arbeiter zurück und brachte sie dazu, ein Auto zu bauen, indem er sie ein und dieselbe einfache Tätigkeit ausführen ließ, während die Autos, die Handgriff um Handgriff Gestalt annahmen, auf Förderbändern an ihnen vorbeizogen. Er entwickelte seine Idee jedoch nicht über das Konzept hinaus, die Produktion in viele, entlang eines laufenden Bandes organisierte, sich wiederholende Tätigkeiten zu zerlegen. Ford und andere Anwender der traditionellen Massenproduktion machten sich kaum Gedanken über das ganze System, etwa über den Zusammenhang zwischen Design und Qualität der Komponenten oder darüber, wie wichtig es ist, die Arbeiter aktiver in den Herstellungsprozeß einzubinden. Fords Produktionsmethode ist auch sarkastisch als »Just-in-Case«-System bezeichnet worden, weil der kontinuierliche Produktionsfluß durch riesige Vorräte an Teilen und vorgefertigten Komponenten rund um das Band sichergestellt werden mußte.

Im System der westlichen Massenproduktion wird der schwankenden Teilequalität mit Reservelagern Rechnung getragen, um defekte Produkte ersetzen zu können. Häufige Ausfälle der Anlagen am Fließband erfordern Zwischenlager, damit die Produktion im intakten Bandbereich während der Reparaturarbeiten weiterlaufen kann. Es sind Inspektoren nötig, die die Einhaltung von Qualitätsstandards sicherstellen. Das System ist robust, weil Ausfälle grundsätzlich eingeplant sind. Allerdings beschert es dem Herstellungsprozeß zusätzliche Kosten. Im Gegensatz dazu zwingt JIT die Unternehmen, ihre Anlagen instandzuhalten und zu überholen, bevor Pannen auftreten.

Es kam den amerikanischen und deutschen Autobauern wohl nicht in den Sinn, die Grundlagen ihrer Systeme zu überprüfen. Statt dessen taten sie den aufkommenden Erfolg der Japaner als Nebenerscheinung einer arbeitswütigen Nation ab. Sie waren Gefangene eines Systems geworden, das seit den ersten Jahrzehnten des zwanzigsten Jahrhunderts praktisch nicht mehr verändert worden war.

Darüber hinaus hatte man bei Toyota begriffen, daß im Autobau von Anfang an auf Qualität und Effizienz bei der Montage geachtet werden muß. Eine Organisationsdisziplin, die Designer, Ingenieure und Produktionsspezialisten schon früh in den schöpferischen und technischen Entwicklungsprozeß einband, minimierte den Verbrauch der für den Entwurf und die Produktion benötigten Ressourcen. Zudem steigerte die frühe Zusammenarbeit mit den Zulieferern die Effizienz und reduzierte die Entwicklungszeit für ein Modell.

Im Westen ist die Zusammenarbeit zwischen einzelnen Unternehmensbereichen eher die Ausnahme. Oft saßen die Designer weit entfernt vom eigentlichen Produktionsprozeß. Bei GM unterstand bis vor kurzem die Designabteilung dem Chairman und nicht den einzelnen Sparten; darin lag vielleicht sogar die Ursache für die regelmäßigen Mißgeschicke beim Karosseriestyling in den achtziger Jahren. Der eigentliche Fahrzeugbau fand in einer eigenen, abgetrennten Welt statt. Vor der Umorganisation des Unternehmens im Jahre 1984 wurden die meisten Montagewerke durch das GMAD-Programm gemanagt, das zumindest für eine einheitliche Produktionsdisziplin im ganzen Unternehmen sorgte. Nach der Umorganisation wurde das GMAD-Programm schrittweise abgebaut, und die jeweiligen Betriebsmanager übernahmen die Aufgabe, die von den Ingenieuren entwickelten Prototypen in fertige Modelle umzusetzen. Es entwickelte sich schnell ein buntes Durcheinander von Führungsstilen und Investitionsprioritäten.

Während der Ausgabenorgie Mitte der achtziger Jahre wurden sechs neue Montagewerke eröffnet. Sie alle hatten wenig miteinander gemeinsam. Das absurdeste Beispiel für den Mangel an Koordination und Flexibilität bei GM stellten vier Werke dar, in denen jeweils eine Version des Mittelklasse W-Wagen entwickelt und produziert wurde. Obwohl die Autos im großen und ganzen identisch waren, reichten die Unterschiede aus, daß nicht einmal zwei dieser Versionen in einem Werk montiert werden konnten.

Toyota war deshalb einzigartig, weil es alle Aspekte des Autobaus in einem einzigen System vereinte, während GM sich an die lang gepflegte Prämisse hielt, daß die Produktinnovation einen strategischen Vorteil über die Verfahrensinnovation besitzt.

Die Produktionsphilosophie von Volkswagen wurde nach dem Krieg von Nordhoff entwickelt. Sie sah die Herstellung desselben Autotyps, des Käfers, in immer größeren Mengen und immer größeren Fabriken vor. Es war so, als ob das Unternehmen Brot oder Bier herstellte und niemals damit rechnete, das Rezept ändern zu müssen. Selbst der Errichtung von VW-Werken in Brasilien und Mexiko lag die Vorstellung zugrunde, den Gewinn durch die Produktion riesiger Mengen eines einzigen Automodells zu maximieren.

Solange die Nachfrage nach dem Käfer stärker anstieg als die Produktionskapazität, mußte Nordhoff sich nicht um die Feinheiten bei der maximalen Ausnutzung aller Produktionsmittel sorgen. Die Kosten pro Produktionseinheit fielen, wenn die Fixkosten der Produktentwicklung und Herstellung stabil blieben und der Ausstoß an Autos steil anstieg. Deutschland erholte sich vom Krieg, die Wirtschaft boomte, die Löhne lagen niedrig, und der Ruf der Fahrzeuge von VW war so gut, daß man hohe Preise verlangen konnte. Die schwierigste Aufgabe bestand darin, das unstillbare Verlangen in aller Welt nach dem Käfer zu befriedigen. VW erzielte in dieser Phase enorme Gewinne, die es zu einem großen Teil in noch größere Werke investierte. Den Rest führte es einfach den stillen Reserven zu und füllte damit die Schatzkammern des Unternehmens immer weiter auf. Als Carl Hahn in den sechziger Jahren in die Vereinigten Staaten kam, fand er zu seiner freudigen Überraschung 300 Millionen

Dollar auf dem VW-Bankkonto vor, die sich ordentlich verzinsten. Diese Juliustürme schienen Nordhoffs Unternehmensphilosophie nur zu bestätigen. Doch die guten Tage des Unternehmens und des Käfer waren längst gezählt.

In Deutschland setzte man auf das Konzept der ›Technik‹, einer Kombination aus Kunst und technischem Know-how, wie sie der qualifizierte Facharbeiter verkörperte. Man konnte sich darauf verlassen, daß er nach seiner dreijährigen Lehrzeit gute Autos baute und selbständig eingriff, wenn Maschinen ausfielen oder Teile Mängel aufwiesen. Zuverlässig besserte er Lackfehler aus, bediente Metallstanzen und ging, wenn es sein mußte, auch mit roher Gewalt vor, wenn ein schlecht geschnittenes Teil nicht recht paßte. Die Deutschen waren überzeugt, daß ihnen die Kombination von Maschinen und gut ausgebildeten Arbeitskräften einen dauerhaften Kosten- und Qualitätsvorteil garantiere.

In Deutschland werden technische Fachbereiche, insbesondere Maschinenbau und Chemie, höher bewertet als andere, »softe« Wissenschaften. Maschinenbauunternehmen und metallverarbeitende Betriebe dominierten in der Industrie. Vielleicht liegt es an dieser, durch Bildungssystem und Investitionsprioritäten geförderten Tradition, daß Deutschland bisher auf dem Gebiet der Biotechnologie, Elektronik und Computertechnik so weit hinter Japan und den Vereinigten Staaten hinterherhinkt. Hier liegen vielleicht auch die Gründe dafür, warum die S-Klasse von Mercedes, das Flaggschiff aller »Daimler« mit einem unübertroffen hohen Preis, bei den Kunden zum Flop geriet. Die Ingenieure entwickelten technische Spielereien zur Lösung von Problemen, die die Kunden nicht als solche empfanden. Beispielsweise hat das Modell doppelt verglaste Seitenfenster, die nicht beschlagen können. Diese Fenster machen den Wagen schwerer, die Türen dicker und treiben die Kosten übermäßig in die Höhe – all das nur um klarer Scheiben willen. Andere Unternehmen lösten das Problem einfach durch die direkte Zufuhr von Heißluft ans Fenster. (Helmut Werner, der Präsident von Mercedes, gibt heute zu, daß sein Unternehmen zu weit ging und darin versagte, die realen Bedürfnisse der Kunden nicht wirklich verstanden hatte. Nun will er die gesamte Modellpalette von Mercedes Benz überprüfen lassen, um die Wagen erschwinglicher und sozial verträglicher zu machen.)

Jahrzehntelang rühmten die deutschen Autounternehmen ihre brillante Technik und ihre schnittigen, solide gebauten Autos. Weil sie aber niemals ein über die Anschaffung immer größerer und kostspieligerer Maschinen hinausgehendes Produktions*system* entwickelten, standen sie einem Konzern wie Toyota verständnislos und hilflos gegenüber, als er in den siebziger Jahren die Weltbühne betrat und andere Unternehmen zu vernichten drohte. Für Toyota standen die Produktionsverfahren im Vordergrund, jeder Beschäftigte wußte, daß zur Maximierung von Produktivität, Qualität und Ressourcenausschöpfung ein berechenbares Produktionsprogramm, gute zuverlässige Zulieferer und qualifizierte Arbeitskräfte, die auf jede Störung im Ablauf reagieren können, gehören. Dieses System galt als »anfällig«, weil dabei alles so eng miteinander verflochten ist. Toyotas großer Rivale in Japan, das einst reichere, in Tokyo ansässige Unternehmen Nissan, hatte auf eine stärkere Automatisierung gesetzt, doch fiel es in fast jeder Hinsicht hinter Toyota zurück, vor allem aber was die Gewinne betraf. Toyota war das einzige Autounternehmen, das während der Ölkrise von 1973-1974, die in Japan eine schwere Rezession auslöste, noch Gewinne einfuhr. Bis zur Krise arbeiteten die anderen japanischen Autounternehmen mehr oder weniger wie amerikanische Firmen, abgesehen von dem Vorteil, daß sie über billigere und fleißigere Arbeitskräfte verfügten. Toyotas Profite lagen aber so deutlich höher, daß die anderen Unternehmen dessen Methoden zu übernehmen versuchten. Allerdings fiel es ihnen schwer, die Erfolgsrezepte von Toyota nachzuahmen. Einer der Gründe dafür war, daß Toyota ein starkes, um Toyota City angesiedeltes Zulieferernetz besaß. Kein anderer Autobauer verfügte über so viele ergebene und technisch kompetente Zulieferer in der Nähe seines Hauptsitzes.

Das System von Toyota funktionierte deshalb so gut, weil der Schwerpunkt auf der Qualitätskontrolle, der schnellen Lösung von Problemen in der Montage und einer unglaublichen Genauigkeit bis ins letzte Detail lag. Man verstand Probleme als Chance und Gelegenheit, etwas besser zu gestalten, und nicht als Unterbrechung oder Unannehmlichkeit. Bei General Motors herrschte genau die entgegengesetzte Mentalität. Ein junger Ingenieur von GM meinte dazu: »In der Produktentwicklung löste niemand alle Probleme, die er gefunden hatte. Man nahm einfach an, daß sich irgend jemand später darum kümmern würde, wenn man selbst schon wieder an einer neuen Aufgabe saß. So lief es halt ab. Und so gerieten Autos in die Produktion, die voller Fehler waren.«

Ironischerweise erhielt Toyota seine wertvollen Lektionen in problemlösendem Denken von einem Amerikaner. In den fünfziger Jahren versuchte W. Edwards Deming, der später als »Vater des Qualitätsmanagements« gerühmt wurde, General Motors und Ford für seine Ideen zu interessieren. Er vertrat die Ansicht, daß ein Unternehmen dann Erfolg hat, wenn in den Arbeitern Sinn für Qualität und Stolz auf die eigene Firma geweckt werden. Selbstgefällig und überzeugt von der eigenen Unbesiegbarkeit, wiesen ihn beide Unternehmen ab. Um so mehr Interesse zeigte die japanische Industrie, die in der Nachkriegszeit nach ihrem Comeback trachtete. Damals war Toyota eine kleine, unscheinbare Firma, die davon träumte, groß zu werden, aber genau wußte, daß in Japan die nötigen Mittel dazu fehlten. Toyota war lernbegierig und hörte vor allem eifrig auf die Lehren Ohnos, der viele Ideen Demings in seine Unternehmensphilosophie aufnahm. Ein wichtiger Lehrsatz lautete, daß man den Arbeitern das Gefühl vermitteln müsse, die Firma »mitzubesitzen«, indem man sie an der Lösung von Problemen beteiligt. Ohno beschrieb das so:

»Wenn Sie vor einem Problem standen, haben Sie dann jemals innegehalten und wenigstens fünfmal ›Warum?‹ gefragt? Das ist sehr schwer, auch wenn es einfach klingt. Stellen Sie sich mal vor, daß eine Maschine nicht mehr funktioniert:

›Warum fiel die Maschine aus? Sie war überlastet, und die Sicherung ist durchgebrannt.‹

›Warum gab es eine Überlastung? Das Lager war nicht ausreichend geschmiert.‹

›Warum wurde es nicht ausreichend geschmiert? Die Leistung der Schmierpumpe reichte nicht aus.‹

›Warum arbeitete die Schmierpumpe nicht einwandfrei? Die Welle der Pumpe war abgenutzt und rasselte.‹

›Warum war die Welle abgenutzt? Es war kein Sieb eingebaut worden, so daß Metallsplitter hineingerieten.‹

Und so weiter. Nachdem man durch konsequentes Fragen bis zur Ursache des Problems vorgestoßen ist, können die Maschinen richtig eingestellt oder repariert werden. Gibt man schon nach der ersten Frage auf, wird lediglich die Sicherung ausgetauscht, und die nächsten Störfälle sind programmiert.«

Einer der Hauptfaktoren, durch den sich das *Toyota Production System* vom »Fordismus« unterschied, war das Maß an Verantwortung und individuellen Kontrollmöglichkeiten, das man den Arbeitern übertragen hatte. Der westliche Fließbandarbeiter stellt nur ein kleines Rädchen im Getriebe einer großen Maschine dar, seine ganze Verantwortung reduziert sich auf die einzige Tätigkeit, mit der man ihn betraut hat – sei es, daß er eine Schraube anzieht, eine Tür anbringt, Dichtungsmaterial aufträgt oder irgendeinen anderen Handgriff ausführt. Er erledigt seine Aufgabe, die nur wenige Sekunden dauert, mehrere hundertmal am Tag exakt auf die gleiche Art und Weise. Der Arbeiter muß, wenn überhaupt, nur sehr wenig über den Bau von Autos wissen oder den Zweck der Komponenten, die er zusammensetzt, kennen. Er oder sie ist weit davon entfernt zu verstehen, wie sich die persönliche Leistung auf die nachfolgenden Arbeiten am Fahrzeug oder dessen Gesamtqualität auswirkt. Das Auto selbst wird, aus der Perspektive des einzelnen und seines eng begrenzten Tätigkeitsfeldes, zu etwas Abstraktem. Der Schwerpunkt des Systems liegt auf der Arbeitsgeschwindigkeit. Im Westen ignoriert man schlechte Qualität und geht davon aus, daß Reparaturstationen am Ende des Fließbandes die Defekte beheben. Für die Qualität der Endprodukte gibt es kaum Verantwortung. Und wenn die Arbeiter selbst Vorgesetzte auf Probleme mit Anlagen, Werkzeugen oder defekten Teilen hinweisen, wird ihnen gewöhnlich erwidert: »Machen Sie Ihre Arbeit, und sparen Sie sich die Beschwerden.« Dieses Verhalten frustriert die Arbeiter und weckt in ihnen Verachtung gegenüber den Managern.

Bei Toyota führen die Arbeiter am Fließband ebenfalls nur eine bestimmte Tätigkeit aus, doch liegt der Unterschied in der Philosophie der geteilten Verantwortung. Alle Arbeiter sind für eine Reihe von Tätigkeiten ausgebildet, die sie im Team ausführen. Die Teams stellen strukturell die erste Stufe der Verantwortlichkeit dar. Die Arbeiter setzen die Autos nicht nur zusammen, sondern überprüfen sie auch. Es wird von ihnen erwartet, daß sie sich darüber Gedanken machen, wie man Aufgaben besser verteilen und Teile oder Werkzeuge verbessern kann. Ihre Vorschläge werden sorgfältig geprüft und, wenn sie sich als brauchbar und nützlich erweisen, übernommen. Um ihm Respekt vor der Bedeutung des Produktes und den Schwierigkeiten seiner Herstellung beizubringen, beginnt jeder neue Angestellte seine Karriere zunächst mit drei Monaten Fließband. Jeder, der am Band steht, darf es stoppen, um eine Störung zu beheben. Obwohl sich diese Praxis mittlerweile auch in US-Firmen durchgesetzt hat, war sie bis in die achtziger Jahre völlig unbekannt. Das Management ging davon aus, daß die Arbeiter das Band mit allen möglichen Vorwänden anhalten würden – um herumzutrödeln und nicht, um etwas in Ordnung zu bringen.

Der Schlüssel zu Toyotas Markterfolg und seinen riesigen Gewinnen war das *Toyota Production System* mit all seiner Logik und Simplizität. Toyota ist von Natur aus ein schwerfälliges, dem Risiko eher abgeneigtes Unternehmen. Dennoch hat, ähnlich wie bei der Fabel von Hase und Igel, die Angewohnheit, eine Entscheidung sorgfältig zu prüfen, bevor ein Schritt gewagt wird, zu weniger Fehlern und zu einem beständigeren Wachstum geführt. Andere japanische Unternehmen hatten bei ihren Versuchen, Toyota zu schlagen, Risiken auf sich genommen, die nicht durch so hohe finanzielle Reserven abgesichert waren. Aber es war Leuten wie Roger Smith nicht möglich, diese Tatsachen zu begreifen. Smith glaubte, daß eine vor Outsidern verborgene, japanische Geheimwaffe in Wirklichkeit für Toyotas Effizienz und Qualität verantwortlich war. Vielleicht dachte er dabei an ein überwältigendes Wunderwerk der Automatisierung. NUMMI (New United Motor Manufacturing, Inc.), das Joint Venture, das Smith mit Toyota abschloß, hatte zum Ziel, GM einen Kleinwagen zu bescheren und im Laufe der Zusammenarbeit Toyotas Methoden näher kennenzulernen. Damals hatte GM ausgerechnet, daß es für die Produktion eines Kleinwagens pro Fahrzeug 2578 Dollar mehr ausgab als die Japaner. Roger Smith strengte sich mächtig an, um herauszufinden, ob die japanischen Methoden auf die amerikanischen Verhältnisse übertragbar waren, und stoppte die Investition in einen anderen verlustträchtigen Kleinwagen, den er für die Modellpalette von Chevrolet allerdings gebraucht hätte.

Um dieses Joint Venture zwischen General Motors und Toyota wurde insgesamt zwei Jahre gerungen, doch sowohl Roger Smith wie Eiji Toyoda wollten es trotz der ablehnenden Haltung von Managern in beiden Unternehmen unbedingt durchziehen. Smith glaubte, daß er auf diesem Wege Toyotas Geheimnis auf die Spur käme. Eiji dagegen betrachtete das Vorhaben als große politische Chance, ohne jedes Risiko herauszufinden, ob Toyota sein System nach Amerika verlegen konnte. Wenngleich Honda und Nissan bereits eigene Montagefabriken in den Vereinigten Staaten errichteten – Toyota ging vorsichtiger als seine japanischen Konkurrenten ans Werk. Es war Eijis Methode, sich langsam vorzutasten – erst zu lernen und dann zu handeln. Er wollte dem aufflammenden Protektionismus durch ein behutsames Vorgehen den Wind aus den Segeln nehmen.

Im März 1983 einigten sich die beiden Unternehmen darauf, ihre Kräfte zum Bau eines Kleinwagens zu vereinen. Toyota steuerte 100 Millionen Dollar in Cash bei und GM die entsprechende Summe in Sachwerten, in erster Linie das stillgelegte Werk in Fremont in Kalifornien. Diese Fabrik war dichtgemacht worden, weil GM Überkapazitäten abbauen mußte, der Betriebsfrieden ohnehin zerrüttet und die Produktqualität lausig war. Für NUMMI wurde ein eigener Board of Directors gebildet, der jeweils zur Hälfte mit Leuten aus beiden Unternehmen besetzt war. Toyota stellte den Präsidenten und den Chief Executive Manager. NUMMI sollte einen auf dem *Toyota Corolla* basierenden Kleinwagen bauen, den GM als *Chevrolet Nova* verkaufen wollte. Chevrolets Händler verlangten nach einem billigen Einstiegsmodell, weil sie, mit dem Handicap des Preisführers behaftet, in bestimmten Gegenden wie Kalifornien von den Japanern aus dem Markt gedrängt wurden. Die Mehrheit der Erstkäufer entschied sich bereits für japanische Modelle, und auch beim Zweit- oder Drittwagen punkteten die Japaner gewaltig. Obwohl die Händler einen rein amerikanischen Pkw vorgezogen hätten, begrüßten sie NUMMI als Lösung ihrer Probleme in der Kleinwagenklasse.

Für viele Hard-Liner in Detroit war Roger Smiths öffentliche Bekanntgabe des Ventures nur schwer zu verdauen. Es wurde als faktischer Verzicht auf die Kleinwagenentwicklung zugunsten der Japaner betrachtet, insbesondere weil GM seine früheren Pläne für den Bau des Kleinwagenmodells »S-Car« fallengelassen hatte. Dieser Wagen hätte von der Konzeption her das »Kampfmodell« gegen die Importe darstellen sollen, wäre aber nach allen Analysen nur ein riesiger Verlustbringer geworden. Insgeheim glaubte Smith fest an seine Strategie, die Japaner mit ihren eigenen Waffen zu schlagen, indem GM ihre erfolgreichen Techniken und Methoden im Laufe der Zusammenarbeit kennenlernte und übernahm. Viele Kritiker inner- und außerhalb des Hauses sahen NUMMI aber als Verrat an. Ihrer Meinung nach war der japanischen Bedrohung ausschließlich mit höheren Handelsbarrieren an den Grenzen zu begegnen. 1981 hatte es bereits eine von MITI selbst auferlegte Handelsbeschränkung gegeben, doch die amerikanische Industrie forderte mehr. Und ausgerechnet jetzt stieg GM mit dem Feind ins Bett.

Smith fühlte sich von dem Vorwurf, er sei unpatriotisch, tief getroffen, doch kannte er die Zahlen zu genau, um zu wissen, daß GM nicht in der Lage war, selbst einen profitablen Kleinwagen zu bauen – zumindest nicht zum damaligen Zeitpunkt. Vielleicht um die Kritik zu zerstreuen, machte er, kurz bevor das NUMMI-Geschäft unterzeichnet wurde, eine dramatische und überraschende Ankündigung: General Motors plane ein eigenes, zukunftsweisendes Experiment im Kleinwagenbau. Die Zusammenarbeit mit Toyota sei, so versprach Smith unter Verweis auf dieses noch namenlose Modell, ein bloßer Notbehelf auf dem Wege, die Japaner zu übertreffen.

Smiths Ankündigung des neuen Programms – es wurde später nach den Raketen, die Amerikas erste Raumschiffe angetrieben hatten, »Saturn-Projekt« getauft – kam so plötzlich und überraschend, daß die bei Toyota über NUMMI verhandelnde Delegation überrumpelt wurde. Jack Smith, der das Verhandlungsteam führte, erinnerte sich später, daß ihn seine japanischen Gastgeber zu diesem Projekt, insbesondere zu Roger Smiths Bemerkung, daß NUMMI bloß ein Notbehelf sei, mit Fragen bestürmten. Was war damit gemeint, fragten sie ihn und sich. Jack Smith konnte keine Antworten geben, weil ihm Informationen über das Projekt fehlten und er nichts von der Ankündigung wußte.

Auch Roger Smith konnte nur wenige Angaben zu dem neuen Projekt machen, das zu dem damaligen Zeitpunkt nichts als eine Sammlung loser Ideen war, die ein Kreativteam im Technical Center von GM hastig zusammengeschustert hatte. Trotzdem verbesserte die Ankündigung sein Image und verschaffte ihm zusammen mit dem NUMMI-Geschäft in einigen Kreisen den Ruf eines Visionärs. Mit seinen koboldhaften, vollen, roten

Backen und der hohen, schrillen Stimme glich er freilich eher einem kauzigen Sonderling. Doch in seinen Träumen war er der Chairman, der General Motors wieder zu alter Größe zurückführen würde. Er verstand seine mit NUMMI und Saturn zweigleisig angelegte Strategie als Teil eines grandiosen Planes zur Bekämpfung der Importe. Vom überwiegend positiven Presseecho ohnehin euphorisch gestimmt, wollte – und konnte – Smith wohl nicht voraussehen, daß weder NUMMI noch Saturn GM verändern können. Die beiden Projekte brachten allerdings unerwartete Ursachen für die Probleme des Unternehmens ans Licht. Und letztlich trugen auch sie noch ihren kleinen Teil zu den Gesamtsorgen des Unternehmens bei.

Der eigentliche Trugschluß in Smiths Strategie lag in der Annahme, daß die aus NUMMI (und später Saturn) gewonnenen Weisheiten auf wunderbare Weise von selbst jeden Winkel bei General Motors durchdringen würden. Statt dessen war das Projekt nur eine weitere verpaßte Chance für das Unternehmen. Und sie fiel wiederum in Smiths Amtszeit. GM waren die Ideen ausgegangen. Welche Weichen mußten gestellt werden, welche Lösungen für die von vielen erkannten Probleme gab es noch?

Fremont, Californien – September 1984

Stephen Bera war ein typischer General Motors Manager, ein Mann aus dem Mittleren Westen, der schon seit zwanzig Jahren dem Unternehmen angehörte. Sein Fachgebiet war die Materialprüfung in der Produktion. Er begann bei Chevrolet, wechselte zur AC Spark Plug Division und von dort in die zentrale Personalabteilung. So arbeitete er sich nach oben und stieg bedachtsam die Karriereleiter mit ihren angenehmen Gehaltserhöhungen und Prämien hoch, stets die persönliche und finanzielle Absicherung seiner Laufbahn bis zum Ruhestand im Auge. Er war ein fähiger Manager, aus echtem GM-Holz geschnitzt, der seine Stunden ableistete und sein regelmäßiges Gehalt zu schätzen wußte. Wie den meisten GM-Managern, die mit einer Aufgabe bei NUMMI betraut wurden, bereitete es ihm Unbehagen, unter einem japanischen Management arbeiten zu müssen. Das in Amerika verbreitete Bild von einem japanischen Betrieb sah etwa so aus: In einer menschenfeindlichen Arbeitswüste werden die Menschen wie Maschinen behandelt und gezwungen, endlos viele Stunden unter sterilen Bedingungen zu fronen. Beras Aufgabe ähnelte der eines Soldaten, der in feindliches Territorium geschickt wird. Man trug ihm und anderen Managern auf: »›Machen Sie beim Joint Venture mit und bringen Sie uns die ›Zauberformel‹, die sich hinter dem *Toyota Production System* verbirgt.‹ So zogen wir alle aus und hatten nur einen Gedanken im Kopf: ›Lern, was du kannst. Mach deine Aufgabe gut. Damit du uns später helfen kannst, das Unternehmen auf den richtigen Kurs zu bringen.‹«

Genau das hatte sich Bera vorgenommen. Aber was er erlebte, änderte sein Leben.

»Ich habe dort eine echte Gehirnwäsche durchgemacht«, gibt er mit immer wiederkehrender Verwunderung zu. »Mir gefiel meine Arbeit bei Toyota viel besser als erwartet. Kein alltäglicher Kleinkampf mehr, vorbei die Zeiten, in denen ich Dinge nur zu meinem persönlichen Vorteil erledigte. Das Motto hieß: ›Was dient dem Unternehmen?‹ Es war eine Kehrtwende um 180° im Vergleich zu allem, was ich jemals im Lauf meiner Karriere erfahren hatte.«

Die »Zauberformel« von NUMMI war ganz einfach das *Toyota Production System* im westlichen Outfit. Denn Toyota wußte, daß die Arbeiter in Kalifornien die in Japan üblichen Arbeitsgewohnheiten nicht akzeptieren würden. Toyotas Philosophie umfaßte sieben Kernpunkte:

1. *Kaizen*, die nie endende Suche nach Perfektion (kontinuierlicher Verbesserung);
2. *Kanban*, die Reduzierung der Kosten durch das Just-in-Time-System;
3. volle Ausschöpfung des menschlichen Arbeitspotentials;
4. Aufbau gegenseitigen Vertrauens;
5. Förderung von Leistung im Team;
6. partnerschaftlicher Umgang aller Beschäftigten miteinander;
7. die Sicherung des Lebensunterhaltes für alle Beschäftigten.

Bei NUMMI gab es nur vier Arbeitsplatzklassifikationen im Gegensatz zu manchen GM-Werken, die es auf nicht weniger als 183 brachten. Den in Teams organisierten Arbeitern stand ein Kollege vor, den man in Toyota City auf diese Aufgabe vorbereitet hatte. Der Teamführer trat weniger als

Chef denn als Ratgeber auf. Jeder Mitarbeiter im Team entwickelte den Ehrgeiz, irgendwann auch einmal zum Teamführer ausgebildet zu werden.

Das Management von Toyota setzte alles daran, die Ängste zu zerstreuen, die die Arbeiter wegen ihrer Tätigkeit für die Japaner haben mochten. Der zweite Präsident Kan Higashi, der Tatsuro Toyoda in NUMMIs zweitem Geschäftsjahr ablöste, war in der Belegschaft so beliebt, daß bei seiner Rückkehr nach Japan im Jahre 1989 echte Tränen vergossen wurden. Higashi zeigte einen tiefen und unerschütterlichen Respekt vor den amerikanischen Arbeitern, der nicht vorgetäuscht, sondern echt war. Während seiner Amtszeit bei NUMMI konzentrierte er sich darauf, den amerikanischen Arbeitern den Glauben an ihre Fähigkeiten zurückzugeben, indem er sie in dem Gefühl bestärkte, für das Unternehmen wichtig zu sein. Später erzählte er: »Die Arbeiter hatten bittere Erfahrungen gemacht, als sie von GM gefeuert worden waren. Unsere Aufgabe war es, ihren Lebensunterhalt zu sichern. Am Anfang sagte ich, dieses Unternehmen wird dann ein echter Erfolg sein, wenn die Mitarbeiter mit dem Gefühl in den Ruhestand gehen, daß ihre Tage bei NUMMI glücklich und produktiv waren. Das ist meine innerste Überzeugung. Ich habe mich immer persönlich mit ihnen befaßt. Sie erzählten mir viele traurige Geschichten von ihren Tagen bei GM, und ich wollte nicht, daß sie diese Erfahrungen noch einmal durchmachen. Sie sollten zusammenarbeiten und das Unternehmen zum Erfolg führen. Wir Japaner müssen aber bescheiden bleiben. Man erlaubt uns, in einem fremden Land Geschäfte zu machen, deshalb sollten wir immer bescheiden sein. Aus diesem Grund versuchte ich, Japaner aus Managementpositionen herauszuhalten. Zunächst brauchte ich noch einige Landsleute an verschiedenen Stellen, doch ersetzte ich sie später gezielt durch Amerikaner.«

»Heute«, fügte er stolz hinzu, »fühlt sich NUMMI wie ein einheimisches Unternehmen. Die Menschen haben mir erzählt, daß sie sich dort wohl fühlen. Allerdings fällt es japanischen Unternehmen schwer, Schlüsselpositionen mit Amerikanern zu besetzen. Sie behaupten, ›wir können ihnen keine Verantwortung geben, weil sie die japanische Sprache nicht verstehen‹. Ein Fax könne die richtige Person nicht direkt erreichen, weil es zunächst übersetzt werden müsse. In einer Rede, die ich einmal in Japan gehalten habe, sagte ich meinen Zuhörern, daß es das Allerwichtigste sei, das Fax auf Englisch zu schicken, selbst wenn man auf Bildersprache und Piktogramme zurückgreifen muß. Andernfalls wird das Unternehmen niemals international.«

Die meisten Ansichten Higashis waren sowohl bei Toyota als auch bei GM umstritten. Doch wurde NUMMI in vielerlei Hinsicht ein Erfolg, vor allem, weil sich unter den Mitarbeitern ein starkes Gemeinschaftsgefühl entwickelte. Higashi besaß Menschenkenntnis und zeigte Mitgefühl für die Leute, deren Leben durch die Firmenschließung von Fremont ruiniert worden war. Er stellte sicher, daß Arbeiter mit demselben Respekt wie Manager behandelt wurden. Es gab keine reservierten Parkplätze, und jedermann stand in der Cafeteria in derselben Schlange an. Dies waren sicherlich kleine Gesten, aber in einem Unternehmen, dessen Führungselite immer zahlreiche Privilegien genossen hatte, besaßen sie große Bedeutung.

Trotz des Erfolges von NUMMI verlief die Beziehung zwischen Toyotas und General Motors Management nicht immer reibungslos. »Manchmal waren sie gute Partner«, meinte ein Manager von Toyota. »Aber im Arbeitsalltag waren sie eher schlechte Partner. Sie neigten stark dazu, sich aufzuspielen. Ich war jedesmal frustriert, wenn ich zu Roger Smith gehen mußte, um mit ihm über Fragen der Produktion, der Preisgestaltung oder anderes zu sprechen. General Motors arbeitete höchst ineffizient.«

Die meisten der bei NUMMI beschäftigten GM-Manager warteten nur darauf, ihre gewonnenen Erfahrungen in der Muttergesellschaft einbringen zu können. Ihre Rückkehr verzögerte sich, weil GM keinen Plan zur Umsetzung ihrer neu erworbenen Fähigkeiten und Kenntnisse vorbereitet hatte. In der Zwischenzeit gab es in der Presse haufenweise Berichte über das ›Wunder der Nichtautomatisierung‹, das die undiszipliniertesten Arbeiter von GM positiv verwandelt hatte. Doch GM dachte nicht daran, von NUMMI etwas zu lernen; insbesondere wollte man nicht wahrhaben, daß das Management, und nicht die Arbeitnehmerseite, für die meisten Probleme in den Betrieben verantwortlich war. Als Stephen Bera nach drei Jahren Arbeit bei NUMMI hochmotiviert zurückkehrte, erwartete er, mit der Aufgabe betraut zu werden, in Detroit die Methoden und Verfahren NUMMIs umzusetzen. Doch solche Gelegenheit gab es nicht. Es wurde eine Reise in die Vergangenheit. Demoralisiert von GMs Desinteresse an seinen neuerworbenen Fähigkeiten, schied Bera aus dem Unternehmen aus. (Später gehörten mehrere NUMMI-»Absolventen«, unter anderem der frühere NUMMI-Controller Bob Hendry und der Manager Mark Hogan, zum Team von Jack Smith. Auch Lou Hughes, der spätere Opel-Chef und Europa-Chef, und der fürs gesamte Auslandsgeschäft verantwortlich war, hatte an den ersten Verhandlungen zu NUMMI teilgenommen.)

Bevor NUMMI das Gegenteil bewies, war Roger Smith überzeugt, daß Automatisierung und nicht Arbeitskräfte des Rätsels Lösung waren. Zu Beginn des Jahrzehnts glaubte er, daß sich mit konsequenter Automatisierung eine höhere Qualität und Produktivität erreichen ließe und GM dadurch der Konkurrenz davonpreschen würde. Im Jahre 1980 prahlte er vor der Presse, daß der Konzern am Ende des Jahrzehnts mit 14.000 Robotern arbeiten würde. Der immense Reichtum des Unternehmens erlaubte es ihm, Beträge auszugeben, von denen andere Unternehmen nur träumen konnten. Etwa Mitte der achtziger Jahre, als dem Unternehmen Verluste in Nordamerika drohten, erklärte Roger Smith: »Die Automatisierung kommt gerade recht, um uns zu retten.« Sie erwies sich jedoch für die Werke, die darauf umgestellt wurden, als Katastrophe.

GMs Demonstrationsobjekt für eine auf dem allerletzten Stand der Technik durchgeführte Automatisierung war das neue Werk in Hamtramck im Osten von Detroit. Es verfügte über die modernsten High-Tech-Anlagen. Hier sollten die neuesten *Cadillacs* gefertigt werden.

In der ernüchternden Geschichte von Hamtramck kamen schon alle zukünftigen Probleme des Unternehmens zum Vorschein. Als Reaktion auf die ständigen Qualitätsbeschwerden bei den *Cadillacs*, wodurch die Automarke gegenüber der europäischen Konkurrenz in Bedrängnis geriet, erwarb GM Ende der siebziger Jahre ein größeres Gelände in Detroit, um dort einen Musterbetrieb für die Automatisierung zu errichten. Hier sollte die neue Generation der kleineren *Cadillacs* –*Eldorado* und *Seville* – gebaut werden. Das Gebiet wurde nach den polnischen Einwanderern, die sich dort im späten 19. Jahrhundert niedergelassen hatten, Poletown genannt. Die Bewohner dieser fest zusammengewachsenen Immigrantengemeinde nahmen es jedoch übel, von General Motors verdrängt zu werden, obwohl man sie für ihre Häuser und Grundstücke großzügig entschädigte. Der Aufruhr in der Bevölkerung fügte dem öffentlichen Ansehen von GM allerdings großen Schaden zu. Doch schließlich stand das Werk, und die Produktion lief an. Das System steckte voller Fehler, die zwar von vielen als solche erkannte wurden, aber niemand war fähig, sie zu lösen. Auch wenn Smith das Geld für die Automatisierung locker gemacht hatte und sie in jeder Hinsicht unterstützte, verstand er eindeutig nichts davon – das gleiche galt für seinen Ingenieursstab, der ihn zum ganzen Projekt ermutigt hatte. Gewiß, die 260 glänzenden, neuen Roboter, die Autos schweißten, montierten und lackierten, die fünfzig ferngelenkten Transportwagen, die Teile ans Fließband lieferten, die Batterien an Monitoren und Computern, die den Arbeitsprozeß aufzeichneten, überprüften und kontrollierten, all das brachte nicht nur Smiths Augen zum Leuchten. Er war überzeugt, als Geburtshelfer einer neuen Ära der Effizienz und Qualität zu fungieren. Am Ende würde das Werk als Vorbild für alle Montagewerke dienen.

In Wirklichkeit entpuppte sich das Ganze als ein Alptraum an Ineffizienz. Fahrzeuge wurden in miserabler Qualität produziert, obwohl die Arbeiter heroische Anstrengungen unternahmen, möglichst viele Mängel zu beheben, bevor die Autos an die Händler ausgeliefert wurden. Die *Eldorados* und *Sevilles* hatten einst zu den einträglichsten Modellen von GM gehört, nun wurden sie zu großen Verlustbringern im Unternehmen. Die geplagte Belegschaft fand allein darin Trost, daß GM die Kapazität des Werkes nie voll ausschöpfen konnte. Die Wagen fielen bei den Kunden jämmerlich durch, weil sie zu klein und zu teuer waren.

Das Problem ließ sich auf einen einfachen Punkt bringen: Roboter können nicht denken. Was diese Eigenschaft betraf, waren sie einfach zu effizient. Sie befolgten jeden Befehl, so wie er bei ihnen ankam, und wenn die Eingabe falsch war, setzen sie ihre Arbeit einfach fort, ungeachtet der Verwüstungen, die sie dabei anrichteten. Anders als Menschen, die so flexibel sind, daß sie beim Auftreten eines Problems einen anderen Weg einschlagen, machten die Automaten fröhlich weiter. Einige Roboter waren für die sich ständig wiederholenden Arbeitsvorgänge am Fließband nicht strapazierfähig genug, die Software hatte erhebliche Macken. Die einzelnen Arbeitsstationen waren kaum aufeinander abgestimmt worden, so daß im Betrieb dauernd Chaos herrschte.

Die Legenden, die sich um die wahnsinnigen Roboter von Hamtramck ranken, sind zahlreich. So hatte ein Roboter die Aufgabe, Windschutzscheiben einzusetzen, doch ließ er sie, fehlgeleitet durch einen Computerbefehl, fallen. Unbeaufsichtigte Lackierroboter besprühten alles, was in ihrer Reichweite lag, mit Farbe, nur die Wagen nicht. Andere Roboter bauten systematisch Karrosserieteile in die falschen Autos ein. Die Schwierigkeiten waren so groß, daß oft Arbeiter an die Seite ihrer eisernen ›Kollegen‹ gestellt werden mußten, um Lackier- und Schweißarbeiten auszubessern und sonstige Mängel zu beheben. Immer wieder mußten die Fließbänder angehalten werden (jede Sekunde Ausfallzeit kostete 200 Dollar). Ein Arbeiter beschrieb den Hamtramck-Alltag als einen »Film in Zeitlupe, selbst wenn das Band läuft – und das tut es oft nicht.«

In der Zwischenzeit schickte sich Toyota an, die Lehren, die es aus NUMMI über die amerikanische Wirtschafts- und Industriewelt gezogen hatte, für sein erstes eigenes Werk in Übersee umzusetzen. Die beiden Werke sollten sich wie Tag und Nacht unterscheiden. Nicht, daß die Japaner kein Interesse an der Automatisierung hatten, doch hielten sie ihren Einsatz nur dort für sinnvoll, wo er sich mit den Grundprinzipien ihres Produktionssystems vereinbaren ließ. Toyota tastete sich, wie es seiner Art entsprach, mit Vorsicht an die Automatisierung heran; was man bei GM beobachten konnte, gab auch guten Grund zu einem behutsamen Vorgehen. Als Roger Smith Eiji Toyoda zu einem Rundgang in Hamtramck einlud, konnte der Chairman von Toyota sein Entsetzen kaum verbergen. Von Smith nach seiner Meinung befragt, gab sich Eiji betont zurückhaltend, meinte aber später zu einem Kollegen: »Es wäre peinlich gewesen, wenn ich mich dazu geäußert hätte.«

Während die GM-Leitung dem Götzen der Automatisierung huldigte, stolperte einer von ihnen, Lloyd Reuss, in eine andere Falle. Nach einem flüchtigen Blick auf das *Toyota Production System*, so wie es in Toyota City funktionierte, erklärte er, daß sich derlei nun wirklich leicht kopieren lasse. Er hatte zwar die Toyota Werke besucht, aber nie richtig hingeschaut.

Seinen naiven Vorstellungen zufolge konnte General Motors eine eigene Version von Toyota City, genannt Buick City, bauen. Reuss entwickelte eine unglaubliche Eloquenz, wenn er über den Plan für den Bau eines

GM-Werkes sprach, das die Japaner mit ihren eigenen Waffen schlagen würde. Als Standort sollte ein renoviertes Werk in Flint in Michigan dienen, das 1906 errichtet worden war. Für den Umbau des Werkes und die Ausstattung mit modernster Technologie waren 350 Millionen Dollar vorgesehen.

Buick City, dessen Produktion 1985 unter Fanfarenklängen anlief, sollte nach dem Just-in-Time-System arbeiten. Heute zählen die dort fabrizierten Autos zwar zu GMs besten Wagen, aber der mehrere Jahre in Buick City gebaute *Le Sabre* wurde bei seinem Debut als eines der schlechtesten Autos beurteilt und rangierte neben dem berüchtigten Yugo auf den untersten Rängen. Die zahlreichen Mängel des Modells waren eine echte Plage: schlechte Lackierung, ungleichmäßige Verarbeitung, Fenster, die oben nicht schlossen – alles Kennzeichen einer lausigen Qualität. Im Werk herrschte ein Automatisierungschaos, und die Arbeitsmoral (die von Anfang an schlecht war, weil die Belegschaft rivalisierenden Gewerkschaften angehörte), zerfiel schnell. Die Beschäftigten von Buick City und die Zulieferer hatten keine Ahnung, wie das JIT-System funktionieren konnte. Die zum Werk führenden Straßen waren für einen kontinuierlichen Gegenverkehr nicht breit genug, so daß die Lastwagen das gesamte Straßennetz des Werks völlig verstopften. In den ersten zwei Jahren verkaufte sich der *Le Sabre* so schlecht, daß es ständig Entlassungen gab. Reuss' Traum von Buick City geriet aus vielen Gründen zu einem Desaster. Das Hauptproblem war die Zulieferung von Teilen. Das JIT-System konnte nur funktionieren, wenn GM genau vorhersagte, wie viele Autos produziert werden sollten, und diese Zusage auch einhielt. Dazu mußten zahllose Details geklärt werden, die Zahl der pro Stunde benötigten Teile, die Art der Anlieferung und anderes mehr. Erst als man einige der ursprünglichen Theorien aufgab, viele Maschinen abschaffte und eine Übereinkunft zwischen der Flint-Belegschaft und dem neuen Werksmanager J. T. Battenburg gefunden wurde, konnte das Werk in den folgenden Jahren aus der Krise geführt werden.

Volkswagen verstand es nur wenig besser, das Produktionsvolumen, die Qualität und die Kosten im Gleichgewicht zu halten. Traditionell werden die Deutschen weltweit als Meister der Technik angesehen. Schon im 19. Jahrhundert waren sie für die Präzision und die hervorragenden Leistungen ihrer Maschinen bekannt, nicht nur auf dem Gebiet des Autobaus, sondern auch bei Produkten wie Fahrrädern, Schußwaffen, Kanonen und Photoapparaten. Die meisten berühmten Lehrbücher der Mathematik, Physik und der Ingenieurwissenschaften wurden damals in deutscher Sprache verfaßt. Die Deutschen übernahmen auch eine führende Rolle beim Bau großer Industriekomplexe wie Kraft- und Stahlwerken. Volkswagens Anfänge standen im Zeichen dieses technischen Genius. Daher konnte Hitler davon träumen, das Unternehmen zum technisch fortgeschrittensten Massenproduzenten der ganzen Welt zu machen. Wie die amerikanischen Firmen legten die deutschen Autounternehmen den Schwerpunkt auf die Autotechnik und die zur Produktion benötigten Maschinen, schenkten aber der Verfeinerung ihres Produktionssystems und der vollen Ausschöpfung der Ressourcen nur wenig Beachtung.

Volkswagen war völlig dieser Tradition verhaftet, und seine einzigartige Geschichte hinderte es daran, wichtige Grundlagen für die Zukunft zu legen. Als Nordhoff den Betrieb nach dem Krieg übernahm, entschied er sich für die seiner Meinung nach leichteste und billigste Strategie, er blieb bei dem von Porsche und Hitler geschaffenen Entwurf. Das erste Volkswagenwerk, in dem das altmodische, kleine Auto gebaut wurde, entsprach kaum den von den amerikanischen Autoherstellern vorgegebenen Standards der Massenproduktion. Nordhoff hat diese Kritik nie akzeptiert. Fünfzehn Jahre nach Anlauf der Produktion erklärte er selbstbewußt in einer Rede vor dem Economic Club in Detroit: »Hier in Amerika befassen sich die Lehrbücher mit Henry Fords ›Fünf-Dollar-Arbeitstag‹. Die Arbeiter der vier Volkswagenwerke gehören zu den am höchsten bezahlten Beschäftigten in Deutschland und arbeiten unter den besten Bedingungen. Die Methoden bei Volkswagen ähneln den Ihrigen in vieler Hinsicht, und ich bin stolz, daß unsere Leistungen sich mit denen Ihrer Industrie messen können.«

Seine Worte hatten Gewicht, denn seit 1962 erzielte VW hohe Gewinne. In den sechziger Jahren erlebte Volkswagen goldene Zeiten; Produktion und Gewinne stiegen steil an. Aber schon damals zeigten sich erste Symptome von Arroganz und Selbstgefälligkeit.

Ende der siebziger Jahre befand sich Volkswagen in einer ähnlichen Situation wie General Motors. Es fehlte eine klare Linie, man investierte große Summen in die Automatisierung und ignorierte die Tatsache, daß man sich einem falschen Produktionskonzept verschrieben hatte, nämlich der Massenherstellung ein und desselben Modells. Die Welt verlangte mittlerweile nach größerer Produktvielfalt, auch bei den kleineren Modellen. Die Entscheidung, ein noch nicht fertiggestelltes Chryslerwerk in Westmoreland in Pennsylvania zu erwerben, um dort das erste *Golf*modell zu bauen, geriet von Anfang an zu einer Katastrophe. Als Leiter des Werks, das 1978 seine Produktion aufnahm, heuerte VW Jim McLernon von Chevrolet an. Aber man hatte wohl vergessen, einen Plan für das Vorgehen auszuarbeiten, und war sich wenig darüber klar, welche Probleme ein mit modernster Technik ausgestattetes Autowerk in den Vereinigten Staaten mit sich bringen würde. Obwohl McLernon Amerikaner war, ließen ihm die Deutschen kaum freie Hand, das Werk nach seinen Vorstellungen von optimaler Effizienz und Effektivität zu führen. Symbolisch für die fehlende Anpassung an den ausgewählten Standort war der Umstand, daß alle offiziellen Schreiben in Deutsch abgefaßt wurden und man im Werk mit dem Dezimalsystem arbeitete, das den Amerikanern völlig fremd war. Nur wenige Wochen nach Anlauf der Produktion gab es die ersten Streiks. Von da an ging es bergab. Es sollte neun Jahre dauern, bis Carl Hahn schließlich entschied, das Werk zu schließen und die geschrumpfte Nachfrage in den USA vom VW-Werk in Puebla, Mexiko, aus zu decken. Er schob die Verantwortung für die Qualitätsmängel des Golf auf die amerikanischen Zulieferer, aber es gab noch andere Versäumnisse. Auch wenn die Zulieferer mangelhafte Teile geliefert hatten, so war doch die Frage, wer eigentlich die Verantwortung trug, daß ein so ernstes Problem neun Jahre lang ungelöst blieb. Außerdem kam der *Golf* bei den amerikanischen ›Yuppies‹, der anvisierten Käufergruppe, einfach nicht an. Bei den Japanern war die Auswahl größer – sie boten billigere Autos mit höherer Qualität an. Anstatt auf den Wandel des Kundengeschmacks zu reagieren, zog sich VW mit der Behauptung in die Defensive zurück, die Amerikaner wüßten ausgereifte Technik einfach nicht zu schätzen. Als Hahn das Werk schloß, erwirtschaftete es pro Jahr 120 Millionen Dollar Verluste.

Wolfsburg, Deutschland – November 1990

Halle 54, das riesige Volkswagenwerk, arbeitete bei voller Kapazitätsauslastung. Teile des höhlenartigen Inneren waren bereits umgebaut worden, um die Montage des neuen Golfmodells vorzubereiten. Besucher wurden von Fahrzeugen am Fließband entlanggefahren und auch zu einer Montagestation gebracht, an der ein Roboter Stoßstangen an Autos befestigte. Ein Angestellter starrte auf den Monitor, der die bis zu diesem Montageschritt ausgeführten Arbeiten anzeigte. In den zwanzig Minuten, in denen die Gäste den Roboter beobachteten, verließen zwei von drei Autos die Station, ohne daß die Aufgabe zufriedenstellend erledigt war. Ständig wiederholten sich auf dem Monitor die Sätze: »Wechseln Sie die Schrauben aus« und »Wiederholen Sie den Schraubvorgang«. Der Angestellte hatte seine eigene Methode entwickelt, sich des Problems anzunehmen. Er ging einfach hinüber zum Reparaturbereich, der von der Roboterstation durch einen Drahtzaun abgetrennt war, und drückte auf einen Knopf. Nun liefen die Autos mit allen Mängeln auf dem Band weiter. Auf die Frage, warum er nicht dem Fehler nachginge, erwiderte er: »Ich hab' zuviel zu tun. Die Nachtschicht muß den Roboter reparieren.«

Am Ende des Fließbandes schufteten die Arbeiter der Qualitätskontrolle wie wild und kamen mächtig ins Schwitzen. Sie hatten wirklich viel zu tun! Der Aufseher an der Montagestation für Stoßstangen war nicht der einzige im Werk, der es anderen überließ, Fehler zu beheben.

Hier handelte es sich zweifellos um das aufgeblähteste Produktionssystem der Welt. Niemand schien sich wirklich daran zu stören, daß Material, Zeit und Arbeitskräfte verschwendet wurden. In den Arbeitsbereichen herrschte ein einziges Durcheinander. Die Arbeiter stiegen vorsichtig über zerbrochene Windschutzscheiben hinweg und liefen zwischen halbfertigen Wagen herum, die den Zugang zu anderen Bereichen versperrten.

Traurige Tatsache war, daß die in ihren Ausmaßen gewaltige, 212 Milliarden D-Mark teure Produktionsanlage in Halle 54 bei ihrer Einweihung im Jahre 1982 als das fortschrittlichste und in der Automatisierung modernste Produktionssystem der Welt angekündigt wurde. »Halle 54 steht für technologische Spitzenleistung, humane Arbeitsbedingungen und solide Unternehmenspolitik«, prahlte es aus den Veröffentlichungen anläßlich der eindrucksvollen Einweihung. In Halle 54 standen 1200 Roboter, liebevoll »Robbies« gerufen (etwas weniger nett als »eiserne Sklaven« bezeichnet), den 57.000 Arbeitern bei der Montage des neuen *Golf* bei. Die reine Ausdehnung des Werkes war (und ist) schwindelerregend – insgesamt sind 69 km Schienen verlegt, zehn Lokomotiven transportieren Güter in der Halle umher, und vierhundert Fahrräder sorgen für eine zügiges Fortkommen der Beschäftigten.

Der Anblick der Roboter, die am Fließband ganze Arbeitsvorgänge ohne Hilfe verrichteten, haute die ersten Besucher des Werkes geradezu um. Einer beschrieb seine Eindrücke besonders lebendig:

»In der Fließbandeinheit 5 wird der noch unvollständige, gerade erst angekommene Motor mit Hilfe von Maschinen sofort in Stellung gebracht. Kaum ist er richtig positioniert, schiebt eine mechanische Vorrichtung auch schon eine Riemenscheibe auf das Ende der Kurbelwelle. In Sekundenschnelle sind die Schrauben angesetzt und festgezogen. Beim nächsten Schritt nimmt ein zierlicher Robby-›Finger‹ fast behutsam einen Keilriemen vom Stapel und zieht ihn über die Scheiben.«

Es klingt wunderbar und fast menschlich: niedliche Robbys, die präzise und mit zärtlich liebender Sorgfalt arbeiten. Die Realität sah jedoch anders aus. Obwohl Halle 54 vielerorts als innovativ, brillant und futuristisch gepriesen wurde, erwies sie sich für die Produktion des Golf und die Gesamtbilanz in Wirklichkeit als Katastrophe. VW verließ sich zunächst einmal zu sehr auf die selbstentworfenen und selbstgebauten Roboter, anstatt zuverlässigere und erprobtere Modelle von anderen Anbietern anzuschaffen. Wie GM fiel es auch VW schwer anzuerkennen, daß andere eine Sache eventuell besser beherrschten. Diese Haltung erschwerte es auch, sich schnell von den schlecht funktionierenden Robotern und Maschinen zu trennen. Die im Unternehmen verbreitete Einstellung war (auch wenn alle Erkenntnisse dagegen sprachen): »Was wir machen, ist sowieso das Beste.«

In dem 1990 veröffentlichten Buch *Die zweite Revolution in der Autoindustrie*, das sich mit den Ergebnissen einer fünf Millionen Dollar teuren Studie vom MIT über die Zukunft des Automobils befaßt, wird Halle 54 von Volkswagen als ein Musterbeispiel der Ineffizienz dargestellt. Daniel

T. Jones, der europäische Forschungsleiter der Studie, besichtigte Halle 54 und beobachtete, daß »die Anstrengungen des deutschen Werks zur Behebung der selbst geschaffenen Schwierigkeiten größer waren als die Mühen, die ein japanisches Werk mit der Produktion eines neuen, fast perfekten Modells hatte. Als wir die weiß bekittelten Herren am Bandende nach ihrer Funktion fragten, antworteten sie, sie seien Facharbeiter. Henry Ford befreite sich hiervon schon im Jahre 1914.« Als ich 1991 selbst das Werk besichtigte, waren die Weißkittel immer noch damit beschäftigt, die Schlamperei der Robbys auszubessern. Die unfertigen Golfs häuften sich auf dem Gelände des VW-Komplexes und gaben ein sichtbares Zeugnis für die Ineffizienz des Werks ab. In einem Fall mußten die Facharbeiter der Qualitätskontrolle Fensterdichtungen anbringen, weil der Roboter seine Aufgabe bei jedem dritten Fenster unvollständig erledigt hatte.

Wenn General Motors der Qualität zu wenig Beachtung schenkte, so widmete VW ihr zu viel fehlgeleitete Beachtung. Das Unternehmen schien nicht zu verstehen, daß Qualität nur im Zusammenhang mit anderen Größen Sinn macht. Zweifellos läßt sich ein vollkommenes Auto in Handarbeit bauen, aber dieses Verfahren wird den Anforderungen der heutigen Massenproduktion mit niedriger Kostenvorgabe wohl kaum gerecht. Zudem bewegten sich aktuelle Produktionstheorien vom Konzept der Automatisierung weg, was VW überhaupt noch begreifen lernen mußte. Man achtete auch nicht auf die Meinungen der MIT-Forscher: »Erst nach dem Aufbau einer schlanken (lean) Organisation macht es Sinn, über Automatisierung nachzudenken.«

Die großen Autohersteller der Welt steuern auf das nächste Jahrhundert zu. Sie müssen sich dabei neuen Umständen und Zwängen stellen, die die Regeln für alle ändern.

Toyota verdankte seinem Genius zwar das beste Produktionssystem der Welt, doch war es auch für die Japaner undenkbar, daß alles beim alten bleiben würde. Als sich GM und Volkswagen zu Beginn der neunziger Jahre mit ihren Problemen herumschlugen, stand auch Toyota vor neuen Schwierigkeiten. Sie zwangen das Unternehmen, über radikale Veränderungen nachzudenken. Toyota errechnete, daß es bis 1995 achttausend neue Arbeiter würde einstellen müssen, um die ausscheidenden Arbeitskräfte zu ersetzen und dem Wachstum des Konzerns nachzukommen. Andererseits war man sich bewußt, daß allenfalls die Hälfte dieser Zahl realistisch zu bekommen war. Die Teilelieferanten, insbesondere die Firmen im zweiten und dritten Glied, fanden kaum noch Arbeitskräfte. Sie mußten immer stärker auf illegale Einwanderer zurückgreifen.

Das große Problem besteht darin, Anreize für die jungen japanischen Arbeiter zu schaffen, die mit den »drei K's« der Fabrikarbeit immer weniger zu tun haben wollen: *kitsui* (schwer), *kitani* (schmutzig) und *kiben* (gefährlich). Toyota muß sein Image aufpolieren und die Arbeitsplätze ansprechender gestalten. Gleichgültig wie brillant ein System auch sein mag, die Menschen werden ihre Werte und ihre Vorlieben im Lebensstil immer wieder ändern. Toyota hat sich oft seiner Fähigkeit gebrüstet, sich immer den Wandel der Zeiten anpassen zu können. Jetzt könnte der Konzern aber vor der größten Herausforderung seiner Geschichte stehen: Wie müssen die Werke gestaltet sein, damit der Beruf des Fabrikarbeiters wieder positiver gesehen wird?

Mit dem blitzenden neuen Werk von Kyushu, 1130 km entfernt von Toyota City auf der Südinsel gelegen, ging Toyota den ersten Schritt in die neue Richtung. Tadaaki Jagawa, Vice President im Bereich Produktion und Maschinentechnik, erklärte, was Toyota mit diesem Werk bezweckte: »In letzter Zeit haben Umfragen bei jungen Männern immer wieder ergeben, daß sie gerne zusammen mit Frauen an bequemen, klimatisierten Arbeitsplätzen mit Hintergrundmusik arbeiten würden. Wir wollen diesen Wünschen, so gut es geht, entgegenkommen.«

Das Werk von Kyushu war tatsächlich etwas Neues. Dekor und Farben sollten beruhigend auf die Augen wirken, im Hintergrund läuft sanfte, leise Musik, es gibt eine Klimaanlage, und die Beleuchtung ist freundlich und hell. Aus großen Fenstern kann der Blick über die ländliche Umgebung schweifen. Frauen und Männer arbeiten zusammen – ein phänomenaler Wandel in der Kultur eines japanischen Unternehmens. Das Werk ähnelt in keiner Weise dem, was man sich normalerweise unter einer Autofabrik vorstellt. Zusätzlich zu dem neuen Ambiente stattete man das Werk noch mit Anlagen aus, um Streß und Anstrengung, die am meisten von den Arbeitnehmern beklagt wurden, größtenteils zu eliminieren. Ein neu gestaltetes Fließband soll zudem die körperliche Belastung minimieren. Es verläuft im Zickzack, so daß sich nicht der Arbeiter an das Band, sondern das Band an den Arbeiter anpaßt. Alles in allem soll gezeigt werden, daß eine Fabrik ein angenehmer Arbeitsplatz sein kann. Ob dies dem Arbeitskräftemangel entgegenwirkt, bleibt abzuwarten. Für den Fall, daß man es auch mit den neuen Arbeitsbedingungen nicht schafft, junge Arbeiter anzuwerben, bereitet sich Toyota bereits darauf vor, mit weniger Arbeitskräften auszukommen. Das Werk Tahara 4 in Toyohashi arbeitet mit hoher Automatisierung in einem flexiblen System und benötigt nur 411 Arbeiter pro Schicht, im Gegensatz zu den 3000 in GMs Hamtramck. Auch wenn Jagawa die Überzeugung vertritt, daß Menschen und nicht Maschinen den Ausschlag geben, ist wahrscheinlich eine flexible Automatisierung die Lösung für Toyotas Arbeitskräftemangel. »Wir müssen das Fahrzeugdesign umstellen, um uns an die Automatisierung anzupassen«, kündigte er an und versprach, daß der Konzern aus dem Automatisierungsexperiment in Tahara lernen werde. Aber er warnte davor, sich auf Kosten von Arbeitern zu sehr von Maschinen abhängig zu machen. »Der Zweck der Technik ist es«, so fügte er hinzu, »den Menschen die Schwerarbeit abzunehmen oder zu erleichtern.«

Toyota zog aus den Erfahrungen mit NUMMI auch Lehren über die Lagerhaltung. Das zentrale Warenlager von Kyushu soll als Koordinationsstelle für sämtliche Zulieferungen dienen, von hier aus sollen alle Teile weiterverschickt werden. Toyota paßte sich in der Tat dem Wandel der Zeiten an.

Warren, Michigan – Februar 1993

Inaki Lopez ging es gut. Sein PICOS-Programm hatte GM bereits schätzungsweise sieben Milliarden Dollar eingespart. Innerhalb des Unternehmens bejubelte man ihn als den Mann der Zukunft.

Die Leute rissen sich darum, in seinem Team mitzuarbeiten – ein bemerkenswerter Wandel, wenn man bedenkt, daß der Einkauf einst als abgelegener, mit purer Schufterei verbundener Außenposten galt und zu den unbeliebtesten Aufgaben im Unternehmen zählte. Es zeigte sich immer mehr, daß Lopez weit mehr zustandebrachte als den Umbau des Zulieferersystems. Er legte die Grundlagen für eine Revolution, die bis zu den innersten Schaltstellen von General Motors vordringen sollte.

Lopez hielt seine »Krieger« von morgens bis abends in Atem. Nach der Einführung von PICOS nahm ihn nun die Arbeit mit 459 Kreativteams voll in Anspruch, von denen jedes für einen anderen Bereich des Systems zuständig war. »Jeden Tag um fünf Uhr erscheinen fünf Teams in meinem Büro, um über ihre Fortschritte zu berichten«, erzählte er. »Sie haben die Aufgabe, Wege zur Reduzierung der Zahl der von uns eingekauften Teile und Komponenten zu finden. So stellten wir beispielsweise fest, daß General Motors 25 verschiedene Zigarettenanzünder einkaufte, obwohl wir eigentlich nur fünf benötigten. Wir griffen sofort ein und sparten damit 1,7 Millionen Dollar für das Unternehmen ein.«

Er lächelte zufrieden. Nicht schlecht für einen Arbeitstag. Die Mitarbeiter von Lopez Kreativteams kamen aus vielen Bereichen des Unternehmens, und die Ingenieure in den Teams hatten die Befugnis, Änderungen sofort durchzuführen.

Das Resultat eines Brainstormings war etwa ein Konzept, das er *Plateau 6*, den »*Ten Man-Hour Car*«, den Zehn-Mann-Stunden-Wagen, taufte. Es verlangte von den Zulieferern die Ausführung konkreter Montagearbeiten am Fließband. Sie sollten ihre Teile zum Werk transportieren und direkt am Band in die Fahrzeuge einbauen. Als die Ingenieure von GM von diesem Konzept erfuhren, waren sie fassungslos. »Das erschien uns einfach völlig verrückt«, gab einer von ihnen zu. Aber innerhalb von zwei Monaten fanden die Ingenieure heraus, wie man es schaffen konnte.

So erfolgreich Lopez bisher auch gewesen war, für ihn war das erst der Anfang. Seine Augen glühten in missionarischem Eifer, wenn er sagte: »Ich werde mich im Dezember auf mein Landgut zurückziehen und meine Gehirnzellen ausquetschen, um herauszufinden, was ich 1994 tun kann.« Er fügte hinzu: »Toyotas Ansätze und Methoden können die Probleme GMs nicht lösen. Um der japanischen Herausforderung zu begegnen und sie zu meistern, muß der Westen bereit sein, einen völlig neuen Ansatz zu entwickeln, der es den Unternehmen gestattet, Quantensprünge zu machen. Andernfalls werden wir immer nur von ihnen lernen und hinter ihnen herlaufen.«

Lopez beeinflußte nicht nur die Organisation des Unternehmens entscheidend, sondern auch die Stimmung im Unternehmen. Sein Mitarbeiterstab, zu dem viele Spanier gehörten, die ihm wie einem Guru folgten, sah in ihm den ›Retter‹ des Konzerns. Eine Flut von Zeitschriftenberichten und Zeitungsartikeln rühmte ihn als große revolutionäre Kraft.

Aber die leidenschaftliche Glut, die Lopez entfachte, bereitete vielen GM-Managern Sorgen. Einige befürchteten, daß seine Methoden, wenn er noch mehr Macht über die Organisation – besonders im Bereich der Herstellung – gewönne, den systematischen Veränderungsprozeß zerstören könnten. Er besaß nicht die nötige Sensibilität, wenn es um Arbeitsbedingungen in den Fabriken oder die Belange der Gewerkschaften ging. Und was einige als wunderbare Exzentrizität und Unkonventionalität lobten, bezeichneten andere als »Persönlichkeitsproblem von Lopez«.

Auch wenn die Geschichte der Autoindustrie immer wieder gezeigt hat, daß einzelne Menschen viel bewirken können, fragten sich Lopez' Kritiker, ob der messianische Kult um ihn gesund war. Sie sahen seinen zunehmenden Einfluß mit Besorgnis.

Jenseits des Ozeans jedoch gab es einen Mann, der Lopez mit besonderem Interesse beobachtete. Ferdinand Piëch, frustriert von den stetig ansteigenden Kosten bei VW und dem zu erwartenden Widerstand bei Belegschaft und Management gegen seine Veränderungspläne, suchte nach einem Weg, einschneidende Maßnahmen bei VW durchzusetzen. Der unkonventionelle Spanier beeindruckte ihn.

Es geht nicht um einen Flug zu Mond.

Seit einem Jahrhundert schon wissen die Menschen, wie man Autos baut. Jeder Tüftler, der über die passenden Einzelteile, einen Werkzeugkasten und eine leere Garage verfügt, kann ein Auto bauen.

Aber ein Auto ist mehr als die Summe seiner Teile, und ein Auto zu bauen bedeutet mehr als die bloße Montage der Teile. Es ist in gewisser Weise ein lebendiges, atmendes System, dessen Komplexität über die mechanischen Arbeitsvorgänge, das Zusammensetzen von Teilen oder das Festziehen von Schrauben hinausgeht.

Inaki Lopez betont gern, daß eine schlanke Produktion und ein schlanker Körper im Prinzip von den gleichen Voraussetzungen und Bedingungen leben. Lou Hughes gab ihm darin recht.

Jahrelang war Hughes ein entschiedener Pfennigfuchser, der in verschiedenen Bereichen von GM seine Erfahrungen gesammelt hatte. Wie viele seiner Kollegen glaubte er, daß Aufstieg oder Niedergang eines Unternehmens nur von den Zahlen abhängen. Dies entsprach der gängigen GM-Philosophie.

Im Jahr 1982 jedoch erfuhr Hughes eine geradezu religiöse Bekehrung. Als Mitglied des NUMMI-Verhandlungsteams von GM begleitete er Jack Smith nach Toyota City mit der klaren Aufgabe, den finanziellen Erfolg des Projekts sicherzustellen. Statt dessen beschäftigte er sich mit dem *Toyota Production System*, das ihm die Augen öffnete. Hughes gelang es als einem der wenigen Manager bei General Motors, den Sprung von der Finanz- zur Betriebsorganisation zu schaffen. Er leitete Opel und wurde später Executive Vice President of International Operations. Nach diesem ersten Besuch in Toyota City hatte Hughes die Bedeutung von Produktionsverfahren nie wieder bagatellisiert. Im Gegenteil, er bestand darauf, daß er selbst wie auch sein Mitarbeiterstab regelmäßig einige Wochen am Fließband verbrachten, um die eigentliche Aufgabe und den Zweck des Unternehmens niemals aus dem Auge zu verlieren.

»Die schlanke Produktion ist auf den menschlichen Körper übertragbar«, sagte er und blies damit in das gleiche Horn wie Lopez und andere. »Wenn Sie Zahnschmerzen haben, kann es der winzige Nerv eines Zahns sein, der ihren ganzen Körper durcheinanderbringt. Das gleiche gilt für die schlanke Produktion. Sie ist ein anfälliges System. Sie müssen dafür sorgen, daß alles aufeinander abgestimmt ist – Arbeitskräfte, Ausrüstung, Systeme und Material. Solange nicht alle Faktoren in den Arbeitsprozeß eingebunden sind, kommen Sie nicht von der Stelle.«

Es fällt schwer zu glauben, daß sich General Motors die meiste Zeit unseres Jahrhunderts nicht darum gekümmert hatte, ebensowenig wie Volkswagen. Toyota aber hatte begriffen und gründete darauf seine Überlegungen. Doch in der Welt des Automobils kündigten sich neue Umbrüche an, und selbst dem *Toyota Production System* stand eine neue Revolution bevor. Es kam mit der Flut von neuen Produkten in großer Vielfalt, aber auch mit wachsender technischer Komplexität im eigenen Unternehmen und dem Zwang zu vierjährigen Modellwechseln nicht mehr zurecht. Die Straßen von Toyota City, die von Hunderten von Lastwagen mit Just-in-Time-Lieferungen fast bis zum Infarkt verstopft waren, signalisierten, daß dieses Produktionssystem seine eigenen Grenzen gesprengt hatte – ein Punkt, an dem alle Systeme irgendwann enden.

Fließbandauf, Fließbandab

Der erforderliche Umbau läuft auf eine Zustandsänderung hinaus, eine Metamorphose, und endet nicht mit einer bloßen Flickschusterei am gegenwärtigen Managementsystem.

– *W. Edwards Deming*

Jeder nannte ihn nur Louie. Er arbeitete als Schweißer für die Lastwagen- und Busdivision im GM-Werk Flint in Michigan. Ben Hamper verewigte Louie in seinem Buch *Rivethead: Tales from the Assembly Line*, einer Chronik von Hampers wechselvoller Karriere als GM-Arbeiter. Über Louie schrieb Hamper: »Louie betrieb nebenher ein nettes, kleines Privatgeschäft. Er verkaufte fließbandauf, fließbandab heimlich halbe Liter Canadian Club und Black Velvet. Pro Flasche verlangte er drei Dollar, also fast den doppelten Ladenpreis, aber wer wollte deswegen schon Streit anfangen? Der Fusel war da, niemand mußte auf ihn warten, und Louie lieferte direkt an die Werkbank.«

»Das heimliche Geschäft mit dem Alkohol und der Suff am Arbeitsplatz«, fuhr Hamper fort, »führten immer wieder zu hitzigen Diskussionen mit Leuten, die einfach nicht begriffen, was in einem GM-Werk wirklich ablief. Obwohl nicht jeder Arbeiter täglich soff, spielte der Alkohol bei vielen von uns eine zentrale Rolle im Leben. Er war eine Krücke, ähnlich wie die zwanzig Tassen Kaffee, mit denen sich Millionen anderer Amerikaner über ihren Arbeitstag retten. Auch wir tranken unsere Portion Kaffee, aber die Atmosphäre in der Fabrik verlangte noch nach einem stärkeren und aufputschenderen Mittel.«

Dies entsprach dem klassischen Bild des amerikanischen Fabrikarbeiters. Betäubt von Langeweile, Alkohol und Drogen, verrichtet er seine Arbeit innerlich unbeteiligt geistig abwesend und nur darauf wartend, daß das Signal zum Schichtwechsel wieder einmal einen sterbenslangweiligen Tag beendet. Lebendig und mit großer Liebe zum Detail beschreibt Hamper Arbeitspläne, die es fast der Hälfte der Bandarbeiter erlaubten, sich während der Schicht für mehrere Stunden zurückzulehnen und nichts zu tun. In einer dieser »Pausen« begann er übrigens mit der Arbeit an seinem Buch.

Ben Hampers Geschichten über das Leben in der »Unterwelt« der GM-Fabriken sind schonungslos und deprimierend. Auf jeder Seite seines Buches bestätigt sich das negative Klischee vom amerikanischen Arbeiter. In Hampers Welt gibt es eine klare Trennung zwischen zwei Leben, zwischen den Fabrikschweinen, die ihren Job verachten (sich deshalb in Alkohol und Drogen flüchten und öfters blau machen), und den angestellten Aufsehern, die ein tägliches Katz-und-Maus-Spiel treiben und mit der Peitsche knallen, sobald sie einen der Bandarbeiter beim Bummeln erwischen. Die Manager in Hampers Szenario spielen sich als idiotische Wiederkäuer eines Unternehmenskonzeptes auf, das nicht einmal sie selbst glaubhaft vertreten können. Wenn es aber daran geht, ihre Macht zur Kontrolle der Arbeiter einzusetzen, führen sie sich streng und autoritär auf. Eigentlich war dies alles nicht sonderlich erstaunlich, denn die Verachtung des »einfachen« Arbeiters hat eine lange, über die einzelnen Kulturen hinausgehende Tradition. Das Elitedenken hat sich in der Industrie überall breitgemacht. Vielleicht verbirgt sich hinter der elitären Haltung ein verstecktes Eingeständnis dessen, was jeder Arbeiter längst weiß: Fabrikarbeit ist hart, schweißtreibend und schwer, gleichgültig wie viele arbeiterfreundliche Programme entwickelt werden. Es spielt auch keine Rolle, ob es um amerikanische, deutsche oder japanische Fabriken geht, Arbeiter und Angestellte leben niemals in glückseliger Harmonie miteinander. Fabrikarbeiter haben kaum wirklichen Einfluß auf ihr Schicksal oder ihre Arbeitswelt.

In Wirklichkeit geht die Problematik dessen, was gemeinhin als menschliche Ressourcen bezeichnet wird, weit über die verbreiteten Schwarzweißbilder hinaus. Es ist zu simpel, alles auf die Reibereien zwischen Arbeitern und Angestellten oder auf die Frage nach guten und schlechten Arbeitern zu reduzieren. Möglicherweise gibt es so etwas wie einen schlechten Arbeiter überhaupt nicht, sondern nur eine schlechte Unternehmensorganisation. Die großen, globalen Autokonzerne mühen sich am Ende dieses Jahrhunderts damit ab, auf den Führungsetagen aufzuräumen, doch steht und fällt ihre Zukunft mit den Arbeitern. Kein Unternehmen kann, auch wenn es eine Vielzahl brillanter Produktionssysteme entwickelt hat, erfolgreich sein, wenn es nicht über eine überzeugende, verständlich formulierte Philosophie verfügt, die seine Beschäftigten anspornt. Heute stehen unsere drei Autokonzerne, jeder auf seine eigene Art, vor einer »Mitarbeiter-Krise«. In westlichen Unternehmen sind beide Gruppen – Arbeiter wie Manager – an komplexe Vertragswerke, die Rechte und Pflichten festlegen, gebunden. Japan kennt solche Verträge nicht, aber es gibt die kulturell festgeschriebene Norm der Konformität.

Bei GM habe die Reibereien zwischen Arbeiterschaft und Management eine lange Tradition, und es bedarf mehr als guter Absichten, diese Tradition zu durchbrechen. Zunächst einmal muß man damit aufhören, den Managern der mittleren Ebene die Schuld an der bürokratischen Paralyse des Unternehmens zuzuweisen, denn sie ist das Werk der Führungskräfte an der Konzernspitze. Toyotas berühmter und oft mißverstandener Managementgenius funktioniert nicht wegen einer Kombination von Motivation, Ehrgeiz und individueller Leistung, sondern mittels einer sozialen Struktur, die den einzelnen gegenüber der eigenen sozialen Gruppe, den Vorgesetzten und dem Unternehmen in die Pflicht nimmt. Dieses System verdient Anerkennung, weil es die produktivsten Fabriken der Welt geschaffen hat. In den überbesetzten Administrationen aber scheint es weniger effizient zu funktionieren. Für eine lebenslange Anstellung müssen die Mitarbeiter dort ihre persönlichen Ambitionen dem Willen des Unternehmens unterordnen. Das sozialpartnerschaftliche Elitedenken von Volkswagen hat den Arbeitern einen hohen Lebensstandard beschert, aber bei ihnen kaum Gemeinschaftssinn oder ein Gefühl der Verbundenheit mit dem Unternehmen erzeugt. Mit der Mitbestimmung, die den Beschäftigten Sitz und Stimme im Aufsichtsrat sichert, erkaufte man sich Frieden, doch eine echte Schicksalsgemeinschaft für die Zukunft des Unternehmens ist daraus nicht entstanden.

In den letzten Jahren wurde der Slogan »Menschen: die wertvollste Ressource eines Unternehmens« zum populärsten Thema der neuen Managementbewegung. Viele Unternehmen, im Osten wie im Westen, legen Lippenbekenntnisse zu diesem Ideal ab. Dennoch hat sich auffällig wenig an den alten Methoden und Einstellungen im Umgang mit großen Belegschaften geändert. Die entscheidenden kulturellen Wandlungen, die zu echten Veränderungen der Arbeitsplätze führen, sind nicht leicht zu verstehen, und es ist noch schwieriger, ihre Botschaften in die Praxis umzusetzen, denn die Unternehmen werden immer größer und ihre Methoden unflexibler. Leider hilft den Unternehmen meistens nur eine schwere Krise, um sich von altem Ballast zu befreien.

General Motors steht seit vielen Jahren in einer schizophrenen Beziehung zu seinen Arbeitern. Das Unternehmen erinnerte oft an schwierige Eltern, die sich nicht entscheiden können, ob sie ihr Kind heftig umarmen oder schlagen sollen. In den guten Zeiten des Unternehmens erfand man den Spitznamen wie ›Generous [großzügig] Motors‹ oder ›Mother [Mutter] Motors‹. Das Unternehmen bestärkte die Arbeiterschaft im Vertrauen, daß es immer Arbeit und Vergünstigungen für alle loyalen Mitarbeiter geben werde. In gewisser Hinsicht standen GM und die Arbeitergewerkschaft UAW fast in einem inzestuösen Verhältnis. GM schloß generöse Verträge mit den Arbeitern ab und gewährte die gleichen Vergünstigungen dann sofort auch allen Angestellten. Die Mehrkosten solcher Praxis wurden an die Käufer weitergegeben. Solche Großzügigkeit erzeugte unter den Beschäftigten ein trügerisches Sicherheitsgefühl, das brutal enttäuscht wurde, als in härteren Zeiten sowohl Angestellte wie Arbeiter entlassen werden mußten.

Die Fabrikarbeiter sind seit den siebziger Jahren vom ›Jo-Jo-Verfahren‹, Entlassungen, Wiedereinstellungen, Entlassungen, Wiedereinstellungen schwer gebeutelt worden. Ein Unternehmenskonzept war nicht zu erkennen, geschweige denn ein echtes Interesse am Wohlergehen der Arbeitnehmer. Von den ersten Entlassungen nach der Ölkrise 1974 bis zur letzten Runde von Fabrikschließungen in den Jahren 1991 und 1992 wurden die Arbeiter nie das Gefühl los, von ihrer Firma betrogen worden zu sein, insbesondere nachdem man ihnen für die Mitarbeit an neuen Programmen feste Arbeitsplätze versprochen hatte.

Während der achtziger Jahre unterstützten progressive Gewerkschaftsführer wie Donald Ephlin, Vorsitzender der UAW bei GM, die Idee, daß Arbeiter und Management ihr traditionell angespanntes Verhältnis überwinden müßten, um partnerschaftlich eine neue Ära des Wachstums und der Effizienz einzuleiten. Ephlin war eine umstrittene Gestalt, ein seltsamer Vogel in den Reihen der UAW-Vertreter, die den Argumenten des

Managements grundsätzlich mißtrauisch gegenüberstanden. Die Geschichte hatte sie nicht gerade gelehrt, daß sich GM für ihre Interessen besonders einsetzte. Doch Roger Smith gab sich wie immer »visionär« und setzte Ephlin zu. Der UAW-Chef arbeitete eng mit Smith und seinen Managern zusammen und wurde zur treibenden Kraft von *Quality Network*, einem gemeinsamen Programm von Management und UAW, das eine Art Teamgeist zwischen beiden Lagern aufbauen sollte. Dieses Programm sollte GMs Konzept werden, um humanere Arbeitsplätze zu schaffen und ein Gefühl der gemeinsamen Verantwortung für die Zukunft des Unternehmens zu erzeugen.

Roger Smith entwickelte regelrecht Eloquenz, wenn er über die Wunder der nahen Zukunft sprach, in der Arbeiter und Manager ihre Waffen niederlegen und zusammenarbeiten würden. Über diese Art von Kooperation fände GM wieder zu alter Größe zurück. Wenn die Arbeiterschaft die langfristigen Ziele und Programm des Unternehmens unterstützte, versprach er, würde sie durch bessere Arbeitsbedingungen und Arbeitsplatzsicherung davon profitieren. Anfangs zeigten sich die Mitglieder der UAW ängstlich. Sie wollten nicht zu vertraut mit den Leuten werden, die über ›hire and fire‹ entschieden. Aber Ephlin und andere Mitstreiter von *Quality Network* diskutierten mit bezwingender Logik über die Gründe für einen Wandel. »Management und Arbeiterschaft müssen sich endlich der herausfordernden Einsicht stellen, daß wir neue Wege in der Geschäftspolitik einschlagen müssen. Sonst riskieren wir, daß unsere Märkte an die Konkurrenz gehen.« *Quality Network* wurde 1988 mit viel Trara eingeführt. Zunächst hatte es den Anschein, als ob bei GM eine Kulturrevolution im Gange wäre.

Aber die Versprechen von *Quality Network* sind längst noch nicht umgesetzt. Ephlin war bereits im Ruhestand, als er mitansehen mußte, wie sein visionäres Konzept durch die Führungsspitze GMs verwässert und gestutzt wurde. Für seine feste Überzeugung, daß nur ein gesundes, Gewinne erwirtschaftendes Unternehmen Arbeitsplatzsicherheit versprechen kann, setzte er sogar seinen Ruf aufs Spiel. Er war der Ansicht, daß GM keine umfassenden Lohngarantien geben dürfte. Ironischerweise war es gerade das Management – genauer gesagt: Bob Stempel –, das letztlich nachgab und die Garantien, die Ephlin verhindern wollte, 1990 zusicherte.

In den folgenden Jahren zeigte sich deutlich, daß GMs Engagement für die Arbeiter nur oberflächlich war.

Ein gutes Beispiel hierfür ist, was mit dem Werk in Tarrytown in New York geschah. Tarrytown war der Modellversuch einer Kooperation zwischen Management und Gewerkschaft. »Wir arbeiteten mit der Unternehmensführung zusammen, um die Kosten zu senken«, erzählte ein Arbeiter. »Wir organisierten uns zur Verbesserung der Effizienz in Teams, wir arbeiteten hart und machten Zugeständnisse. Man erzählte uns, daß dies alles eine Investition in unsere eigene Zukunft sei. Unserer Meinung nach haben wir einen der besten Betriebe im ganzen Land aufgebaut. Aber was hat es uns gebracht?«

Nicht viel, wenn man sich das Fahrzeug anschaut, das Tarrytown produzieren sollte: ein in Entwurf und Konstruktion miserabler Transporter aus Plastik. Es spielte keine Rolle, wie sehr die Arbeiter motiviert waren, an den schlechten Verkaufszahlen konnten sie nichts ändern. Das Problem war das Fahrzeug selbst. GMs Verheißungen blieben unerfüllt, denn das Unternehmen begriff nicht, daß die Kooperationsbereitschaft der Arbeitnehmer unmöglich den schlechten Entwurf eines Kleinbusses, den keiner haben wollte, ausgleichen konnte.

Als Bob Stempel Anfang 1992 erklärte, daß auch Tarrytown von den geplanten Werksschließungen betroffen sei, wollten es die Arbeiter nicht glauben. Auf anfängliche Fassungslosigkeit folgte große Empörung. In GMs jüngerer Firmengeschichte war das mindestens der vierte Fall, daß eine besonders motivierte Belegschaft, die ihre Arbeitsplätze zu retten versuchte, indem sie sich genau nach den Anordnungen des Managements richtete, vom Unternehmen im Stich gelassen wurde.

Nicht nur die Arbeiter litten unter GMs gedankenlosem Management, die Angestellten wurden auf eine andere Art gedemütigt. Auf den ersten Blick bot das Unternehmen jungen, gut ausgebildeten Managern, die in die Firma eintraten, viele Chancen, doch in Wirklichkeit gingen sie einen Pakt mit dem Teufel ein. Solange sie der Linie des Unternehmens folgten, lohnte man ihnen diese Treue mit hohen Gehältern und großzügigen Vergünstigungen. Wenn ein Manager auf der Karriereleiter des Unternehmens stetig aufsteigen wollte, machte er schnell die Erfahrung, daß er um Himmels willen nie Aufsehen erregen oder irgendeine kreative Veranlagung zeigen durfte. Es war bekannt, daß jene am schnellsten aufstiegen (im GM-Jargon als HI-POT, »high-potential employee« [hochfähiger Angestellter], bezeichnet), die – koste es, was es wolle – loyal zur Unternehmenspolitik standen. Ein im Ruhestand lebender GM-Manager erinnerte sich angewidert: »Wenn Sie das System einmal im Griff hat, merken Sie, wie es stinkt. Man gewöhnt sich die vertikale Entscheidungsstruktur an: ›Was und wie muß ich entscheiden, damit das Unternehmen zufrieden ist? Ich möchte befördert werden.‹«

»Ich kann Ihnen eine ganze Reihe dieser Clowns zeigen. Sie wechseln vom einen Werk zum anderen, und plötzlich hängen ihre Bürowände voller Ehrenurkunden, die ihnen großartige Leistungen bestätigen. Das Werk liegt in Trümmern, und der Bereich bricht zusammen.«

Die Umorganisation von 1984, die zum Ziel hatte, die gesamte GM-Organisation zu straffen und die Entscheidungsbefugnisse auf die Ebenen zu verlagern, auf denen die Mitarbeiter auch mit den Problemen konfrontiert waren, verschlechterte alles nur noch. Am Ende gab es sogar noch mehr Entscheidungsinstanzen statt weniger. Sie brachte noch weniger Effizienz und demoralisierte die Mitarbeiter.

»Wer nicht auf der 14. Etage arbeitet, hat eine Unzahl von Chefs über sich«, schimpfte ein Betriebsmanager vom Werk in Flint. »Jede noch so kleine Angelegenheit muß von oben abgesegnet werden. Es gibt 13.000 Kontrolleure in diesem Laden, die überprüfen, ob alles richtig läuft. Sie haben sogar Kontrolleure zur Kontrolle der Kontrolleure. Es ist absolut verrückt.«

Ende der achtziger Jahre startete das Unternehmen halbherzig das Programm ›Leadership Now‹, das darauf abzielte, Manager zu besseren Vorgesetzten und stärkeren Führungskräften auszubilden. Anfangs waren viele Mitarbeiter von den an Therapie-Workshops erinnernden Sitzungen begeistert, doch letztlich erwiesen sie sich als sinnlos. Ein Manager erinnerte sich, wie nutzlos sie für ein Unternehmen waren, daß sich sonst jeder Veränderung widersetzte. »Sie machen mit und sitzen für einige Tage herum«, erzählte er. »Alle geben sich auf einmal gefühlsselig und sprechen darüber, was für fürsorgliche und wunderbare Manager sie sein könnten. Am Montag kehren sie an ihren Arbeitsplatz zurück, stehen vor der alten, aufgeblähten Bürokratie und sitzen ihren alten Vorgesetzten gegenüber. Die haben sich nicht geändert, wie also können sie dann erwarten, daß man sich selbst ändert?«

1990 trat GM völlig auf der Stelle. Das Unternehmen bekannte sich zwar weiterhin zu *Quality Network* und anderen Verbesserungsprogrammen, doch es hatte seine Glaubwürdigkeit verloren. Wer Manager war, tat seine Arbeit und hoffte, von Stempel, Reuss oder einer anderen wichtigen Spitzenkraft als Mitglied des Führungsteams angesehen zu werden. Arbeiter beteten darum, daß das Werk, für das sie arbeiteten, durch irgendein Wunder überleben würde, bis die Kinder aus dem Haus waren und die Hypothek abbezahlt war.

Jack Smith sorgte in dieser verfahrenen Lage für frischen Wind und stellte sofort einiges auf den Kopf. Mitarbeiter, die in ihrer ganzen Karriere nicht ein einziges kritisches Wort über die Lippen gebracht hatten, erlebten nun, daß genau das Gegenteil von ihnen erwartete wurde. Der »neue« Smith wollte alles über GMs Probleme wissen, konstruktive Kritik hören. Er forderte Ideen und Vorschläge und Worst-Case-Szenarien für die schlimmste zu erwartende Situation, nicht nur gute Nachrichten.

Innerhalb von sechs Monaten strich er die Zahl der Büroangestellten von 13.000 auf 2500 zusammen – inklusive die Kontrolleure zur Kontrolle der Kontrolleure – und schickte die betroffenen Mitarbeiter in die einzelnen Betriebsbereiche. Er ließ den Speisesaal für Führungskräfte schließen und sorgte für neue Offenheit am Arbeitsplatz. Anders als seine Vorgänger, die zurückgezogen in ihren Büros saßen, war Smith stets präsent und ansprechbar. Bei strategischen Boardsitzungen trug er Sporthemden und Pullover.

Es brach eine hoffnungsvolle Zeit an. Aber Jack Smith wußte, daß dies nicht ausreichte, um den Führungsstil des Unternehmens und die Organisation zu verändern. Außerdem mußte er sich zur Schadensbegrenzung mit der UAW arrangieren, das finanzielle Ausbluten des Unternehmens und weitere Marktanteilsverluste verhindern. Trotzdem war es ein Neuanfang.

Wolfsburg, Deutschland – November 1991

Als ich an einem kalten Donnerstag Ende November die Halle 54 in Wolfsburg besichtigte, war ich überrascht, daß in ganzen Abteilungen des Werkes Dunkelheit und Stille herrschten – so als ob Betriebsferien wären. Hatte VW nicht gerade den neuen *Golf* auf den Markt gebracht, und gab es nicht viel mehr Bestellungen, als Autos produziert werden konnten? Unter solchen Voraussetzungen hätten doch eigentlich alle verfügbaren Arbeitskräfte an ihrem Platz sein müssen. Als ich meinen Begleiter aus dem VW-Management um eine Erklärung bat, antwortete er mit einiger Verlegenheit: »Uns fehlen heute ein Drittel unserer Arbeiter.«

»Warum?« fragte ich. Ist eine Epidemie ausgebrochen oder ein Streik?

Er versicherte mir, daß alles in Ordnung sei. Alles sei völlig normal. »Viele haben sich in ein verlängertes Wochenende verabschiedet. Gestern war Buß- und Bettag, und da haben sie noch zwei Urlaubstage drangehängt.«

Als ich im nächsten Jahr, diesmal Anfang Juli, wieder nach Wolfsburg kam, riet man mir, die Stadt besser am Freitagmorgen zu verlassen, weil ab Mittag die dreiwöchigen Werksferien beginnen und die meisten Angestellten und Arbeiter sich sofort auf den Weg zu ihren Urlaubsorten machen würden. Lange Staus würden selbst die kurze Autofahrt nach Hannover zum Flughafen zum Alptraum werden lassen.

Mir drängte sich die Frage auf: Warum haben die deutschen Arbeiter ständig Ferien? Dies war keine unbegründete Frage. Sogar Kanzler Kohl nannte Deutschland eine »Freizeitrepublik«.

Während über den Köpfen der Arbeiter bei GM schon lange das Damoklesschwert des Arbeitplatzverlustes schwebte, mußten sich ihre Kollegen bei VW noch nicht mit solchen Sorgen herumschlagen. Sie sind vermutlich die verwöhntesten Arbeiter der Welt.

Als Deutschland nach dem Zweiten Weltkrieg in Trümmern darniederlag, arbeiteten Regierung, Industriemanagement und Arbeitnehmer zusammen, um die am Boden liegende Wirtschaft wieder aufzubauen. Die Idee der Mitbestimmung – Management und Arbeiterschaft teilen sich Verantwortung und Gewinn – förderte das Entstehen starker und einflußreicher Gewerkschaften. Zusammen schufen sie das »Wirtschaftswunder« der fünfziger und sechziger Jahre. 1974 verabschiedete das Parlament ein Gesetz, das die Arbeitnehmervertretung in den Aufsichtsräten der deutschen Unternehmen institutionalisierte. Die IG Metall, in der die Arbeiter der meisten deutschen Autohersteller und vieler Industrieunternehmen organisiert sind, hat wegen ihrer Größe und ihres Einflusses auf die Unternehmenspolitik mehr Macht als die UAW in Amerika oder die Betriebsgewerkschaften in Japan.

Die Gewerkschafts-Vertreter in den Aufsichtsräten üben enormen Einfluß auf Unternehmensentscheidungen aus – und nutzen ihn häufig zur Wahrung ihrer eigenen Interessen. Beispielsweise mußte Carl Hahn, um die Zustimmung der Gewerkschaft für seine geplanten Auslandsinvestitionen zu erlangen, auch ihre Bedingungen akzeptieren. Die Übernahmen von SEAT und Skoda wurden erst abgesegnet, nachdem VW versprochen hatte, keine Entlassungen in Deutschland aufgrund von Produktionsverlagerungen in spanische oder tschechische Werke vorzunehmen. Solche Vereinbarungen schützen die Beschäftigten zwar kurzfristig, täuschen sie aber über die Wirklichkeit hinweg. Denn VW kann sich seine nachgiebige Personalpolitik – hohe Löhne und Vergütungen und 20 % Fehlzeiten durch Urlaub, Freischichten und Krankfeiern – nicht mehr länger leisten.

Im Moment drängen die deutschen Gewerkschaften Regierung und Unternehmen dazu, die Löhne in Ostdeutschland bis zur Mitte dieses Jahrzehnts auf westdeutsches Niveau anzuheben. Infolge der Privatisierung haben bereits 500.000 Ostdeutsche ihren Arbeitsplatz verloren, es werden noch weitaus mehr arbeitslos werden, wenn die Löhne zu schnell ansteigen. Die ostdeutsche Industrie befindet sich in einem archaischen Zustand und benötigt riesige Investitionen. Ein künstliches, nicht durch Produktivitätssteigerungen gerechtfertigtes Anheben der Löhne wird nur zu steigender Arbeitslosigkeit führen.

Die deutsche Einheit bescherte der deutschen Wirtschaft einen ungeahnten Boom. Der Autoabsatz erreichte Rekordniveau, weil die Ostdeutschen endlich ihr Erspartes für westdeutsche Autos wie VWs und Opel ausgeben konnten. Die deutschen Unternehmen profitierten von dem ungeheuren Konsumhunger der Bevölkerung in den ehemaligen kommunistischen Staaten. Verwöhnt von zweistelligen Zuwachsraten, verlor Deutschlands Industrie doch den Blick für die Realität: Wegen hoher

Kosten, des strengen Arbeitsrechts und umfassenden Kündigungsschutzes hätte Deutschland längst seine Attraktivität als Industriestandort verloren. Bis heute hat Ostdeutschland nur wenige größere, ausländische Investoren angezogen. Die deutschen Hersteller von Luxuslimousinen begreifen allmählich, daß sie auf dem Weltmarkt nichts mehr loswerden können, wenn sie weiter nur in Deutschland produzieren. Lange Jahre hatten Hersteller wie BMW die Errichtung von Produktionsstätten im Ausland mit dem Argument abgelehnt, daß seine Autos nur von »Elfen aus dem Schwarzwald« gebaut werden könnten. Doch 1992 überraschten die Bayern die Öffentlichkeit mit der Ankündigung, in South Carolina ein Werk zu bauen. 1993 gestand sogar Mercedes ein, daß die Amerikaner in der Lage seien, seine technisch anspruchsvollen Modelle zu bauen. Volkswagen, schon längst multinational, ließ durchblicken, daß es keine andere Wahl habe, als Audis in Nordamerika zu produzieren.

1991 wurde deutschen Kinobesuchern ein vom deutschen Arbeitgeberverband gesponsorter Zeichentrickfilm vorgeführt. Der Spot zeigte die Evolutionsgeschichte des Menschen, der sich vom Fisch zum Reptil, dann zum Affen, Höhlenmenschen, Bauern und schließlich zu einem Handwerker entwickelt. Der stieg dann mit seiner Säge festen Schrittes eine rote Linie hinauf, die das Wachstum des Bruttosozialprodukts seit dem Zweiten Weltkrieg darstellte. Für das Jahr 1990 lief die rote Linie waagerecht aus. Der Handwerker setzte sich darauf nieder und begann, sozusagen seinen eigenen Ast abzusägen. Das Publikum lachte, aber eigentlich gab es dazu keinen Grund. Mir erschien der Film ein Gleichnis für die deutsche Malaise zu sein.

Bei Volkswagen stiegen die Produktionskosten weiter an. Die Unternehmensführung gibt den Arbeitern die Schuld, weil sie auf Lohnsteigerungen und eine Arbeitszeitverkürzung bestehen, obwohl das Unternehmen im eigenen Hinterhof von Herstellern wie Opel und den Japanern, die auf dem deutschen Markt immer weiter vordringen, herausgefordert wird. Die Arbeitnehmerseite hingegen wirft der Unternehmensleitung vor, schlecht investiert und geplant zu haben. »Im letzten Jahrzehnt hat sich die Unternehmensphilosophie in Richtung des auf kurzfristige Gewinnmaximierung angelegten Managementdenkens der Amerikaner verschoben«, beklagte sich Gerhard Uhl von der IG-Metall. »Im Management konzentriert man sich primär auf die eigene Karriere und das eigene Wohlergehen und denkt weniger an das Unternehmen und das Wohlergehen der Mitarbeiter.«

Das Management wiederum hielt dagegen, daß die von der Gewerkschaft 1992 erkämpfte 5prozentige Lohnerhöhung und die Einführung der 35-Stunden-Woche die Notwendigkeit von Kostenreduzierungen ignoriert habe. Denn die Unternehmen müßten gegenüber Ländern wettbewerbsfähig bleiben, die niedrigere Löhne zahlten, deren Arbeiter aber trotz schlechterer Ausbildung fast so produktiv wie die deutschen Arbeiter seien.

In Wahrheit trifft beide Seiten die Schuld. Die Unbeweglichkeit beider Parteien verhinderte eine realistische Diskussion darüber, wie sich Industrie und Gewerkschaft der veränderten wirtschaftlichen Lage anpassen können. Der Geist der »Wunderjahre«, die Zusammenarbeit zum Wohle des Unternehmens und der Nation, ist lange schon zu bloßem Egoismus verkommen: Jeder Beschäftigte denkt nur an sich. VWs Arbeiter können sich ohne schlechtes Gewissen ein verlängertes Wochenende leisten, selbst wenn sich unfertige Autos in den Werken stapeln. Es gibt aus ihrer Sicht keine überzeugenden Gründe, es nicht zu tun. Sie bekommen ihren vollen Lohn, und das Unternehmen kann immer genügend Leute für die nötigsten Arbeiten beschaffen.

Diese Haltung entstand zum Teil aus dem tief verankerten Elitedenken der Deutschen, das dem Arbeiter nur einen geringen Status und wenig Ansehen zugesteht. Fabrikarbeiter werden zwar gut bezahlt, stehen aber in Deutschlands starrer sozialer Hierarchie auf den unteren Rängen.

Das System ist unflexibel. Länge und Art der Ausbildung zwängen jeden für immer in eine bestimmte Rolle. In der deutschen Gesellschaft ist es immer noch fast unvorstellbar, daß jemand in einen anderen Beruf wechselt oder eine Arbeit akzeptiert, die nicht seiner Ausbildung und seinen Qualifikationen entspricht. Ein ausgebildeter Automechaniker, der zwölf oder dreizehn Schul- und Berufsschuljahre sowie parallel dazu eine dreijährige Lehrzeit hinter sich gebracht hat, ist lieber arbeitslos, als daß er einen Job als Straßenbauarbeiter oder Fabrikarbeiter unterhalb seines Ausbildungsniveaus annähme. In deutschen Autounternehmen schränken die Dauer der Betriebszugehörigkeit und die Lohn- oder Gehaltsgruppe die

Möglichkeiten, Arbeitnehmer zu versetzen, stark ein. Sogar Sozialhilfeempfänger haben das Recht, Arbeitsangebote, die sie für »unzumutbar« halten, abzulehnen. In Deutschland bestimmt der Beruf, die Arbeit die Identität und den sozialen Stauts eines Menschen. Die ganze Nation trägt ständig die Nase hoch.

Der deutsche Elitarismus hat einen unangenehmen Beigeschmack bekommen, besonders mit der Wiederkehr von Neo-Nazis, der Gewalt gegen türkische Gastarbeiter und Asylbewerber aus Afrika oder den ehemals kommunistischen Staaten. Nach dem Zweiten Weltkrieg wurden Ausländer akzeptiert – zum einen, weil Deutschland Arbeitskräfte für seine wachsende Wirtschaft brauchte und es zum anderen seine rassistische Vergangenheit wiedergutmachen wollte. Viele dieser Einwanderer behielten ihre Staatsbürgerschaften und lebten isoliert von ihren deutschen Nachbarn. Als der wirtschaftliche Erfolg abebbte und eine neue Generation heranwuchs, ließ auch die Toleranz nach. Die alten Vorurteile bekamen neuen Aufwind. Heute bestehen die Belegschaften vieler deutscher Fabriken zu einem Großteil aus ausländischen Arbeitnehmern, aber Deutsche können sie nicht werden. Die deutsche Staatsbürgerschaft kann nicht einmal die zweite Generation, die keine Kontakte mehr zur Heimat ihrer Eltern oder nicht einmal Erinnerungen an sie hat, erwerben: Die Staatsbürgerschaft wird, von wenigen Ausnahmen abgesehen, nur denen zuerkannt, die eine deutsche Abstammung nachweisen können.

Das Fehlen echter Motivation hat bei vielen Fabrikarbeitern zu Alkohol- und Drogenmißbrauch geführt. Ein Gewerkschafter von VW gab sogar zu, daß es nicht eine Droge gebe, die man nicht am Arbeitsplatz oder in den Waschräumen, die sich zu wahren Drogenumschlagplätzen entwickelt hätten, kaufen könne. Durch diese Zustände alarmiert, reagierte der Betriebsrat mit der Einrichtung von Drogenberatungsstellen vor Ort.

Durch seine Entstehungsgeschichte sowie die einseitige Ausrichtung auf Produktion, Anlagen und Arbeitsrichtlinien, hat Volkswagen nie eine stimmige und umfassende Managementphilosophie entwickelt, die über »mehr Autos bauen« hinausging. Nun versucht man das nachzuholen, doch die Bemühungen wirken oft unkoordiniert und bringen wenig. Volkswagen war bei der Umsetzung von JIT (Just-in-Time) nicht erfolgreicher als General Motors. In mindestens einem Fall mußte das Unternehmen wegen Produktionsausfällen im Motorenwerk bei Kassel Antriebe per Flugzeug bringen lassen. Als Carl Hahn noch Vorstandsvorsitzender war, beklagte er sich oft über den häufigen Stillstand der Fließbänder, schien aber machtlos, irgend etwas dagegen zu unternehmen. Wie GM hatte Volkswagen eine äußerst naive Vorstellung von JIT. Ein anderes Beispiel aus den letzten Monaten von Hahns Amtszeit war die Ankündigung des Unternehmens, ein *Kaizen*-Programm einführen zu wollen – man wollte das Konzept der kontinuierlichen, schrittweisen Verbesserung von den Japanern übernehmen. Neben der Cafeteria von Halle 54 richtete man einen kleinen *Kaizen*-Raum ein, was sofort eine Diskussion über die Durchführung des Programms und die möglichen Verantwortlichen auslöste. Die Abteilung Betriebliches Vorschlagswesen fürchtete um ihre Daseinsberechtigung, die Mitarbeiter der Produktions-, Design- und Beschaffungsabteilungen um ihre Arbeitsplätze. In den einzelnen »Herzogtümern« von VW hatte niemand ein Interesse daran, *Kaizen* jemals umzusetzen.

Dennoch gelang es, eine Stelle zur Koordination der Verbesserungsvorschläge einzurichten. Zunächst belohnte man die Beschäftigten, die Vorschläge einreichten, mit Taschenrechnern. Goeudevert wollte sogar eine Prämie von fünfzig D-Mark pro Vorschlag als Vorabhonorar durchsetzen, doch das wurde sofort abgelehnt, weil objektive Kriterien für die Bewertung der Vorschläge fehlten.

Kaizen war wieder eine der guten Ideen, die VW nicht umsetzen konnte, weil es sie nicht in seine Organisation einzubinden verstand. Intuitiv erkannte jeder den Wert des Programms, doch wußte niemand etwas damit anzufangen.

»Toyota besitzt großartige Fabriken, aber lausige Büros.« So lautet das Urteil eines Konzernkritikers, der meint, daß die Managementphilosophie des Unternehmens dringend auf einen neuen Stand gebracht werden muß. »Lassen Sie sich nicht täuschen. Toyotas Fähigkeit, effiziente Fabriken zu bauen und die schlanke Produktion zu entwickeln, hat das Produktionswesen in der ganzen Welt revolutioniert. Aber die hervorragende Qualität eines Produktionssystems überträgt sich nicht notwendigerweise auf das Management und die Entscheidungsfindung.«

In den Zeiten des sensationellen Wachstums war es einfach, die Augen vor der Wahrheit zu verschließen. Heute aber steht Toyota an einem Scheideweg und schlägt sich mit unzähligen Problemen im eigenen Land und im Ausland herum. Das Unternehmen, das der Welt ein geniales Produktionssystem schenkte, sucht nun verzweifelt nach neuen Managementkonzepten für eine Ära, in der nichts mehr so einfach ist wie bisher. Ob Toyota dazu sowohl den Willen als auch die geeigneten Manager hat, bleibt eine offene Frage.

Daß es jedoch überhaupt zu diesem Problem kommen konnte, überrascht viele Leute. In den achtziger Jahren war die ganze westliche Welt geradezu leidenschaftlich in die Ideen des japanischen Managements verliebt. Es gab die romantische Vorstellung, daß die Japaner eine fast spirituelle Kraft für ihr Arbeitsleben nutzten – eine Eigenschaft, die stimulierte, sich jedoch stark von dem individualistischen Stil und der Art der Motivation in westlichen Unternehmen unterschied. Aber allmählich kam ans Licht, daß das stereotype Bild vom guten japanischen Arbeitsplatz versus dem schlechten westlichen Arbeitsplatz eine schlechte Glorifizierung der Realität war. Jon Woronoff hinterfragt diesen Mythos in seinem Buch *The Japanese Management Mystique*:

Es gibt einen eigenartigen Wettkampf zwischen dem idealisierten, gereinigten Bild des japanischen Systems und der entwürdigenden, unvorteilhaften Karikatur des westlichen Systems. Die Japaner schätzen jeden einzelnen Arbeiter und erwarten seine kreative Mitarbeit. Die Manager im Westen behandeln die Arbeiter wie Objekte und geben nur Anordnungen. Japan garantiert Arbeitsplatzsicherheit und sogar eine lebenslange Beschäftigung. Dagegen steht in westlichen Unternehmen das »hire and fire« an der Tagesordnung. Japanische Arbeiter tragen gepflegte Arbeitskleidung und engagieren sich bei der Qualitätskontrolle. Amerikaner tragen schmierige Jeans und lassen Colaflaschen in den Autokarosserien zurück.

Wenn man genauer hinschaut, haben japanische Unternehmen ernsthafte Probleme mit den Arbeitskräften. Der japanische Journalist Kamata Satoshi arbeitete 1982 für längere Zeit bei Toyota und hielt seine Erfahrungen in einem Tagebuch fest, das er später in seinem umstrittenen Buch *The Auto Factory of Despair* veröffentlichte. Satoshis Berichte widersprachen den verbreiteten Ansichten. Er stellte unter den Arbeitern Toyotas eher ein Gefühl der »Verzweiflung« fest, das sowohl aus der Alltagsroutine als auch aus der Erkenntnis entsprang, daß das Unternehmen seine Mitarbeiter wie »menschliche Maschinen, die man hin- und herschieben kann« behandelte. Satoshi schildert die strapaziöse Arbeitsroutine: Die Arbeiter verbrachten pro Tag acht bis zehn Stunden an äußerst engen Arbeitsplätzen, hatten nur kurze Pausen und mußten so schnell wie Maschinen arbeiten. Die Aufseher neigten dazu, das Band schneller einzustellen, Extraaufgaben zu vergeben und die Arbeiter regelmäßig zu Überstunden zu verpflichten. Satoshi zeichnete ein Bild von erschöpften Arbeitern, die sich häufig aus Konzentrationsmangel verletzten. Die Fluktuation der Arbeitskräfte war ausgesprochen hoch. Einige nahmen einen sehr drastischen, traurigen Abschied – sie begingen Selbstmord.

Es mag sein, daß Satoshi etwas übertreibt. Dennoch trat immer mehr zutage, daß Taiichi Ohnos brillantes Produktionssystem über einige Probleme in der Konzernpolitik des Unternehmens hinwegtäuschte. Nur wenigen ist bekannt, daß Ohno bei der Einführung des Systems in den fünfziger Jahren auf lauten Widerstand der damals noch engagierten Gewerkschaften stieß. Zu jener Zeit hatte man die Arbeiter dazu ausgebildet, eine Maschine zu bedienen und ihre Aufgaben auf eine weniger reglementierte Weise zu erledigen. Von Ohnos Plan wollten sie nichts wissen. Er schien zusätzliche Last zu bringen, und sie wollten nicht mehrere Tätigkeiten bei höherer Arbeitsgeschwindigkeit und längeren Wochenarbeitszeiten erledigen müssen. Doch Ohno, der in engem Kontakt zu den Gewerkschaftsführern (die in Wirklichkeit zum Management gehörten) stand, gelang es, ihre Zustimmung für seinen Plan zu gewinnen. Die Kritiker wurden gefeuert. Ohno gab später zu: »Hätte ich es mit der Gewerkschaft der japanischen Eisenbahner oder einer amerikanischen Gewerkschaft zu tun gehabt, wäre ich wohl ermordet worden.«

Dennoch, es war eine andere Zeit. Die Arbeiter sahen sich praktisch als privilegiert an, weil sie in einer Fabrik arbeiteten durften und nicht mehr das strapaziöse und weniger einträgliche Leben eines Bauern führen mußten. Japan befand sich in der Aufbauphase nach dem Krieg, die Beschäftigten schluckten ihre Unzufriedenheit angesichts gut bezahlter Arbeitsplätze, die eine sichere, lebenslange Beschäftigung versprachen, hinunter.

Mit der Zeit wurden die Gewerkschaften der Autoindustrie Teil des Managements und arbeiteten mit, um einen breiten, alle Gruppierungen einschließenden Konsens zu schaffen. Wenn vereinzelte Aufrührer versuchten, eigene Arbeitnehmer-Organisationen aufzubauen, sorgte das Management für die Gründung von firmengesponsorten Gegengewerkschaften und ermutigte die Beschäftigten, dort einzutreten. Der rücksichtslose, alles dominierende Arbeitsstil in Toyotas Fabriken ist seit den fünfziger Jahren unverändert geblieben. Doch heute ruft eine neue Generation nach Veränderungen. Die als schwer, schmutzig und gefährlich angesehene Fabrikarbeit wird von den jungen Leuten gemieden, die in Zeiten des Überflusses aufgewachsen sind. Sie haben nicht mehr die Opfermentalität ihrer Eltern und Großeltern, die unter den Entbehrungen und Folgen des Krieges gelitten hatten. Sie möchten besser, ausgeglichener leben und auch Spaß haben. Die Automobilfabriken bieten das nicht, trotz der Swimming Pools, Sportanlagen und komfortablen Wohnhäuser, die Toyota für sie eingerichtet hat.

Es überrascht nicht, daß Toyotas Arbeiter inzwischen hörbar nach Veränderungen rufen. Dies gehört zum Entwicklungsprozeß aller Firmen, die zu großen Konzernen heranwachsen. Das System wird von einer Krankheit befallen: Eine zunehmend aufgeblähte Bürokratie erstickt die leidenschaftliche Suche nach neuen Chancen und das Streben nach Perfektion. Shoichiro Toyoda hat alles versucht, um mit der, wie er es nennt, »Groß-Konzern-Krankheit« fertig zu werden, mit der Selbstzufriedenheit, die wie ein Geschwür in großen Unternehmen wuchert. Im Jahr 1987 beging Toyota seinen 50. Geburtstag und veranstaltete unter den Mitarbeitern einen Aufsatzwettbewerb zu dem Thema: »Das 21. Jahrhundert. Die neue Herausforderung.« Ein Beitrag in Form einer Zeichnung war von bestürzender Direktheit. Ein kleines Mädchen stand neben einem Dinosaurier. Die Überschrift dazu lautete: »Zeig mir das 21. Jahrhundert, die neue Herausforderung, die das Überleben bedroht.« Der Dinosaurier verkörperte Toyota, die Botschaft war klar: Toyota lief immer mehr Gefahr auszusterben.

Während der achtziger Jahre sprach Shoichiro oft von der Notwendigkeit, Toyotas Bürokratie abzuspecken, und kündigte in den letzten Jahren seiner Präsidentschaft eine große Umorganisation ab. Abteilungen wurden zusammengelegt und der Titel *Kacho*, Sektionsleiter, abgeschafft. Aber

Bürokratien lassen sich nicht so einfach straffen. Obwohl es den Titel *Kacho* offiziell nicht mehr gibt, taucht er auf den Visitenkarten weiterhin auf, damit die Geschäftspartner aus anderen Unternehmen den Rang der mit ihnen verhandelnden Person einschätzen können. Innerhalb des Unternehmens weiß jedermann, wer Sektionschef ist, auch wenn man ihn nicht mehr mit dem alten Titel anspricht. Die Form siegte über die Substanz, nichts änderte sich wirklich.

Die Umorganisation eines Unternehmens ist nur dann erfolgreich, wenn sich die grundlegenden Einstellungen und Werte ändern. Toyota schaffte das nicht. Nach Shoichiros Umorganisation verlor die Bürokratie nichts von ihrer Heimtücke, weil sich im Unternehmen keine neuen Kräfte entwickelt hatten. Längst konnte der Konzern nicht mehr kreative, unkonventionelle Männer wie Eiji Toyoda, Ohno und Ishida anziehen, die dem Unternehmen neue Ideen einimpfen könnten. Außerdem hatte sich im Konzern die gleiche Sorte Analytiker und Informationssammler breitgemacht wie bei GM – unflexible Bürokraten, die die Notwendigkeit von Veränderungen nie einsehen. Hier sei ein Beispiel erwähnt: Shoichiro bereitete es Sorgen, daß die Entscheidungsfindung zu lang, zu umständlich und zu zeitintensiv war. Um einen allgemeinen Konsens zu einem Vorschlag zu erzielen, kreisten bestimmte Dokumente, sogenannte *Ringishi*, durch das Unternehmen, die unzählige Personen mit einem *Hanko* (vergleichbar mit einer Unterschrift) versehen mußten. Je wichtiger ein Vorgang war, um so größer wurde die Zahl der erforderlichen *Hanko.* Nach der Umorganisation waren zur Genehmigung eines bestimmten Vorhabens nur drei oder vier *Hanko* nötig. Doch hatte sich, so die Aussage eines Managers, »die Organisation nicht geändert. Dem Topmanagement wurden vorbereitete Dokumente mit drei *Hanko* zugeleitet, während man die tatsächlichen Dokumente mit einem Dutzend oder mehr *Hanko* versteckt hielt.« Mit anderen Worten, die alte Bürokratie stand in voller Blüte; was blieb, war nur die Fassade einer straffen Organisation.

Während das höhere Management durch den bürokratischen Apparat immer schwerfälliger wird, merken Toyotas Manager im Mittelbau, daß die intensiven Kampagnen zur kontinuierlichen Verbesserung langsam ihren Tribut fordern. Die guten Ideen aus den früheren, einfacheren Zeiten sind zu Monstern entartet. Ein Beispiel ist die vom Unternehmen verfolgte Politik, Mitarbeiter zu Verbesserungsvorschlägen zu ermutigen. Auf den ersten Blick ist das eine positive, kreative Methode, die den Beschäftigten das Gefühl vermittelt, daß sie an der Führung des Unternehmens teilhaben. Doch es gibt auch eine Kehrseite: In einem einzigen Jahr reichten die Beschäftigten 1,906 Millionen Vorschläge ein – im Durchschnitt 39 pro Mitarbeiter. Davon wurden 95 % angenommen! Folglich mußte zu ihrer Umsetzung innerhalb eines Jahres insgesamt 1,8 Millionen Mal in den Arbeitsprozeß eingegriffen werden. Auch wenn die meisten der Vorschläge nur kleine, einstufige Umstellungen zufolge hatten, war der Aufwand insgesamt sehr hoch. Angetrieben von einem hohen Erwartungsdruck, reichten viele Mitarbeiter auch sinnlose Vorschläge ein. Wenn es schließlich nur noch um Veränderungen an sich geht, führen sie ohne stimmige Gesamtkonzeption zu nichts und üben nur unerträglichen Druck auf all diejenigen aus, die sie bewerten müssen.

Die Angestellten leiden immer häufiger unter den Belastungen des hohen Leistungsdrucks und der nach Feierabend stattfindenden, ritualisierten Parties mit Kunden und Geschäftskollegen. Zwölfstündige Arbeitstage inklusive der abendlicher Barbesuche und zeitaufwendiges Pendeln zwischen Arbeitsplatz und Zuhause fordern ihren Tribut.

Kürzlich fand der bei Angestellten in Japan sehr häufig auftretende *Karoshi* – der plötzliche Tod durch Überarbeitung – große Aufmerksamkeit in der Öffentlichkeit. Schätzungen zufolge sterben jedes Jahr mehr als 10.000 Menschen an *Karoshi*. Die Familien einiger Opfer haben erfolgreiche Prozesse gegen die Unternehmen geführt, doch Arbeitswut als Lebensgrundsatz ist allgegenwärtig und gesund. Die Karrieristen unter den Angestellten, die jede wache Stunde ihrer Arbeit widmen müssen, kippen regelmäßig einen im ganzen Land populären Koffein- und Vitamindrink hinunter. Im Werbespot der Marke *Regain* wird die Frage gestellt: »Japanischer Geschäftsmann, kannst du 24 Stunden lang kämpfen?« Eine Zeitlang führte der *Regain*-Werbesong die Popcharts an.

Unter den Angestellten Japans macht sich neuerdings Paranoia breit, weil sie erkennen, daß es zu viele von ihnen gibt. Wegen der effizienter arbeitenden Betriebe und Verwaltungen hat sich ein Überschuß an Angestellten aufgebaut. In westlichen Unternehmen würde man einer solchen Entwicklung mit Frühpensionierung und Entlassungen entgegenwirken.

In Japan, wo Arbeitnehmern lebenslange Beschäftigung zugesichert wird, wurde die Angst vor Entlassung durch ein mittlerweile ebenso gefürchtetes Schicksal ersetzt, das des sogenannten »Fenstersitzers«. Fenstersitzer sind Angestellte, in der Regel Ende vierzig, die man im Unternehmen nicht länger braucht. Sie bleiben auf der Gehaltsliste und melden sich jeden Tag zur Arbeit, obwohl es für sie nichts zu tun gibt. In der japanischen Gesellschaft, die Produktivität über alles stellt, gilt es als extrem erniedrigender Gesichtsverlust, wenn man zum Fenstersitzer abgestempelt wird. Das Stigma überträgt sich auf die ganze Familie und wirkt sich auf den sozialen Status aus. Die meisten Betroffenen versuchen, sich selbst Arbeit zu verschaffen. Beispielsweise lesen oder schreiben sie Berichte, die niemanden interessieren, und übernehmen sogar hier und dort Gelegenheitsarbeiten. Einigen schenkt man bedeutungslose Titel oder weist ihnen sinnlose Tätigkeiten zu, damit sie nach außen hin ihr Gesicht wahren können. Aber dies funktioniert meistens nicht. Jeder kennt die Wahrheit. Während die gehetzten Angestellten durch Überarbeitung bis an die Grenzen ihrer Belastbarkeit gestreßt sind, fühlen sich die Fenstersitzer ebenfalls gestreßt – durch Unterbeschäftigung. Einige können die Peinlichkeit nicht ertragen und treten vorzeitig in den Ruhestand.

Der Unterhalt der Fenstersitzer ist für die japanischen Unternehmer teuer, vor allem deshalb, weil das Durchschnittsalter der Bevölkerung steigt und damit auch ihre Zahl zunimmt. Computerisierung und andere Technologien sorgen für größere Arbeitseffizienz und werden die Krise noch verschlimmern, weil weitere Arbeitsplätze in den Administrationen wegfallen. Die Anzeichen häufen sich, daß die Garantie der lebenslangen Beschäftigung bald nicht mehr aufrechterhalten werden kann, nicht zuletzt wegen der gegenwärtigen Rezession mit schrumpfenden Wachstumsraten und Investitionen im Ausland. Der traditionelle Pakt zwischen Management und Arbeitern – Sicherheit im Tausch gegen Loyalität – gehört vielleicht schon bald der Vergangenheit an.

Zusätzliche Probleme ergeben sich, wenn sich japanische Unternehmen im Ausland niederlassen wollen, denn ihre Unternehmenskultur unterscheidet sich stark von derjenigen der Gastgeber. NUMMI war eine Ausnahme, weil das sorgfältig ausgearbeitete Abkommen GM und Toyota zu gleichen Teilen Management und Verantwortung übertrug. Außerdem profitierte es von den Bemühungen beider Managementgruppen, aus beiden Kulturen einen neuen Organismus zu schaffen. Im Normalfall gehen japanische Unternehmen jedoch ein beträchtliches Risiko ein, wenn sie sich im Ausland, vor allem im Westen, engagieren.

In amerikanischen Unternehmen erwartet man von einem guten Manager selbständiges Denken und ein gewisses Maß an Eigeninitiative, um vorwärts zu kommen. Im konformistischen Japan werden andere Eigenschaften geschätzt. Die Arbeiter werden dazu erzogen, gute, kooperative Mitglieder nicht nur einer Gruppe, sondern der ganzen, das Unternehmen repräsentierenden Gemeinschaft zu sein. Beispielsweise unterscheidet sich die Unternehmenskultur Toyotas enorm von derjenigen Nissans. Jedem, der einige Jahre in einer der beiden Firmen gearbeitet hat, fällt es schwer, sich an die Methoden der anderen anzupassen. Die Unterschiede sind so groß, daß er genausogut in eine ausländische Firma wechseln könnte.

Die Japaner werden zur Vielseitigkeit und nicht zum Spezialistentum ermuntert. Obendrein rümpft man über zu viel Ehrgeiz die Nase. Manager, die im Ausland gearbeitet und gelebt haben, machen nach ihrer Rückkehr eine schwere Zeit durch, bis sie wieder in der Organisation assimiliert sind, die sie ins Ausland geschickt hatte. Sie werden trotz ihrer einzigartigen Erfahrungen nicht besonders hoch geschätzt, sondern sogar oftmals vom Hauptsitz ihrer Unternehmen in eine Tochtergesellschaft abgeschoben.

Dieses Schicksal widerfuhr auch Kan Higashi, dem früheren Präsidenten von NUMMI. Er wurde für seinen Erfolg in Amerika nicht belohnt. Ebensowenig gab man ihm einen Posten, in dem er seine Erfahrungen aus dem Westen hätte einbringen können. Nach sechs Jahren in Amerika arbeitete er für kurze Zeit in Toyota City, dann ernannte man ihn zum Executive Vice President einer neu gegründeten, zu Toyota gehörenden Mobilfunkfirma in Tokio. Er übernahm damit zwar eine wichtige Aufgabe, doch genießt man natürlich mehr Prestige, wenn man für ein traditionsreiches Großunternehmen und nicht für ein kleines, neues Tochterunternehmen arbeitet.

General Motors, Volkswagen und Toyota leiden alle unter einzigartigen Problemen, die ebenso von ihrer spezifischen Unternehmenskultur als auch von den Traditionen ihrer Heimatländer verursacht werden. Einstellungen, Auftreten und Unternehmenspolitik, die sich über Jahrzehnte entwickelt haben, lassen sich nur schwer ändern.

Weil General Motors arrogant und selbstgefällig wurde, verlor es den Kontakt zu den Kunden, aber auch zu den eigenen Mitarbeitern, und konnte sie folglich nicht mehr sinnvoll einsetzen. Manager wurden befördert, gleichgültig ob sie Leistungen zeigten oder nicht (siehe Lloyd Reuss). Aber für die Arbeiter gab es weder eine entsprechende Ausbildung oder Ausrüstung noch ein leistungsstarkes Produktionssystem, das ihnen geholfen hätte, Qualitätsfahrzeuge zu wettbewerbsgerechten Kosten zu bauen. GMs Arbeiter haben mittlerweile bewiesen, daß sie motiviert und produktiv arbeiten können, wenn die Arbeitsumgebung stimmt, das richtige Werkzeug vorhanden ist und das Management funktioniert.

Volkswagen gleicht GM in seiner Arroganz und Selbstgefälligkeit. Es ist sehr bedauerlich, daß VW nicht früher seine Lehren aus GMs Abstieg gezogen hat, sondern nun, zehn Jahre später, als Spiegelbild GMs dasteht. Aber in seiner Starrheit und seinem übermäßigen Selbstvertrauen rümpfte man die Nase über Vergleiche mit GM. Die hatten eben weder den technischen Genius noch die glänzende Ausbildung noch so qualifizierte Facharbeiter wie man selbst.

Aber VW operierte in dem gleichen Vakuum wie GM und ignorierte die Wirklichkeit um sich herum. Ungeachtet des zunehmenden Druckes und der sich ankündigenden Malaise, wurde immer wieder den Forderungen der Arbeitnehmer nachgegeben und versäumt, die Kosten zu kontrollieren oder auf die Wünsche unterschiedlicher Käufergruppen einzugehen – also nicht nur auf die Männer mittleren Alters mit höherem Schulabschluß zu achten, die immer zu den loyalsten Kunden gehört hatten. Jede Kritik wurde mißachtet, weil man sicher war, daß die Leute die Autos zu jedem Preis kaufen würden, weil sie eben die besten auf dem Markt seien.

Toyotas Arbeiter gehören zu den leistungsfähigsten der Welt und werden durch eine Unternehmensorganisation und durch Produktionssysteme unterstützt, die ihre Fähigkeiten und ihre Energie völlig ausschöpfen. Doch während Toyotas Fabriken perfekt funktionieren, gilt das nicht für seine Verwaltung. Angestellte sitzen stundenlang an kleinen Schreibtischen und sind einem Managementsystem ausgeliefert, das individuelle

Leistungsfähigkeit weder fordert noch fördert. Bis heute wurde das System nicht hinterfragt, weil die Menschen ihre individuelle Weiterentwicklung gern gegen die Arbeitsplatzsicherheit und das Prestige, das mit der Arbeit bei Toyota verbunden war, eintauschten. Aber nun sehen Japan und Toyota der Herausforderung ihrer Prinzipien und Grundsätze entgegen.

Es hat seine eigene Ironie, daß alle drei Unternehmen, so bürokratisiert sie mittlerweile sind, von selbständigen unabhängigen Denkern geschaffen wurden. Toyota wuchs zu Größe heran, indem es seine Mitarbeiter zu kreativem Denken anspornte. Dieselben Mitarbeiter würden heute allerdings an den Arbeitsbedingungen und dem Arbeitsumfeld ersticken. Muß Toyota auch erst in eine so schwere Krise geraten wie GM und VW, um sich zu ändern?

GM besaß immer schon »Vorteile« vor Toyota und Volkswagen – nämlich die Chance, neue Ideen und Methoden von den ausländischen Unternehmen zu erlernen, die in seinem Heimatland Konkurrenzwerke eröffneten. Wenn auch viele Amerikaner der Ansiedlung japanischer Fabriken zunächst mit Zynismus und dann mit Angst begegneten, haben diese Niederlassungen die Attraktivität der Vereinigten Staaten als Produktionsstandort nur erhöht und sich als gute Lehrmeister für amerikanische Unternehmen erwiesen. Insgesamt sind die Amerikaner offener und flexibler für neue Ideen. Anders als in Deutschland oder Japan werden Außenseiter gern aufgenommen, und Methoden, die sich von den ihrigen unterscheiden, werden übernommen – auch wenn diese Anpassung oft in kleinen Schritten und nicht schmerzlos von statten geht. Weil es aber in Deutschland oder Japan solche ausländischen Niederlassungen nicht gibt, fehlte beiden Ländern bisher die Möglichkeit, das Funktionieren fremder Ideen in der Praxis zu verfolgen und die Macht eines gefährlichen ausländischen Konkurrenten direkt vor der eigenen Haustür kennenzulernen.

Georgetown, Kentucky – Dezember 1992

Die ruhigen, von Bäumen gesäumten Straßen und die Herrenhäuser des alten Südens erinnern an alte Zeiten. Inmitten einer sanften Hügellandschaft mit ihren smaragdgrünen Pferdeweiden wollte Toyota 1985 sein erstes Montagewerk auf amerikanischem Boden errichten.

Die Bekanntgabe, daß Kentucky das Rennen gemacht hatte (unter mehreren US-Staaten, die heftig um Toyotas Gunst gebuhlt hatten), wurde von der Bevölkerung gleichermaßen mit Erleichterung und Angst aufgenommen. Als einer der ärmsten Staaten der USA brauchte Kentucky dringend neue Arbeitsplätze. Die Lokalzeitung *Georgetown News and Times* widmete der Ankündigung eine große Schlagzeile: »Toyota: Ein großes Ja; Das tut gut!« Viele Menschen waren aber unsicher, was die Ankunft der Japaner unterm Strich bringen würde. Es handelte sich nicht gerade um eine weltläufige Region, in der die Menschen an »Ausländer« gewöhnt waren. Das angeborene Mißtrauen gegen jede Art von Outsidern traf sogar Amerikaner aus den städtischen Zentren des Nordens.

Aber Not zerstreut viele Ängste. Der ums Überleben kämpfende Bundesstaat brauchte dringend die Arbeitsplätze und das wirtschaftliche Umfeld, das ein florierendes Automontagewerk mit sich bringt.

Jene, die fragten, wie es sein würde, für die Japaner zu arbeiten, mußten mit ihrem Urteil noch warten. Hoffnungsvoll stimmten die überschwenglichen Berichte über NUMMI, dessen erfolgreicher Betrieb und dessen zufriedene Arbeiter schon Legende geworden waren. Honda hatte zwar einige blaue Flecken davongetragen, schien sich im großen und ganzen aber gut in das ländliche Ohio einzufügen.

Für einen bitteren Beigeschmack sorgte der ständige Verdacht, daß es in japanischen Werken latenten Rassismus gegen Schwarze gebe. Es konnten zwar keine offenen Beweise dafür gefunden werden, wohl aber versteckte Hinweise. Die Japaner errichteten ihre Werke in der Regel weit ab von urbanen Zentren in ländlichen Städten, in denen nur wenige Minderheiten lebten. Die Unternehmen behaupteten allerdings, daß sie ihre Wahl ausschließlich nach wirtschaftlichen Gesichtspunkten getroffen hätten. Doch blieben Bürgerrechtsgruppen bei ihrem Mißtrauen, insbesondere wenn die Abneigung gegen große Städte nur ein Vorwand zu sein schien. Hondas Werk in Marysville in Ohio war ein typisches Beispiel. Bei der Eröffnung des Werkes kündigte Honda an, daß es nur Bewerber aus einem Umkreis von dreißig Meilen berücksichtigen werde. Damit lag Columbus, ein Zentrum der schwarzen Bevölkerung, gerade fünf Meilen außerhalb des angegebenen Radius. In Marysville, einem klassischen, mittelamerikanischen Landstädtchen, lebten jedoch so gut wie keine Schwarzen. Kritiker warfen Honda vor, daß es den Radius absichtlich auf dreißig und nicht auf vierzig oder fünfzig Meilen festgelegt habe, um keine Schwarzen einstellen zu müssen. In der Tat sind weniger als drei Prozent der Mitarbeiter in Hondas Werk Schwarze, obwohl der Prozentsatz allmählich ansteigt, weil Honda, um einen Prozeß zu vermeiden, Minderheiten stärker bei Einstellungen berücksichtigt.

In Kentucky wurde schon starke Kritik laut, bevor das Werk überhaupt eröffnet hatte. Ein Streitpunkt war die phänomenale Summe, die der Bundesstaat locker gemacht hatte, um den Zuschlag zu bekommen. Diese 125 Millionen Dollar waren der größte finanzielle Anreiz, den ein Bundesstaat jemals geboten hatte. Gouverneurin Martha Lane Collins verteidigte das Angebot jedoch mit dem Argument, daß durch die Ansiedlung des Toyota-Werkes automatisch Teilezulieferer nachgezogen würden, damit Toyotas Just-in-Time-System effektiv funktionieren könne. Das fette Geldgeschenk kam bei den Konservativen im Staat nicht gut an. Sie fühlten sich von den Japanern hinters Licht geführt.

Auch die UAW zeigte sich besorgt. Zunächst hatte sie das Werk in Kentucky als gewerkschaftsfreundlich eingeschätzt. Warum auch nicht, denn Toyota hatte bei NUMMI Vorteile aus der Kooperation mit den Gewerkschaften ziehen können. Aber in Kentucky widersetzte sich Toyota von Anfang an den Bemühungen der UAW, den Betrieb zu organisieren, und argumentierte, daß es allein Sache der Belegschaft sei, ob sie eine Gewerkschaft haben wollten oder nicht. Das war ein schwerer Schlag gegen die UAW, den sie kaum hinnehmen konnte, aber Toyotas Haltung schien sich als Trend in anderen Transplant-Werken fortzusetzen.

Noch während der hitzigen Kontroverse traten 100.000 eingeschüchterte Arbeitslose an, um eine der 3000 Stellen zu ergattern. Alles, worum es ihnen wirklich ging, war ein Arbeitsplatz, für den sie ihre Zweifel bereitwillig herunterschluckten. Viele, die von der Arbeitsplatzsicherheit und der vielgepriesenen Zusammenarbeit zwischen Arbeitern und Management in Japan gehört hatten, glaubten an die Chance ihres Lebens. Unter den Bewerbern befanden sich viele College-Absolventen und Arbeiter, die sich wegen ihrer Erfahrungen in anderen Betrieben Chancen ausrechneten. So erwartete ein zuversichtlicher Kandidat die übliche Bewerbungsprozedur: »Du schreibst hin, wo du vorher gearbeitet hast; das ist eigentlich schon alles. Um so besser, wenn du jemanden aus dem Betrieb kennst, der ein gutes Wort für dich einlegt. Das hilft meistens.«

Aber welch einen Schock erlitten die eher an ein lotterieähnliches Auswahlverfahren gewöhnten Bewerber während der Vorstellungsprozedur bei Toyota! Jeder Kandidat wurde mit einer Sorgfalt geprüft, die normalerweise nur Managementposten vorbehalten bleibt. Erst wurde eine Serie von Tests durchgeführt – Lesen, Mathematik, handwerkliche Geschicklichkeit, technisches Wissen und die »Eignung für den Job« wurden ausgelotet. Danach folgten lange psychologische Tests, um Kandidaten mit unannehmbaren Einstellungen und Eigenschaften auszusortieren. Hier das Beispiel für eine Frage, die mit »stimmt« (richtig) oder »stimmt nicht« (falsch) zu beantworten war: »Es ist wichtig, daß Mitarbeiter über ihre reguläre Arbeitszeit hinaus arbeiten, wenn eine Aufgabe unbedingt erledigt werden muß.« Man brauchte da keinen Raketenspezialisten, um die hinter solchen Fragen steckende Botschaft von Toyota zu entschlüsseln.

Hatte ein Bewerber die Tests bestanden, mußte er im nächsten Schritt an einem Probefließband seine Geschwindigkeit und Geschicklichkeit bei technischen Aufgaben unter Beweis stellen. Dann ging es weiter zum Betriebsarzt, der die Kandidaten auf Gesundheitszustand und Drogenabhängigkeit hin untersuchte.

Skeptisch beobachteten UAW-Vertreter dieses Auswahlverfahren von außen. »Ich weiß, welchen Zweck diese Tests wirklich verfolgen«, empörte sich einer von ihnen. »Sie sollen von vornherein jeden eigenwilligen Kandidaten aussieben, jeden, der eventuell mit den Gewerkschaften sympathisiert.«

Toyota amüsierte sich darüber. Mit aller erdenklicher Sorgfalt versuchten sie sicherzustellen, daß das Auswahlverfahren gerecht und mit dem nötigen Fingerspitzengefühl ablief. Und wer genau hinschaute, um die berühmten japanischen Vorurteile zu entlarven, konnte an dem Bewerbungsverfahren nichts aussetzen. Toyota suchte sogar die Zusammenarbeit mit der Urban League, um sicherzustellen, daß eine angemessene Zahl von Arbeitern aus Minderheiten eingestellt würden. Nur gelegentlich brachen japanische Vorurteile durch, so äußerte einmal ein Ausbilder von Toyota die Befürchtung, daß amerikanische Hände zu groß seien, um komplizierte Montagearbeiten auszuführen.

Toyota legte, was die Auswahl der Arbeiter und die Arbeitsatmosphäre betraf, eine Sorgfalt an den Tag, die weit über das hinausging, was in japanischen Werken üblich war; denn in Japan erleichtert die Konformität allerdings auch die Kandidatenauswahl. Der Druck in der eigenen Gruppe stumpfte irgendwann all jene ab, die einen starken Hang zur Eigensinnigkeit entwickelt hatten. Amerikaner sind von Natur aus selbständiger und unabhängiger. Toyota wählte all jene aus, die sich am leichtesten ins System einfügen konnten.

Es gab dafür auch gute Gründe. Die Löhne gehörten zu den höchsten im Land, obwohl der Betrieb nicht gewerkschaftlich organisiert war. Das Umfeld war sauber, angenehm und unaufdringlich. Von den Arbeitern selbst ausgewählte amerikanische Hits plärrten aus den Lautsprechern. Der Betrieb schien in jeder Hinsicht eine »amerikanische« Firma zu sein – nur eben besser. Eine im Jahr 1992 veröffentlichte Studie des Center for Business and Economic Research vom College of Business and Economics der Universität Kentucky gab dem Toyotawerk beste Noten, insbesondere für die Wiederbelebung der lokalen Wirtschaft. Es gab Schätzungen, daß Toyota im Jahr 1992 zusammen mit den Löhnen und Nebenkosten insgesamt 574,5 Millionen Dollar in die lokale Wirtschaft investiert hatte. Wenn man noch indirekte Aufwendungen – die Ausgaben der Angestellten, den Einkauf bei den Zulieferern und andere, ähnliche Kosten – berücksichtigte, verdoppelte sich die Summe fast noch. Als Toyota 1985 seinen Plan ankündigte, hatte es ein Investitionskapital von 800 Millionen Dollar für das Projekt bereitgestellt. In der Zwischenzeit hatte das Unternehmen noch ein Werk für Antriebsaggregate und ein zweites Montagewerk hinzugefügt, was die Gesamtausgaben auf annähernd zwei Milliarden Dollar hochtrieb.

Sieben Jahre, nachdem Toyotas Manager während des Kentucky Derbys zum ersten Mal »My Old Kentucky Home« gehört hatten, gilt das Werk als willkommener und angesehener Nachbar. Doch es ist keineswegs ein auf amerikanischem Boden unabhängig operierendes Unternehmen. Toyotas Außenposten sind wie mit einer Nabelschnur fest mit ihrer Mutter in Toyota City verbunden, und auch in Kentucky sind die Schlüsselfiguren zu denen auch die Betriebsingenieure gehören, natürlich Japaner. Zwar hat Toyota versprochen, daß in den nächsten Jahren ein Großteil des Managements von Amerikanern übernommen werden soll, doch auch danach werden noch viele Positionen fest in der Hand der Japaner bleiben. Wie in vielen japanischen Betrieben in den Vereinigten Staaten gibt es nur einige, meistens unbedeutende Angestelltenjobs in bestimmten Abteilungen.

Im Moment baut General Motors nach japanischem Muster eine Niederlassung in Ostdeutschland auf. Sein neu errichtetes Werk in Eisenach ist das modernste in Europa. GM war bei der Auswahl der Mitarbeiter sehr wählerisch und stellte nur einen Bruchteil der früheren Belegschaft ein. Weil aber keiner der Arbeiter Erfahrungen mit schlanker Produktion oder mit modernen Produktionsanlagen mitbrachte, gingen sie unbefangen und ohne Vorurteile an ihre neuen Aufgaben heran. Im Werk gab es keinen Arbeitskräfteüberschuß, was den Mitarbeitern die Angst vor Entlassungen nahm. In vieler Hinsicht bezeugt Eisenach, daß die Amerikaner ihre Lehren aus der Erfahrung mit japanischen Werken im eigenen Lande gezogen haben.

NUMMI bleibt eines der seltenen Beispiele für eine Zusammenarbeit zwischen Amerikanern und Japanern zum Vorteile beider Seiten. Seit der Gründung spielte niemals eine Haltung der Art »Wir gegen sie« eine Rolle. Die UAW war ein vollwertiger und respektierter Partner. Der Kooperationsvertrag, der eine Beteiligung beider Unternehmen zu gleichen Anteilen vorsah, sprach die Spitzenpositionen und die Managementverantwortung Toyota zu; doch waren GM-Leute überall zu finden. Mit Verspätung setzte dank NUMMI GMs Lernprozeß ein, und heute spielen viele NUMMI-Absolventen eine Schlüsselrolle beim Wiederaufbau des Unternehmens.

Inzwischen hat Toyota gelernt, sein System besser an amerikanische Geschäftspraktiken anzupassen. Seine Erkenntnisse aus NUMMI ebneten den Weg für Kentucky, weil sie das Management auf die Fallstricke im Umgang mit Amerikanern aufmerksam machten.

Die UAW hat erkannt, daß sie zur Verbesserung der Produktivität beitragen kann, ohne ihre Pflichten gegenüber den Mitgliedern zu kompromittieren.

John Krafcik, der bei NUMMI als Ingenieur im Bereich der Qualitätskontrolle tätig war, schrieb später in einem Bericht über die Leistungen NUMMIs, daß sich »eine Hybridbelegschaft« entwickelt habe, »die man ohne weiteres als ›die beste beider Welten‹ (um einen Werbeslogan für GMs Nova zu übernehmen) bezeichnen kann«. Der Nova war ein Produkt von NUMMI.

Volkswagen unterhält seit Jahrzehnten Montagewerke in Brasilien, Mexiko und anderswo. Selten aber konnte sich das Unternehmen an einer friedlichen Koexistenz zwischen Management und Arbeiterschaft erfreuen. Vielleicht glaubte Volkswagen, daß sich die Arbeiter in armen Ländern mit allen Bedingungen zufrieden geben würden. Aber in VWs Werk im mexikanischen Puebla (wo Autos schlechter Qualität unter relativ hohem Kostenaufwand produziert wurden) gingen die Arbeiter nach jahrelangen Erfahrungen mit dem deutschen Managementstil schließlich auf die Barrikaden.

Als VW Pläne zur Einführung japanischer Produktionstechniken bekanntgab, wurde es zwar von einer Mehrheit der Arbeitnehmer unterstützt, aber die Unternehmensleitung ignorierte die Proteste einer kleineren, aber mächtigen Splittergruppe. Niemand hielt es für nötig, den Beweggründen dieser feindseligen Organisation nachzugehen. So standen die VW-Manager fassungslos da, als im Werk Gewalttätigkeiten ausbrachen und die gesamte Produktion zum Erliegen kam. Schließlich mußte die Polizei helfen, die Arbeiter aus dem Werk herauszuholen, und VW war gezwungen, das Werk zu schließen. Volkswagen ersuchte das mexikanische Arbeitsgericht um die Erlaubnis, seine Vereinbarungen mit der Gewerkschaft rückgängig machen zu können. Die Petition wurde schließlich angenommen, und die Arbeiter kehrten ohne gewerkschaftliche Vertretung an ihre Arbeitsplätze zurück.

Aber der Zwischenfall unterstrich einmal mehr, daß es Volkswagen – trotz der vielen Jahre als Mexikos größter Automobilproduzent – an fundamentalen Kenntnissen über die Gewerkschaftspolitik im Gastland fehlte, was zu diesem Ausbruch führte.

Die kulturelle Engstirnigkeit VWs tritt auch in der Geschichte eines VW-Händlers von der amerikanischen Ostküste zutage. Er klagte bei einem VW-Manager darüber, daß der aus Brasilien importierte *Fox* unbedingt ein Automatikgetriebe brauche, um auch Kunden anzuziehen, die nicht mit einem Schaltgetriebe fahren könnten. Außerdem schlug er vor, den *Passat* mit einer V-6-Maschine, Automatikfenstern und automatisch verstellbaren Sitzen auszustatten, um seinen hohen Preis zu rechtfertigen. Man erwiderte ihm: »VW trifft technische Entscheidungen und keine Marketingentscheidungen. Der Markt hat sich nach uns zu richten.« Mit diesem arroganten Glauben an die Überlegenheit des eigenen Produktes lassen sich schlechte Verkaufszahlen leicht rechtfertigen. Die Schuld liegt nicht etwa beim Unternehmen, sondern beim Kunden.

Während General Motors tatsächlich von den ausländischen Werken profitierte, mußte sich Volkswagen nie mit den großen Konkurrenten aus Japan auseinandersetzen, die den deutschen Arbeitern anderes Management gezeigt hätten. Selbst wenn es solch einen Lehrmeister gegeben hätte, bleibt es fraglich, ob man ihm gefolgt wäre – solange jedenfalls die Werke weiterhin massenweise *Golfs* produzierten und die Rücklagen auf den Banken ausreichten.

Warren, Michigan – Februar 1993

Jack Smith saß mit aufgekrempelten Ärmeln in seinem Büro in GMs Technical Center und schien entspannter, als es die Last seiner Verantwortung erlaubte. An diesem Tag dachte er über PICOS nach. Das Programm von Inaki Lopez hatte innerhalb weniger Monate die Einkaufsstrategie so revolutioniert, daß die Zuliefererpreise drastisch gesunken waren. Aber Lopez schaffte noch mehr als die Einsparung der sieben Milliarden Dollar für GM. Erstaunt sah Smith, daß Lopez' Führungsstil und Begeisterung eine ganze Bürokratenarmee in eine Frontkämpfereinheit verwandelt hatte. Und anders als alle anderen vor ihm hatte Lopez dies in relativ kurzer Zeit vollbracht. Lopez hielt sein Rezept für simpel: »Identifiziere ein Problem und definiere ein Ziel, dann überlege dir genau den Weg dorthin. Ignoriere alle inneren Hindernisse, die dir sagen, daß du es nicht schaffst.«

»Lopez«, so erzählte Smith, »nahm sich eine Gruppe von Einkäufern vor – Leute, die im Unternehmen mitschwammen, laut Roger Smith die

›eingefrorene Mitte‹ – und verwandelte sie in motivierte, hart arbeitende, erfolgreiche Mitarbeiter. Er zeigte ihnen, wie wichtig sie für den Wandel im Betrieb waren und was sie selbst anders machen konnten. Mittlerweile streben die Leute danach, in seiner Abteilung mitzuarbeiten, während sie es noch vor ein paar Jahren kaum abwarten konnten, dort herauszukommen. Niemand hätte es für möglich gehalten, daß gerade der Einkaufsstab zur verändernden Kraft im Unternehmen werden könnte.«

Lopez phantastische Erfolge mit dem Einkauf spornten Smith zu Überlegungen an, wie das PICOS-System in den anderen GM-Bereichen am besten zu nutzen war. »GM kann noch mehr aus PICOS herausholen«, sagte er. »Es bietet einen Weg, die Kostenprobleme in Angriff zu nehmen. Unser größtes internes Problem ist, daß wegen der verbesserten Produktivität viele Leute keine Arbeit mehr haben. Lopez versucht, Arbeitsplätze in den Betrieb wieder hereinzuholen. Und da können wir Mitarbeiter, die nach Umstrukturierung arbeitslos werden, einsetzen.«

Smith erbte einige größere Probleme mit der Gewerkschaft, die er in ihrer ganzen Bedeutung erst verstehen lernen mußte. »Ich erkenne allmählich, wie schlecht GM diese Beziehung (zu der UAW) in der Vergangenheit gemanagt hat«, gab er offen zu. »Als ich den Job antrat, lief das Faß schon über. Man hatte die UAW nicht rechtzeitig darüber informiert, welchen Werken aufgrund des Stempel-Reuss Plans vom Februar die Schließung bevorstand. Es hätte ihnen schon aus purer Höflichkeit rechtzeitig mitgeteilt werden müssen.« Als Smith die Führung übernahm, bemerkte er sofort, wie frustriert der UAW-Vertreter im Unternehmen, Steve Yokich, war. »Er hatte keine Ansprechpartner, an die er sich wenden konnte, um zu erfahren, was bei GM eigentlich vor sich ging.«

Im Gegensatz zu seinen anfänglichen Befürchtungen war Smith nun überzeugt, daß die UAW wegen einiger Seiten des Lopezschen Effizienzkurses wieder Mut schöpfte. »Sie mögen Inaki, weil er Arbeit heranschaffen und GM konkurrenzfähig machen will«, sagte er. Aber bevor ein echtes Vertrauensverhältnis zwischen dem GM-Management und der UAW entstehen konnte, mußten erst noch einige alte Fronten bereinigt werden.

Als er sich mit Yokich zum erstenmal zusammensetzte, spürte Smith sofort, »daß es überhaupt kein Vertrauen zwischen uns gab. Als wir aber miteinander redeten, bemerkte ich, wie sich einige kleine Hindernisse, die zwischen uns gestanden hatten, allmählich auflösten – keine großen Streitfragen, aber diese und jene Kleinigkeit. Es schien so, als ob beide Seiten jeweils nur einen Schritt machten, um zu prüfen, ob sich wirklich etwas geändert hatte. Je länger wir miteinander redeten, desto klarer wurde mir, daß wir eine Menge falsch gemacht hatten. Unter anderem schockierte mich, wie schlecht wir das letzte Abkommen eingehalten hatten. Das war schon beschämend. Den Vertrag hatten Leute aus dem Finanzstab mit dem zentralen Gewerkschaftsgremium ausgehandelt; Mitarbeiter aus den Betrieben waren nicht beteiligt. Es stellte sich heraus, daß viele den Vertrag weder gelesen hatten noch verstanden, inwiefern er sie betraf, und deshalb auch nicht bemerkten, an welchen Stellen sie gegen ihn verstießen. Ich habe ein Labour Strategy Council eingesetzt, das dafür sorgen soll, daß uns so ein Mist in Zukunft nicht noch einmal passiert. Unsere Leute in den Betrieben werden künftig genau wissen, was in dem Vertrag steht und wie sie die Vorgaben umsetzen müssen. Ich kann ihnen versichern, daß die UAW ihn Seite für Seite kennt und uns zur Einhaltung jeder Klausel zwingen wird.«

Nach Jahren der Versäumnisse mußte General Motors wieder ganz von vorne anfangen.

Verkehrsinfarkt

> Wir stehen vor einem einzigartigen historischen Augenblick. Die Bedrohung durch einen weltweiten Konflikt scheint weit entfernt, und die Veränderungen in Wirtschaft und Technik verwischen die Grenzen zwischen den Nationen.
>
> – *Robert Reich, The Work of Nations*

Einst lockten die endlos weiten und freien Highways und Autobahnen der zivilisierten Welt Reisende mit der Verheißung einer persönlichen Freiheit, die es in dem Ausmaß noch nie gegeben hatte. Am Steuer des eigenen Wagens konnten sie den vollgestopften, engen Städten Europas, den übervölkerten Küstenmetropolen Japans und den trostlosen Fabrikschloten der amerikanischen Industrieregionen entfliehen. Längst sind die Erinnerungen an alte Zeiten verblaßt, als ein Besuch der 25 Kilometer entfernten Nachbarstadt mit der Pferdekutsche eine Tagesreise war, knöcheltiefer Pferdemist auf den Straßen das drängendste Umweltproblem war und viele Menschen ihr ganzes Leben lang niemanden kennenlernten, dessen Haus sie zu Fuß nicht erreichen konnten.

Der Ruhm des Autos ist von Dichtern besungen worden. Viele junge Männer und Frauen befällt beim leisen Klimpern der Zündschlüssel in ihren Taschen ein Gefühl der unbegrenzten Freiheit.

Doch bereits ein Jahrhundert, nachdem die wunderbare Erfindung die Hoffnungen und Sehnsüchte der Weltbürger geweckt hat, geht es mit der unbegrenzten Freiheit zu Ende. Sowohl Autofahrer wie Autohersteller müssen im metaphorischen wie im buchstäblichen Sinne auf die Bremsen treten.

Die Autos kriechen über die kalifornischen Schnellstraßen, und der graue Dunst ihrer Abgase verdunkelt die Sonne. Unter dem Druck der Verhältnisse verwandeln sich Autos in fahrende Büros mit Telefonen, Faxgeräten und sogar Fernsehern. Die Straßen und Brücken im Nordosten und Mittleren Westen drohen unter der Last der Millionen von Fahrzeugen zusammenzubrechen, die sich Tag für Tag über ausgewaschene, verwitterte Asphaltdecken wälzen. Geschwindigkeitsbeschränkungen sind auf den meisten städtischen Schnellstraßen ohne Bedeutung, weil die Rush Hour die Straßen täglich für mehrere Stunden in Parkplätze verwandelt. Entnervte Autofahrer versuchen sich mit Literaturcassetten oder meditativer Musik zu beruhigen.

Auf den deutschen Autobahnen herrschte einst freie Fahrt ohne Geschwindigkeitsbegrenzung – das Symbol schlechthin für deutsche Technik und leistungsstarke Motoren. Als der Eiserne Vorhang noch existierte, lag Wolfsburg in der nordöstlichsten Ecke des Landes, und man konnte schnell und unbehindert auf der Autobahn zu den Hauptstädten Westdeutschlands fahren. Heute ist diese Autobahn bei Wolfsburg die direkte Route nach Ostdeutschland und Berlin. Anstatt die Straßen mit Geschwindigkeiten von 180 km/h hinunterzurasen, kriechen die Autos an großen Lastwagen vorbei, die Güter in die früher vom westlichen Handel ausgeschlossenen Regionen transportieren.

In Japan kann man Autos mit eingebauten Kühlschränken und einer Ausstattung erstehen, die wie Wohnzimmer aussehen. Die Autofahrer rechnen mittlerweile überall mit Staus. Für einen Wochenendausflug zu den Erholungsgebieten außerhalb Tokios, etwa nach Hakone, muß man fünf Stunden Fahrt für eine Strecke veranschlagen, die bei normaler Fahrgeschwindigkeit in weniger als zwei Stunden zu bewältigen ist.

Natürlich gibt es eine Antiauto-Bewegung. Die zweite Internationale Konferenz für autofreie Städte im Mai 1992 zog über 1500 Menschen an. Die meisten brachten ernstzunehmende Vorschläge mit, wie die Welt von Autos zu befreien sei. Einer der Teilnehmer, Professor Ralph Slovenko von der Wayne State University, wurde in Detroits Kreisen als der verrückte Professor von Armageddon (oder, wie er sagen würde, »Autogeddon«) belächelt. Professor Slovenko ist jedoch ein sehr vernünftiger Mensch. Er ist fest davon überzeugt, daß die Autos die Welt zerstört haben. »Wenn Sie in einer Grube festsitzen, sollten Sie zuerst mit dem Graben aufhören«, sagt er. Aber er gibt auch zu, daß es wahrscheinlich »doch eines dritten Weltkrieges, der Bombardierung unserer Städte« bedarf, um das Auto endgültig loszuwerden.

Sogar Psychiater schalten sich in die Diskussion ein. Therapeutengruppen schießen aus dem Boden, die sich mit den vom Auto verursachten Krankheiten und Gebrechen befassen. Das *Journal of Psychiatry and Law* schreibt, daß »ein Vekehrsstau, bei dem sich nichts mehr bewegt, Ärger und Frustrationen verursacht, die aggressives Verhalten im Verkehr, am Arbeitsplatz oder zu Hause auslösen.« Ein Psychiater erzählte, seine Patienten seien durch den Verkehr dermaßen nervös und durcheinander, daß sie die 200 Dollar teuren Sitzungen oft allein damit verbrächten, ihren Ärger beim Autofahren loszuwerden.

Während auf den Straßen alles zum Erliegen kommt, prophezeien die großen Autohersteller immer mehr Wachstum. Die konventionelle Weisheit der Autobauer stammt noch aus den Zeiten Alfred Sloans: Die Märkte sind erst gesättigt, wenn jeder Mensch ein Auto besitzt, obwohl sich das echte Maß für die Nützlichkeit des Autos doch eher in der Verkehrsdichte pro Straßenkilometer ausdrückt. Viele Autohersteller argumentieren gern, daß dieses Ziel vor allem in der Dritten Welt und den Ländern, in denen die Industrialisierung gerade erst einsetzt, längst noch nicht erreicht ist. Toyota spricht offen von einem Verkaufspotential von 50 Millionen Autos in China, während das eigene Land bereits vor Autos platzt. Man fragt sich, wo diese Autos in einem Land ohne passables Straßennetz überhaupt fahren sollen. Letztlich bestimmt die Infrastruktur die Nachfrage nach Autos.

Vor kurzem wies Japans größter Autoimporthändler Yanase & Company seine 12.000 Beschäftigten an, nur noch mit dem Zug zur Arbeit zu fahren. Der 76jährige Chairman Jiro Yanase forderte Toyota und Nissan auf nachzuziehen. Sein Argument: Die beste Methode zur Ankurbelung des Autoabsatzes ist, das Autofahren wieder attraktiver zu machen. Ein Weg zu diesem Ziel führt über den Abbau der Verkehrsstaus, die sämtliche Schnellstraßen in Japan verstopfen. Yanase meint es ernst. »Wir kontrollieren täglich unsere Parkplätze, um sicherzustellen, daß kein Beschäftigter ohne Sondererlaubnis mit dem Auto gekommen ist. Wenn einmal gegen die Anordnung verstoßen wird, gibt es eine Verwarnung, bei mehrmaligen Verstößen einen Verweis und eventuell eine Gehaltskürzung.«

Amsterdam beabsichtigt als erste große Metropole, alle Autos aus der von Kanälen durchzogenen Altstadt zu verbannen. Durchschnittlich 67.000 Autos pro Tag, die in endlosen Staus in Richtung Zentrum schleichen, verursachen täglich Verkehrsinfarkte in der Stadt. Nun sollen breitere Bürgersteige und Fahrradwege die Autos aus der City drängen. Hohe

Parkgebühren, Bußgelder und Abschleppkosten sorgen für noch mehr Abschreckung. »Jahrelang war die Stadt gezwungen, sich den Autos anzupassen«, sagte ein Verantwortlicher. »Nun werden sich die Autos an die Stadt anpassen müssen.«

Praktisch betrachtet sollte deshalb als echtes Maß für den Grad der Marktsättigung nicht die Zahl der Autos pro Person, sondern die Zahl der Autos pro Straßenkilometer gelten. Wenn die Staus auf den Straßen so hinderlich werden, daß Autos nicht mehr der schnellen Fortbewegung und der Zeitersparnis dienen, verlieren sie an Wert. Dieses Problem macht vor allem den großen Autoproduzenten der Welt zu schaffen, die alle mit der Sättigung ihrer Heimatmärkte konfrontiert sind und woanders nach Wachstumsmöglichkeiten suchen müssen.

Früher war dies einfacher, als die Autohersteller ihre Autos frei in andere Märkte exportieren konnten oder veraltete Anlagen in die lateinamerikanischen Länder schicken konnten, um dort Autos zu bauen, die sie zu Hause längst ausgemustert hatten. Aber die Länder, die dieses Vorgehen einst toleriert hatten, fordern heute Montagewerke zum Bau moderner Autos.

Große Autounternehmen haben sich bereits international auf eine viel breitere Produktvielfalt eingestellt, sie bieten Modelle für jeden Bedarf an. Beispielsweise wird GM in den Vereinigten Staaten für seine großen Wagen geschätzt, während seine in Europa entwickelten und produzierten Opel-Modelle international erfolgreich sind. GM hat die unterschiedlichen Bedingungen in den Vereinigten Staaten und anderen Ländern, in denen wegen höherer Benzinpreise kleinere, sparsamere Autos verlangt werden, erkannt und Opel die Verantwortung übertragen, Märkte außerhalb Nordamerikas zu erschließen. Heute gehören das GM-Werk in Brasilien und das neue, kleine Montagewerk in Ungarn zu den effizientesten Betrieben des Unternehmens.

In den sechziger Jahren begann Volkswagen, sich im Ausland, hauptsächlich in Lateinamerika, zu engagieren und erzielte damit jedoch nur mäßige Ergebnisse. Unter Carl Hahn expandierte der Konzern nach Asien und Osteuropa. Die Kleinwagen von VW sind nach wie vor auf einigen Auslandsmärkten so beliebt wie in Deutschland. Die brasilianische Regierung äußerte sogar erst kürzlich den Wunsch, daß man die Produktion des Käfer (dort Fusco genannt) wiederaufnehmen solle. In Mexiko steht die Marke Volkswagen an erster Stelle und hat einen höheren Marktanteil als VW in Deutschland.

Toyota ist vielleicht der zurückhaltendste, aber dennoch erfolgreichste Investor auf Auslandsmärkten. Mit seiner breiten Produktpalette hat das Unternehmen nicht nur bewiesen, daß es den Kunden auf jedem Markt, ob reich oder arm, etwas zu bieten hat. Es zeichnet sich auch durch eine besonnene und konsequente Vorgehensweise bei der Suche nach Absatzmöglichkeiten aus. Toyotas Strategie ist äußerst simpel. Man exportiert aus den hocheffizienten Werken in Japan in alle offenen Märkte, bis Handelsbarrieren gegen die Exporte errichtet werden. Dann verlegt man die Produktion in die jeweiligen Länder, bindet aber die Werke eng an Toyota City. Kein anderer Autohersteller der Welt besitzt eine derart effektive interne Organisation, die dieses vielschichtige und weit ausgedehnte Netz von Montagewerken und Betrieben lenkt. Die Palette reicht von eigenen Niederlassungen über Joint Ventures bis zu Minderheitsbeteiligungen. Toyotas Produktionsaktivitäten im Ausland sind mannigfaltig. Das größte Projekt ist die Milliarden-Dollar-Fabrik in Georgetown/Kentucky, das kleinste sind die CKD-Werke, die Toyota gemeinsam mit lokalen Unternehmen im aufstrebenden südost-asiatischen Raum betreibt. Ein Auto, das in einem dieser Länder, etwa in Thailand, produziert wird, ist kein japanisches Auto mehr und fällt deshalb nicht unter die Importquoten der westlichen Länder.

Die großen Autounternehmen, aber auch andere Konzerne, werden immer häufiger miteinander kollidieren – nicht auf ihren Heimatmärkten, sondern auf Auslandsmärkten, wo keiner von ihnen Anspruch auf irgendwelche Sonder-Privilegien erheben kann. Irgendwann werden sie vielleicht gezwungen sein, weniger aggressiv zu expandieren, was die Wirtschaftswissenschaftlerin Sylvia Ostry als »Systemreibung« bezeichnet – zu viele Länder nutzen die gleichen Systeme und Technologien zur Produktion eines Überschusses von sehr ähnlichen Produkten für Märkte, die nicht schnell genug wachsen, um die Waren aufnehmen zu können.

Hier setzt eine noch nie dagewesene Entwicklung ein. Wenn GM und Volkswagen um die Vorherrschaft in Europa oder Toyota und GM um Marktanteile in Amerika kämpfen, hat das eine völlig andere Qualität, als wenn solcher Wettbewerb in China oder Indonesien ausgetragen wird.

Derartige Vorhaben erfordern Einfühlungsvermögen in die lokalen wirtschaftlichen Verhältnisse, die dort lebenden Menschen und die Fähigkeit, Konsumentenbedürfnisse und -wünsche zu erkennen. Es kommt hinzu, daß auch die Schwellenländer für den Weltmarkt produzieren wollen.

Die meisten Wirtschaftswissenschaftler gehen aber davon aus, daß erst ein Weltwirtschaftswachstum von über vier oder fünf Prozent so viele Arbeitsplätze schafft, daß das Konzept des Freihandels weltweit unterstützt wird. Die für die nächsten Jahre vorausgesagte schleppende Wachstumsrate wird jedoch dazu führen, daß immer mehr Regierungen Handelskontrollen erlassen werden, um Arbeitsplätze im eigenen Land zu sichern.

Selbtsicher und selbstgefällig gehen die großen Wirtschaftsnationen davon aus, daß sie wettbewerbsfähig bleiben und ihre Spitzenposition im Wirtschaftskrieg verteidigen können. Aber nun sind die Autoproduzenten wie auch andere Industriezweige dazu gezwungen, Erfolg nach neuen Kriterien zu bewerten.

Die alten Geschäftsregeln, die alte Cleverness und Gerissenheit, zählen nicht mehr. Sie versprerren wie riesige Dinosaurierskelette aus längst vergangener Zeit den Weg in die Zukunft. Die neuen Regeln sind noch verschwommen. Aber wie Robert Reich in seinem Buch *The Work of Nations* herausstellt:

Die Geschichte verläuft selten geradlinig... In den Übergangszeiten sorgt ein Erdbeben, eine schlagkräftige Idee, eine Revolution, ein plötzlich zusammenbrechender Konjunkturoptimismus oder eine wissenschaftliche Erfindung für die Umkehrung des scheinbar unausweichlichsten aller Trends. Die Menschen fragen sich dann erstaunt, wie sie jemals glauben konnten, daß irgendein anderes Resultat auch nur im entferntesten möglich war.

Die Tatsache, daß es immerhin der neubestallte amerikanische Arbeitsminister ist, der diese Worte niederschrieb, liefert ein erstaunliches Beispiel für den in Amerika zur Zeit stattfindenden Wandel.

Alle Unternehmen stehen vor der Wahl, sich entweder passiv treiben zu lassen (dann wird ihre Zukunft von den jeweiligen Umständen bestimmt) oder aktiv zu handeln (den Lauf der Dinge selbst zu bestimmen). In der Vergangenheit machten GM, Toyota und Volkswagen Erfahrung mit beiden Handlungsweisen. Manchmal ließen sie sich kombinieren – nämlich dann, wenn ›aus sauren Zitronen Limonade‹ gewonnen wurde. Ein Beispiel hierfür ist sicherlich Toyotas Produktionssystem, das nur deshalb entwickelt wurde, weil Toyota wegen seiner knappen Mittel keine Ressourcen verschwenden durfte. Und auch der Käfer verdankt seine Existenz eher der Tatsache, daß Volkswagen sich die Konstruktion eines besseren Autos nicht leisten konnte.

Weltwirtschaftlich konkurrieren nicht nur Unternehmen, sondern auch sozioökonomische Systeme im ganzen. Sie schaffen den entscheidenden Kontext, der das Handeln und das Wohl individueller Firmen bestimmt. In den nächsten Jahren werden jene Unternehmen international am stärksten sein, die mit den fortschrittlichsten Wachstums- und Entwicklungskonzepten arbeiten und sich ihrer neuen Verantwortung hinsichtlich der Rolle des Autos in der Gesellschaft bewußt sind.

New Hampshire – Januar 1992

An einem bitterkalten Tag stand Paul Tsongas in New Hampshire auf einer von Schnee- und Eishaufen umgebenen Rednertribüne, richtete seine kleine Gestalt zu voller Größe auf und brüllte: »Wenn Sie die Wahl haben zwischen einem (Chrysler) Jeep und einem Isuzu, dann kaufen Sie den Jeep.«

Der US-Präsidentschaftswahlkampf von 1992 lief auf Hochtouren. Die beliebtesten demagogischen Themen der Vorwahlen waren Isolationismus und Protektionismus – gleichermaßen vertreten von Liberalen wie Tsongas und Tom Harkin und Ultrakonservativen wie Pat Buchanan. Diese Themen heizten stets die Stimmung im Publikum an, vor allem nachdem sich George Bushs letzte Japanreise als regelrechter Flop erwiesen hatte.

Gerade in dieser Woche hatte die Los Angeles County Transportation Commission einen 121 Millionen Dollar schweren Vertrag mit der Sumitomo Corporation über den Bau von Schienenbussen rückgängig gemacht. Und der nächste Rückschlag ließ nicht auf sich warten.

In der Regel werden Protektionismusdebatten über Gefühle, nicht über den Kopf geführt. Tsongas hatte zweifellos übersehen, daß GM einen Anteil von 34 % an Isuzu besaß und daß der »ausländische« Wagen, den die Leute nicht kaufen sollten, in einer Fabrik in Indiana gebaut wurde. Manchmal schienen die Taten der lautesten Protektionisten ihre Worte Lügen zu strafen. Beispielsweise geißelte Lee Iacocca in demagogischen Wahlkampfreden asiatische Importe als Ursache allen Übels, obwohl Chrysler Wagen und Teile aus Fernost importierte und sie in den Vereinigten Staaten als Plymouths und Dodges ›Made in America‹ verkaufte.

GM, Toyota und Volkswagen sind längst mit einer Reihe von Ländern und Unternehmen in der ganzen Welt verbunden. Die folgenden Beispiele geben nur einen Bruchteil dieser Verflechtungen wieder: GM besitzt Opel in Deutschland, außerdem 34 % von Isuzu, 3 % von Suzuki und Holden in Australien gemeinsam mit Toyota. Es unterhält mehrere gut laufende Betriebe in ganz Lateinamerika und produziert zusammen mit Toyota Autos bei NUMMI. Toyota besitzt Anteile an Daihatsu, baut Lastwagen in China, vermarktet Autos von Volkswagen und Audi in Japan, läßt seine Kleinlastwagen in Deutschland von VW herstellen, unterhält eigene Montagewerke in den Vereinigten Staaten und in Großbritannien und ist Miteigentümer von Dutzenden kleiner CKD-Werke in aller Welt. Volkswagen unterhält Werke in Spanien, Mexiko und der Tschechoslowakei und baut Golfs und Jettas in China. In einem Joint Venture mit Ford stellt es Minibusse in Portugal her, besitzt Autolatina in Brasilien gemeinsam mit Ford, montiert Transporter in Taiwan und plant gemeinsam mit Suzuki den Bau eines Wagens in Spanien.

Urplötzlich erscheint die Welt sehr klein. Die Verkaufszahlen der NUMMI-Autos werden sich auf GMs Gewinne auswirken, ebenso wie der Absatz der Autolatina das Ergebnis von VW. Und so kann manche alte Streiterei um Handelsbeschränkungen und Schutzmaßnahmen schnell zu einem Eigentor werden.

Bei dem hektischen Bemühen, die Grenzen gegen Importe zu schließen, wird manchmal unfreiwillig weitaus bedrohlicheren Schreckgespenstern die Tür geöffnet. Als die amerikanischen Autohersteller strengere Handelsbeschränkungen gegen japanische Autoimporte forderten, antworteten die japanischen Unternehmen mit dem Bau von zehn Montagewerken in den Vereinigten Staaten, denen Hunderte von japanischen Zuliefererbetrieben folgten. Das Resultat war eine Überkapazität in den USA und ein Reinverlust an US-Arbeitsplätzen – obwohl Tausende von Amerikanern in den japanischen Werken Arbeit fanden. Japanische Zweigwerke haben eine höhere Produktivität und einen kleineren Führungsapparat als amerikanische Betriebe, deshalb brauchen sie weniger Beschäftigte.

Wenig überraschend zeigen die Japaner größtes Interesse an offenen Märkten und freiem Handel anderswo, während in ihren Heimatmarkt nur schwer einzudringen ist. Die japanischen Kunden legen, was Autos betrifft, ein ausgesprochen nationalistisches Käuferverhalten an den Tag. Ausländische Autohersteller sind zudem überzeugt, die Kosten für den Aufbau von Händlernetzen wegen der hohen Immobilien- und Grundstückspreise in Japan geradezu prohibitiv sind und die Aussicht auf schwarze Zahlen besteht – wenn überhaupt – erst nach langen Verlustphasen.

Die japanischen Industrieunternehmen präsentieren sich der Welt als Förderer der internationalen Wirtschaft, weil sie auf den hart umkämpften Märkten mit ihren Investitionsversprechen Hoffnungen wecken. Aber man muß bei all ihren Statements immer zwischen den Zeilen lesen. So erklärte beispielsweise Shoichiro Toyoda den europäischen Autoherstellern auf dem World Automotive Forum: »Wir alle bei Toyota empfinden tiefen Respekt vor der Geschichte und den Traditionen der europäischen Kultur und vor der europäischen Technik. Wir sind entschlossen, unsere Autos im Rahmen der großen europäischen Autotradition an die vorhandenen Bedürfnisse und Verhältnisse anzupassen. Wir wissen, daß wir dies am besten mit einer integrierten Präsenz vor Ort schaffen können. Deswegen gehen wir dazu über, Autos in Europa zu entwickeln, einen Großteil in Europa zu produzieren und Teile und Materialien in Europa zu kaufen. So verbinden wir Toyotas Arbeitsstil mit den europäischen Traditionen und Werten.«

Im Klartext: »Wir wollen auf euren Markt vordringen und dort auch unsere Autos bauen. Wir beschäftigen eure Leute und betreiben europäische Werke, die aber von Japan aus gemanagt werden. Wir kaufen Teile und Materialien am Ort, aber einige dieser ›ortsansässigen Betriebe‹ werden japanische Unternehmen sein, die uns folgen. Wir respektieren eure

Kultur, aber wir arbeiten nach unseren Methoden, weil wir sie für die besseren halten.«

Diese Formulierung mag übertrieben klingen, aber der Standpunkt ist eindeutig. Die Europäer begegnen den japanischen Statements mit Mißtrauen und haben, wenn sie nach Amerika schauen, auch guten Grund dazu. Im tiefsten Innern fürchten sie, daß die Japaner nur ein einziges Interesse haben: die globale Vorherrschaft, Krieg hinter der Maske der Brüderlichkeit. So bemerkte Volkswagenvorstand Dr. Peter Frerk in bissigem Ton: »Dr. Toyoda ist ein so netter Mensch – immer ein Lächeln, immer höflich. Und diese Kultur, diese Selbstbeschränkung! Sie sind nicht so wie die westlichen Industrieführer, die in Gulfstream 4-Jets herumreisen. Aber in ihrer netten Art vertreten sie ein System, das die Vorherrschaft anstrebt. Und dies erreicht ihre Shogun-Gesellschaft nicht nur mit florierendem Handel in aller Welt. Die Japaner haben das Glück, daß vor zweihundert Jahren das Zeitalter der Aufklärung an ihnen vorübergegangen ist. Sie haben keine Verfassungsväter, keinen Montesquieu, Rousseau, Kant oder Voltaire. Wie angenehm für sie, daß sie nun nach zweihundert Jahren als geschlossene, von keinem Individualitätsbestreben gestörte Gemeinschaft dastehen. Keine echten Gewerkschaften, keine echten Journalisten – eine in sich völlig transparente Gesellschaft, die Immigration nicht zuläßt. Es gibt keine Beschäftigung mit Themen wie ethnische Vielfalt oder multikulturelle Gesellschaft. Sie streben nur Vorherrschaft an.«

In einer Rede vor der EG-Japan-Konferenz in November 1991 wies Frerk darauf hin, daß »die Europäer nicht bereit sind, einige Eigenheiten ihrer erreichten kulturellen Identität preiszugeben. Statt dessen werden wir unsere japanischen Kollegen fragen, ob sie geneigt sind, sich in einem größeren Ausmaß an die Gewohnheiten und Gepflogenheiten der europäischen Gastländer anzupassen, auch wenn dabei die Produktivität ihrer Werke im Vergleich zu japanischen Verhältnissen leicht abnimmt.« Frerk äußerte sich auch äußerst befremdet über die elitären Einstellungskriterien in den japanischen Werken in Großbritannien, wo man für nur vierhundert Jobs 19.000 Bewerber prüfte und 22 Vorarbeiter aus nicht weniger als 4.000 Bewerbern auswählte. »Es wird in Zukunft nicht möglich sein, daß ein bedeutender Industriezweig ausschließlich derart streng ausgewählte Freiwillige einstellt«, sagte er. »In der Weltautoindustrie der Zukunft würden wir Europäer es eher als sozial unverantwortlich ansehen, für alle Stellen nur die allerbesten Rekruten zu akzeptieren. Unsere Belegschaft besteht nicht nur aus handverlesenen Freiwilligen.«

Die Deutschen hegen seit den siebziger Jahren eine Abneigung gegen die Japaner. Damals brachten die japanischen Exporte die deutsche Kamera-, Fernseh- und Motorradindustrie ernsthaft in Bedrängnis und trieben viele Unternehmen in den Konkurs. Von diesem Trend alarmiert, stattete der damalige Wirtschaftsminister Otto Graf Lambsdorff Japan einen Besuch ab, um herauszufinden, was die japanische Industrie soviel besser macht. Nach seiner Rückkehr berichtete er, daß die Japaner sehr hart arbeiteten und keine hohen Löhne forderten – dies sei das Geheimnis ihres Vorsprungs vor der Konkurrenz. Seine Äußerungen verursachten mächtigen Ärger bei Arbeitern und Gewerkschaften, da sie sie als direkten Angriff auf ihre Arbeitsethik und ihren Lebensstandard verstanden. Das Wort von der »gelben Gefahr« machte die Runde.

Die Ängste jener Zeit sprangen jedoch nicht auf die Autoindustrie über. Japanische Autos galten als billig und vom Status her als minderwertig. (Ende der siebziger Jahre erklärte mir ein deutscher Banker: »In Deutschland fahren nur die Türken japanische Autos.«) Dieses Image hielt sich bis in die achtziger Jahre. In der ersten Hälfte des Jahrzehnts stand der Dollar so hoch, und die deutschen Autobauer – insbesondere Luxuswagenhersteller wie Mercedes und BMW – scheffelten so viel Geld, daß sie immer arroganter wurden. Die Konkurrenzattacken, unter denen andere Industriezweige litten, konnten ihnen nichts anhaben. Führende Manager wie Carl Hahn konnten es sich leisten, in aller Großmut über den freien Handel zu reden. Warum sollte man sich fürchten, wenn es keine echte Bedrohung gab?

Aber still und heimlich schlichen sich die japanischen Autobauer überall in Europa ein. Zuerst konzentrierten sie sich auf Länder ohne eigene, nationale Autoindustrie – mit Erfolg. Als die japanischen Marktanteile in Ländern wie der Schweiz, Irland, Finnland und Dänemark auf 30 Prozent und mehr angewachsen waren, wurde die Bedrohung doch realer. Die europäischen Autohersteller (vor allem die Franzosen und später auch die Deutschen) begannen nachträglich auf Handelsbeschränkungen zu drängen.

Kurz bevor Toyota den *Lexus* auf den Markt brachte, hatten Mercedes und BMW dafür nur Verachtung übrig. Wie konnte ein japanischer Luxuswagen auch nur hoffen, mit ihren Modellen konkurrieren zu können? Eberhard von Kuenheim, damals noch Vorstandschef von BMW, fragte sich gar, warum Toyotas Luxuswagen so viel billiger war als ein BMW. So nahmen die Ingenieure von BMW den *Lexus* auseinander und stellten fest, daß es sich um ein gut konstruiertes Auto handelte – tatsächlich so gut gebaut, daß Toyota mit dem in seiner Werbung angegebenen Verkaufspreis doch unmöglich Gewinne erzielen konnte. Zum erstenmal klagten die deutschen Autohersteller die Japaner des Dumpings an.

Das Problem schien allerdings nicht bei den Japanern zu liegen, sondern bei den deutschen Autoproduzenten, die Trägheit und Arroganz zugelassen und sich immer weiter von ihren Kunden und dem Wettbewerb entfernt hatten. Um 1990 dämmerte den Deutschen, daß sich die Welt verändert hatte und Toyota etwas gelungen war, was sie für unmöglich gehalten hatten. Wenn sich ein Lexus in den USA besser verkaufen ließ als ein Mercedes, würden dann nicht auch die billigeren, in Massen produzierten Toyotas VWs Stellung in anderen Ländern gefährden können?

Heute sprechen die Japaner von der »Festung Europa« und werfen den Europäern vor, daß die Errichtung von Handelsbarrieren den Kunden Produktvielfalt verwehrt. Aber wegen des großen Handelsdefizits zwischen dem EG-Markt und Japan und den Vereinigten Staaten und Japan blieb den Japanern nichts anderes übrig, als sich mit den ausgehandelten Beschränkungen abzufinden. Auch wenn sich die Japaner wiederholt als gute Verhandlungsstrategen erwiesen haben, fanden sie keinen Weg, den Kursanstieg des Yen gegenüber dem Dollar oder den europäischen Währungen wettzumachen – wodurch ihre Preise in die Höhe schossen und sie gezwungen sind, noch mehr Produktion aus Japan herauszuverlagern.

Die Debatte zwischen den japanischen und europäischen Unternehmern erinnert an den zwanzig Jahre währenden Streit zwischen den Vereinigten Staaten und Japan. Die peinlichen Ausfälle und Überreaktionen wirken oft wie Deja vus. Beim Weltwirtschaftsgipfel im Januar 1993 geriet Ferdinand Piëch so in Rage, daß er drohend mit dem Finger vor Shoichiro Toyodas Gesicht herumfuchtelte und sich in einer Tirade über Japans geschlossenen Markt ausließ. Für Shoichiro, der den herzlichen und würdevollen Stil Carl Hahns gewohnt war, muß dies ein echter Schock gewesen sein.

Volkswagen, wie die deutsche Wirtschaft generell, sollte behutsamer mit den Japanern umgehen. VW kann es sich zudem gegenüber seinem aggressivsten Konkurrenten nicht leisten, zu protektionistisch aufzutreten, hängt man doch selbst stark von Exporten ab.

General Motors hat bisher kaum Vorurteile gegenüber seiner Präsenz in Europa zu spüren bekommen. Die Türen stehen weit offen. Der Grund dafür ist nach Meinung eines Volkswagenmanagers simpel: »GM ist vollständig in die Industrielandschaft seines Gastlandes integriert. Das Management setzt sich aus Einheimischen und Amerikanern zusammen und entwickelt sich auf eine neue Spezies hin, auf das ›multinational europäische‹ Management.«

General Motors und Ford gehören schon seit langem zur deutschen Industrielandschaft. Beide haben sich seit den dreißiger Jahren vollständig in die deutsche Wirtschaft eingegliedert. Auch wenn die europäischen Autounternehmen versuchen, sie von einigen Versammlungen auszuschließen, in der Öffentlichkeit gelten sie als deutsch-europäische Unternehmen.

Ironischerweise hegten die japanischen Käufer immer schon Bewunderung für deutsche Autos. Während des letzten Wirtschaftsbooms (1986-1990), als viele Japaner aufgrund von Aktien- und Immobilienspekulationen wenigstens auf dem Papier plötzlich zu Millionären wurden, schnellten auch die Verkaufszahlen der teuren deutschen Autos nach oben. Junge Leute kauften sich einen BMW als Statussymbol. BMWs waren besonders in Tokio beliebt, wo europäische Moden und Marotten blühten: Wer etwas auf sich hielt, trug eine französische oder italienische Designerkrawatte, dazu eine Aktentasche von Louis Vuitton und fuhr einen BMW. (Unglücklicherweise mußte sich Mercedes mit einem Imageproblem herumschlagen, denn die Modelle der Stuttgarter avancierten zur bevorzugten Marke der *yakuza* – der japanischen Mafia –, die mit dunkelfenstrigen Mercedeskarossen die Straßen der schäbigen und zwielichtigen Bezirke Tokios blockierte.)

Vielleicht machte es gerade das hohe Ansehen, das die Japaner der deutschen Technik und den deutschen Produkten zollten, den deutschen

Autoherstellern so schwer, der japanischen Gefahr tatsächlich ins Auge zu sehen. Während die deutschen Autoverkäufe in Japan ab etwa 1991 immer weiter zurückgingen, stieg der Absatz der Japaner in Deutschland an.

Die europäischen und amerikanischen Autounternehmen möchten die Handelsbeschränkungen so lange aufrechterhalten, bis sie wieder voll wetttbewerbsfähig sind. In Wahrheit steht aber jeder der neuen großen Drei internen Problemen und Herausforderungen gegenüber, die auch nach dem Wegfall der Handelsschranken noch weiterwirken.

Dies wird deutlich, wenn man den Status der japanischen Werke in den Vereinigten Staaten genauer betrachtet. Die japanischen Autobauer besitzen heute zehn Niederlassungen in den Vereinigten Staaten, die über zwei Millionen Fahrzeuge produzieren können. Die US-Autoproduzenten mögen zwar über die Illoyalität der Regierungen der Bundesstaaten murren, weil diese so heftig um die Werke warben, doch bleibt die Tatsache, daß sich die Werke zu einer wichtigen Stütze der lokalen Wirtschaft entwickelt haben. Überdies verschärfte ihre Präsenz den Wettbewerb, was die amerikanischen Autobauer dazu zwang, die Qualität ihrer Autos, die Produktivität und den Kundenservice stark zu verbessern. Die Niederlassungen stellen sicherlich eine bedrohliche Konkurrenz dar, sie haben bisher aber auch als Katalysator für Veränderungen gewirkt. Europäische Produzenten leiden eher unter dem Mangel an Vorbildern, die sie zu Korrekturen und Verbesserungsmaßnahmen anregen könnten. Honda, Nissan und Toyota arbeiten erst seit relativ kurzer Zeit in Großbritannien und stellen sich noch auf die neue Umgebung ein. In Italien, Frankreich, Spanien und Großbritannien, vier der fünf größten Märkte Europas, bestanden bis Januar 1993 strenge Handelsschranken gegen die Japaner; seither werden die Märkte schrittweise geöffnet. Insgesamt liegen die europäischen Autohersteller, was die Schlüsselfrage im Wettbewerb wie Produktdiversifikation und Kostenstruktur betrifft, weit hinter den amerikanischen Autoproduzenten zurück.

Zusätzlich müssen sie sich mit internen, strukturellen Problemen auseinandersetzen, die ihre Entscheidungsfindung und Planung verkomplizieren. Man betrachte nur, daß ein nicht viel größerer Markt als der der Vereinigten Staaten von sechs Massenproduzenten (VW, Fiat, GM, Ford, Renault und Peugeot) und einer Unzahl von Nischenherstellern

(u. a. Saab, Volvo, Mercedes, BMW, Rolls-Royce und Jaguar) versorgt wird.

Jedes dieser Autounternehmen, ausgenommen GM und Ford, hat ein stark ausgeprägtes nationalistisches Selbstverständnis. Aber wegen der zunehmenden Standardisierung von Fahrzeugen auf dem europäischen Markt werden sich die nationalen Unternehmen immer aggressiver gegenseitig die Kunden abjagen. Dabei werden sie in den Amerikanern starke Wettbewerber finden. GM und Ford-Europa haben beide als pan-europäische Unternehmen, die über den ganzen Kontinent verstreut Werke unterhalten und denen nationalistisches Denken mehr oder weniger fremd ist, bedeutende Vorteile. Sie arbeiten mit besseren Kostenstrukturen, zeichnen sich in ganz Europa durch Kundennähe aus und sind nicht verpflichtet, örtliche, nicht wettbewerbsfähige Zulieferer zu unterstützen (wie Inaki Lopez bewiesen hat). Der stärkste Druck auf die europäischen Autoproduzenten geht wahrscheinlich nicht von den Japanern, sondern von den Europäern selbst und den amerikanischen Unternehmen mit europäischen Niederlassungen aus. Wenn es ihnen mit der Zeit gelingt, durch Produktionskostensenkungen ihre Wettbewerbsfähigkeit zu steigern, wird der leidenschaftliche Protektionismus gegenüber Japanern allmählich vergehen. So oder so gerät der Status quo ins Wanken.

Japanische Autohersteller müssen sich nur wenig mit ausländischen Konkurrenten auf ihrem Heimatmarkt auseinandersetzen. Doch hat bei ihnen eine Phase mit niedrigem Wachstum und einem starken Yen eingesetzt, die sie zu einer Schlacht um Anteile im Heimatmarkt und in den großen ausländischen Märkten zwingt, in der *kyosei* – das Harmoniestreben – keine Rolle mehr spielt. Die ehemals einträglichen Exportgeschäfte bringen immer weniger Profit, außerdem erschweren Handelsrestriktionen auf den großen ausländischen Märkten zunehmend das Geschäft. Auch Investoren mit langfristigen Vorhaben müssen am Ende Gewinne erzielen. Kleinere Unternehmen wie Mazda hingen immer schon stärker von Exporten ab und geraten durch die jüngsten Entwicklungen in Schwierigkeiten. Denn sie sind finanziell zu schwach für Investitionen, mit denen sie einen stagnierenden Heimatmarkt und abnehmende Exportgewinne abfangen könnten.

Die Realität zu Hause ist brutal: Überschußkapazitäten, Arbeitermangel und höhere Rentabilitätsschwellen, um nur einige der Probleme zu nennen. Wie werden die kleineren japanischen Autounternehmen überleben?

Sicherlich, ohne *kyosei* wäre Toyota stark genug, um alle japanischen Konkurrenten aus dem Geschäft zu werfen. Zum Glück für seine einheimischen Wettbewerber kommt es für Toyota aus sozialen Gründen niemals in Frage, diesen Weg einzuschlagen. Eher könnte Toyota sogar zum Retter der japanischen Autounternehmen avancieren.

Die Chancen des Exportgeschäfts lassen nach. Und es wird immer deutlicher, daß in der heutigen Weltwirtschaft das alte Erfolgsrezept – zu Hause produzieren und im Ausland verkaufen – nicht mehr so einfach funktioniert. Vielmehr zeichnet sich die neue Ära dadurch aus, daß in die Ansiedlung von Montagewerken in den Absatzländern investiert wird. Die Entwicklung von Märkten, nicht Handel, ist die große Herausforderung im Weltautobusiness. Die wirkliche Expansion findet auf noch unerschlossenen Märkten statt: in Lateinamerika, Mexiko, Osteuropa und im Fernen Osten. Der härteste Zusammenstoß wird weitab vom Heimatmarkt geschehen. Doch wenn die Autoriesen glauben, daß sie die Märkte unterentwickelter Länder erobern und wie Bananenrepubliken behandeln können, täuschen sie sich gewaltig.

Mit dem Skoda-Projekt wollte Volkswagen, auch wenn Carl Hahn begeistert und in glühenden Worten von der Wiedergeburt Osteuropas sprach, in erster Linie seine Gesamtproduktionskosten senken, indem es auf einem billigeren Arbeitsmarkt Autos herstellte. Die Tschechen wiederum sahen ihre Zukunft mit leuchtenden Augen, denn Volkswagen kam aus einem Land, in dem den Arbeitern fantastische Löhne gezahlt wurden, auch wenn sie krank waren oder Urlaub hatten. Die Erwartungen der Tschechen überschlugen sich. Gute Löhne und Beschäftigungsgarantien – das klang in der Tat äußerst verlockend. Ebenso vielversprechend schien Volkswagen Einfluß auf die Entwicklung der tschechoslowakischen Wirtschaft. Doch zwei Jahre nach der Übernahme sind die Verkaufszahlen fast um die Hälfte zurückgegangen (zum Teil wegen der Flut guter Gebrauchtwagen aus Westeuropa), das Unternehmen verschlingt Geld, und VW spricht bereits von Kurzarbeit und der Notwendigkeit von Opfern. Positiv muß man die drastischen Qualitätsverbesserungen verbuchen, die erreicht wurden. Die Autos haben jetzt Fenster, die sich herunterkurbeln lassen, und Türen, die schließen. Durch die Lohnsteigerungen gehören die Skodaarbeiter nun zu den bestbezahltesten in der Tschechoslowakei. Aber wegen seiner eigenen finanziellen Schwierigkeiten könnte VW gezwungen sein, das Engagement für Skoda zu drosseln, weshalb es sicher länger als geplant dauern wird, bis sich VWs Versprechen erfüllen.

Viele Skodaarbeiter, denen am Anfang ein Gefühl der Zugehörigkeit zu Volkswagen vermittelt wurde, sind verbittert, weil die Arbeiter in Wolfsburg an einem Tag so viel verdienen wie sie in einem ganzen Monat. Mittlerweile feilscht der VW-Direktor mit der tschechischen Regierung um Steuernachlässe und um einen zollfreien Versand von Gütern aus Deutschland. In allen Unterredungen läßt man warnend durchblicken, daß Volkswagen im Falle zu hoher Kosten sein Engagement bei Skoda eventuell als Fehlentscheidung ansehen müsse.

Skoda steht als weiteres Beispiel dafür, wie sorglos Volkswagen stets in unterentwickelte Märkte eindringt. Als das Projekt entschieden wurde, sprach Hahn mit großen Worten davon, daß dem Unternehmen eine erfolgreiche Zukunft bevorstehe, weil die Tschechen und die Deutschen so viele kulturelle Gemeinsamkeiten besäßen. Aber »Kultur« hat keine statische, unveränderbare Realität. Die Ansichten und Verhaltensweisen von Menschen werden durch ihre Erfahrungen geformt, und die Skodaarbeiter haben mit ihren Kollegen in Wolfsburg wenig gemein. Man muß nicht bis Prag reisen, um dies zu erkennen. Als VW in Ostdeutschland investierte, zeigte sich, daß sich auch bei den durch unterschiedliche politische und wirtschaftliche Systeme 40 Jahre lang getrennten Deutschen auch eine völlig andere Arbeitsethik entwickelt hatte. VW-Manager treten bei Skoda in erster Linie autokratisch und fordernd auf. Vielleicht entwickelt das Projekt in den kommenden Jahren noch Perspektive, doch im Moment spürt man nur wenig Wärme im Verhältnis beider Unternehmen. Die zentrale Frage lautet: Ist VW nur an billigen Arbeitskräften zur Senkung seiner Produktionskosten interessiert, oder fühlt sich das Unternehmen jenen größeren sozialen und ökonomischen Zielen in Osteuropa verpflichtet, die »Staatsmann« Hahn immer in den Vordergrund stellte, als er um Skoda warb?

Möglicherweise wirft sich Volkswagen mit der für 1996 vorgesehenen Eröffnung des neuen Werks im ostdeutschen Mosel, das die zerfallende, nach der Wiedervereingiung übernommene Trabantfabrik ersetzen soll, selbst Knüppel zwischen die Beine. Obwohl man der IG-Metall zusicherte, daß die Belegschaft dort keine Arbeitskräfte in Westeuropa verdrängen würde, fürchten die Arbeiter bei SEAT, daß ihre Jobs gefährdet sind, wenn das neue Werk seine Tore öffnet. Weil sich VW vorgenommen hat, 36.000 Arbeitsplätze abzubauen – davon aber nur 12.500 in Deutschland –, haben die Arbeiter in anderen Werken allen Grund zur Sorge.

Die großen Unternehmen müssen ihre Wachstumsideologie überprüfen, ob nicht die globale Ausrichtung von Organisation und Produkten ein erstrebenswertes Ziel ist als die sture Konzentration auf pures Wachstum um seiner selbst willen. Toyotas neuer Pickup-Kleinlastwagen stellt ein gutes Beispiel für eine schlecht durchdachte Strategie dar. Normalerweise geht Toyota bei der Konzeption und Entwicklung eines Modells immer mit höchster Präzision vor. Es durchforstet einen Markt, findet eine Marktlücke und besetzt sie – eine einfache, aber effektive Methode. Doch Ende 1992 brach das Unternehmen mit der Tradition, als es einen großen Pickup auf dem US-Markt einführte. Da waren gerade Pickups seit vielen Jahren die Bestseller der amerikanischen Autobauer – Ford stand an erster und Chevrolet an zweiter Stelle. Es gab also keine Marktlücke. Zum ersten Mal mußte Toyota direkt mit sehr erfolgreichen Fahrzeugen auf deren Heimatmarkt konkurrieren. Das machte überhaupt keinen Sinn, und die Ergebnisse waren enttäuschend. Toyota wollte in den Vereinigten Staaten jährlich sechzigtausend Pickups verkaufen, was aber offenbar nur mit rigorosen Preisnachlässen möglich zu sein scheint.

Hier liegt ein grundsätzliches Problem, mit dem sich alle japanischen Autohersteller auseinandersetzen müssen. So räumte Nobuhiko Kawamoto, der Präsident von Honda, mir gegenüber kürzlich ein: »Den Japanern sind während der achtziger Jahre viele Produktfehler unterlaufen. Es war nur besonders schwer, sie zu entdecken, weil wir so viele neue Modelle eingeführt hatten, von denen sich einige als sehr erfolgreich erwiesen.«

Während der achtziger Jahre brachten die Japaner zu viele Modelle in zu vielen Variationen auf den Markt. Diese Art von Expansion spiegelte zwar ihre wirtschaftliche Stärke wider, ignorierte aber alle Trends auf dem Automarkt – die zu erkennen war aber lange Zeit der Schlüssel ihres Erfolgs gewesen.

In der Vergangenheit konnten sich alle drei Autounternehmen ein wenig Abenteuerlust leisten. Oft wurde versäumt, neue Märkte gründlich zu analysieren; sorglos durchgeführte Investitionen brachten riesige Verluste ein, die aber mit Erfolgen anderswo zugedeckt wurden. GM verlor in Europa jahrelang Geld, bis die Tochtergesellschaft umorganisiert und umstrukturiert wurde. Volkswagen machte gemeinsam mit Ford immer wieder Verluste in Brasilien, Mexiko und an anderen Standorten, und das Werk in Westmoreland in Pennsylvania war ein reines Desaster. Toyota konnte es sich leisten, Verluste auszugleichen, die die Transplants auch über die Startphasen hinweg produzierten. Aber selbst Toyota muß darauf achten, daß am Ende die Rechnung aufgeht. Keines der Unternehmen kann es sich erlauben, einen Wachstumskurs ohne Rücksicht auf Gewinne zu verfolgen. Allmählich erkennt man, daß Investitionen im Ausland eher neue Probleme mit sich bringen, als daß sie die alten zu Hause lösen.

Tokio – Dezember 1992

Das *kyosei* – Verständnis und Kooperation zwischen Unternehmen zum Wohle aller – gehört zu den Problemen, mit denen Toyota schwer zu kämpfen hat. Internationale Ausweitung und internationale Joint Ventures sind eine Sache, aber *kyosei* verlangt eine Art der Zusammenarbeit, die dem japanischen Denken fremd ist, denn es erfordert eine Verschmelzung mit dem Partner – bildlich gesprochen eine Blutsbrüderschaft. Kann ein japanisches Unternehmen das mitmachen?

Ein ehemaliger Insider (der ungenannt bleiben will) denkt anders darüber. Er berichtete mir, daß Toyota seinen Wachstumshöhepunkt erreicht habe und nun herausgefordert sei, international zu kooperieren, worauf es sich nur schlecht eingerichtet habe. »Toyota hat sich zu einem riesigen Baum mit langen, dicken, überhängenden Ästen entwickelt, der den Auslandsoperationen das Licht nimmt«, sagt er. »Aber in den Ästen dieses Baums breitet sich ein Krebsgeschwür aus.« Der Beobachter glaubt, daß amerikanische Unternehmen besser mit ihren Problemen fertig werden:

»Wenn in einem amerikanischen Unternehmen ein Ast morsch wird, schneidet man ihn ab. Im Toyota-System ist das nicht möglich. Das Unternehmen ist sehr konservativ und widersetzt sich der Multinationalität. Es schlägt kein Kapital aus den Mitarbeitern, die es ins Ausland schickt, und nutzt auch nicht deren Erfahrungen, wenn sie zurückgekehrt sind. Toyota ist ein Unternehmen, daß niemals Ausländer in sein höheres Management aufnehmen könnte.«

Diesem Insider zufolge liegt der Hauptfehler Toyotas im Auslandsgeschäft darin, daß alle Operationen nabelschnurartig mit Toyota City verbunden sind. Anders als einige international erfolgreiche Unternehmen wie IBM und Procter & Gamble, die sich große Mühe mit dem Aufbau autonomer Geschäftsbereiche in den jeweiligen lokalen Märkten geben, hält Toyota von Japan aus alle Fäden in der Hand. Alle internationalen Operationen müssen direkt dem Management in Japan Bericht erstatten, selbst wenn nur kleinere Entscheidungen anstehen. »Für lange Zeit war diese Struktur für Toyota von Vorteil«, gesteht der Beobachter ein. »Man konnte davon ausgehen, daß jeder Markt – die Vereinigten Staaten, Europa und Japan – im wesentlichen ähnlich funktionierte, so daß alles von Japan aus koordiniert werden konnte. Aber die Voraussetzungen haben sich geändert. Die Märkte sind heute weniger berechenbar, die Kunden verlangen unterschiedliche Produkte, und der soziale und politische Druck zwingt die Unternehmen dazu, sich auf die Verhältnisse im jeweiligen Gastland einzustellen. Das heißt, sie müssen in ihren Managementstrukturen mehr Platz für Ausländer schaffen und sich in Form und Substanz ihrem lokalen Umfeld anpassen. Ein Unternehmen wie Toyota wird damit große Schwierigkeiten haben, weil es nicht versteht, Macht in Autonomie umzuwandeln.«

Die Entwicklungsländer wetteifern zwar um das wirtschaftliche Engagement der Weltautobauer, kein Land wünscht sich aber eine von außen gelenkte und beherrschte Industrie. Die Weltautohersteller werden sich letztlich damit auseinandersetzen müssen, was globales Handeln wirklich bedeutet – eben daß man als Weltbürger und nicht als Gast oder *Big Brother* auftritt, der nach Belieben kommt und geht, je nachdem welche verlockenden Anreize ihm anderswo geboten werden.

Auf den ersten Blick scheint es sinnvoll, wenn jeder der drei großen

Weltkonzerne sich in erster Linie in seiner eigenen Sphäre ausbreitet: Japan in Asien, Volkswagen in Europa und GM in Amerika. Es fällt immer leichter, Geschäfte dort anzusiedeln, wo Kultur, Sitten und Gebräuche den eigenen ähneln und es keine großen Sprachhindernisse gibt. Kurzfristig wird dies wohl auch so geschehen. Doch im Verlaufe des nächsten Jahrhunderts, wenn der Erdball immer mehr zusammenschrumpft und die Unternehmen auf internationaler Ebene immer stärker voneinander abhängen, werden jene erfolgreich sein, die Kultur- und Sprachgrenzen zu überwinden verstehen.

Eines ist nach Meinung des GM-Managers George Eads sicher: »Nicht die Geographie bestimmt das Schicksal. Es sind das politische, gesellschaftliche und soziale Umfeld einer Nation sowie ihre Einstellung zu Handel und Entwicklung, die heute das Schicksal eines Unternehmens bestimmen.« Nobuo Tanaka, Generaldirektor des japanischen Direktoriums für Wissenschaft, Technik und Industrie, stößt noch weiter in diese Richtung vor. »Die Globalisierung der Unternehmen wird die trilaterale Abhängigkeit in noch nie dagewesenem Ausmaß verstärken. Das Ganze ist mit den einfachen Begriffen des traditionellen Wettbewerbs zwischen Nationen oder Blöcken nicht mehr darzustellen.« Tanaka fragt sich, was geschehen wird, wenn sich die Interessen eines weltweit tätigen Unternehmens nicht mehr mit denen des jeweiligen Heimatlandes decken. Die Früchte aus Verkäufen und Operationen im Ausland zu ernten ist eine Seite der Medaille, doch es ist etwas völlig anderes, die eigene Nationalität einer »dritten Kultur« eines echten Internationalismus zu opfern.

Die Motive, die globale Ausbreitung ehemals als erstrebenswert erscheinen ließ, müssen heute hinterfragt werden. In der Vergangenheit investierten Unternehmen wie Volkswagen in ausländische Betriebe wie SEAT und Skoda, weil sie darin einen Weg sahen, die hohen Kosten im eigenen Land auszugleichen. Aber billige Arbeitskräfte bleiben nicht für alle Zeiten billig, und die neuen Märkte entwickeln sich weiter. Sie verlangen höhere Qualität, die Zufuhr von Technologien und Lohngerechtigkeit.

Frankfurt – September 1991

ZURÜCK IN DIE ZUKUNFT.
Sechs Wochen bevor Tokios Glitter auf die Weltautoindustrie einstürmte, stand auf der in zweijährigen Abständen stattfindenden Frankfurter Automesse alles unter dem Motto »Grün«. Nicht Pferdestärken oder Phantasiemodelle beherrschten die Show auf dem ausgedehnten Messegelände, sondern Fragen des Umweltschutzes – ein Zugeständnis an die stetig wachsende grüne Bewegung in Deutschland.

Die Frankfurter Messe ist die größte Automesse der Welt. Das weiträumige Messegelände umfaßt neun Gebäude, die über Laufbänder miteinander verbunden sind. Mercedes und Volkswagen verfügten jeweils über eine eigene Halle für ihre Ausstellungen. Das Angebot war so riesig, daß es fast unmöglich war, alles zu sehen.

Elektrisch angetriebene Konzeptwagen, die in Tokio fast versteckt wurden, zählten hier zu den großen Attraktionen. Nissan stellte ein schnittiges Luxuscoupé mit einer Reichweite von 240 Kilometern als Elektrofahrzeug der Zukunft vor. Sogar BMW enthüllte ein Luxus-Elektromodell.

Volkswagen präsentierte einen Hybridwagen. Der *Chico*, ein Stadtwagen, gestattet es dem Fahrer, den Motor auf Benzin umzustellen, wenn die Batterie leer ist. Hinter dem eher niedlichen Fahrzeug steckt der Gedanke, daß ein allein mit Batterien angetriebenes Auto eine zu geringe Reichweite besitzt, um bei Käufern anzukommen.

Alle Unternehmen warben um den Titel des bei Umweltbewußtsein und Verkehrssicherheit fortschrittlichsten Autoproduzenten. Recycling war das Thema der Ausstellung, und so zeigte fast jeder Hersteller auf einer Schautafel, wie Autos entsorgt und wiederverwertet werden konnten.

Was jedoch in Frankfurt propagiert wurde, spiegelt nicht immer wider, was zu Hause getan wurde. Beispielsweise gibt es auch Schatten auf Deutschlands grünem Profil, das über die wirkliche Liebe zu hohen Geschwindigkeiten und großen Motoren hinwegtäuscht. Bis heute behauptet die Autoindustrie, daß ein gesetzliches Geschwindigkeitslimit auf den Autobahnen Arbeitsplätze und Verkaufszahlen gefährde. Pro Jahr sterben auf deutschen Autobahnen (in den Zeiten, in denen sie nicht mit

Staus verstopft sind) durch zu schnelles Fahren tausend Menschen, außerdem trägt die Raserei erheblich zur Luftverschmutzung bei. Doch die deutschen Autohersteller fürchten, daß ihnen eine Geschwindigkeitsbegrenzung auf den Autobahnen das kostbare Image nehmen könnte, die leistungsstärksten Autos für die schnellsten Straßen der Welt zu produzieren.

Es ist nicht überraschend, daß Umfragen zu diesem Thema eine große Kulft zwischen Männern und Frauen zeigen. 70 % der Frauen befürworten ein Einführung eines Tempolimits, verglichen mit 44 % bei den Männern. Die Kontroversen um das Tempolimit zeigen aber auch, daß die deutschen Hersteller noch nicht bereit sind, sozial verantwortlich zu handeln, wenn dies auf Kosten der Motorleistung geschieht.

Unternehmen wie BMW, deren Konstruktions- und Technikabteilungen die Leistungsstärke immer über den sparsamen Kraftstoffverbrauch stellten, werden gezwungen, ihre Prioritäten in Richtung auf Umweltschutz und Fahrsicherheit zu verschieben. Der Druck geht von selbstbewußten Käufern aus, die kein Verständnis mehr für die strahlenden Könige der Automobilbaugeschichte aufbringen.

Deutschland wird – häufig übertrieben – als grünes Land gepriesen, weil der Umweltschutz die deutsche Öffentlichkeit so sehr bewegt und daraus eine politische Partei entsprungen ist. Aber das Recycling von Hausmüll hat noch lange nicht amerikanisches Niveau erreicht.

In mancher Hinsicht wirkt Volkswagen wie ein grünes Unternehmen. Ulrich Seiffert, Direktor der Abteilung für Forschung und Entwicklung, redet mit jungenhafter Begeisterung über das Thema Umweltschutz. Die Aussicht, daß im nächsten Jahrhundert weniger Autos gebraucht werden, bedrückt ihn nicht. Er möchte, daß VW in der Forschung über Umwelt- und Sicherheitsfragen an vorderster Front steht. Doch hat Seiffert auch schnell das Argument parat, daß Autos leistungsstark sein müssen, um Akzeptanz zu finden. Ferdinand Piëch scheint den traditionellen deutschen Werten noch stärker verpflichtet.

Immerhin versprach Volkswagen als erster Autoproduzent das Recycling eines Autos, des Golf. Die Ankündigung kam wenige Tage vor der Frankfurter Messe, beim Debüt des neuen Modells. Bei VW war man über die schnelle Bereitschaft der meisten anderen Unternehmen, beim Recycling nachzuziehen, erstaunt. Heute werden in einem Pilotwerk von VW in

Leer alte Autos zerlegt, um nach Wegen für ein realisierbares Recycling zu suchen. Dennoch wirkt vieles an VWs Umweltschutzengagement ein wenig wie Schönfärberei. Und die ökonomische Realität steht nicht immer in Einklang mit Umweltschutzzielen. Angesichts der schweren finanziellen Belastungen gab Ferdinand Piëch im Januar 1993 VWs Pläne zur Produktion des *Chico* auf. Piëch ist nicht gerade für sein grünes Bewußtsein bekannt. Seine Vision von der Zukunft des Autoverkehrs nennt er selbst »Sitzverkehr«. Seiner Ansicht nach bietet ein Verkehrsstau den festsitzenden Fahrern die Gelegenheit, endlich mehr Zeit für sich zu finden. In Amerika hat Chrysler zuerst auf das zunehmende Bewußtsein für Umwelt- und Verkehrssicherheitsfragen reagiert – das Unternehmen warb mit dem Airbag und pries seinen Dodge Intrepid als recycelbares Auto an. In Wirklichkeit ist der Intrepid wohl nicht recycelbarer als seine Konkurrenten, doch nutzte Chrysler als erster amerikanischer Autohersteller diese Idee für die Werbung.

General Motors hat noch einen langen Weg vor sich, bevor das Unternehmen als sozial verantwortlich anerkannt werden kann. »Nach dem zwanzigjährigen Kampf gegen CAFE (corporate average fuel economy) und gegen die Gesetze zur Reinhaltung der Luft glaubt wahrscheinlich niemand mehr, daß GM auf dem Gebiet des Umweltschutzes ein Meister ist«, sagte Joel Makower, Herausgeber und Verleger von *The Green Consumer Letter* und *The Green Business Letter.*

Dabei war es General Motors, das den Katalysator zur Reinigung von Auspuffgasen erfand, und das schon in den 70er Jahren, lange vor Volvo, Mercedes und Chrysler, Airbags in seine Fahrzeuge einbaute. Aber während der 80er Jahre ließ GMs Initiative nach. Das Unternehmen mußte harsche Kritik einstecken, als es die Entwicklung eines Elektroautos (des Impact) ein Jahr nach der Frankfurter Automesse einstellte. Die Aufgabe des Projektes war nicht unbedingt eine schlechte Maßnahme. Das eigentliche Problem lag in der vor Jahren abgegebenen, tollkühnen Ankündigung von Roger Smith, GM habe das Geheimnis entdeckt, wie man batteriebetriebene Autos bauen könne, die von der Leistungsfähigkeit her mit benzinbetriebenen Autos vergleichbar seien. Er hob das Impact-Programm, wenige Monate bevor er als Chairman in den Ruhestand trat, aus der Taufe und versprach in für ihn typischer blauäugiger Manier, daß GM bis

Mitte der neunziger Jahre 50.000 der batteriebetriebenen Fahrzeuge bauen würde. Wie so viele von Roger Smiths Publicity-Schachzügen zog auch dieser nicht.

Oft genug hat GM schon versagt, aufkommendes Interesse an Umwelt- und Sicherheitsfragen rechtzeitig zu erkennen. Als die US-Regierung in den achtziger Jahren für den Einbau von Airbags in Autos eintrat, machte sich Roger Smith sogar darüber lustig. Er glaubte nicht daran, daß sich der Einbau von Airbags in Autos jemals durchsetzen würde, denn Ronald Reagan war dagegen. Aber er irrte sich. Er begriff nicht, daß die Kunden und nicht Verordnungen Veränderungen in Gang setzen. Chrysler stahl den anderen Produzenten die Show und stattete schnell alle Autos mit Airbags aus. Lee Iacocca, der diese Sicherheitsvorrichtung vorher selbst kritisiert hatte, bewies wieder einmal Bauernschläue, weil er intuitiv fühlte, daß die Zeit dafür reif war. Chryslers Fernsehwerbespots halten die Erinnerung an die Führungsrolle des Unternehmens bei dieser Frage immer noch wach. Die Spots zeigen Durchschnittsbürger, die Autounfälle in Chryslerwagen überlebten. Sie halten Airbags in den Händen und verkünden: »Ich lebe noch!« Die GM-Wagen des Modelljahres 1993 sahen hingegen ziemlich alt aus, weil man den Einbau von Airbags verzögert hatte, während die meisten Konkurrenten sie längst anbieten.

Unter Jack Smiths Führung hat GM begonnen, seine ablehnende Haltung gegenüber gesellschaftlichen und sozialen Belangen zu überdenken. »GM war immer ein Unternehmen, das sich gesellschaftlichen Problemen nur widerwillig stellte«, gesteht Executive-Vice President Harry Pearce ein. »Wir müssen unsere Öffentlichkeitsarbeit aufpolieren, damit unsere Kunden wissen, was wir machen, und wir diesem Problem gegenüber aufgeschlossener sind. Meistens treten wir viel zu defensiv auf.«

»Sie werden bald eine veränderte Haltung unseres Unternehmens gegenüber Umweltfragen erkennen können«, versprach er. »Von nun an sind Umweltschutz- und Sicherheitsexperten vollständig in die Produktentwicklung integriert. Man wird ihren Anliegen nicht durch Auflagen und Maßnahmen im nachhinein gerecht, sie müssen von Anfang an am Konstruktionsprozeß eines Autos beteiligt werden.«

Harry Pearce ist ein typischer Repräsentant des neuen Managements von GM. Die Öffentlichkeit wurde im Februar 1993 auf ihn aufmerksam, als er mit detektivischem Gespür eine betrügerische NBC *Dateline*-Reportage über die Sicherheit von GM-Pickups aufdeckte. Pearces aggressive Suche nach der Wahrheit bei diesem Vorfall lieferte ein eindrucksvolles Beispiel für den Unterschied zwischen der neuen und alten Linie bei GM. Seit den Zeiten Ralph Naders kämpfte General Motors immer wieder gegen sein Image als monströser, verantwortungsloser Unternehmensgigant an, den die Sicherheit seiner Autos nicht interessierte. Nun schienen die großen Pickups von GM einmal mehr zu beweisen, daß das Unternehmen Fahrzeuge auf den Markt brachte, von denen es wußte, daß sie Sicherheitsmängel hatten – in diesem Fall ging es um Benzintanks, die an der Seite der Wagen eingebaut waren.

Die *Dateline*-Reportage war durch einen Prozeß angeregt worden, den die Eltern eines Teenagers aus Atlanta gegen GM führten. Der Junge starb, weil sein Pickup explodierte, nachdem ein betrunkener Raser mit seinem Auto auf die Seite des Wagens geprallt war. Im Mittelpunkt der Reportage stand ein Test, bei dem durch eine Seitenkollision ein Brand ausgelöst wurde. Man schloß daraus, daß der Benzintank bei einem Aufprall durchstoßen wurde, das ausströmende Benzin sich entzündete und eine Explosion verursachte.

Zuerst geriet GM nach der öffentlichen Ausstrahlung der Reportage unter stärksten Beschuß. Doch nach einem Hinweis, daß NBC die Tests möglicherweise inszeniert haben könnte, leitete Harry Pearce eine Untersuchung ein, die er mit Hartnäckigkeit und Gründlichkeit eines Columbo durchzog. Er stellte seine Ergebnisse auf einer Pressekonferenz vor, wo er schlüssig und eindeutig bewies, daß NBC Raketen unter dem Wagen angebracht hatte, die ferngesteuert gezündet wurden. Das Auslaufen des Benzins wurde durch einen schlecht sitzenden Tankdeckel (nicht einmal der Originaldeckel) und durch einen überfüllten Tank verursacht. Außerdem zeigte der in dem Crash benutzte Tank keinerlei Einstichspuren.

GM drohte mit einem Prozeß. In die Ecke gedrängt, strahlte *Dateline* eine beispiellose Fernsehentschuldigung aus, in der man sämtliche Ergebnisse von Harry Pearce bestätigte. Es war ein großer Sieg für General Motors; lange Zeit hatte der Konzern bei solchen Gelegenheiten immer auf der Verliererseite gestanden. Als zwei Wochen später Michael G. Gartner, der Präsident von NBC News, seinen Rücktritt erklärte, wurde in der Presse allseits vermutet, daß ihn das Debakel mit GM gestürzt hatte.

Harry Pearce wies GM an, behutsam und würdevoll, wie es einem so großen öffentlichen Unternehmen entspräche, zu reagieren. Er war stolz auf seinen Erfolg, der, wie er sagte, seine Mitarbeiter tüchtig anspornte. »Es war eine Bestätigung,« meinte er. Aber GM mußte sich weiterhin bohrenden Fragen über die Sicherheit des Pickups stellen. Später verlangte die Regierung einen freiwilligen Rückruf des Fahrzeugs, weil GM den Prozeß in Atlanta verloren hatte. Doch etwas Entscheidendes hatte sich geändert: Von nun an ging GM mit neuer Ernsthaftigkeit an Sicherheitsfragen heran, und Presse und Verbrauchervertreter mußten sich an Fairplay gewöhnen. GM bewies, daß es etwas gelernt hatte: Die öffentliche Einschätzung eines Unternehmens beruht nicht nur auf der Qualität der Produkte, sondern auch auf seiner Moral und Glaubhaftigkeit.

Obwohl sich Toyota gern zu den Zielen des Umweltschutzes und der Verkehrssicherheit bekennt, ist es eher Nachahmer als Vorreiter. Doch wenn es die Situation erfordert, reagiert es schnell. Beispielsweise sind alle für den US-Markt bestimmten Autos mit Airbags ausgestattet, und der *Lexus LS 400* ist das einzige Luxusauto, für das keine Steuer wegen zu hohen Benzinverbrauchs bezahlt werden muß.

Die Schwerfälligkeit Toyotas bei diesen Fragen liegt auch darin begründet, daß Japan keine Verbraucherbewegung kennt. In westlichen Ländern werden Veränderungen häufig durch das Engagement der Verbraucher forciert. Shigeo Ohki, einer der wenigen japanischen Aktivisten auf diesem Gebiet, meint dazu: »In amerikanischen Westernfilmen helfen die Durchschnittsbürger manchmal auf eigene Faust mit, den Bösewicht einzufangen. In japanischen Filmen bleiben sie zu Hause und warten auf Anweisungen von den Behörden.«

Bei einer 1989 vom Umweltressort der Vereinten Nationen durchgeführten Untersuchung rangiert Japan unter 14 Nationen auf dem letzten Platz, was einen Beitrag zum Umweltschutz angeht. Es reicht, die mit Müll übersäten Strände und Wanderwege der Insel zu besuchen, um festzustellen, daß Japan dieses Problem längst noch nicht im Griff hat.

Doch bevor der Westen selbstgefällig den Zeigefinger hebt, sollte er eines nicht vergessen: Unternehmen kümmern sich nur um Umweltschutz- und

Sicherheitsmaßnahmen, wenn es sich finanziell lohnt. Wann wird es für die Autohersteller profitabel sein, gesellschaftlich verantwortlich zu handeln? Vielleicht ist die Zeit schon gekommen. Eine neuere Gallup-Umfrage ergab, daß 87 % der Autokäufer bereit sind, mehr Geld für saubere, sicherere Autos auszugeben. Die Käufernachfrage wird also den Umweltschutz vorantreiben müssen. Doch außer den gegenüber Meinungsforschern geäußerten Ansichten gibt es kaum Belege dafür, daß die Öffentlichkeit, zumindest in Amerika, bereit ist, sich wirklich umweltbewußt zu verhalten. Kaum jemand in Amerika legt Wert auf sparsamen Benzinverbrauch. Beispielsweise erzielen Kleinlastwagen mit hohem Spritverbrauch Rekordverkaufszahlen bei Privatleuten. Zum Teil ist der Widerstand der Industrie, eine führende Rolle bei gesellschaftlichen Problemfragen zu übernehmen, auf die begründete Furcht zurückzuführen, daß man der Kundschaft nicht zu weit vorauseilen darf.

Der Verkehrsinfarkt, der schrumpfende Erdball und die soziale und gesellschaftliche Verantwortung unterscheiden sich erheblich von den Zwängen und Bedingungen, mit denen sich die Autohersteller in früheren Zeiten auseinandersetzen mußten. Manchmal würden sich die verantwortlichen Unternehmensführer, die mit all den neuen Problemen konfrontiert sind, am liebsten über die harte Wirklichkeit hinwegsetzen. Als sich Tatsuro Toyoda auf seinem neuen Präsidentensessel niederließ, äußerte er mit einem melancholischen Seufzer die Hoffnung, daß vielleicht mit Hilfe der Technik eine Lösung für alle Probleme gefunden werden könne. Auf die Frage, woran er dabei denke, antwortete er (wahrscheinlich die vollgestopften Straßen Japans vor Augen): »Ich würde am liebsten ein Auto bauen, das nicht auf, sondern über der Straße fährt.«

Das Autounternehmen des 21. Jahrhunderts

Die Arbeit und das Schaffen gehen weiter
– *Alfred P. Sloan*

New York City – Februar 1993

Wir sind daran gewöhnt, den Wettbewerb zwischen Industrieunternehmen als eine Art Krieg anzusehen, in dem es eindeutige Gewinner und Verlierer gibt. So einfach ist es allerdings nicht.

Als ich mit der Arbeit an diesem Buch begann, hätte ich nicht vorhersagen können, daß Bob Stempel nach einem Mißtrauensvotum des GM-Board seinen Abschied nehmen, das Präsidentenamt auf einen unkonventionellen Manager wie Jack Smith übergehen und man John Smale, einen Outsider im Board, zum Chairman ernennen würde. Ebensowenig konnte ich ahnen, daß Inaki Lopez, der eigenwillige Einkaufschef von GM, zum Coverboy der Automagazine avancieren und die langweiligste Abteilung im Autogeschäft zum Schauplatz eines erstklassigen Dramas machen würde. Carl Hahns erzwungener Rücktritt kam ebenso unerwartet. Noch anderthalb Jahre zuvor stand Hahn in der Wirtschaftswelt ganz oben – als höchst populärer, starker Konzernherr. Hochgelobt für seinen wagemutigen, kühnen Managementstil. Er machte danach nicht gerade den Eindruck eines Mannes, der bald vom Sockel gestürzt würde. Was Toyota betraf, wußte ich, daß Shoichiro Toyoda eines Tages einen neuen Präsidenten bestimmen und selbst auf den Posten des Chairman wechseln würde. Aber es schien noch nicht so weit zu sein, denn es schien kein passender Nachfolger in Sicht zu sein. Und angesichts der Turbulenzen in der japanischen Wirtschaft war Shoichiros Führung im Grunde erforderlich, wenn sein Unternehmen die Vormachtstellung auf der Weltautobühne in diesen schweren Zeiten halten wollte.

Im ganzen gesehen ist es bemerkenswert, daß innerhalb nur eines Jahres an der Spitze aller drei Unternehmen eine Umwälzung stattfand, die sich auf alle Unternehmensbereiche ausweitete. Es war ein Jahr, das uns Experten und Prognostiker demütigen konnte – eine Mahnung daran, daß Annahmen und Vermutungen ständig hinterfragt werden müssen und die Wirtschaft immer voller Überraschungen steckt. Es lehrte alle Führungskräfte der großen Unternehmen, daß sie ebenso Opfer eines Wandels wie Architekten eines Wandels sein können.

»Welcher Autobauer ist denn nun der Gewinner der globalen Kraftprobe? Wer ist die Nummer eins?« werde ich immer wieder gefragt.

Ich möchte diese Frage anders formulieren, weil es sich nicht wirklich um einen Krieg im traditionellen Sinne handelt. Die wirkliche Frage lautet: Welches Unternehmen ist am besten gerüstet, im neuen, bereits angebrochenen internationalen Zeitalter die führende Rolle zu übernehmen? Hierauf habe ich eine Antwort.

Es muß nicht unbedingt das größte Unternehmen sein. Groß bedeutet nicht automatisch führend. GM machte diese Erfahrung schon vor langer Zeit, als es von den Steinschleuderwürfen kleinerer, angriffslustiger Unternehmen aus Europa und Japan lahmgelegt wurde. Gemessen an der Innovationskraft und der Vorreiterstellung geht, wie die Geschichte zeigt, die Zeit von 1920 bis 1955 auf GMs Konto. Von 1955 bis 1970 spielte Volkswagen die Hauptrolle, weil es ihm als erstes Unternehmen gelang, die amerikanischen Großen Drei auf eigenem Boden herauszufordern. Von 1970 bis 1990 führte Toyota das Feld an. Seither verharrt die Autoindustrie in einer Warteschleife, weil alle Unternehmen mit unerwarteten Herausforderungen – der eigenen Größe, Rezessionen, neuen gesellschaftlichen Verpflichtungen und der Konkurrenz – ringen.

Heute ist jeder dieser drei Autokonzerne das größte Unternehmen in seiner Weltregion. Zum ersten Mal in jüngerer Vergangenheit werden alle drei Unternehmen gleichzeitig von selbstverschuldeten Problemen geplagt. Sie leiden unter ihrer bloßen Größe und Komplexität. Jeder Konzern ist im Innersten seiner Organisation mit Konflikten konfrontiert, die aus seiner Nationalität, seinem sozialen Umfeld und seiner Unternehmenskultur resultieren.

Die Geschichte lehrt, daß es oft einer Krise bedarf, die das Management eines Unternehmens aufschreckt, es in die harte Wirklichkeit zurückholt und für dringend notwendige Veränderungen sorgt. Ein gutes Beispiel liefert Chrysler, das innerhalb eines Jahrzehnts zweimal vor dem Ruin stand, um 1992 wieder als solider Wettbewerber hervorzutreten. Obwohl Chrysler weder GMs Größe noch seinen internationalen Einfluß besitzt, hat es auf einigen wichtigen Gebieten die Führung übernommen. Vor allem aber hat sich Chrysler vollständig gewandelt. Das Management begriff, daß kurzfristige Korrekturmaßnahmen (mit denen man sich in der Vergangenheit über Wasser gehalten hatte) nicht ausreichten. So wurde die gesamte Organisation bei Chrysler auf den Kopf gestellt. Zur gleichen Zeit landete das Unternehmen eine Reihe von Markterfolgen mit neuen Auto- und Lastwagenmodellen, die die Sicherheitsbedürfnisse der Kunden erfüllten, aber ebenso Design, Leistung und Funktionalität boten, auf die die Käufer nicht verzichten wollten. Gerade Chryslers Geschichte hat bewiesen, daß ein Unternehmen in der Krise eigentlich leichter zu managen ist als eines, das floriert und prosperiert.

Mit Blick auf das nächste Jahrhundert will ich das Potential der Großen Drei der Welt an vier Bewertungskriterien messen, die man nicht in ihren Finanzberichten findet, die aber ihren Unternehmenskulturen zu Grunde liegen:

1. Problembewußtsein
2. Unternehmensvision
3. Anpassungsfähigkeit
4. Produkt- und Kundenverständnis

Problembewußtsein

Jedermann kennt den ersten Schritt zur Selbsthilfe: Gib zu, daß du ein Problem hast. Bemerkenswerterweise verleugnen viele Menschen ihre Schwierigkeiten auch noch dann, wenn sie schon von ihnen erdrückt werden. Vor kurzem las ich ein Interview mit Roger Smith und staunte, wie wenig er sich darüber im klaren war, welch zentrale Rolle er beim Beinahe-Zusammenbruch von General Motors gespielt hat. Er begreift immer noch nicht, warum sich der Board zur Durchführung drastischer Maßnahmen entschloß. Bob Stempel zeigt eine ähnliche Blindheit. Er gibt den Medien und der Einmischung von Outsidern die Schuld an seiner Entlassung, ebenso wie er die Rezession und die Japaner für GMs Gewinn- und

Marktanteilsverlust verantwortlich macht. Bob Stempel ist ein redlicher und offener Mensch, aber er war nicht gerade für seine Entschlußfreudigkeit bekannt. Vielleicht hinderten ihn auch diese Eigenschaften daran, die Schuldigen am Niedergang des Unternehmens zu feuern.

Zweifellos werden Unternehmen von äußeren Umständen beeinflußt, doch muß das Management Wege finden, wie die Schläge von außen, die Herausforderungen durch Wirtschaft und Wettbewerb, abgefangen und pariert werden können. Es ist lächerlich, die Konkurrenz für eigene Fehler verantwortlich zu machen. Betrachten wir nur IBM. Wurde das Unternehmen von seinen Konkurrenten aufs Abstellgleis geschoben? Natürlich, es war so. Aber liegen die Ursachen für IBMs Probleme bei der Konkurrenz? Nein. IBM steckt deshalb in Schwierigkeiten, weil man versäumte, die eigene Führungsposition zu nutzen – was auch für GM gilt –, und die Marktentwicklung nicht mehr sorgfältig beobachtete. Das Unternehmen ruhte sich in einer Zeit ungeahnter Möglichkeiten auf seinen Lorbeeren aus. Während die fortschreitende Technik dafür sorgte, daß sich Computer wie Autos verbreiteten, hielt IBM an alten Paradigmen fest, die ein Engagement im Großrechnerbereich vorschrieben. GM wurde von den besseren und billigeren Autos der Konkurrenz geschlagen, die Zeit, Geld und Personal zutreffend als kostbare Produktionsfaktoren betrachtet und sie entsprechend sparsam einsetzte.

Das Bemerkenswerte an General Motors (wie an allen Unternehmen, die ein Krise überlebten) ist, daß es sich sein Problem eingestanden hat. Die Aktion des Board war revolutionär, weil sie über das simple »hire and fire« oder das bloße Austauschen eines versagenden Spitzenmannes hinausging. Es wurde ein wirklicher Veränderungsprozeß in Gang gesetzt. Mit der Ernennung eines Boardoutsiders zum Chairman und der Wahl eines Präsidenten und CEO, der der alten Ordnung nicht loyal ergeben war, signalisierte der Board eindeutig, daß er es nun ernst meinte. Der Aktivismus des GM-Board war so außergewöhnlich, daß er zum Dominoeffekt auch für andere Unternehmen wurde. In den folgenden Monaten breitete sich auch bei IBM, American Express, Sears, Westinghouse und anderen echte Reformbereitschaft aus.

Auch wenn sich GM seine Schwierigkeiten eingestanden hat, es bleibt abzuwarten, ob man die eigentlich Herausforderung annimmt, nämlich die komplette Neustrukturierung des Unternehmens. GM hat viele technische Stärken, so verfügt es über preisgünstige Antiblockiersysteme, gute Motoren und Elektronikbauteile. Verglichen mit den Produzenten im eigenen Land zeigen GMs Neuwagen die niedrigste Reparaturanfälligkeit – waren es 1982 noch 7,8 Defekte pro Wagen, so liegt die Zahl heute bei 1,4. GM investiert mehr als die anderen Autounternehmen in die Verkehrssicherheitsforschung und läßt die Konkurrenz an den Ergebnissen teilhaben.

Doch das Unternehmen kämpft schwer damit, seine Stärken in ein geschlossenes, auf den Markt abgestimmtes Produktprogramm umzusetzen. In der Produktpalette gibt es zu viele Überschneidungen, andererseits verfügt GM in vielen Marktbereichen nicht einmal über konkurrenzfähige Modelle – insbesondere bei Mittelklassewagen und Kleintransportern. GM hat noch nicht verstanden, wie oder warum ehemalige Pkw-Besitzer plötzlich auf Minivans umsteigen. Die Erklärung des Versäumnisses scheint einfach. Wie ein Seniormanager von GM erklärt, »hat das alte Management anscheinend Kleinlastwagen gehaßt.« Überdies wird GM als sehr teurer Produzent jeden Aspekt der Entwicklung, der Herstellung, der Montage und der Vermarktung eines Fahrzeugs überdenken müssen.

Auch wenn sich GM mit Riesenschritten an die Bewältigung seiner Probleme gemacht hat, muß es erst noch beweisen, daß es die ganze Reichweite dieser Schwierigkeiten in vollem Umfang erfaßt hat.

Toyotas Führungswechsel war nicht mit einem Kurswechsel des Unternehmens verbunden. Tatsuro Toyoda wurde nicht wegen, sondern trotz der Schwierigkeiten des Unternehmens zum Präsidenten gewählt.

Toyotas Probleme hängen eng mit den tiefgreifenden Veränderungen in Japan zusammen. Die wirtschaftlichen Umwälzungen in Japan erschüttern die traditionelle japanische Industrie- und Wirtschaftspolitik, die von einem starken Zusammengehörigkeitsgefühl der einzelnen Unternehmen abhing und dafür sorgte, daß die Stärksten die Schwächsten nicht vernichteten.

Toyota (und eigentlich der gesamten japanischen Autoindustrie) gelang es deshalb, die ausländischen Märkte zu beherrschen, weil es begriffen hatte, was die Kunden im Westen wünschten, und es ihnen zu niedrigeren Preisen als die westlichen Konkurrenten anbot. Die administrative Leitung durch MITI und eine Wirtschaftspolitik, die die internationale Expansion förderte, begünstigten das Wachstum aller Industrieunternehmen, und nicht nur Toyotas, das seinen japanischen Konkurrenten allerdings immer und in jeder Hinsicht überlegen war. Während sich viele japanische Autounternehmen auf das Exportgeschäft konzentrierten, ging Toyota den Weg der langsamen, schrittweisen Erschließung der Auslandsmärkte, blieb aber gleichzeitig Marktführer in Japan. Diese Strategie paßte besser zu seiner vorsichtigen Unternehmensführung. Es trieb die maximale Ausschöpfung seiner Ressourcen voran und erwirtschaftete dadurch riesige Finanzschübe. Inzwischen zwang Toyotas Vorherrschaft auf dem Heimatmarkt die anderen japanischen Unternehmen dazu, außerhalb von Japan nach Wachstumsmöglichkeiten zu suchen, denn sie wußten, daß sie zu Hause nicht gegen Toyota ankommen konnten.

Heute aber steht die japanische Autoindustrie im eigenen Land wie im Ausland vor langwierigen, strukturellen Umwälzungsprozessen. Sie kann nicht länger mit Zuwächsen in den traditionellen Exportmärkten rechnen, die das in Japan ausbleibende Wachstum kompensieren. Der starke Yen und die Importquoten in den USA und Europa auf besonders wettbewerbsfähige Modelle der Japaner haben die Chancen mehrerer kleinerer japanischer Hersteller, im Auslandsgeschäft Gewinne zu machen, stark beschnitten. Wer sich eine Verlagerung der Produktion ins Ausland nicht leisten konnte, geriet in Bedrängnis.

Die Krise in der japanischen Autoindustrie stürzt Toyota in ein einzigartiges kulturelles Dilemma. Soll es seiner Eigenständigkeit und Unabhängigkeit (ein Greuel für japanisches Denken) auf Kosten der anderen japanischen Autohersteller voll ausspielen? Sicherlich fällt es einem Unternehmen, das mehr als 14 Milliarden Dollar in der Kasse hat und über eine beeindruckende Modellpalette verfügt, leicht, den weniger fähigen Konkurrenten Käufer wegzuschnappen. Oder soll sich Toyota der traditionellen Praxis der japanischen Industrie und Wirtschaft unterordnen, die Unternehmen zur Verantwortung gegenüber der Gruppe verpflichtet und starke Konzerne auffordert, Raum für schwächere zu schaffen?

Der Druck auf Toyota, den letzten Weg zu wählen, ist groß. Seine aggressive Jagd nach Wachstumsmöglichkeiten und Marktanteilen ist schon öfters öffentlich von seinen Konkurrenten, insbesondere Nissan, kritisiert worden. Die japanische Autoindustrie macht Toyota auch für die Handelsspannungen mit den Vereinigten Staaten und Europa verantwortlich. Auch wenn *kyosei* gern als eine Politik dargestellt wurde, durch die die japanische Industrie lernt, in Harmonie mit seinen ausländischen Konkurrenten zu leben, in erster Linie dient es eher dazu, starke Unternehmen wie Toyota zu zügeln, damit andere japanische Autobauer überleben können. Wenn Toyota von seinem erklärten Ziel ›Gobal 10‹ (10 % Anteil am Weltmarkt) abrückt, werden letztlich Unternehmen wie Mazda, Honda oder Nissan die Nutznießer sein.

Doch muß auch gesagt werden, daß Toyota nicht so tiefgehende und schwere Probleme hat wie GM. Jack Smith wäre heilfroh, wenn er es nur mit Toyotas Problemen zu tun hätte: zwei Jahrzehnte stetiges Wachstum, Autos von hoher Qualität und auf allen wichtigen Märkten der Welt einen Fuß in der Tür. Aber auch Toyota ist nicht immun gegen die »Großkonzernkrankheit«, jenes schleichende Gebrechen, das erfolgreiche Unternehmen auf der Stelle treten läßt.

Nachdem Shoichiro Toyoda Chef des Keidanren, des mächtigen politischen Organs der japanischen Industrie, wurde, könnte sich Toyotas Lage ironischerweise eher verschlechtern. Bisher war Toyota immer von den Hauptkräften der japanischen Industrie unabhängig, doch nun könnte es in partnerschaftliche Beziehungen mit den anderen Autoherstellern eingebunden werden. Dies würde aber den Wachstums- und Veränderungsprozeß noch mehr bremsen.

Es ist wahrlich kein Geheimnis mehr, daß VW ein kostenintensiver, nicht wettbewerbsfähiger Hersteller mit einer viel zu schmalen Produktpalette ist, die einen breitgefächerten internationalen Markt nicht befriedigen kann. In Deutschland und verschiedenen anderen Ländern war VW recht erfolgreich mit seiner Strategie, in großen, unregelmäßigen Abständen modernisierte Versionen des Golf herauszubringen. Dank seines guten Rufs als technisch exzellenter Hersteller, konnte der Konzern auch höhere Preise bei den Kunden durchsetzen als die Konkurrenz.

Aber die Welt verändert sich, und VW kann die Realität nicht länger ignorieren, daß auch bisher Bewährtes verändert werden muß. Noch Anfang 1993 lag die Rentabilitätsschwelle des Unternehmens bei voller Kapazitätsauslastung, die Kosten sind in den vergangenen Jahren in die

Höhe geschossen, und es gibt Preisgrenzen auch für den Golf. VW muß also seine Kosten reduzieren und eine breitere Produktpalette mit kürzeren Modellzyklen anbieten. Dieses Ziel wird nur sehr schwer zu verwirklichen sein – vor allem, weil das rigide, bürokratische Unternehmen gerade erst begonnen hat, die Tatsache zu verdauen, daß es überhaupt Probleme gibt.

Jeder Versuch, VWs Kernprobleme anzugehen, wird zu einer Konfrontation mit den Grundsätzen führen, die die Koexistenz zwischen Arbeiterschaft und Management seit dem Zweiten Weltkrieg in Deutschland regelten. Die Produktion von Autos erfordert keine Arbeitskräfte, die allesamt eine dreijährige Lehrzeit hinter sich gebracht haben und alle Fragen der Kraftfahrzeugtechnik beherrschen. Auch wenn diese Ausbildung immer als einer der größten strategischen Vorteile der deutschen Autoindustrie angeführt wurde, könnte sie heute wegen der Lohnansprüche so hoch qualifizierter Arbeiter eher zum Nachteil ausschlagen. Schließlich werden auch in Mexiko, Korea, Indien und in vielen Entwicklungsländern Qualitätsantos von fähigen Arbeitern gebaut, die mit den in den Industrieländern entwickelten Herstellungsverfahren arbeiten können. Die Fähigkeit, Autos gehobener Qualität herzustellen, beschränkt sich nicht mehr auf wenige Länder. VW ist zuallerst gefordert, seine Mentalität zu ändern.

Außerdem muß der Konzern, wenn es die Produktivität wenigstens auf das Niveau von Opel steigern will, Wege finden, seinen Beschäftigtenstamm zu reduzieren. Die Volkswagen Zulieferer leiden unter ähnlichen Problemen und könnten abgehängt werden, wenn VW wirklich einmal auf billigere Teilefabrikanten aus dem Ausland umsteigt. Dies wird ein schmerzhafter Übergangsprozeß für VW und für ganz Deutschland sein, weil er zu einer Zeit ansteht, in der die Nation bereits wegen der Kosten der Wiedervereinigung in Schwierigkeiten ist. Nun auch noch mit einer tiefgreifenden Umstrukturierung des Landes und seiner besten Industrieunternehmen konfrontiert zu werden, die gerade an jenen Grundprinzipien rüttelt, auf denen die wirtschaftliche Macht und der hohe Lebensstandard ruhen, erschüttert Deutschland und seine Arbeitnehmer.

Als ich für mein Buch Volkswagenmanager interviewte, konnte ich ihren Ausführungen kein klares, überzeugendes Statement zu Zielen und Absichten des Unternehmens entnehmen. Ich stellte fest, daß man unbequemen Fragen aus dem Weg zu gehen versuchte. Es schien Carl Hahn in den letzten Jahren seiner Amtszeit nicht besonders zu belasten, daß sich Tausende unfertiger Golfs draußen auf dem Gelände vor seinem Büro und in jeder freien Ecke des Werkskomplexes stapelten. Jedermann im Unternehmen fürchtet sich offensichtlich vor dem Eingeständnis, daß Halle 54, VWs Hauptmontagewerk, ein Desaster ist. Mit der unflexiblen (als »hart« bezeichneten) automatischen Fertigung läßt sich nichts anderes herstellen als ein Auto von der Größe und Form des Golf. VW produziert immer noch ein einziges Modell, obgleich die Welt nach mehr und nicht nach weniger Vielfalt verlangt.

Überdies schien niemand ernsthaft den Versuch unternommen zu haben, die Heilige Kuh der Deutschen zu schlachten: die zu hohen Lohnkosten einer nicht genügend produktiven Arbeitnehmerschaft. Carl Hahns Versuch, die durchschnittlichen Lohnkosten durch den Erwerb von Firmen in Niedriglohnländern zu senken, schlug fehl. Mit jeder Auslandsinvestition wurde erneut versprochen, in Deutschland keine Arbeitsplätze zu opfern. Doch faktisch opferte Hahn dabei fast das ganze Unternehmen, weil er nicht das durchsetzte (oder durchsetzen konnte), was die Realität einfach erforderte. Nach außen hin erhielt er den Mythos der deutschen Überlegenheit aufrecht, in Wirklichkeit jedoch setzte er alles daran, Produktionsbereiche aus Deutschland herauszuverlagern. Piëch steht vor Problemen im eigenen Lande, mit denen alle deutschen Autobauer konfrontiert sind, allerdings nicht so drängenden wie bei VW. Will Piëch Erfolg haben, muß er seine Arbeiter davon überzeugen, daß sie nicht 400 oder 500 Stunden pro Jahr weniger als die Amerikaner und 700 Stunden weniger als die Japaner arbeiten und trotzdem künftig überleben können. Wird es Piëch gelingen, jeden Mitarbeiter von der Dringlichkeit der Lage und seiner Rolle bei der Lösung der Probleme zu überzeugen?

Unternehmensvision

»Visionär« gehört zu jenen Begriffen, die durch ihre Überbeanspruchung jede klare Bedeutung verloren haben. Oft wird »visionär« mit »kühn« gleichgesetzt, obgleich Kühnheit sicherlich nicht immer visionär ist. Beispielsweise kann man VWs Übernahme von Skoda als kühn bezeichnen, aber was sie auch visionär? Visionär zu sein bedeutet auch nicht notwendigerweise, ungewöhnlich zu sein. Es gibt viele Exzentriker auf der Welt, die kaum als visionär gelten können. Ebensowenig geht es darum, sich kontrovers zu geben oder umstritten zu sein. Ganz im Gegenteil, vielleicht gehört dazu viel eher, unsichtbar zu sein, so wie es Toyotas Management versucht hat.

Zu einer überzeugenden Unternehmensvision gehört eine klare Vorstellung davon, was die eigene Struktur gut und das Produkt wichtig und attraktiv macht. Außerdem sollte man voraussehen können, wie Produkte in der Zukunft weiterentwickelt und verändert werden müssen.

Ein visionärer Manager zeichnet sich durch viele unterschiedliche Eigenschaften aus, doch sind meiner Ansicht nach die folgenden entscheidend: das Fehlen von Ängsten um die eigene Person (die Art von Angst, die dafür sorgt, daß die Sicherung des eigenen Arbeitsplatzes an erster Stelle steht); Bereitschaft, Rat zu suchen und zuzuhören; Offenheit gegenüber neuen Ansätzen und schließlich die Fähigkeit, einen vernünftigen, langfristigen Zukunftsplan für das Unternehmen aufzustellen und konsequent zu verfolgen. Visionäre Führer haben keine Scheu, Probleme in Angriff zu nehmen und auch unpopuläre Entscheidungen in die Tat umzusetzen, selbst auf die Gefahr hin, daß ihr persönliches Ansehen leidet. So gut wie nie lassen sie sich vom Gruppendenken beeinflussen, das in den japanischen Unternehmen so viel Individualität und Kreativität unterdrückt.

Jack Smith ist ein sehr nüchterner und realistischer Mensch, ein harter Arbeiter und scharfsinniger Denker. Mit den Jahren wuchs er in jedes Paar Schuhe, auch wenn er in Übergrößen geschlüpft war. Er besitzt viele der Qualitäten, die eine starke Führungspersönlichkeit ausmachen. Er geht nach einem realistischen Aktionsplan vor, kümmert sich intensiv um Feedback aus möglichst vielen Unternehmensbereichen und hegt eine Abneigung gegen Intrigen und Machtspiele. Er würde ausgesprochen sauer werden, wenn jemand seine Zeit mit Diskussionen über belanglose Kleinigkeiten, etwa die Frage, wer welches Büro bekommt, verschwendet. Er zählt sich nicht zu einer Elite, sondern ist eher ein Arbeitstier, der Sportswear ist ihm lieber als der korrekte Dreiteiler aus grauem Flanell, und ein spartanisches Büro inmitten des Geschehens hält er für angemessener als die Bürosuite in der 14. Etage des fernab gelegenen alten GM-Headquarters. Mit seinem breiten Grinsen und seinen dichten, oft ins Gesicht fallenden Haaren wirkt Smith eher jungenhaft. Auch wenn er gern und schnell lacht, jeder kennt auch seine Zähigkeit und Bissigkeit.

Allerdings hat er auch seine Schwächen – wie jede Führungspersönlichkeit. Nicht alle seine Personalentscheidungen fanden Zustimmung. Er gehörte zwar nicht zum »Old Boy Network«, zur alten Clique und Seilschaft von Stempel und Reuss, aber er hat ein eigenes Netzwerk aus loyalen Mitarbeitern um sich herum aufgebaut. Einige Kritiker werden sicherlich bemängeln, daß nicht alle diese Leute die bestgeeignetsten für ihre Aufgaben sind. Dennoch hat Smiths Stammteam bewiesen, daß es kompetent und zugänglich ist. Lou Hughes, ein außergewöhnlicher und vielseitiger Manager, der die internationalen Operationen von GM leitet, hatte verschiedene Positionen im Finanzbereich durchlaufen, bevor Jack Smith ihn mit der Führung von Opel betraute. Für diesen Job lernte Hughes zunächst einmal die deutsche Sprache und bestand darauf, alle Sitzungen in Deutsch zu leiten, was ihn in seinem Gastland sofort beliebt machte. Bill Hoglund, der in der Ära unter Roger Smith den Ruf eines »Unruhestifters« hatte, weil er gelegentlich auch offen Kritik übte, entwickelte sich nun zu einem für das Unternehmen unentbehrlichen Hansdampf in allen Gassen. Ohne eigenen, festen Aufgabenbereich diente er Jack Smith als Mann für alles. Harry Pearce bewies schon in den Auseinandersetzungen mit *Dateline*, daß er ein unkonventioneller Manager ist. Er ist aufgeweckt und clever, äußerst mediengewandt und verachtet Bürokratien. Seinen Titel lehnte Pearce ab. Seiner Meinung nach war eine weitere Managementebene das letzte, was GM brauchen konnte.

Aber abgesehen von Smiths persönlichen Qualitäten und der Qualität seines Teams verleiht ihm gerade die Tatsache, daß man ihn gewählt hat, besonders viel Stärke. Der Board hat ihn ermächtigt, grundlegende Veränderungen durchzuführen. Die Boardmitglieder können zwar nicht voraussehen, was die Zukunft bringt, aber sie haben eingesehen, daß die alten Rezepte versagt haben, und für einen Kurswechsel gesorgt. General Motors wird niemals wieder so sein, wie es einst war.

Aber der vage Auftrag, für einen Wandel zu sorgen, reicht allein noch nicht aus. Jack Smith muß die Mitarbeiter für ihre Leistungen bei der Umsetzung notwendiger Veränderungen zur Rechenschaft ziehen, was angesichts der Traditionen bei General Motors nicht leicht sein wird. Jack Smith steht vor der Aufgabe, ein Unternehmen zu schaffen, in dem Erfolg und Versagen eindeutig an klar umrissenen Zielen gemessen werden können. Er muß sich vor der Falle lähmender Unentschlossenheit hüten, die lange dafür sorgte, daß Entscheidungen in einem Labyrinth von Ausschüssen und bürokratischen Irrgärten festgehalten wurden.

Die Meinungen über Tatsuro Toyoda gehen zwar weit auseinander, aber niemand würde ihn als visionären Führer bezeichnen. Trotz seiner Dementis nimmt man allgemein an, daß Tatsuro nur deswegen zum Präsidenten ernannt wurde, weil er Shoichiros Bruder ist. Eiji und Shoichiro gehörten beide zur Gründerfamilie und galten aber von vornherein als starke Führungskräfte. Von Tatsuro kann man das wohl nicht sagen, was Toyota letztendlich schaden könnte – wenn nicht Shoichiro und die Executive-Vice-Präsidenten weiterhin starken Einfluß beibehalten oder aber Tatsuro seine Kritiker überrascht und schnell in seine Rolle hineinwächst.

Es bleibt zu prüfen, ob es im Unternehmen überhaupt ein visionäres Denken im Sinne einer Konzernstrategie gibt. Eiji war und ist bis heute ein Visionär, doch hat er die achtzig schon überschritten, und sein Einfluß schwindet. Shoichiro ist ein Pragmatiker, der sich in den letzten zwölf Jahren als höchst fähiger Unternehmensführer erwies. Trotzdem konnte er nicht verhindern, daß sich auch bei Toyota die »Großkonzernkrankheit« ausbreitete. Vielleicht förderte er diese Entwicklung sogar unabsichtlich durch seinen eher teamfeindlichen Führungsstil als Präsident. Shoichiros Aufmerksamkeit richtet sich nun auf andere Dinge, denn er engagiert sich mehr und mehr in japanischen Wirtschaftskreisen und verbringt weniger Zeit in Toyota City. Sicherlich gibt es genügend andere fähige Manager im Unternehmen, aber das System an sich entmutigt die Mitarbeiter, sich durch individuelle Leistung aus der Masse hervorzuheben. Shoichiro beherrschte wie ein einsamer Wolf und diente niemals auch nur einem von Toyotas Nachwuchs-Managern als Mentor.

Toyota steht vor einer unabwendbaren Führungskrise, die dann ausbricht, wenn der altehrwürdige Patriarch des Unternehmens, Eiji Toyoda, einmal stirbt. In der Vergangenheit hat sich immer wieder gezeigt, daß Unternehmen nach dem Tod ihrer Gründer mehr oder weniger ins Chaos stürzten. General Motors widerfuhr dies nach dem Tod Alfred Sloans.

Auch wenn er genau genommen nicht der Gründer GMs war, muß er in jeder Hinsicht als GMs erster großer Boss gelten. Solange er lebte, folgten alle seiner Unternehmensphilosophie. Erst nach seinem Tod kam Sand ins Getriebe.

Eijis Einfluß ist immer noch sehr stark, und er mag gut noch zehn Jahre oder länger leben. Wenn er jedoch einmal stirbt, geht für Toyota eine Ära zu Ende. Wer wird dann die Führung übernehmen und für alle sichtbar voranschreiten? Tatsuro wahrscheinlich eher nicht. Letztlich wird Toyota die Führung wohl in die Hände familienfremder Managementmitglieder abgeben.

Wenn der intuitive Genius der Männer, die ein Unternehmen berühmt gemacht haben, durch ein bürokratisches System verdrängt wird, verlieren die Unternehmen in der Regel vorübergehend ihre Orientierung, interne Machtkämpfe breiten sich aus, und es mangelt an Schwung und neuen Impulsen. In Japan befinden sich im Moment ungewöhnlich viele Unternehmen in dieser Umbruchsituation – Toyota wird in absehbarer Zeit auch dazugehören.

Ein Berater Volkswagens erklärte mir kürzlich: »Carl Hahn wurde wegen SEAT und Skoda immer wieder als Visionär bezeichnet. Aber er war kein Visionär, sondern ein Opportunist. Das ist ein Unterschied.« Die Einschätzung dieses Mannes trifft den Kern des Problems, das VW immer mit seiner Führungsspitze gehabt hat. Man betrachte nur den Unterschied zwischen VW und Toyota in Amerika. Nordhoff entschloß sich nicht dazu, den Käfer in Amerika anzubieten, weil er dort eine große Nachfrage sah. Er verstand die amerikanischen Autokäufer nicht einmal. Nach Übersee zu verkaufen kam lediglich seinem höchst einfachen Unternehmensziel entgegen, immer mehr Käfer zu produzieren. Außerdem förderte es den internationalen Status, in den Vereinigten Staaten Geschäfte zu machen. VW entwickelte jedoch niemals ein praktikables Unternehmenskonzept, daß über die Idee hinausging, immer mehr Wagen eines einzigen Modells zu verkaufen – ob es sich nun um den Käfer oder seinen Nachfolger, den Golf/Rabbit, handelte. Als die Japaner dann mit besseren und billigeren Autos aufwarteten, blieb VW auf 100.000 Rabbits sitzen und hatte nicht die leiseste Ahnung, warum sie sich nicht verkaufen ließen. Eiji Toyoda dagegen folgte einer echten Vision, deren Umsetzung er in langen Studien sorgfältig ausarbeitete. Toyotas Erfolg auf dem US-Markt war kein Glücksfall, außerdem lernte das Unternehmen aus seinen frühen Fehlern.

In mancher Hinsicht schien Ferdinand Piëch genau der richtige Mann zu sein, um Volkswagen aus der Lethargie wachzurütteln. Allerdings hatte er einen schlechten Start. Er ist nicht gerade ein allseits beliebter Chef. Anders als Jack Smith, der das Miteinander in einem vertrauten Team fördert und selbst ein sympathischer und zugänglicher Typ ist, hat Piëch eine schroffe Art und den Hang, bis in die Kleinigkeiten hinein alles selbst managen zu wollen. Ein Unternehmen in Unruhe ist anfällig. Die Qualität der Führung entscheidet, ob diese Unruhe konstruktiv oder destruktiv genutzt wird.

Unternehmen müssen ihre Ziele und Werte klar und verständlich für die Beschäftigten formulieren. Dabei kann man allerdings auch übertreiben, womit am Ende nichts erreicht wird. Beispielsweise stellte GM seine Vision in der Version von Lloyd Reuss als ein riesiges Dreieck dar, in dem über zwanzig Unterziele in das Hauptziel mündeten, bessere Autos und Lastwagen zu bauen. Das wirkte alles so schwerfällig und konstruiert, daß es weder als Richtschnur dienen noch zu einem neuem Verhalten motivieren konnte.

Jedes Autounternehmen muß es als seine grundsätzliche Aufgabe ansehen, hervorragende Autos und Lastwagen zu produzieren. Die Vision aber sollte jeden dazu inspirieren, nach Wegen zu suchen, die das Unternehmen weiterbringen – Wege, die zum erklärten Ziel hinführen und darüber hinaus.

GMs Vision müßte es also sein, eine Philosophie für den Dienst am Kunden zu entwickeln. Wenn dies einmal erreicht ist, wird alles weitere folgen – niedrigere Kosten, bessere Qualität und attraktivere Autos.

Toyotas Vision müßte es sein, ein wirklich internationales Unternehmen zu werden, seine Organisation für andere Menschen, Denkweisen und Ideen zu öffnen und mehr Flexibilität und Sensibilität zu zeigen. Erst dann kann sich das Unternehmen zu dem Weltbürger entwickeln, der es immer gern sein will.

Volkswagen hat niemals richtig gelernt, die eigenen Ressourcen tatsächlich zu erschließen und sinnvoll zu nutzen. Eben hier müßte bei der Entwicklung einer Vision für die Zukunft angesetzt werden. Dazu sollte VW erst seine Augen für den Rest der Welt öffnen und beginnen, von anderen Unternehmen und von den Kunden auf den vielen Märkten, die es versorgt, zu lernen.

Anpassungsfähigkeit

Jedes große Unternehmen muß zuallererst Lehren aus den Erfolgen und Fehlern der anderen ziehen. General Motors bot sich diese Chance nie. Es war immer der Lehrer oder hielt sich zumindest dafür. Je stärker es wurde, um so weniger war es bereit, zuzuhören und zu lernen. In seiner Überheblichkeit ging GM davon aus, daß die Kunden ihre Bedürfnisse an die produzierten Autos anpassen müßten und nicht umgekehrt. Roger Smith erkannte zwar, daß GM auf einen sich verändernden Markt reagieren mußte, aber bedauerlicherweise fehlte ihm jede Idee, wie dies zu bewerkstelligen war. Seine Führungspolitik verschlimmerte die Paralyse des Unternehmens nur noch. Während der achtziger Jahre schlug er einen falschen Lösungsweg nach dem anderen ein. Zunächst hieß das Rezept Automatisierung. Dann organisierte er das Unternehmen neu, was das bestehende Chaos nur noch vergrößerte. Danach diversifizierte er in automobilfremde Unternehmen wie EDS und Hughes, aber auch in National Car Rental; diese Beteiligung allein hat GM 1992 über 700 Millionen Dollar gekostet. Währenddessen entwickelte sich das Unternehmen zum kostenintensivsten Autohersteller, dessen Modelle sich mit dem Stil und den Standards der Konkurrenzwagen nicht mehr messen konnten. Ford, Chrysler, Renault, Peugeot und andere bewiesen, daß Unternehmen innerhalb von drei bis fünf Jahren wieder auf Erfolgskurs gebracht werden können, wenn einmal klar erkannt ist, daß andernfalls der Zusammenbruch droht. GM-Europa stand ebenfalls kurz davor, sang- und klanglos zu verschwinden, doch schafften es die richtigen Leute, das Unternehmen umzukrempeln, bevor es zu spät war. Obwohl GM das erste internationale Autounternehmen war, mit Projekten in Deutschland, Großbritannien und Australien, und sogar in den zwanziger Jahren ansehnliche Exportverkäufe nach Japan vorweisen konnte, baute es seine internationalen Operationen nicht besonders effektiv aus. Der Auslandseinsatz entwickelte sich zur Einbahnstraße für Manager, die ihr ganzes Berufsleben lang im Ausland blieben und ihre Erfahrungen niemals an das Mutterunternehmen weitergaben. Viele von ihnen mißbrauchten ihre Stellung und strebten in erster Linie nach all den luxuriösen Privilegien, die mit der Zugehörigkeit zum reichsten Autohersteller der Welt verbunden waren. Ein GM-Manager mietete als seinen offiziellen Wohnsitz in Europa sogar ein Schloß! Erst durch die Krise Ende der siebziger Jahre begriff GM, was zu tun war, um in Europa als ernstzunehmender Mitstreiter im Wettbewerb aufzutreten.

Die Japaner waren immer schon aufmerksame und gewissenhafte Schüler. Viele ihrer frühen wirtschaftlichen Fortschritte rühren davon, daß sie verbesserten, was sie von anderen gelernt hatten. Kiichiro Toyodas erster Motorentwurf lehnte sich an einen Motor von Chevrolet an. Seine Ideen zur Massenmotorisierung übernahm er von Ferdinand Porsche. In den sechziger Jahren amüsierten sich die Mitarbeiter amerikanischer Unternehmen meistens darüber, wenn japanische Besuchergruppen mit Photoapparaten und Notizbüchern in ihre Betriebe einfielen, begierig jedes Detail in sich aufnahmen und alles und jedes, inklusive der Exitschilder, photographierten. Die kleinen Gruppen der höflichen und aufmerksamen Japaner hatten kaum etwas Bedrohliches an sich. Doch nach ihrer Rückkehr bauten sie bessere Werke, entwickelten bessere Produktionstechniken und -systeme und produzierten bessere Autos.

In jüngerer Zeit war es faszinierend zu beobachten, wie Toyotas Niederlassungen in Amerika den Umgang mit Problemen erlernten, die sich von denen im eigenen Land stark unterscheiden. Sowohl mit NUMMI wie mit dem Werk in Kentucky haben die Japaner Erfolg gehabt.

Toyota legt zwar Lippenbekenntnisse zum *kyosei* auf internationaler Ebene ab, doch ist das Unternehmen auch ein Produkt seiner ethnozentrischen Kultur. Grundlegende Prämisse bleibt, daß der eigene Weg der einzig richtige ist. Bis jetzt ist Toyota nicht wirklich international geworden, so wie Amerikaner Offenheit praktizieren. Das zeigt sich am deutlichsten an den Managementstrukturen der Niederlassungen in den Vereinigten Staaten und Großbritannien. Solange sich Toyota in der Position befindet, seine Methoden andere zu lehren, läuft es für das Unternehmen gut. Aber man scheint nicht zur Einsicht fähig, daß auch westliche Manager imstande sind, die Feinheiten der japanischen Managementphilosphie und

Organisationslehren zu begreifen. Toyotas Probleme auf internationaler Ebene werden ernstlich durch die Wahl, vor der das Unternehmen nun steht, verkompliziert: entweder internationale Unabhängigkeit oder nationale Kooperation. Im Moment versucht Toyota einen Mittelweg zu gehen. Auf der einen Seite gibt es Anzeichen, daß Toyota einen Unabhängigkeitskurs einschlägt. Es hat sein Netz an Teileherstellung und Zuliefererwerken im pazifischen Raum stark ausgeweitet und scheint entschlossen, seine Anteile an jenen Märkten, auf denen es bereits etabliert ist, zu halten oder noch zu steigern. Toyota hat weder in Japan noch in den Vereinigten Staaten Marktanteile eingebüßt, in Europa sogar Anteile hinzugewonnen. Ebensowenig gab es bisher den Forderungen der heimischen Rivalen nach Preiserhöhungen in Japan und den Abstand der Modellzyklen zu vergrößern nach, um den Konkurrenten eine Chance im Wettbewerb zu geben.

Andererseits hat sich Toyota dem Druck gebeugt und trägt die Hauptlast der an die Amerikaner abgegebenen Zusage, mehr amerikanische Autos in Japan zu verkaufen. Kürzlich verpflichtete es sich in einem Abkommen mit General Motors, von GM produzierte PKWs ab 1996 unter seinem Namen in Japan auf den Markt zu bringen. Auf diese Weise half es allen anderen japanischen Autounternehmen aus der Klemme, die nicht über die Mittel zur Einhaltung des Versprechens verfügten. Weil diese Aktion Toyota in keinerlei Hinsicht Vorteile einbringt, setzt sie ein deutliches Zeichen dafür, daß sich das Unternehmen nationalen Wirtschaftsinteressen auf eigene Kosten fügt.

Kaum je in seiner Firmengeschichte verließ Volkswagen die einmal eingeschlagenen Pfade. Von den drei großen Unternehmen zeigt es gegenüber Veränderungen wahrscheinlich die geringste Flexibilität. Fünfundzwanzig Jahre lang wurde im wesentlichen das gleiche Auto gebaut. Der Käfer wird zwar nicht länger produziert (ausgenommen in Mexiko), doch hat ihn VW im Grunde nur durch ein anderes Modell ersetzt – den Golf (in seinen vier Versionen). Wenn sich seine Autos nicht mehr absetzen lassen, analysiert VW nicht den Markt oder prüft die Modelle, sondern sucht nach Sündenböcken. Kürzlich fand ein VW-Manager den Grund, warum sich der Golf 3 in Amerika nicht verkauft. Seiner Meinung nach war der Wagen für die Amerikaner zu anspruchsvoll. Anstatt der Frage nachzugehen, welches Auto sich die Amerikaner wünschten, schalt er sie, daß sie den Wagen ablehnen.

Ein international gesinntes Unternehmen begreift, daß es mit anderen Unternehmen überall auf der Welt mehr als peripher verbunden ist. Es besitzt die Fähigkeit, multikulturell zu sein – es stärkt seine internationalen Partner, so wie es von ihnen gestärkt wird. Wenn es sich auf ausländischen Märkten engagiert, beugt es sich den gesellschaftlichen und sozialen Besonderheiten dieser Märkte, bringt aber auch seine Eigenheiten ein. Dieses Charakteristikum ist nicht unternehmens-, sondern nationenspezifisch. In ihrem globalen Auftreten und Verhalten sind die Unternehmen vor allem von den Einstellungen und Verhaltensweisen der Nationen, aus denen sie stammen, geprägt.

Es steht außer Frage, daß die Amerikaner von den drei Kulturen am leichtesten mit der Internationalität zurechtkommen, weil ihr Volk als ganzes von den Wurzeln her flexibler ist. Die meisten Amerikaner haben Vorfahren in einem anderen Teil der Welt. Die amerikanische Gesellschaft ist durch Vielfältigkeit geprägt, weshalb die Menschen gegenüber kultureller Vielfalt offen eingestellt sind. Der ›häßliche Amerikaner‹ der fünfziger Jahre ist von einem Amerikaner abgelöst worden, der kulturellen Unterschieden mit Wißbegier begegnet.

Auch wenn es bei uns in Amerika rassistische und kulturelle Vorurteile gibt, sie bilden keinen wesentlichen Teil unseres Selbstverständnisses, sondern werden im großen und ganzen eher mißbilligt. Die Amerikaner bemühen sich, andere Kulturen zu achten; selbst hinter der kürzlich aufkochenden Anti-Japan-Welle verbirgt sich Respekt vor den Fähigkeiten der Japaner. Auch mit all seinen Problemen hat Amerika gezeigt, daß es potentiell jedermanns Partner und überall auf der Welt Investor sein kann.

Japan und Deutschland leiden beide an einer kulturellen Kurzsichtigkeit und einem Elitedenken, die ihnen im Wege stehen, wenn sie den Boden ihrer Heimat verlassen. Weil beide Länder in ihrem Selbstverständnis monokulturell geprägt sind, haben sie ihre Mühe, in internationalen Maßstäben zu denken. Keines der beiden Länder geht tolerant mit den Ausländern im eigenen Lande um. Wenn die Japaner fremden Boden betreten, bleiben sie gegenüber der Kultur und dem öffentlichen Leben ihres Gastlandes distanziert.

Diese Einstellungen mögen zum Teil generationsbedingt sein. Weil die Entfernungen auf der Welt schwinden und junge Menschen mehr Erfahrungen mit unterschiedlichen Kulturen machen, wird die gegenseitige Anerkennung mit großer Wahrscheinlichkeit wachsen. Aber wie lange wird dies dauern? In japanischen Schulen lehrt man die Kinder immer noch die rassische Überlegenheit des eigenen Volkes. In Deutschland versuchen Skinheads, das häßlichste Kapitel der deutschen Geschichte wieder aufleben zu lassen.

Produkt- und Kundenverständnis

Es ist für ein Unternehmen entscheidend, daß es die Funktion des eigenen Produktes versteht, doch gerade bei dieser grundsätzlichen Frage geraten Unternehmen am häufigsten ins Straucheln. Was genau heißt, ein Produkt verstehen? Es bedeutet, daß man weiß, welche Funktion das Produkt für die Person hat, die es erwirbt; daß man versteht, wie es der Konsument nutzt; daß man sich bewußt macht, welche Rolle es in der Gesellschaft spielt; daß man sein Potential für die Befriedigung einer Vielfalt von Bedürfnissen erkennt und rechtzeitig bemerkt, daß es ausgedient hat und verändert werden muß.

Produkte existieren nicht in einem Vakuum. Ihre Existenz ist immer an auftretende Bedürfnisse oder Wünsche gekoppelt. Alfred Sloan zeigte, daß er das verstanden hatte, als er die Pyramide der Automodelle schuf und für jedes Modell einen Markt definierte. Er erkannte, daß Autos neben ihrer Funktion als Fortbewegungsmittel auch wichtige sekundäre Funktionen erfüllen.

Seitdem das Auto existiert, durchlief es mehrere »Reinkarnationen«. In der ersten Stufe, der Erfindungs- und Entwicklungsphase, standen Geschwindigkeit, Leistung, Styling und Größe im Mittelpunkt. Dann ging es um Effizienz und Qualität und in der dritten Phase um Sicherheits- und Umweltanliegen. Auf jeder neuen Stufe wurde das Alte entweder als überholt verworfen (wie die plumpen Straßenschiffe der fünfziger Jahre) oder in die neue Entwicklung integriert.

Heute wird die Bedeutung des Automobils für die Gesellschaft hinterfragt. Es gibt zu viele Autos auf den Straßen, auf der ganzen Welt bricht die Infrastruktur der größeren Städte zusammen, und die Luftqualität verschlechtert sich. Angesichts dieser Realität stehen die Autoproduzenten wieder vor der Frage: Wie muß die nächste Stufe der Reinkarnation aussehen?

Die Großen Drei der Welt kämpfen alle mit dieser neuen Herausforderung. Es gibt keine eindeutige Antwort. Alle drei Unternehmen wagen erste, unbeholfene Schritte in eine neue Zeit, doch sind noch keine Wegweiser zu erkennen.

Von den drei Autokonzernen hat General Motors zur Zeit die besten Karten, ein starkes, dynamisches Unternehmen des 21. Jahrhunderts zu werden. Das liegt nicht daran, daß GM das »bessere« Unternehmen ist. In vieler Hinsicht befindet es sich in einer schlechteren Verfassung als Toyota und Volkswagen. Doch der entscheidende Unterschied, der GM von den beiden anderen Unternehmen abhebt, ist die Erfahrung einer fast tödlichen Krise, die es bis in den letzten Winkel erschütterte, und die Tatsache, daß diese Krise für einen grundlegenden Wandel genutzt wurde. So ist GM heute ein ganz anderes Unternehmen als noch vor einem Jahr.

Irgendwann bricht jedes große Reich zusammen, das ist der Lauf der Geschichte – ob es sich nun um das Römische Weltreich, die Kommunistische Welt oder das »Wirtschaftsimperium« General Motors handelt. Es scheint eine Grundkonstante des menschlichen Daseins zu sein, daß Größe zu Selbstzufriedenheit und Selbstgefälligkeit führt. Die anfängliche Unruhe und der Drang nach Veränderung, die kreatives Schaffen und Wachstum begleiten, erstarren und enden in Stagnation. An die Stelle der Begeisterung für Neues tritt eine ebenso heftige Begeisterung für den Status quo, selbst wenn die Tatsache geradezu ins Auge springt, daß sich die Welt verändert hat. Beispiele für diese Malaise sind überall in der Wirtschaft zu finden: Wo waren die Manager von Sears, als ihre Kunden in Einkaufszentren strömten, Waren aus Dutzenden von Spezialkatalogen oder über Einkaufs-Fernsehprogramme bestellten? Was hielt die kreativen Geister bei IBM eigentlich davon ab, sich Zeiten vorzustellen, in denen Computer in allen Haushalten zum Alltagsleben gehören und Kunden nach tragbaren Geräten verlangen?

Warum rechnete sich bei American Express niemand aus, daß ihre Kreditkarten ihr Prestige verlieren, wenn jeder Collegestudent in Amerika die Karte bekommen kann?

Was läßt erfolgreiche Unternehmen so auf der Stelle treten?

Es gibt Dutzende von Erklärungen, aber die wirkliche Ursache kennen wir nicht. Wir wissen nur, daß die ›Großkonzern-Krankheit‹ eintritt.

Wenn erfolgreiche Unternehmen zur Stagnation verdammt sind, haben krisengeschüttelte Unternehmen offensichtlich die größten Aussichten auf eine bessere Zukunft. Allerdings müssen sie erkennen, daß sie sich in einer Krise befinden, und mutig auf Veränderungen drängen.

Im Rückblick auf die letzten 30 Jahre der Geschichte GMs läßt sich der Punkt, an dem das Unternehmen flexibel wurde, leicht ausmachen. Es begann zu der Zeit, als Charlie Wilson der Welt erzählte, was für Amerika gut sei, sei auch gut für General Motors, und umgekehrt. Das hätte eigentlich jeden aufmerksamen Menschen in Alarmstimmung versetzen müssen. Aber wie erklärt man dem größten, reichsten und erfolgreichsten Unternehmen der Welt, daß es Veränderungen einleiten muß, wenn es nicht untergehen will? Man würde ausgelacht und vor die Tür gesetzt werden.

Bei General Motors bereitete wahrscheinlich gerade der Niedergang des Unternehmens dem Comeback den Weg. Was sonst als die unbestreitbare, nicht umzukehrende Notlage hätte den Board of Directors aus seinem langen Schlummer aufschrecken und ihn zu einer dermaßen kühnen, beispiellosen Aktion antreiben können? Als Ross Perot Mitte der achtziger Jahre sozusagen Handgranaten auf die Vorstandsetage von GM warf, hielt ihn jeder für einen verrückten Unruhestifter. Man zahlte ihn mit 700 Millionen Dollar aus, um Ruhe vor ihm zu haben. Der Zerfall war noch nicht so weit fortgeschritten, daß die Boardmitglieder Grund zur Sorge hatten. Es brauchte noch weitere sechs Jahre mit fallenden Gewinnen und sinkenden Marktanteilen, bis der GM-Board erwachte. Durch diesen Energieschub und Erneuerungsdrang könnte sich General Motors wieder zum führenden Autounternehmen der Welt entwickeln.

Im Gegensatz zu den beiden anderen Unternehmen hat GM sein Schicksal besser im Griff. Es muß keine staatlichen Eingriffe fürchten, die Gewerkschaften in den Vereinigten Staaten fügen sich eher in Veränderungen als die in Deutschland oder Japan. Im Unternehmen wird allgemein akzeptiert, daß sich die Zeiten geändert haben. Alles, was GM jetzt zu tun hat – und das wird komplizierter sein, als es klingt –, ist, seine Ressourcen (Mitarbeiter, Technologien, Werke) optimal auszuschöpfen, um Autos und Lastwagen nach den Wünschen der Kunden zu bauen. Die entscheidende Frage bleibt aber: Gibt es auf allen Ebenen des Unternehmens genügend Führungskräfte, die die Manager aus dem Mittelbau überzeugen können, daß auch sie sich ändern müssen? Gewinne lassen sich leicht steigern, indem man nach Lopez' Methode die Preise der Zulieferer drückt. Doch ist es eine weitaus schwierigere Aufgabe, innerhalb einer riesigen Organisationsstruktur den Umgang der Mitarbeiter untereinander so zu verändern, daß der gesamte Apparat effektiver arbeitet.

Mit der Aussage, daß sich GM in der erfolgversprechendsten Ausgansposition befindet, ist nicht gemeint, daß Toyota und Volkswagen nicht auch im Kampf mit ihren Herausforderungen einen Veränderungsprozeß durchlaufen können. Toyotas Lage ist höchst kompliziert, das Unternehmen steht fast genau an dem Punkt, an dem sich GM vor dreißig Jahren befand. Man weiß, wie man erfolgreich sein kann. Aber weiß Toyota, wie es in einer weniger sicheren Umwelt zurechtkommen kann? Gelingt es, die eigenen Unternehmensziele mit den sozialen Pflichten und Zwängen, die dem Unternehmen von der um ihr Überleben kämpfenden japanischen Autoindustrie aufgelastet wurden, auszubalancieren?

Toyotas Geschichte ist von seiner Unabhängigkeit und Hartnäckigkeit geprägt. Als das Unternehmen ein Produktionssystem erfinden mußte, das sich völlig von demjenigen Henry Fords unterschied, erfand es ein solches System. Gelingt es auch jetzt wieder, sich umzustellen und anzupassen? Schafft es Toyota, erfolgreich zu sein und gleichzeitig den Forderungen des japanischen Systems zu genügen? Kann ein Unternehmen, dessen Kultur sich auf Isolation gründet, aus seiner geschützten Sphäre heraustreten und sich zu einem gleichwertigen Partner anderer internationaler Unternehmen entwickeln?

Volkswagen verfügt über den Reichtum, die Organisation und das Format, um erfolgreich zu sein, doch steht es vor einer ganz anderen Herausforderung als die beiden Konkurrenzunternehmen. Seine Hauptschwierigkeiten werden sich wohl nicht im Unternehmen selbst lösen lassen, denn sie sind eine Folge der gesellschaftlichen und sozialen Struktur des Landes. Ich hege keine Zweifel, daß Ferdinand Piëch Veränderungen durchführen und Kosten senken kann. Aber auf dem Weg zur schlanken Produktion wird er sich mit der Führungsstruktur seines Unternehmens auseinandersetzen müssen. In ihr spielen so viele verschiedene Interessengruppen eine Rolle, daß es unmöglich erscheint, einen Konsens über den richtigen Kurs des Unternehmens zu finden.

Wenn Piëch und sein Vorstand die Probleme Volkswagens nicht in ihrer Gesamtheit angehen, sondern nur die Symptome bekämpfen, wird sich das Unternehmen weiterhin herumquälen, bis sich die Krise zu einem Kampf auf Leben und Tod auswächst.

Wenn ich also gefragt werde: »Welches Autounternehmen ist das beste der Welt?«, muß ich antworten: »Dasjenige, das gerade mit riesengroßen Problemen fertig geworden ist.« Gegenwärtig trifft das auf GM zu. Doch kennt diese Industrie seit ihren Anfängen noch eine andere Wahrheit. Immer wieder sorgten einzelne Persönlichkeiten für ungeheure Neuerungen, selbst wenn niemand damit rechnete. Wenn wir die Entwicklung des Geschehens um Jack Smith, Tatsuro Toyoda und Ferdinand Piëch weiter verfolgen, sollten wir im Hinterkopf behalten, daß im Laufe der Menschheitsgeschichte immer wieder ganz gewöhnliche Menschen Überraschungen zustande bringen.

Nachwort

Spannung in Genf

Die Zukunft wehrt sich, wenn man sie zähmen will.
– Lateinisches Sprichwort

Genf – März 1993

In Genf hält im März normalerweise der Frühling Einzug. Auf den umliegenden Bergen liegt dann noch Schnee, doch in der Stadt blühen die ersten Blumen. Vor den zahlreichen Cafés am See und in der Altstadt sitzen die Besucher schon im Freien. Kurzum: Es ist die perfekte Kulisse für den jährlich stattfindenden Genfer Automobilsalon. Doch in diesem Jahr war in Genf noch Winter. Ein kalter Wind kräuselte die Oberfläche des Sees, und die Besucher der Messe hatten es eilig, aus der Kälte ins Warme zu kommen.

Am Pressetag zogen Tausende von Journalisten durch die unterirdischen Passgen, die den Flughafen mit dem riesigen Palexpo Ausstellungszentrum verbinden. Der Genfer Automobilsalon zählt zu den Spitzenmessen der Autoindustrie. Hier trifft sich die Elite nach dem Motto ›sehen und gesehen werden‹. An Kaffee, Bier und Champagner war kein Mangel, die üppigen Buffets boten alles, was die Mägen begehren konnten. Croissants, Fischgerichte, Steaks, Desserts oder auch echte Münchner Weißwürste. Am Nachmittag stand die Luft dick und stickig in den Hallen.

Die Genfer Messe hat für jedes Unternehmen große Bedeutung, denn die Schweiz ist ein offener Markt. Trotz ihres recht ausgeprägten Statusbewußtseins und ihres Hangs zum Elitarismus sind die Schweizer ziemlich unvoreingenommene Autokäufer. Eine schweizerische Familie kann durchaus einen Opel, einen Jeep und darüber hinaus noch einen japanischen Wagen besitzen. Japanische Fahrzeuge machen gegenwärtig 25% aller verkauften Autos aus, aber auch GM und Ford liegen gut im Rennen. Das Hauptkriterium im Land der hohen Berge ist die stabile, solide Konstruktion eines Autos.

Als ich durch die Ausstellung schlenderte, wurde mir klar, daß so mancher Luxusautohersteller zum Kampf um Leben oder Tod angetreten war. Ich fragte mich, ob einige der berühmtesten Automarken der Welt in zwei Jahren noch existieren würden. Rolls-Royce, Lotus und Lamborghini standen allesamt zum Verkauf, doch ein ernsthafter Interessent war nicht in Sicht. Alejandro De Tomaso, der extravagante Besitzer von Maserati, war schwer krank. Über den Ständen dieser altehrwürdigen Autobauer lag bei dieser Genfer Autoshow eine spürbare Stille. Früher hatte sich die Weltpresse um die brandneuen, roten Ferraris geschafft. Jetzt nicht mehr. Vielleicht lag es nur an der Rezession, die für schlechte Stimmung sorgte und die Aufmerksamkeit auf einfache, funktionale Transportmittel lenkte. Vielleicht wollte aber auch niemand peinliche Fragen zur Zukunft dieser oder anderer Sportwagen stellen, zumal die Luxusautofabrikanten so offenkundig im Widerspruch zur gesellschaftlichen, ökologischen und ökonomischen Weltkrise standen.

Am lebhaftesten ging es in Genf bei den Massenherstellern zu. Ford präsentierte seinen neuen, mit einem Aufwand von sechs Milliarden Dollar produzierten Mondeo, der für den weltweiten Export vorgesehen ist. Das Auto hatte in der Presse bereits sehr positive Kritiken erhalten, und am Ford-Stand traten die Manager schon lässig wie Gewinner auf.

Genau gegenüber von Ford standen die Wagen von Opel und die amerikanischen Modelle von GM. Punkt zehn Uhr am Pressetag präsentierte Lou Hughes Opels neues Kleinwagenmodell, den Corsa. Der robuste, kleine Wagen mit der abgerundeten Karosserie wirkte lustig, aber auch strapazierfähig und zäh. Zwischen Opel und GM wurde vor der Ausstellung ausgiebig diskutiert, ob verraten werden solle, daß das Design des Corsa von Hideo Kodama, der seit zwanzig Jahren für Opel arbeitete, stammte. Wie würden die Leute auf einen von einem Japaner entworfenen deutschen Opel reagieren? Schließlich wurde jedoch beschlossen, Kodamas großartige Leistung gebührend anzuerkennen.

Opel hatte allen Grund, auf dieses Auto stolz zu sein. Daß der Corsa ein Erfolg werden würde, war spätestens dann klar, als sich die Journalisten auf dem Stand drängelten, um den Wagen aus jedem Blickwinkel zu photographieren und die zahlreich anwesenden Opel-Manager mit Fragen zu bombardieren.

Einige neue Modelle wie Corsa, Mondeo, Nissans Micra und Renaults Twingo bewiesen, daß die Designer auch aus kleinen Wagen etwas machen können. Sie stellten eine radikale Abkehr von der Kastenform der Autos von Volkswagen und den Schwestermodellen von SEAT und Skoda dar. Im Vergleich mit den spritzigen Newcomern wirkten sie irgendwie altmodisch.

Der Volkswagen-Stand war überlaufen, doch viele Journalisten zogen enttäuscht weiter, weil Ferdinand Piëch nicht gekommen war. Die offizielle Erklärung war, daß er eine Grippe auskuriere. Einige allerdings bemerkten, daß die Erkrankung gerade zur rechten Zeit kam. Piëchs Abneigung gegen öffentliche Spektakel war nur zu bekannt. So brauchte er auch keine Kommentare zu den Umwälzungen in seinem Unternehmen abzugeben oder zu den trostlosen Nachrichten über die finanzielle Lage bei VW Stellung zu nehmen. In den ersten drei Monaten des Jahres hatte VW trotz hoher Produktionsauslastung erstaunlicherweise Verluste von 1,25 Milliarden D-Mark gemacht. Die Kosten waren völlig außer Kontrolle geraten. Die anwesenden Volkswagenmanager wichen den Fragen der Journalisten vorsichtshalber aus. Selbst sonst eher redselige VW-Vorstände wie Martin Posth und Ulrich Seiffert gaben den Journalisten nur vage Auskunft. Mitarbeiter der VW-PR-Abteilung wichen nicht von ihrer Seite.

Viele spekulierten offen über die Zukunft von Piëchs Managerteam. Immer neue Namen von Managern kursierten, die angeblich schon *out* waren. Von einem anderen Topmanager der Branche wurde hingegen berichtet, daß er bald *in* sei. In den Wochen vor der Messe ließen die Gerüchte nicht nach, daß Ferdinand Piëch Inaki Lopez eine phänomenale Summe geboten habe, wenn er GM verlassen und bei Volkswagen Einkauf und Produktion übernehmen würde. Lopez' Koketterie mit diesem Angebot war kaum noch zu ertragen: Gerüchte über seinen eventuellen Weggang von General Motors wollte er weder bestätigen noch dementieren. Niemand wußte, was Lopez vorhatte, nicht einmal Jack Smith.

Piëchs Unternehmen befand sich in einem chaotischen Zustand, und er wütete in seinem ererbten Managementteam. Gerüchten zufolge würde Goeudevert, dem in Genf die undankbare Aufgabe zufiel, das Ausmaß der Unternehmensverluste vor der Presse zu bestätigen, bald unter den Opfern sein. Die Propheten sollten Recht bekommen: Im Juli warf Goeudevert das Handtuch.

Auf jeden Fall drehten sich unter den deutschen Autobauern in Genf alle Gespräche um Volkswagen. Ein Beobachter bemerkte, »sie befinden sich in einer hoffnungslosen Verfassung, ohne klare Führung, ohne klare Ziele, ohne Vision oder Marschrichtung«.

Am 4. März erhob sich Piëch von seinem Krankenlager, um vor einer Versammlung von VW-Mitarbeitern zu sprechen. Er erklärte, daß es sein Ziel sei, im Jahr 1993 Gewinne zu erzielen, was jedoch einschneidende Kostensenkungen und eine Steigerung der Produktivität erfordere. Gerade so, als ob er aus einem japanischen Ratgeber für Produktionserfolge vortrüge, sagte er: »Die Produktivität läßt sich nur durch die Einführung schlankerer und schnellerer Produktionsverfahren steigern.« Er schloß seine Rede mit folgenden Worten: »Erfolgreiche Managementphilosphien wurzeln in der Idee, daß alle Mitarbeiter gemeinsame Werte teilen und auf der Grundlage gegenseitigen Vertrauens und Respekts kooperieren.« Piëch wußte wohl, daß das ein schweres Mandat für eine über so lange Zeit unbewegliche und nachgiebige Firma war. Doch die Reaktion der Mitarbeiter war lau. Sie wurden immer nervös, wenn die Themen Effizienz und Kooperation angesprochen wurden. Für sie war das gleichbedeutend mit dem Verlust des Arbeitsplatzes.

Beim Betreten der Ausstellungshalle in Genf fiel der erste Blick der Besucher auf den Lexus-Stand. Toyota konnte im Herzland der Luxuswagen zu Recht stolz auf sein neues Luxusmodell sein. Die Macher von Mercedes und BMW faßten es immer noch nicht, daß der Lexus in ihre traditionellen Märkte eingedrungen war. Hatten sie doch immer wieder behauptet, daß es so etwas wie ein prestigeträchtiges japanisches Auto nicht gäbe, zumindest keines, das an ihre hohen Standards herankäme. Und doch, da stand es und forderte sie auf eigenem Terrain heraus. Der Erfolg des Lexus lieferte ein perfektes Beispiel dafür, wie ein Unternehmen durch Selbstgefälligkeit unausweichlich gelähmt wird, und machte deutlich, warum die Spezialitätenhersteller von Luxuskarossen um ihr Überleben kämpften. Einst ging man davon aus, daß die Kosten die Preise diktieren, und der Bau von Luxuswagen war nun einmal mit unglaublich hohen Kosten verbunden. Aber irgendwann waren die europäischen Hersteller von Prestigemodellen Opfer ihrer eigenen Exklusivitätsansprüche. Die Produktionskosten waren dermaßen angestiegen, daß sie in keinem Verhältnis mehr zu dem sichtbaren Wert der Autos standen. Es schien unsinnig, für einen Mercedes oder BMW so gesalzene Preise zu zahlen, wenn es ein Lexus für weniger Geld genauso gut tat. Die Hersteller von Nobelmarken müssen auf den Boden der Realität zurückkehren, oder sie enden in einem Desaster – eine Erfahrung, die Jaguar machte. Als Ford das sterbende Unternehmen aufkaufte, verschlang die Montage eines Autos 700 Arbeitsstunden – im Gegensatz zu 20 bis 40 Arbeitsstunden für die meisten anderen Autos. Der von Queen Elisabeth zum Ritter geschlagene Jaguar-Chairman John Egan erkannte zwar, daß die Firma auf dem besten Wege in den Ruin war, doch unternahm er keine ernsthaften Anstrengungen, die Arbeitsstunden pro Fahrzeug zu senken. Die 700 Arbeitsstunden waren genauso Teil des Markenimages wie die handgenähten Sitze und die mühevoll aus Walnußholz gefertigte Innenausstattung. Seit dem Erwerb von Jaguar hat Ford die Zeit für die Montage eines Autos auf 150 Arbeitsstunden reduziert – auch dies ist noch zu hoch, aber immerhin eine gewaltige Verbesserung.

Der Lexus bewies, daß eine Luxusklassenlimousine zu Massenproduktionskosten hergestellt werden kann. Der Erfolg stellte die Autoindustrie auf den Kopf.

Alarmiert durch den Aufwand und die Kosten für den Umbau der Produktlinie und wegen des dringend benötigten US-Investments stellte Daimler Benz seine Buchführung nach den amerikanischen Accounting-Vorschriften um, damit Deutschlands größter Konzern an der New Yorker Börse Aktien plazieren und Kapital einsammeln konnte. Für Daimler war das ein revolutionärer Schritt, denn das Unternehmen verpflichtete sich dadurch zur Offenlegung von Informationen, die den Aktionären ein klareres Bild über die finanzielle Situation verschafften. Mit dem Gang an die New Yorker Börse brach Daimler Benz auch aus dem ›Insiderclub‹ aus, dem alle deutschen Industriekonzerne und Großbanken und Assekuranzfirmen automatisch angehören. Es wurde aber auch anderen, die nach internationalem Status strebten, ein neuer Weg gewiesen. In Deutschland hat die Wiedervereinigung eine so hohe Nachfrage nach Geld ausgelöst, daß auch andere Konzerne wahrscheinlich bald Daimler folgen werden, um in den Vereinigten Staaten an Geld zu kommen.

Von Toyotas Stand auf der Genfer Ausstellung ging vielleicht die größte Bedrohung aus, Nissans Stand hingegen bestach durch die verschwenderischste Ausstattung. Auf einer großen Bühne wirbelten sechs schwarzgekleidete Girls mit goldenen Armreifen zu schriller Discomusik um das auf einer Plattform kreisende, neue Europa-Spitzenmodell Nissans, den Micra. Der in Nissans neuem Werk in Großbritannien montierte Micra war in Europa zum Auto des Jahres 1992 gewählt worden. Die Auszeichnung, das Resultat einer Abstimmung unter Journalisten aus allen europäischen Ländern, war noch nie an einen japanischen Autobauer gegangen. Nissan war zu Recht stolz.

Ungeachtet der fröhlichen Stimmung am Micra-Stand, fiel es Nissans Managern schwer, ihre düstere Stimmung zu verbergen. Eine Woche vor der Ausstellung hatte Nissan eine für japanische Unternehmen beispiellose Erklärung abgegeben: Die Belegschaft sollte um 5.000 Mitarbeiter reduziert, das berühmte Zama-Werk in der Nähe Tokios geschlossen und die Produktpalette verkleinert werden. Normalerweise gestanden japanische Unternehmen ihren Mißerfolg niemals öffentlich ein, sondern litten still vor sich hin und hofften auf ein Wunder. Nissans Vorgehen war insofern bemerkenswert, als es den tiefen Fall der japanischen Autoindustrie innerhalb von nur zwei Jahren zeigte. Kein Unternehmen, selbst nicht der reiche und mächtige Toyota-Konzern, war gegen die schwere Rezession auf allen Märkten immun.

Die japanischen Autohersteller gaben sich in Genf zwar zuversichtlich, aber sie mußten sich mit neuen Problemen herumschlagen. Der neue amerikanische Präsident Bill Clinton schlug eine härtere Gangart als sein Vorgänger Bush. Und die Europäer berieten über angemessene Importquoten für japanische Autos in diesem Jahr. Die Ära des freien Handels, die es der japanischen Autoindustrie ermöglicht hatte, über die westlichen Wettbewerber auf deren eigenem Terrain herzufallen, war eindeutig zu Ende. Weitaus mehr Sorgen bereitete Amerikas Wunsch nach einem niedrigeren Dollar. Exporte in die Vereinigten Staaten brachten so gut wie keine Gewinne, und der Kurs des Yen kletterte gegenüber dem Dollar auf immer neue Rekordhöhen. Ford und Chrysler drohten den Japanern mit Dumpingklagen. Selbst in der Glitzerwelt von Genf sah das Jahr 1993 für die japanische Autoindustrie düster aus.

Am Abend des Pressetages richtete Jack Smith für einige seiner Manager in der Auberge Lion d'Or in Colígny ein Dinner aus. Die Manager schauten hinab auf die glitzernden Lichter an der Promenade, die sich im Genfer See spiegelten, sie fühlten sich jet-lagged, aber glücklich. Das gut eingespielte Team tauschte Witze, Klatsch und Frotzeleien über die Ereignisse des Tages aus. Smith war bester Stimmung. Er berichtete von der Boardsitzung, an der er tags zuvor teilgenommen hatte. Zum ersten Mal hatte er Fortschritte in Nordamerika melden können, was ungemein erfreulich war – auch wenn der ewig lästige Roger Smith (der dem Board noch bis zum April angehörte) versucht hatte, Lob für sich zu reklamieren, weil der Umschwung ja das Resultat seines großartigen Plans sei. Die meisten Mitglieder des Board hielten seine weitschweifenden Ausführungen jedoch für belanglos.

Doch an diesem Abend in Coligny gab es noch einen weiteren Grund zum Feiern: Im Januar und Februar hatte GM in Japan mehr Autos verkauft als im gesamten Jahr 1992.

Diesen Erfolg verdankte GM einer im Dezember getroffenen Entscheidung von Yanase, dem größten japanischen Importunternehmen. Damals hatte Yanase beschlossen, aus einer auf vierzig Jahre geschlossenen Vereinbarung mit VW auszusteigen. Der Firmenchef Jiro Yanase war verärgert, daß VW darauf bestanden hatte, den Import über drei Großhändler abzuwickeln. Deshalb hatte er sich entschlossen, den Wolfsburgern zu zeigen, daß sie eine schlechte Entscheidung getroffen hatten und wandte sich daraufhin an GMs Tochter Opel. Buchstäblich über Nacht bauten sämtliche Yanase-Händler – deren Zahl in die Tausende geht – das VW-Logo ab. Am nächsten Tag hängten sie – wie auf Kommando – den Opelblitz aus. Im Januar hieß die Yanase-Familie Opel offiziell willkommen. Jiro Yanase brachte zu dieser Zeremonie eine Daruma, eine große, fette Puppe ohne

Augen, mit. Unter japanischen Geschäftsleuten ist es üblich, dieser Puppe zu Beginn eines Projektes ein Auge aufzumalen. Das zweite Auge wird erst hinzugefügt, wenn die Ziele des Vorhabens erreicht sind. Mit Lou Hughes an seiner Seite malte Yanase gut gelaunt das erste Auge auf.

Sofort nach der Feier schwärmten Yanases 12.000 Verkäufer in Japans Städte aus und verkauften Opel. In den ersten beiden Monaten des Jahres konnten sich die GM-Manager die Hände reiben, weil sie VW, lange Zeit die führende Importmarke in Japan, geschlagen hatten.

Die Daruma wurde in Lou Hughes Büro aufgestellt. Nach 8.000 verkauften Fahrzeugen sollte Jiro Yanase wiederum bei einer feierlichen Zeremonie das zweite Auge aufmalen.

Auch bei dem Dinner in Colígny war Volkswagen das Thema Nummer eins. Die GM-Manager sprachen darüber, wie aggressiv Piëch Mitarbeiter in ihrem Konzern abzuwerben versuchte. Schätzungsweise 40 bis 50 Mitarbeiter im internationalen Stab waren bereits angesprochen worden. Ihnen wurden höhere Gehälter, freie Wohnung und andere Vergünstigungen in Aussicht gestellt. Hughes verfügte nur über einen mageren Etat und konnte es sich nicht leisten, Volkswagen zu überbieten. Deshalb schrieb er sehr persönliche Briefe an jeden Manager, in denen er seine Wertschätzung für ihre harte Arbeit und Loyalität ausdrückte. Bisher hatte er nur zwei seiner Leute an VW verloren.

Jack Smith äußerte sich kaum zu VWs Versuchen, GM die Nachwuchskräfte wegzuschnappen. Doch es war kein Geheimnis, daß er Piëch über Weihnachten angerufen und ermahnt hatte, »die Finger von meinen Leuten zu lassen«. Zweifellos dachte er an diesem Abend auch an Inaki Lopez, seinen guten Freund und unschätzbaren Kollegen. Würde ihn der Mann, der einst gelobt hatte, daß er sich seinen rechten Arm für Smith abschlagen ließe, im Stich lassen und zur Konkurrenz überlaufen?

Detroit – März 1993

Weder seine Erfahrungen noch seine Verstellungskraft konnten Jack Smith gegen den üblen Streich wappnen, den ihm Ferdinand Piëch und Inaki

Lopez spielen würden. Nur wenige Tage nach dem Genfer Automobilsalon kam es heraus: Lopez hatte sich für den Wechsel zu Volkswagen entschieden. Ausschlaggebend waren nicht so sehr das großzügige Gehalt (angeblich 20 Millionen Dollar in fünf Jahren), die einflußreiche Position als einer der drei Topmanager VWs mit der Verantwortung für Einkauf und Produktion oder Lopez' Wunsch, nach Europa zurückzukehren, sondern vielmehr Piëchs Versprechen, ihn eine neue Autofabrik in Biscaya, seinem spanischen Geburtsort, bauen zu lassen. Lopez war von dieser Idee geradezu besessen. Diese Fabrik sollte der armen Region in Spanien zum Aufschwung verhelfen. Er stellte sich das Werk seiner Träume als den modernsten und innovativsten Betrieb der Welt vor, in dem ›Plateau 6‹, sein Konzept zur Produktion eines Autos in nur zehn Arbeitsstunden, umgesetzt werden würde.

Lopez war für sein Nationalgefühl berühmt. Bei einem Zulieferertreffen am Wochenende vor der Bekanntgabe seines Wechsels zu VW, wich Lopez von seinem Thema ab und forderte eine Gruppe von Journalisten auf, sich zu erheben. Dann hielt er einen Monolog über Journalisten, die nach dem Tod Francos wahres Heldentum bewiesen hatten, als sie sich entschlossen dem spanischen Militär entgegengestellt hatten.

Der Termin und der Ablauf des Treffens waren angesichts der Gerüchte um Lopez verdächtig. Das Dinner zu Ehren der weltbesten Lieferanten war ursprünglich für den Mai angesetzt gewesen. Lopez selbst soll jedoch darauf gedrungen haben, das Ereignis vorzuverlegen, weil er sich insgeheim schon für den Ausstieg bei GM entschlossen hatte. Viele der Preisträger, die mit dem *Worldwide Suppliers of the Year Awards* ausgezeichnet wurden, wußten jedoch nicht, warum die Wahl gerade auf sie gefallen war. Außerdem war es für Lopez sicherlich von Bedeutung, daß die Auszeichnung für das Unternehmen des Jahres nicht an eine amerikanische, sondern eine europäische Firma ging. Die ausgezeichneten Unternehmen erhielten eine kleine Trophäe, die natürlich ein spanischer Bildhauer entworfen hatte.

Aus unternehmerischer Sicht war Piëchs Versprechen, Lopez ein Werk in Spanien zu bauen, verrückt. Das Letzte, was Volkswagen brauchen konnte, war ein weiteres Montagewerk. Den Arbeitern bei SEAT stand ohnehin Arbeitsplatzabbau bevor, und das ganze Unternehmen litt (ebenso wie die gesamte europäische Autoindustrie) an Überkapazitäten. Doch Lopez machte das spanische Werk zum zentralen Verhandlungspunkt, und Piëch war bereit, zunächst jede Forderung zu erfüllen.

Am Mittwoch, den 10. März, überreichte Lopez Smith die Kündigung. Alle Welt begann darüber zu spekulieren, welchen Schaden sein Weggang General Motors zufügen würde.

An dem Tag, an dem Lopez seine Kündigung bekanntgab, herrschte im Büro des GM-Einkaufsstabs Begräbnisstimmung. Viele seiner Mitarbeiter, die ihre Energie und ihr Selbstverständnis von Lopez' messianischer Persönlichkeit abgeleitet hatten, schluchzten hemmungslos. Sie flehten Jack Smith an, alles zu unternehmen, um Lopez bei GM zu halten. Lopez selbst wurde von Anrufen und Besuchen von Leuten, die ihn umzustimmen versuchten, überschüttet. Als Smith noch einmal an ihn herantrat, stellte Lopez klar, daß er seine Entscheidung nicht wegen des Titels oder des Geldes gefällt hatte. Es ging allein um das Werk in Biscaya.

Voller Verzweiflung rief Smith Lou Hughes in Zürich an. »Können wir möglicherweise den Bau eines neuen Werkes in Biscaya rechtfertigen?« fragte er.

»Auf keinen Fall«, erwiderte Hughes. »Auch Volkswagen kann es nicht.« Das sah Piëch – wie sich im Sommer zeigen sollte – offenbar genauso. Der Bau des Werks wurde zwar öffentlich angekündigt, aber kurz darauf von VW widerrufen.

Daß Smith sich auch nur zu solch einer Frage hinreißen ließ, sprach Bände über Lopez' manipulative Kraft. Sein Stern leuchtete mittlerweile so hell, daß er den gesunden Menschenverstand normalerweise ausgebuffter Geschäftsmänner wirkungsvoll blenden konnte. Tatsächlich hatte Lopez' Machtspiel so viel Eigendynamik gewonnen, daß die beiden Riesenkonzerne zu untragbaren Risiken bereit zu sein schienen, nur um seinen Zuschlag zu erhalten.

Am Freitag fuhren Smith, Harry Pearce und Rick Wagoner, der Chief Financial Officer von GM, zu Lopez nach Hause, um ihn in einem letzten Versuch zum Bleiben zu überreden. Sie mahnten ihn eindringlich, Piëch kein Vertrauen zu schenken. Ihrer Ansicht nach war Piëchs Versprechen, ein Werk in Biscaya zu errichten, absurd und möglicherweise nur ein Köder. Smith bot ihm den Traumjob an, den Lopez sich immer gewünscht hatte – er sollte Executive Vice President und President of North America Operations, der zweitwichtigste Mann bei GM werden.

Lopez nickte, lachte Smith, den Mann, den er gerne »mein Führer« nannte, an und sagte ja. Er wollte, trotz der Tatsache, daß er sich offenbar schon zum Wechsel nach VW vertraglich verpflichtet hatte, bleiben.

Als Piëch von der Neuigkeit erfuhr, war er sauer. Lopez sei den »hartnäckigen Verfolgungen« der GM-Leute unterlegen, erklärte er vor der Presse und stellte den ganzen Vorgang als widerliche Intrige dar. Der Druck, so sagte er, sei wohl zu groß gewesen.

Am Montagmorgen gab der erleichterte GM-Board Lopez telefonisch einstimmig die Zusage, ihn zum Chef der NAO zu ernennen. Als Harry Pearce Lopez nach dem Treffen gratulieren wollte, fand er ihn jubilierend vor. Lopez freute sich wahnsinnig, wieder dazuzugehören, und konnte es kaum erwarten, seinen neuen Job anzutreten. Man setzte für 15 Uhr eine Pressekonferenz an. Im ganzen Unternehmen herrschte eine Stimmung wie bei einer öffentlichen Krönung.

Aber dann ging etwas schief.

Mit vor Enttäuschung erstarrter Miene, mühsam unterdrückter Wut und roten Augen trat Smith vor die Pressekonferenz. Er versuchte keinen Moment lang, den Grund seiner Bestürzung zu verheimlichen. »Heute wollte ich bekanntgeben, daß Inaki Lopez bei General Motors bleibt und mit zusätzlichen Aufgaben betraut wird«, erklärte er. »Leider erhielt ich vor kurzer Zeit einen Brief von Mr. Lopez, in dem er mir mitteilt, daß er den neuen Posten nicht annimmt und General Motors verläßt. Ich kenne seine Beweggründe nicht, ebensowenig weiß ich, wo er sich zur Zeit aufhält.«

»Heute morgen schien alles noch nach Plan zu verlaufen«, fuhr er fort. »Der Board of Directors von GM gab seine Zustimmung, Mr. Lopez zum Executive Vice President und President der NAO zu wählen ... Mr. Lopez befand sich heute morgen in seinem Büro und schien sehr zuversichtlich. Kurz nach zehn Uhr gratulierte ihm Harry Pearce, daß der Board seine Ernennung auf den neuen Posten einstimmig befürwortet hatte. Um etwa dreizehn Uhr überbrachte ein Freund von Mr. Lopez eine handgeschriebene, kurze Notiz, in dem Lopez erneut sein Ausscheiden bei GM mitteilt.«

Während Smith noch seine Erklärung abgab, befand sich Lopez bereits am Metro Airport und wartete auf seinen Abflug nach Deutschland. Niemand wußte genau, was eigentlich geschehen war. Hatte er die ganze Zeit über die Absicht gehabt, zu VW zu wechseln? War an diesem Morgen irgend etwas vorgefallen, das ihn seinen Entschluß wieder rückgängig machen ließ? War er einfach nur verrückt – oder ein kaltblütiger Spieler? Es gab sogar Vermutungen, daß Lopez wegen eines Postens selbst an VW herangetreten war und nicht umgekehrt, was Zweifel an der Aufrichtigkeit seines in aller Öffentlichkeit ausgetragenen inneren Kampfes aufkommen ließ.

In den folgenden Tagen konzentrierte sich die Diskussion im Unternehmen nicht so sehr auf Lopez' Entscheidung zu gehen, sondern auf die Art des Spiels, das er getrieben hatte. Der Inhalt seines letzten Briefes an Smith blieb ein Geheimnis, doch jemand, der Smith nahesteht, bezeichnete den Brief als zerfahren und exaltiert. Lopez soll ihn »mein Bruder« genannt und erklärt haben, daß er ihn liebe. Aber geht man so mit seinem Bruder um?

Unterm Strich war nicht jeder bei GM maßlos enttäuscht, daß Lopez gegangen war. Ein Manager meinte: »Wenn Lopez als neuer Chef der North America Operations geblieben wäre, hätte Smith eine Rebellion am Hals gehabt. Lopez umgab sich doch gerne mit zweitklassigen Jasagern, die er nach seinem Willen steuern konnte. So sehr ihn einige auch anbeteten, so brillant und effektiv Lopez auch gewesen sein mag, der Beweis, daß er fähig war, ein ganzes Unternehmen zu leiten, stand noch aus. Vielleicht hat er Smith mit seinem Weggang einen sehr großen Gefallen erwiesen.«

Das hätte eigentlich das Ende der Geschichte sein müssen. GM fegte die Scherben zusammen und machte weiter, Lopez erschien am 16. März triumphierend vor dem Aufsichtsrat und trat sofort seine neue Stelle bei Volkswagen an. Doch alles nahm einen immer seltsameren Verlauf.

Am 17. März rief Lopez seinen alten Mentor Hans Huskes an, der Smith als erster auf Lopez aufmerksam gemacht hatte. Huskes sprach daraufhin mit Hughes, um ihm, wie er glaubte, eine gute Nachricht zu überbringen. »Lopez will zurückkommen, wir sollten Jack Bescheid geben.«

Hughes weigerte sich. »Meine Güte, Inaki wurde gestern abend in den

Vorstand gewählt, das ist doch alles lächerlich! Er hat hier alle Brücken hinter sich abgebrochen.«

Entschlossen sprach Huskes selbst mit Smith, doch zu seinem Erstaunen erklärte dieser nur: »Es ist endgültig vorbei.«

Lopez' Angebot erschien angesichts Piëchs späterer Behauptung, daß Lopez ihn schon im November 1992 um einen Posten angegangen habe (und nicht umgekehrt), ausgesprochen merkwürdig. »Er hat den Kontakt gesucht«, erklärte Piëch in einem Interview mit der *Finanical Times*, »ich habe nicht versucht, ihn abzuwerben.«

Inzwischen unternahm General Motors Schritte, um den Machenschaften Piëchs und Lopez' einen Riegel vorzuschieben. Als die Gerüchte um Lopez' eventuellen Wechsel nach VW aufkamen, war sich Lou Hughes sofort darüber im klaren, daß Lopez versuchen würde, die Führungsetagen von GM-Europa zu plündern, um einen erfolgreichen Start bei VW zu haben. Sogar noch bevor Lopez seine offizielle Erklärung abgab, hatte GM seine Strategie festgelegt. Man stellte eine Liste derjenigen Mitarbeiter auf, die Lopez am wahrscheinlichsten ansprechen würde. Nachdem Lopez GM verlassen hatte, traf sich Hughes mit ihnen und bat sie zusammenzuhalten. Sie versprachen es. Alle waren über Lopez' Verhalten empört. Sein völliger Mangel an Anstand hatte sie den Glauben an ihren früheren Helden verlieren lassen. Ohne Ausnahme unterschrieben alle Mitarbeiter des Einkaufsstabs freiwillig einen Vertrag, der sie für fünf Jahre fest an GM band und ihnen für zwei weitere Jahre einen Wechsel zur Konkurrenz verbot. Sie versprachen auch, mit GM Kontakt aufzunehmen, wenn Lopez oder VW ihnen Angebote machen würden. Danach lehnten sie sich alle zurück und warteten.

Eine Woche verstrich, bis die Telefone klingelten. Zuerst meldete sich ein VW-Berater, dann ein Mitarbeiter und schließlich Lopez selbst. Er nahm sich zuerst die Topmanager des Einkaufs vor und arbeitete sich dann systematisch nach unten durch. Die Angebote waren verlockend: um das zwei- bis dreifache höhere Gehälter, ein Haus, zwei Wagen – und vieles mehr. Wie abgemacht täuschten alle Angesprochenen Interesse vor. Dann erstatteten sie Lou Hughes Bericht.

Innerhalb einer Woche war Lopez an 29 Mitarbeiter von GM-Europa herangetreten, und GM stand bereit, einen Prozeß gegen VW anzustrengen. »Wir können beweisen, daß es sich hier um eine systematische, in Deutschland ungesetzliche Abwerbung von Mitarbeitern handelte«, erklärte ein Manager. »Außerdem haben wir berechtigte Sorge, daß Lopez und seine Mitarbeiter bei ihrem Weggang von Detroit interne Informationen mitnahmen.« GM teilte mit, daß bestimmte, für GMs Wettbewerbsfähigkeit höchst empfindliche Unterlagen, darunter auch Dokumente zu zukünftigen Produkten und Strategien des Unternehmens, nach Lopez' Weggang nicht mehr in seinen Akten zu finden waren. Überdies prüfte GM nachträglich Lopez' Verhalten auf dem International Strategy Board Meeting, an dem er kurz vor seiner Kündigung teilgenommen hatte. »Wir haben in dieser Angelegenheit einiges in der Hand«, meinte der GM-Manager.

Wolfsburg und seine Krisen

Inzwischen verspottete die deutsche Presse Lopez wegen seines mangelnden Ehrgefühls und der Art, wie er Jack Smith öffentlich in Verlegenheit gebracht und verraten hatte. Die ersten Wochen in seinem neuen Job standen ganz im Zeichen der Wut und Kritik der VW-Zulieferer, die ihm mißtrauten. Niedersachsens Ministerpräsident und VW-Aufsichtsratsmitglied Gerhard Schroeder bat die Medien inständig, mit den negativen Berichten über Lopez aufzuhören. Schroeder vermittelte extra ein Treffen zwischen Piëch, Lopez und den Zulieferern, um die Wogen zu glätten. Doch auch nach diesem Vermittlungsversuch von Niedersachsens Ministerpräsident und VW-Aufsichtsrat Gerhard Schroeder sorgte Lopez in den folgenden Monaten für Schlagzeilen. Der Fall des Basken wurde mehr und mehr auch zur Belastung von VW-Chef Ferdinand Piëch und schließlich zur schweren Krise für Volkswagen.

Am 24. Mai veröffentlichte das Hamburger Nachrichtenmagazin *Der Spiegel* unter dem Titel »Der Skrupellose« einen Report über die Vorwürfe, die General Motors und Opel gegen ihren früheren Topmanager erhoben hatten. »Lopez steht bei seinem ehemaligen Arbeitgeber in dringendem Verdacht, zusammen mit sieben seiner engsten Mitarbeiter die größten Geheimnisse von Opel und General Motors an VW verraten zu haben«, schrieb der Spiegel. »Die Informationen, die teilweise auf EDV gespeichert sind, haben ausgedruckt einen Umfang von annähernd 10.000 DIN-A4-Seiten. Es soll sich um Lieferanten- und deren Preislisten, um geheime Konstruktionspläne und Modellstudien handeln.« Da war von Unterlagen, Dokumenten, Listen und vertraulichen Papieren die Rede, die Lopez und seine Gefolgschaft nur wenige Tage vor ihrer Kündigung bei General Motors angefordert hatten und die in Kisten verpackt teils über Spanien teils über Frankfurt nach Wiesbaden und nach Wolfsburg gelangt sein sollen.

Der Report schlug wie eine Bombe ein. Noch am gleichen Tag verlas Lopez in Braunschweig ein Statement: »Was ich mitgebracht habe? Nur mein persönliches Wissen, meine Motivation und den Wunsch, bei VW Quantensprünge zu erreichen – aber keine geheimen Dokumente.«

Wirklich nicht?

Am 25. Mai beschloß die Darmstädter Staatsanwaltschaft, offiziell die Ermittlungen aufzunehmen.

Eine Woche später, auf der VW-Hauptversammlung im Hamburger Kongreßzentrum, verlas der Aufsichtsratschef Klaus Liesen eine Ehrenerklärung zugunsten von Lopez: »Der Aufsichtsrat weist mit Nachdruck die Vorwürfe zurück, Herr Lopez und sieben Mitarbeiter hätten ihre Geheimhaltungspflichten gegenüber ihren ehemaligen Arbeitgebern Opel und GM verletzt. Diese Überzeugung stützt sich auf die Erklärungen und eidesstattlichen Versicherungen von Herrn Lopez und seiner Mitarbeiter. Der Aufsichtsrat der Volkswagen AG spricht Herrn Lopez sein uneingeschränktes Vertrauen aus und bringt erneut zum Ausdruck, daß das Unternehmen sich glücklich schätzt, Herrn Lopez gewonnen zu haben. Der Aufsichtsrat hat die bereits eingetretenen und die sich abzeichnenden Ergebnisse seiner Arbeit begrüßt.«

Doch das war noch lange nicht das Ende der Affäre. Zwar mußte der Spiegel Anfang Juli noch eine Serie von Gegendarstellungen abdrucken, aber in einer Gerichtsverhandlung in Hamburg wurden eidesstattliche Erklärungen von Opel- und GM-Mitarbeitern präsentiert, die die Aussagen von Lopez und seinen Gefolgsleuten widerlegten.

Wenig später erklärte auch die Darmstädter Staatsanwaltschaft, daß

Kisten, die in einem Apartment von Opel und GM-Mitarbeitern gefunden wurden, geheimes Material über den Opel-Minicar enthalten, zu dem nur die oberste Führungsetage Zugang gehabt hätte.

Nun wurde auch der VW-Aufsichtsrat aufmerksam. Auf einer außerordentlichen Sitzung des Aufsichtsratspräsidiums forderten die Räte von Piëch Erklärungen und überzeugendere Darstellungen des Falls für die Öffentlichkeit.

Am 28. Juli schließlich ging VW-Konzernchef Ferdinand Piëch in die Offensive. Während einer kurzfristig einberufenen Pressekonferenz erklärte er, daß Opel und GM eine »Schlammschlacht« eröffnet hätten und nun einen internationalen Krieg gegen VW und Deutschland führen würden. Für den Fall, daß doch geheime Daten in VW-Computern gefunden würden, dann – so der VW-Chef – »wären andere Hände im Spiel«. Im übrigen habe er eine interne Untersuchung angeordnet. Mit diesen Worten, die nichts anderes als eine Kriegserklärung waren, stieß das Lopez-Drama in neue Dimensionen vor.

Opel schickte seinen PR-Profi Hans Wilhelm Gäb aus der Zürcher Europa-Zentrale ins Rennen. Der nannte Piëchs Angriffe »grotesk«; sie deuteten auf eine »psychotische Bunkermentalität« hin. Die Chefs der großen Konzerne – allen voran Mercedes Benz, Daimler und BMW – reagierten auf Piëchs Ankündigung mit Befremden.

Der VW-Aufsichtsrat wurde unruhig. Piëch sollte nun den direkten Kontakt zu GM-Chef Jack Smith suchen, um den Konflikt, der immer bedrohlichere Formen annahm, zu schlichten. Doch der GM-Chef ließ den Wolfsburger abblitzen. Bevor er nicht seine Anschuldigungen gegen GM und Opel zurücknähme, werde es auch keine Gespräche geben. Er könne sich schriftlich an Opel-Chef David Herman in Rüsselsheim wenden.

In der Presse wurde immer häufiger die Frage gestellt, wie lange sich Piëch und Lopez noch in ihren Jobs halten könnten, ja, wie lange sie noch zu halten seien. Der VW-Aufsichtsrat geriet immer mehr ins Kreuzfeuer der Kritik. Doch die Herren hielten sich bedeckt. Selbst der Vorsitzende des Volkswagen Gesamtbetriebsrates, Klaus Folkert, mochte sich nicht gegen den Verbleib von Lopez bei VW aussprechen. »Er soll für sein Geld arbeiten«, sagte Folkert in einem Interview mit *Der Woche*. Hinter den

Kulissen des Kontrollgremiums rumorte es. Einige Räte haben angeblich nach Alternativen Ausschau gehalten.

Nun endlich versuchte auch der Aufsichtsratschef Klaus Liesen, Herr der Lage zu werden. Er brach seinen Sommerurlaub auf Mallorca ab und leitete am 6. August eine außerordentliche Aufsichtsratssitzung in Wolfsburg. Lopez gestand dem Aufsichtsgremium, daß Ende März Papiere aus seinen früheren Büros – darunter möglicherweise geheimes oder vertrauliches Material – in Wiesbaden und im Wolfsburger VW-Gästehaus *Rotehof* vernichtet wurden, um zu verhindern, daß diese Daten zu Volkswagen gelangen. Damit hatte Lopez frühere Beteuerungen, daß er und seine Mitarbeiter keine Papiere hatten, widerlegt.

Was sagt der Aufsichtsrat zu dieser Enthüllung?

Wiederum spricht er Lopez sein uneingeschränktes Vertrauen aus und erklärt: »Kein möglicherweise geheimes Dokument ist in den Besitz von Volkswagen gekommen.«

Für die Mehrheit der Bürger steht jedoch mittlerweile fest, daß an den Vorwürfen gegen Lopez und seine Jünger vermutlich »etwas dran« ist.

Am 13. August verlangte das FBI Einsicht in alle Papiere und eidesstattlichen Erklärungen. Eine Mitarbeiterin erklärt Dritten gegenüber, daß sie gesehen habe, wie unter der Aufsicht von Lopez-Mitarbeitern Daten von Papieren mit Opel-Emblem in den VW-Computer eingespeist wurden.

Liesen läßt verkünden, daß er ein Büro in Wolfsburg beziehen werde, und daß nun die Wirtschaftsprüfungsgesellschaft KPMG beauftragt sei, eine Untersuchung des Falles vorzunehmen. Kaum aber haben die Wirtschaftsprüfer ihre Arbeit aufgenommen, als die Darmstädter Staatsanwältin in einer Razzia in Wolfsburg und Braunschweig Akten, Computer, Disketten und Papiere beschlagnahmen läßt. Ende Oktober präsentieren die Wirtschaftsprüfer ihre Erkenntnisse. Zu den umstrittenen Vorgängen im Wolfsburger Gästehaus *Rotehof* heißt es: »Zu den Vorgängen ... läßt sich feststellen, daß dort vom 23. bis 25. März der Inhalt einer etwa 20 Kartons umfassenden Sendung an Herrn Dr. Lopez von zwei seiner Mitarbeiter ausgepackt, sortiert und zum Teil vernichtet wurde. Ferner wurden dort Kopien angefertigt.« In der Auswertung kam die 20köpfige

Untersuchungskommission zu folgenden Ergebnissen: »Hinsichtlich des Verbleibs des im *Rotehof* nicht vernichteten Inhalts der Kartons fehlt uns die Möglichkeit der vollständigen Überprüfung.« Und weiter ist in der Kurzfassung des Untersuchungsberichts zu lesen: »Hinsichtlich der Frage, von welchen Unterlagen im *Rotehof* Kopien angefertigt wurden, war uns eine Klärung nicht möglich. Die Angaben der beteiligten Mitarbeiter von Herrn Dr. Lopez hierzu, wonach VW-Informationsmaterial für das Team von Herrn Dr. Lopez vervielfältigt worden sei, wurden durch unsere Prüfung nicht bestätigt.«

Aus Darmstadt kam monatelang kein klärendes Wort, geschweige denn ein Ermittlungsergebnis. Im März, während des Genfer Autosalons, sickerte durch, warum sich die Untersuchungen im Fall Lopez so lange hinzogen. Erst im Januar 1994 konnten die Justizbeamten mit einer Auswertung des umfangreichen Computermaterials beginnen, weil ihnen erst dann geeignete Computer und Programme zur Verfügung standen. Selbst Mitte April saßen die Mitarbeiter der Staatsanwaltschaft noch vor einem schier unbezwingbaren Papierberg von über zwei Millionen Seiten.

Doch während sich sozusagen auf der Bühne das Drama um Lopez immer weiter schleppte, spitzte sich hinter den Kulissen die Unternehmenskrise zu. Der Absatz in Deutschland, Westeuropa und den USA schrumpfte in atemberaubendem Tempo. Trotz dieser desolaten Situation blieb Piëch zunächst bei seinem Versprechen, für das laufende Jahr wenigstens eine »schwarze Null« zu schreiben. Zum »Beweis« für die Richtigkeit seiner Prognosen ließ er im August sogar einen Gewinn von 70 Millionen Mark für den Vormonat verkünden. Fragen nach Vergleichsdaten aus früheren Jahren oder für Juni wies die Presseabteilung mit dem Hinweis zurück, daß es »bei Volkswagen nicht üblich sei, die Ergebnisse pro Monat bekanntzugeben«. Doch wurde Piëch nicht müde, die hervorragenden Ergebnisse, die Lopez bereits bei Volkswagen erzielt habe, zu loben.

Schließlich war es die spanische VW-Tochter SEAT, die alle Rechnungen des Konzernchefs zunichte machte. Kurz vor der Eröffnung der weltweit größten Automobilausstellung im September 1993 in Frankfurt kam heraus, daß bei SEAT eine Schieflage von 2,3 Milliarden Mark entstanden und die Autofirma fast pleite war. Auf der Pressekonferenz während der IAA mußte SEAT-Chef Diaz Alvarez seine Fehler öffentlich beichten:

ineffiziente Produktion, Absatzeinbrüche in Spanien als Folge der Rezession in Westeuropa und schließlich hohe Kredite für den Ausbau der neuesten SEAT-Fabrik Martorell, die in Dollar und Mark aufgenommen wurden. Nach der Abwertung der Peseta fraßen die Zinszahlungen die ohnehin schmalen Erträge auf. Fazit: Es war eine hausgemachte Krise, die den Konzern schwer belastete.

Und wieder stellt sich die Frage nach dem Aufsichtsrat, wie konnte Piëch, mehr noch aber sein Vorgänger VW-Chef Carl Hahn zulassen, daß sich SEAT in relativ starken Fremdwährungen verschuldete? Schlimmer noch: Die SEAT-Rettung verstärkte nur Volkswagens Probleme zu Hause.

Und so sah das Sanierungsprogramm aus: Der Mutter-Konzern übernimmt die Fabrik in Pamplona, in der die Polos gefertigt werden. Obendrein erhält die Tochter eine Finanzspritze von 2,3 Milliarden Mark und muß im Gegenzug 9.000 Arbeitsplätze abbauen, die alte SEAT-Fabrik in der Zona Franca bei Barcelona soll geschlossen werden.

Vor allem diese Auflage brachte massive Proteste der Belegschaft, die von der spanischen Regierung unterstützt wurden. SEAT-Chef Diaz Alvarez wurde gefeuert und unterstützte fortan die Anti-VW-Front. Auftritte von Lopez vor der spanischen Regierung, der Geschäftswelt und im Fernsehen brachten keine Erleichterung, sondern schürten offenbar nur den Konflikt. Erst nachdem VW mit Rückzug aus dem SEAT-Engagement drohte, konnte in Spanien mit dem erforderlichen Arbeitsplatzabbau begonnen werden.

In Wolfsburg standen inzwischen 30.000 Stellen zur Disposition. Zu diesem Ergebnis war der neue Arbeitsdirektor Peter Hartz gekommen, der die Nachfolge des plötzlich verstorbenen Alexander Kowling angetreten hatte. Hartz hatte sich bereits einen Namen als innovativer Personalchef der zur Saarstahl gehörenden Dillinger Hütte gemacht. Ende Oktober trat er mit einer überraschenden Lösung an die Öffentlichkeit. Statt 30.000 Jobs abzubauen, wollte VW die Vier-Tage-Woche einführen. Für die Belegschaft bedeutete dieser Plan zwar weniger Arbeit, aber auch weniger Lohn. Während dieses Modell in der Öffentlichkeit heftig diskutiert wurde, die Spitzen der Arbeitgeber- und Unternehmerverbände den ganzen Plan sofort verwarfen und weiterhin die Rückkehr zur 40-Stunden-Woche forderten, die Gewerkschaften hingegen den Vorschlag als Durchbruch zur Neuverteilung der Arbeit feierten, rangen in Hannover und Wolfsburg Betriebsräte, IG-Metall und VWs Personalabteilung um einen zumutbaren Lohnabschlag. Längst war es kein Geheimnis mehr, daß VW-Arbeitnehmer die höchsten Löhne, die großzügigste Pausenregelung sowie die üppigsten Sozialleistungen und Sonderzulagen hatten. Nach mehrwöchigen Verhandlungen einigten sich die Tarifparteien auf eine 10- bis 15prozentige Kürzung des Jahreseinkommens. Dafür verzichtete die Unternehmensleitung auf weiteren Arbeitsplatzabbau während der nächsten 18 Monate.

Doch war das die Jahrhundertlösung für Volkswagens Personalkostenproblems? Was bleibt unter dem Strich für den Konzern übrig? Würden die zu Kurzarbeit und Lohnverzicht gezwungenen VW-Arbeitnehmer je wieder zur Vollbeschäftigung zurückkehren können?

Wohl kaum. Schon gar nicht aus betriebswirtschaftlicher Sicht, nicht wenn die Wettbewerbsfähigkeit des Konzerns gestärkt werden soll und auch nicht, wenn es um langfristige Sicherung von Arbeitsplätzen geht. Denn während die Vorbereitungen zur Einführung der Vier-Tage-Woche anliefen, machte Lopez genau das, was General Motors befürchtet hatte, er setzte mit Hochdruck sein KVP-(Kontinuierlicher Verbesserungsprozeß) Konzept um. Fast 2000 Rationalisierungsteams hatte er zum Jahresende auf die Beine gestellt. Mit jedem Tag wurde die Organisation straffer, wurden weitere Kosten gespart, schwanden aber auch die Hoffnungen der Belegschaft auf Vollbeschäftigung. Es wird nur eine Frage der Zeit sein, wann der Konzern die bittere Wahrheit aussprechen muß.

Aber bei Volkswagen ging es wieder einmal nicht um Betriebswirtschaft oder um zukunftsweisende Konzernführung. VW brauchte die Vier-Tage-Woche, um Zeit zu gewinnen. Das kam sowohl Piëch als auch mindestens zwei Aufsichtsräten gelegen. Die beiden Repräsentanten des größten VW-Einzelaktionärs Niedersachsen, der Ministerpräsident des Flächenstaats Gerhard Schroeder und sein Sozialminister Walter Hiller, mußten im März 94 Landtagswahlen bestehen. Massenentlassungen beim größten Arbeitgeber ihres Bundeslandes, womöglich noch mit ihrer Zustimmung, wären bestenfalls Wahlhilfe für die Opposition gewesen. Deshalb lag es in ihrem eigenen Interesse, sich einen Aufschub zu verschaffen. Aber auch

Piëch hätte bei einem massenhaften Abbau von Arbeitsplätzen seinen in den vergangenen Monaten gewonnenen Rückhalt in der Belegschaft, den er sich durch Lopez' Talent in Sachen Mitarbeiter-Motivation verschafft hatte, wieder verloren.

Bei VW passierte etwas, und darauf hatten alle, Aufsichtsrat wie Belegschaft, gewartet. Es war Bewegung in die Konzernstrukturen gekommen, das allein stimmte zuversichtlich. Kritik an Konzepten oder Personen war nicht mehr erwünscht und wurde mit zum Teil drakonischen Maßnahmen unterbunden. Wer nicht für VW war, wurde ausgesperrt. Der Bann der Presseabteilung traf vor allem amerikanische Journalisten, die sozusagen schon wegen ihrer Staatsbürgerschaft auf der Seite des Gegners – im Lager von Opel und GM – vermutet wurden.

Obwohl Piëch im März das schlechteste Ergebnis in der Geschichte von VW präsentierte, einen Konzernverlust von 1,9 Milliarden Mark nach Steuern, wurde er dafür unverständlicherweise noch gefeiert. So hatte er zum Jahresende den Fehlbetrag für 1993 noch mit 2,3 Milliarden Mark angegeben. (Was ja auch nicht falsch war, denn nur durch Auflösung von Rücklagen und Garantierückstellungen wurde der Verlust auf die obengenannte Größenordnung reduziert.) Beeindruckender fielen jedoch die Zahlen aus, die er zur strukturellen Kostenreduzierung vortrug: die Gewinnschwelle, die 1992 noch bei 108 Prozent lag, wurde 1993 auf 79 Prozent gesenkt. Lopez KVP habe bei Qualität, Produktivität und anderen Prozeßindikatoren im Schnitt zu Verbesserungen von 25 bis 30 Prozent geführt, obwohl erst ein Fünftel des Konzerns in das Programm einbezogen worden sei. Allein 1994 würde Lopez 5.000 KVP-Workshops durchführen.

Worüber Piëch auf dieser Bilanzpressekonferenz allerdings gar nicht gern redete, waren die enormen Einsparungen, die der Konzern auf einem ganz heiklen Gebiet erzielt hatte: beim Material-Einkauf, was General Motors und Opel schon lange vermutet hatten. Er wolle keine Begehrlichkeiten wecken, sagte Piëch auf entsprechende Fragen der Journalisten knapp.

Damit war VW wieder von der mittlerweile schon unendlichen Geschichte eingeholt worden: dem Fall Lopez und den Konsequenzen für VW. Aufsichtsratschef Liesen hatte jedoch schon vor Piëchs Vortrag erklärt, daß er nicht mit Anklageerhebung in Deutschland rechne. Ob es allerdings zu einer Anklage in den Vereinigten Staaten kommen würde, könnte er mangels genauer Kenntnis des US-Rechts nicht beurteilen.

Piëch und Lopez hatten längst eigene Vorsichtsmaßnahmen getroffen: Sie lassen sich in den USA nicht mehr blicken.

Die Geschichte von Inaki Lopez und seinem Einfluß auf die Autounternehmen der Welt hat also noch nicht ihr Ende gefunden. Aber sie hat schon jetzt epischen Charakter – sie gleicht einer großen moralischen Erzählung, die zur Größe und Macht der Autoindustrie paßt. So sehr wir uns darüber im klaren sind, daß ein einzelner Mann (oder eine einzelne Frau) ein Unternehmen radikal umwälzen kann, die Geschichte von Inaki Lopez lehrt uns auch, wie leicht man charismatischen Persönlichkeiten zu viel Macht überträgt. Charisma kann in gleichem Maße gefährlich wie inspirierend sein.

Ein anderes Thema ist die Loyalität zu einem Unternehmen. Lopez erging sich immer in großen Worten über seine bis in den Tod unverbrüchliche Treue zu Jack Smith und General Motors, doch eine derartige Haltung ist westlichen Unternehmen eigentlich fremd. Für die Japaner dagegen bedeutet sie sehr viel. Nicht nur das Unternehmen fühlt sich den Beschäftigten gegenüber zur Loyalität verpflichtet (was z. B. die Beschäftigung auf Lebenszeit bezeugt), auch die Mitarbeiter stehen loyal zu ihrem Unternehmen. Selbst wenn ein japanischer Manager gedemütigt und degradiert wird, kommt es ihm nicht in den Sinn, seine Firma zu verlassen und für eine andere zu arbeiten, schon gar nicht für eine ausländische.

Ferdinand Piëch und Inaki Lopez sind eine Ehe eingegangen, die sehr steinig und möglicherweise kurz werden könnte. Ein Berater von VW bemerkte: »Wir brauchen Lopez nur für die nächsten drei Jahre, dann erledigen wir den Rest schon selber.« Wer kann vorhersagen, was dieses unberechenbare Team noch anstellt?

Detroit – Tokio

Die Art und Weise, wie Inaki Lopez zu Volkswagen entschwunden war, hatte Jack Smith persönlich schwer getroffen und verletzt, aber im Konzern keine größere Lücke hinterlassen. Rick Wagoner übernahm zusätzlich zu seinen Aufgaben als Finanzchef auch die Verantwortung für den weltweiten Einkauf. Sein Auftritt im August 1993 auf einem einwöchigen Seminar, das die Universität of Michigan jedes Jahr für die Zulieferindustrie in Traverse City ausrichtet, sollte Vertrauen und Glaubwürdigkeit in GM als den größten Kunden dieser Branche wiederherstellen. Wagoners dringlichste Aufgabe war es denn auch, GMs aufgebrachte Lieferanten zu beruhigen. Lopez war mit ihnen alles andere als zimperlich umgesprungen: Um für den Konzern die besten Preise herauszuholen, hatte der Baske schon mal bestehende Verträge zerrissen oder vertrauliche Produktinformationen eines Unternehmens an dessen Konkurrenten weitergegeben. Viele Lieferanten fühlten sich als Opfer der rücksichtslosen Einkaufsstrategie. Und auch GM litt unter den Folgen der Lopez-Politik: In den Montagehallen des Konzerns stockte die Produktion, weil Zulieferteile fehlten.

Offiziell wurden zwar die großen Produktveränderungen wie der Einbau von Airbags in fast alle GM-Modelle für Verzögerungen bei der Auslieferung verantwortlich gemacht, aber diese Entschuldigungen klangen wenig überzeugend. Sie konnten auch nicht über die wirkliche Ursache der Produktionsausfälle hinwegtäuschen: In etlichen Fällen waren die Unternehmen, die den günstigsten Preis geboten hatten, nicht in der Lage, die Teile auch in entsprechender Qualität zu liefern. In mindestens einem Fall bestand ein Hersteller auf dem Abschluß eines langfristigen Vertrags mit GM, sonst würde er weder neue Maschinen bestellen noch seine Produktion erweitern.

Doch trotz dieser Rückschläge und der Tatsache, daß General Motors von allen drei amerikanischen Autokonzernen bei der Zulieferindustrie als miesester Kunde verschrien war, mußte Jack Smith offen zugeben, daß die Sanierung der Konzernfinanzen bisher vor allem Lopez zu verdanken ist. Obwohl 1993 weltweit nur 100.000 Autos mehr abgesetzt werden konnten, stiegen die Netto-Erträge um mehr als fünf Milliarden Dollar.

Das ist ein deutliches Indiz dafür, daß der Konzern von den ungeheuren Preisabschlägen profitierte, die unter Lopez' Führung im Materialeinkauf erzielt worden waren. Gleichzeitig machte GM langsame, aber stetige Fortschritte bei der Produktvereinfachung. Bis zum Ende der Dekade soll es für alle Pkw-Modelle von General Motors nur noch fünf Basis-Chassis geben.

Wenig Fortschritte hingegen konnte GM bisher in der Lohn- und Personalpolitik erzielen. Trotz sich allmählich entspannender Beziehungen zwischen Jack Smith und dem mächtigen Führer der Autogewerkschaft (UAW), Stephen Yokich, durfte nicht General Motors als Hauptverhandlungsführer die Tarifverhandlungen des vergangenen Jahres bestimmen, sondern Ford. Der Branchenzweite war jedoch in einer deutlich besseren Lage als GM, weil es dort keinen Personalüberhang mehr war, und obendrein der Pensionsfonds voll finanziert war. GM wurde sogar gezwungen, die von Ford ausgehandelten Verträge zu übernehmen.

Gemessen an der Arbeitsproduktivität liegt der Konzern noch immer hinter seinen US-Rivalen zurück. Daran wird sich auch so schnell nichts ändern. Mit etlichen kurzen Streiks in Komponenten-Werken hat die UAW dem Konzernmanagement deutlich gemacht, daß bei GM weder Maßnahmen zur Produktivitätssteigerung eingeführt noch Arbeitspakete an preiswertere Zulieferer abgegeben werden dürfen, wenn dadurch Jobs in den Konzernwerken gefährdet werden. Dadurch erreichte die UAW im vergangenen Jahr, daß Lohn- und Personalkosten in Fixkosten umgewandelt wurden. Die Folgen: Auch in den nächsten Jahren werden dem Konzern durch die Personal- und Lohnpolitik weitere Wettbewerbsnachteile entstehen.

Dennoch begann GM das Jahr 1994 mit ungeheurem Optimismus. Endlich würde die Überarbeitung der veralteten Modellpalette, die in den vergangenen beiden Jahren große Absatzerfolge verhindert hatte, erste Früchte tragen. Schon im Januar, auf der Autoshow in Detroit, wurden das neue Luxus-Oldsmobile *Aurora* und der Buick *Riviera* präsentiert und mit großem Interesse von Handel und Presse aufgenommen. Auch Chevrolet konnte endlich wieder einen attraktiven Mittel-Klasse-Wagen vorstellen und wies schon mal auf das für den Herbst geplante Debüt des neuen kleinen *Cavalier* hin. Zudem sorgten Amerikas Verbraucher für Rekord-

Umsätze bei GMs Kleinlastwagen und Transportern. so daß für dieses Jahr endlich wieder ein ordentlicher Gewinn erwartet werden kann.

Der General Motors-Board ist allerdings fest entschlossen, auch weiterhin aktiv im Konzern mitzuarbeiten. Auch wenn GM –zumindest was die Finanzen angeht – wieder festen Boden unter den Füßen hat, haben die Boardmitglieder erst im März 1994 ihren Einfluß auf das Management durch eine Reihe von Maßnahmen verstärkt. Vor allem wurde die Verantwortung des Board bei der Bewertung von Management-Leistungen und der Auswahl neuer Boardmitglieder festgeschrieben. Und es gibt nun auch offiziell Verfahren, die gegen Boardmitglieder, die ihren Aufgaben nicht nachkommen, eingeleitet werden müssen. Auf jeden Fall will der Board die strenge Kontrolle über den Konzern, die erst mit der Wucht einer Revolution begonnen hatte, als GM fast bankrott war, weiter ausüben und dafür sorgen, daß auch andere US-Unternehmen die neuen GM-Board-Richtlinien übernehmen.

Die Veränderung der Unternehmensstruktur ist freilich noch lange nicht abgeschlossen, wenn man von der obersten Führungsebene absieht, wo das neue Management erst einmal den Unrat, den die Vorgänger hinterlassen haben, wegräumen mußte. Obwohl sich Management und Führungsstil deutlich geändert haben, herrscht in vielen Bereichen des Konzerns noch immer die alte Bürokratie. Große innere Widerstände existieren vor allem bei den Angestellten der unteren Führungsebenen, denen allmählich klar wird, daß sich die Maßstäbe ändern, an denen ihre Leistungen bewertet werden und die über den Verlauf ihrer Karriere entscheiden. Und es ist neue Gefahr im Verzug. Die ersten Sanierungserfolge könnten diesen dringend erforderlichen Veränderungsprozeß der Konzernkultur noch weiter hinauszögern.

Tatsuro Toyodas erstes Jahr als Präsident war kein glückliches. Japan wurde von einem bis dahin undenkbaren Ereignis erschüttert, der schwersten Rezession der Nachkriegszeit, die alle Bereiche erfaßte, vor allem aber die Autoindustrie. Seit drei Jahren wurde die Pkw-Produktion immer stärker gedrosselt. Toyotas Gewinne blieben im vergangenen Jahr sogar hinter den ohnehin eher pessimistischen Erwartungen zurück. Der Dollar fiel auf den niedrigsten Kurs seit Ende des Zweiten Weltkriegs. Doch Japans Manager beharren unverdrossen weiter darauf, daß nur der überbewertete

Yen für ihre Absatzmisere auf den Auslandsmärkten und die Gewinneinbrüche verantwortlich ist.

Dabei steht Japan vor viel gewichtigeren, vor geradezu fundamentalen Veränderungen. Nach mehr als zwei Jahrzehnten nahezu ungebrochenen Wachstums hat die japanische Autoindustrie jetzt ein bestimmtes Reifestadium erreicht. In der Zukunft wird es nur noch geringe reale Wachstumsraten geben und auch Japan die zyklischen Ausschläge der Produktions- und Absatzmengen kennenlernen, unter denen die Hersteller in den westlichen Industriestaaten schon lange leiden.

Für Toyota und den Rest der japanischen Wirtschaft bedeutet das eine schwere Umstellung. Die Struktur der Industrie-Gesellschaft ist auf langsames, aber stetiges Wachstum angewiesen. Nur unter dieser Bedingung kann lebenslange Beschäftigung garantiert werden, ist Bezahlung nach Dienstalter, nicht nach Leistung möglich, und können die auskömmlichen Beziehungen zu den Lieferanten aufrechterhalten werden. Sie hatten bisher stets die Sicherheit, daß auf Jahre vorhersehbar war, was die Verbraucher wann kauften. Nun aber muß sich Japan an eine völlig neue Lage gewöhnen. Sein Inlandsmarkt ist gesättigt, aber es wird in Zukunft seine Überschußproduktion nicht einfach ins Ausland absetzen können.

Auch wenn die Japaner jetzt vor allem externe Einflüsse für ihre mißliche Situation verantwortlich machen, die Manager der Konzerne haben erheblich dazu beigetragen, daß die Krise noch schlimmer wurde. So hat Toyota »vorübergehend« Werk Nr. 3 in Tahara geschlossen und die Produktion auf Werk Nr. 4 verlagert, um diese neue, teure und vor allem überautomatisierte Anlage auszulasten. In anderen Toyota-Werken hingegen mußte Kurzarbeit eingeführt werden, damit nicht Halden von zur Zeit nichtverkäuflichen Autos entstehen. Außerdem sollte die Verlagerung von Arbeitspaketen in die brandneue Fabrik in Kyushu erleichtert werden. Toyota verfügt zur Zeit vermutlich über ein Drittel der gesamten japanischen Überschußkapazität von drei Millionen Einheiten. Doch bisher wurde dieses Problem nur mit vorübergehenden Maßnahmen bekämpft.

Nach einer zwanzig Jahre dauernden Erfolgsserie können sich Japans Manager offenbar nicht mehr vorstellen, daß sie eines Tages nicht mehr alle Autos, die sie produzieren, auch verkaufen können.

Für Japans Jugend ist es noch immer undenkbar, daß eines Tages nicht mindestens zwei Jobs auf jeden Collegeabsolventen warten. Zudem wächst der Druck von außen, Japans Märkte für ausländische Ware zu öffnen, und von innen, weil Japans Konsumenten nicht länger bereit sind, das ineffiziente Handelssystem durch überhöhte Preise zu subventionieren. Alles deutet jedenfalls daraufhin, daß Japan vor einem radikalen Wandel steht.

Einige japanische Autohersteller werden zu drastischen Änderungen gezwungen sein. Freilich wird Toyota nicht dazugehören. Dank seines ungeheuren Reichtums wird der Konzern sogar noch in der Lage sein, von den Problemen des einen oder anderen Unternehmens zu profitieren. Doch genau diese Sonderstellung, die Toyota gegen die starken gesellschaftlichen und wirtschaftlichen Kräfte abschirmt, wird den Konzern mit der Zeit schwächen.

Die Lage von Japan und Toyota heute ist durchaus mit der Situation der Vereinigten Staaten und General Motors in den frühen 60er Jahren vergleichbar. Das Selbstvertrauen, die Arroganz und Selbstgefälligkeit, die damals die USA kennzeichneten, sind heute auch in Japan zu finden. Niemand in Japan konnte sich ein Comeback von Chrysler und General Motors vorstellen. Popularität und Appeal der neuen amerikanischen Modelle haben die japanischen Autokonzerne völlig überrascht. Bislang standen sie nur vor dem Dilemma, ihre Marktanteilszuwächse entweder durch Selbstbeschränkungsvereinbarungen zu bremsen oder durch härtere Importbestimmungen der Regierung den Zugang zum amerikanischen Markt zu verlieren. Nun aber müssen ihre Fahrzeuge mit Autos von deutlich besserer Qualität und ansprechenderem Design konkurrieren, die obendrein billiger angeboten werden können.

Doch diese neuen Probleme muß Toyota sozusagen allein bewältigen. Die beiden wichtigsten Männer an der Konzernspitze haben trotz der Krise zusätzliche Aufgaben in der Politik übernommen. Dr. Shoishiro Toyoda wurde – wie erwartet – zum Präsidenten des Industrieverbands Keidanren ernannt. Zu einer Zeit, in der sein Rat im Konzern am dringendsten gebraucht wird, muß er viel Zeit und Arbeitskraft für den Dienst an der japanischen Industrie aufwenden. Das verlangt seine einflußreiche Rolle als Sprecher des Verbands und die gegenwärtige Lage. Die Forderung nach einem dramatischen Wandel der Wirtschaftspolitik, die von innen wie von außen erhoben wird, macht nicht vor den Türen des Keidanren Halt.

Shoishiros Bruder Tatsuro, der gerade erst Toyotas Präsident wurde, hat das Amt des Chairman beim Verband der Japanischen Automobilhersteller übernommen. Eine ebenfalls hochpolitische Aufgabe, die zuvor der scharfzüngige Nissan-Chef Kume wahrgenommen hatte. Kume legte sich seinerzeit mit den Amerikanern wegen ihrer Versuche an, ihre Autos in Japan zu verkaufen. An Toyota hatte er kritisiert, daß sie Marktanteile um jeden Preis erobern wollten und keine Rücksicht auf Verluste nähmen, die der Konkurrenz durch diese Strategie entstanden seien. Wie der stille und zurückhaltende Tatsuro seine beiden Rollen meistern will, ist immer noch nicht deutlich geworden.

Es wäre allerdings naiv zu glauben, daß Japan sich von den jüngsten Rückschlägen nicht erholen könnte oder daß Toyota nicht länger in der Lage sein werde, internationale Märkte mit seinen Autos aufzumischen. Der Konzern bleibt Japans Hersteller mit den niedrigsten Kosten und einer Reputation für Qualitätsfahrzeuge, an die so schnell kein anderes Unternehmen herankommt.

Dennoch, auch Toyotas Zukunft ist unkalkulierbar geworden. In den nächsten Jahren muß sich zeigen, ob der Konzern die Fähigkeit besitzt, sich so zu verändern, daß er auf den härteren Wettbewerb reagieren und mehr als bisher außerhalb Japans produzieren kann.

Die menschlichen Dramen, die sich in dieser Branche abspielen, machen mich oft betroffen. Allerdings muß man bedenken, wieviel auf dem Spiel steht. Das wirkliche Rätsel der Autoindustrie geht über die einzelnen Individuen hinaus, die im vorhersehbaren Lauf der Geschichte kommen und gehen. Hinter allem verbirgt sich eine dauerhaftere Wahrheit, die es zu untersuchen gilt.

In meinen zwanzig Jahren als Expertin der Autoindustrie habe ich die unterschiedlichsten Theorien zu diesem Wirtschaftszweig aufkommen und vergehen sehen. Einst glaubte man, daß Autounternehmen allein über eine Produktdiversifikation ihr Überleben sichern könnten, weil Autos allein nur begrenzte Wachstumsmöglichkeiten böten. Diese Theorie erwies sich als unsinnig. Viele Autohersteller waren davon überzeugt, daß nur Spezialunternehmen Luxuswagen produzieren können. Auch diese Überzeugung mußte, wie wir gesehen haben, ad acta gelegt werden. Die meisten Leute glauben, daß ein Unternehmen, wenn es erst einmal zu den größten der Welt zählt, niemals untergehen kann. GM kam dem Beweis, daß diese Theorie falsch ist, beängstigend nahe. Einige Male läuteten sogar schon die Totenglocken für Unternehmen, die später wieder äußerst lebendig auftraten – hier sei Chrysler angeführt. Nur wenige Theorien über die Autoindustrie haben sich wirklich als dauerhaft erwiesen.

Doch eine simple Tatsache gilt immer: Wenn ein Autounternehmen, ob groß oder klein, überleben will, muß es sich selbst und seine Kunden kennen. Es wird gemeinhin davon ausgegangen, daß jedes Autounternehmen darum kämpft, zum größten der Welt – zur Nummer eins – aufzusteigen. Aber es ist nicht so wichtig, die Nummer eins zu sein. Gute Unternehmen wie Ford und Chrysler werden zweifellos weiterhin gute Fahrzeuge produzieren und Gewinne machen. Das gleiche gilt für Nissan, wenn es mit sich ins reine gekommen ist. Mercedes und BMW werden neue Wege finden, Luxuswagen herzustellen – wenn sie klug sind, lernen sie dabei von Toyota. Einige kleinere Nischenproduzenten gehen vielleicht unter, andere werden überleben. Solange sich Autounternehmen durch eine stark ausgeprägte Individualität auszeichnen und entschlossen sind, auf ihrem Terrain das Bestmögliche aus sich herauszuholen, werden sie weiter Geschäfte machen und bestehen. Denn die Autoindustrie bietet genug Raum für eine Vielzahl von Unternehmen, und die Welt will eine Vielfalt an Automarken.